中国历史的九张面孔

历史无间道

王觉仁——作品

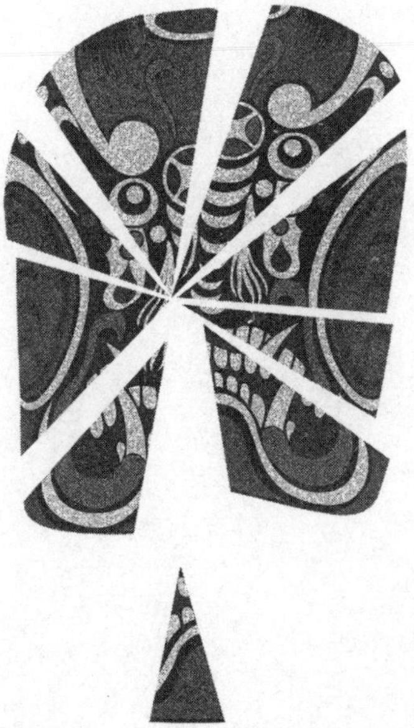

中国出版集团 现代出版社

图书在版编目（CIP）数据

历史无间道 / 王觉仁著 . -- 北京：现代出版社，2019.1

ISBN 978-7-5143-7167-3

Ⅰ. ①历… Ⅱ. ①王… Ⅲ. ①中国历史—古代史—史料 Ⅳ. ① K220.6

中国版本图书馆 CIP 数据核字（2018）第 170319 号

历史无间道

作　　者：王觉仁
责任编辑：张　霆　袁子茵
出版发行：现代出版社
通讯地址：北京市安定门外安华里 504 号
邮政编码：100011
电　　话：010-64267325　64245264（传真）
网　　址：www.1980xd.com
电子信箱：xiandai@vip.sina.com
印　　刷：三河市宏盛印务有限公司

开　　本：710mm × 1000mm　1/16
印　　张：23.75　　字　　数：380 千字
版　　次：2019 年 1 月第 1 版　　印　　次：2019 年 1 月第 1 次印刷
书　　号：ISBN 978-7-5143-7167-3
定　　价：52.00 元

自序　历史的重构与死者的复活

历史是由活着的人和为了活着的人而重建的死者的生活。

——（法）雷蒙·阿隆

当你们翻开这本书的时候，也许马上会产生一个疑问：这是历史，还是小说？

我的答案很明确——这是历史。

可我同时必须指出：这并不是通常意义上的历史。

与一般历史文本最显著的区别，首先在于它的“视角”。如同本书的标题所言，这是一群帝国大佬关于权力的“自白书”。也就是说，在绝大多数历史读物中通常以第三人称出现的人物，在本书中却是以“我”的面目出现。

本书的主人公大多是历史上早有定评的人物，为千百年来的读者所熟知。如果沿袭旧有的框架和观念去表现他们，固然安全可靠、省心省力，还能以普及历史知识为名自我标榜并且取悦读者，可我并不准备这样做。历史是过去发生的事实，它已经无法改变，但是我们解读它的眼光不能一成不变，也不应该一成不变。因为时代不同、价值观不同、人们的生存境遇和精神需求不同、所面临的社会问题和可能采取的对治策略都不同。所以每一代人都需要重新回望历史，从而清醒地知道我们是谁、我们从哪里来、我们往哪里去。换句话说，只有从当下的语境出发，不断回头检视我们这个族群所依赖的文化传统和历史路径，看清曾经走过的岔道和歧途，我们才能更好地校正未来前行的方向。

我想，这应该也是历史的价值所在。

然而，时至今日，许多既有的对于历史的解释和评价仍然沿袭着过去的价值观和思维模式——它们或许能够向我们提供基本可靠的“史实”，却无法给予我们对当下和未来有益的“史识”。因此，对于历史，我们绝不能满足于那种陈陈相因的诠释方式和概念框架。换言之，我们需要寻求并获得一种属于我们这个时代的解读历史的目光。

用第一人称的视角解读历史和表现人物，不敢说正是这样一种目光，但起码是为了寻求这种目光所进行的一种必要的尝试。

通过一个个“我”在临终前回忆并叙述自己的一生，一些司空见惯的历史事件也许会变得陌生起来；与此同时，一张张早已被岁月侵蚀得模糊难辨的面孔却可能因之而变得生动、鲜活、近在咫尺——仿佛一伸手就可以触摸他们的鼻息。

由于采用第一人称，从而决定了本书的叙事策略和语言风格也会与一般的历史写作判然有别。在传统的历史文本中，这些人物都是被盖棺论定的。他们要么是历史的化石和概念的载体，要么就是一张张面无表情的脸谱和黑白分明的道德标签。在历代史家客观冷静的分析和解剖中，他们不再有生命的温度、不再有心灵的激情、不再有人性的复杂和矛盾、不再有内心的彷徨和挣扎……也就是说，充满复杂情感与生命张力的人从此被遗忘或遮蔽了，有血有肉的生命个体变成了一堆既定的历史事实的冰冷注脚。

所以，一旦选择了第一人称的写作，我就必须让一切从头再来。

我必须用我的生命去贴近他们的生命，用我的心灵去解读他们的心灵；我必须在尊重史实的基础上运用合理的想象，去拼凑那些破碎的生命影像和历史断片；我必须采用文学性的乃至诗性的语言，去重建那些早已消逝的世界和死者的生活……

这一切是否可能？

我认为是可能的。因为时代与历史虽远，可人性与人心未远。无论日月如何轮转，世事如何变幻，我们身上所秉有的人性，大抵与古人相去不远。更何况，我也无意追求“绝对的”历史真实（因为那根本做不到），我只是试图透过合理的历史想象，获得“相对的”历史真实，还原一个个真实的人而已。换句话说，我希望能在“客观的历史真实”之外，建构起另一种意义上的“人性的真实”。

然而，这里可能还会出现一个问题：历史是否允许想象？

对此我只能说："历史的想象"并不等同于"想象的历史"。

"想象的历史"可以随心所欲地对历史进行小说式的杜撰和虚构，而"历史的想象"却必须严格地遵循史实，其前提是要对史料下一番爬梳抉剔的"笨"功夫（在这方面它和传统的历史研究其实毫无二致），在此基础上才谈得上"合理的想象"。如果说"想象的历史"是在建造一座全新的仿古建筑，那么"历史的想象"则是对岌岌可危的古代建筑进行原样修缮。众所周知，后者往往比前者更艰难。因为后者需要以一种严谨的态度对待历史。

为什么需要"历史的想象"？首先是因为"技术上"的原因。我们的历史记载存在很多残缺不全和相互抵牾之处，这就需要运用历史想象去修补史料缺漏处的逻辑断链。而深层的原因，则正如前文所言，今天的我们需要一种全新的解读历史的方式。而本书所采用的方式则是对话。

英国历史学家卡尔说："历史是现在与过去之间永无止境的问答交谈。"我们可以把这句话简化为：历史就是今人与古人的对话。既然是对话，古人和今人就必须同时在场。那么，古人如何在场？

这就需要运用历史的想象，让死者"复活"。

当然，这里所指的"复活"和"对话"，并不是像当下时髦的穿越文所做的那样，让不同时代的人时空交错地碰在一起。我所谓的复活是一种抽象的精神层面上的复活，所谓的对话也只是一种理念上的对话。我希望让笔下的一个个"我"超越具象时空的物理束缚和文化捆绑，让他们置身于古代的同时又置身于今天，在一个假设的"信息全知"的平台上与今天的读者展开问答和交谈。因此，这样的一些"我"也就成了一个个具有多重性质的精神载体——让不同时代的思想和价值观透过这些载体产生深度的交流和碰撞，我认为会是饶有兴味而且富有意义的一件事情。

本书之所以选择"权臣"这个话题，并不是为了迎合猎奇者的目光。而是因为"权臣"这个特殊群体是中国几千年专制制度的一个缩影。诚然，一般情况下只有"皇帝"才是这个专制制度的典型代表，但是本书所描述的这些权臣，却以这样或那样的方式架空、窃取或者凌驾了皇权，所以，他们甚至比当时的皇帝更有资格成为他们那个时代的代言人。

作为“成功”的权臣，这些人都深谙中国政治的游戏规则。他们最大限度地掌握、利用并强化了这套规则，成为专制制度下和权力舞台上最大的受益者。可与此同时，他们也深深地受困于这样的规则和制度本身，并且最终付出了身死族灭的代价。归根结底，他们也只是历史舞台上的匆匆过客。然而，他们所赖以成长并为之做出过“贡献”的这套规则和制度，却在其身后“福泽绵长”、经久不衰。对这种现象的关注正是本书的目的所在。所以，与其说本书是在关注权臣，还不如说是在透过权臣关注中国式的权力诞生和运行的规则。从某种意义上说，虽然中国的专制制度早已终结，可某些传统的病根和惰性没有全然消失。而只要这些畸形的潜规则存在一天，所有似曾相识的历史悲剧就会不断地循环上演，一切阻碍文明演进与社会进步的力量就会一再地卷土重来。所以我们也可以说，关注历史其实就是在关注当下、关注我们自身。

因此，我想说，“历史的重构”和“死者的复活”从来不是我写作的目的所在。

如果不是“为了活着的人”，这一切将毫无意义。

由于本书所描述的权臣通常都掌握着不受制约的巨大权力，所以，种种潜在的人性的阴暗面就会在他们身上最大限度地表现出来。于是千百年来，人们就习惯于从道德角度不遗余力对他们进行论断和褒贬，却很少有人从人性的、人文的，或是“规则”（制度）的层面去观照和解读他们。所以，这些人身上往往集中了最多人云亦云的东西，可同时又遗留下诸多有待勘探和烛照的暗角与盲区。

本书正是希望从一些有别于前人的角度，对这些众所周知的历史人物做出新的诠释。可必须强调的一点是，我无意替他们进行“翻案”。无论是众口一词的国之栋梁，还是史有定评的乱臣贼子，我都把他们置于同一种“人性的”与“人文的”视野中，一视同仁地进行考量。既不隐恶，也不溢美。而且我尽量避免对他们做出非黑即白、非善即恶的道德论断。

我这么做并不是想否定或颠覆传统的道德观，而是希望留给读者更多思考的空间。因为真实的人往往是多面的、复杂的、矛盾的和立体的，同时也是难以被概念化的，不应该被一言以蔽之的……所以，我把下结论的权利留给了读者。

虽然本书的着眼点不在于官场斗争，可既然是再现权臣叱咤风云的一生，书中难免会表现诸多的钩心斗角与尔虞我诈，但是这绝非笔者本意。借用一本畅销书的书名来说：“我不是教你诈！”如果读者只看见其中的权谋与厚黑，看不见这些东西得以诞生的土壤以及这种土壤的本质，那就算不是对历史的无知和盲目，起码也是对本书的一种粗浅的误读。

我相信这样的读者只是极少数。

读者的判断能力和需求品位从来是不应该被低估的。然而，对读者的低估似乎也是中国传统的历史文本由来已久的缺憾之一。

我希望与读者一起，逐渐来改变这种状况。

是为序。

目录 / Contents

第一章　吕不韦：想大才能做大 / 1

就像人们常说的那样，人走到最后——总会想起最初。

在这个风雨飘摇的夜晚，一种巨大的空旷和寂寞紧紧缠绕着我，让我呼吸沉重。

用过晚膳后，我就屏退了所有下人。我告诉他们，不要来打扰我，谁也不许来打扰我！我需要一种淡定而澄明的心境来独自面对自己的一生。

我闭上眼睛，看见时光支离、岁月弥散，往事像一粒粒飘浮不定的尘埃……

终于，我进入了往事。轻轻地，恍如走进另一个人的梦境。每一条道路迤逦着走过我，每一条河流汹涌着渡过我。然后我就抵达了那个最初的早晨……

第二章　霍光：是栋梁，还是芒刺？ / 33

春天不是一个死亡的季节，可人们从我身上嗅到了弥留的气息。

皇帝刚才哭了。一看见我，他年轻的面容立刻爬满晶莹的泪水。

他看上去很伤心。

是的，起码看上去是这样。

虽然我知道自己还很清醒，可皇帝的哭声还是再一次提醒了我——霍光已经是一个濒临死亡的老人。

这是早春二月的长安。从我的卧榻望出去，可以看见窗外那一小块湛蓝的天空，还有一两枝将放而未放的桃花……

生命中这最后一小段岁月让我忽然有了一种领悟。我发现人其实可以活得很简约。当然，我这么说或许会让你们觉得矫情——一个跋扈一生的大权臣，到头来居然侈谈什么简约？

第三章　尔朱荣：问天下谁是英雄 / 71

我的确已经努力了，父亲。可不知道为什么，我最终没有成为驰骋天下的英雄。父亲，我让你失望了吗？我辜负了契胡族人的那个古老传说了吗？

没有人回答我……

我终于知道——我已经死了。

问天下谁是英雄？！

答案也许并不是不言自明的。上天给了我宏大的梦想，可它没有给我足够的时间。不过，难道一定要以成败论英雄吗？难道英雄不可以是一种生命的姿态，而非得是某种实质性的结果吗？无论如何，我还是要说，我一直在努力。从许多年前我父亲带我去见识"天池"的那个遥远的下午之后，我就一刻也没有放弃努力……

第四章　李林甫：无心睡眠 / 109

我经常失眠。

原因很复杂。其中最根本的一条，我想是因为警觉—对周遭一切潜在的危险所时刻保有的警觉。

从年轻的时候起，我对世界就怀有一种根深蒂固的看法。我觉得这个世界是一座丛林——一座人心叵测而又人人自危的丛林。每一个幽暗的角落里也许都隐藏着一两个敌人，他们随时会跳出来咬你一口。

我总是用尽一切手段把自己严严实实地包裹起来，最后只剩下一双眼睛和一对鼻孔。我会在自己的堡垒里冷冷地窥视这座丛林的每一个角落，小心翼翼地嗅着每一种危险的气味，以充分保障自己的安全。

也许正因为此，世人对我最为集中的评价就两个字——阴鸷。

第五章　蔡京：政治是一门艺术 / 145

我有一种预感。

我即将死在这条山长水远的贬谪之路上。

前方那座名叫潭州的城市，很可能就是我生命的终点。

其实我已经无所谓了。既然我的政治生命早已终结，那我的物质生命又何苦在这世上苟延残喘？

政治是我的一切。失去它，我的存在毫无意义。更何况，我已是一个年近八旬的老人。人生七十古来稀，我还有什么不满足的吗？

没有了。

真的没有了。

我现在唯一想做的，就是伸出我颤颤巍巍的双手，细细抚摩这八十载的悲欣与沉浮，以及记忆深处那斑斑点点的繁华与忧伤。……这些日子以来，每当我回首自己在北宋政坛上屡起屡落、大开大合的一生，一种莫名的兴奋之情便会一再盈满我的胸臆。

第六章　秦桧：我的无间道 / 193

说起我，你们绝不陌生。

今天如果你们去杭州，还可以看见我赤着上身反剪双手长跪在岳武穆的墓前。从明朝正德年间第一次铸像到现在，我已经在那里跪了将近五百年，而且貌似要永远跪下去。

青山有幸埋忠骨，白铁无辜铸佞臣。

这是岳庙的一副对联。上联说的是岳飞，下联说的就是我。

我就这么跪成了一个大奸大恶的符号，连无辜的白铁都被我连累了。如果白铁有知，我真想对它说声抱歉。我就这么屈膝垂首于山一样伟岸的、大忠大善的岳飞英灵前，任千夫所指、兆民唾骂。如果把这五百年来唾骂我的口水汇聚起来，足以成为一片浩瀚的汪洋。

第七章　贾似道：有人的地方就有江湖 / 261

有人的地方就有江湖。

这句话绝对是至理名言。

比如这几十年来，蒙古人和南宋人之间就是一个最大的江湖。而眼下，郑虎臣和我就是一个小小的江湖。

站在小庵窄窄的庭院里，郑虎臣和我四目相对。就在这一刻，我从他眼中看到了一团火焰——一团业已燃烧多年的复仇的火焰。

我苦笑着把目光从郑虎臣的脸上移开，回头遥望了一眼西天凄艳的晚霞——我看见夕阳正在以一种绝美的姿势坠落，而我将再也看不见它重新升起。从某种意义上说，我们的帝国也正在以同样的姿势坠落，而偌大的天下，又有谁能让它再度升起？

没有了。

我贾似道曾经努力过，可是我没有成功。我后来放弃了努力，于是人们就把我曾经做过的一切一笔勾销。所以我知道，此刻郑虎臣眼中所燃烧的，除了家仇，还有国恨。

第八章　刘瑾：死神的 3357 个吻 / 289

死神来了。

在我毫无防备的时刻，以我始料未及的方式来了。

这是正德五年（公元1510年）的八月二十五。一个与平常并无不同的秋日早晨。我看见头上的天空依旧纯净而蔚蓝，和五十多年前我初入宫的时候一模一样。

时间过得真快，就这么一眨眼，也就是一生了。

你们都知道，我是一个太监。你们或许还知道，我是一个与众不同的太监。坊间的百姓都说，现如今的北京城有两个皇帝：一个是金銮殿上的“坐”皇帝朱厚照，也叫“朱”皇帝；另一个是司礼监的掌印太监“站”皇帝，也叫“刘”皇帝。

后者说的就是我：刘瑾。

第九章　严嵩：世界是一个巨大的坟墓 / 327

我从没想过自己会如此长寿。

我也从来没有想象过，我的世界会变得如此寂寥而凄凉。

一间四壁漏风的破茅屋就是我的府邸；周围这片野草没膝的乱葬岗就是我的花园；别人坟头上零零星星的供品和祭物就是我的美食盛宴；至于那恍如呜咽的风鸣、枯树上三两只乌鸦的聒噪以及夜深人静时形同鬼哭的声声狼嚎，就是我风烛残年的生命中最后的丝竹管弦……

八十八岁的我，就在这样一个被人遗忘的世界里日复一日地独自生活。

有时候我经常在想——这样的生活和死亡有什么分别吗？

恐怕没有。

自从两年前拖着这具老病的躯壳流落到老家附近的这片坟场，我在世人的眼中就已经死了。充其量我就是一个“活死人”，我的世界不过是一个巨大的坟墓。老天爷之所以把我留在这个“大坟墓”里苟延残喘，无非就是想对我进行惩罚。

是的，惩罚。对于像我这样一个曾经富贵绝顶、权倾天下，而今身败名裂、一无所有的老人而言，这样的长寿绝对是比死亡更严厉的惩罚！

第一章

吕不韦

想大才能做大

就像人们常说的那样，人走到最后——总会想起最初。

在这个风雨飘摇的夜晚，一种巨大的空旷和寂寞紧紧缠绕着我，让我呼吸沉重。

用过晚膳后，我就屏退了所有下人。我告诉他们，不要来打扰我，谁也不许来打扰我！我需要一种淡定而澄明的心境来独自面对自己的一生。

我闭上眼睛，看见时光支离、岁月弥散，往事像一粒粒飘浮不定的尘埃。我知道，过去的生命像一个黑暗之匣，不肯轻易为我打开。我也知道，人的念头往往就像一群放纵多年而躁动不安的小兽，除非你决然背对俗世的喧嚣，情愿让自己心如止水，否则它们一瞬也不会消停。而此刻，我敢说我是虔诚的。我在一个人的世界上，向自己的孤独顶礼膜拜。我祈求记忆的光照将我穿透，再静静抚摩我斑驳的灵魂，让我纯净如初……

终于，我进入了往事。轻轻地，恍如走进另一个人的梦境。每一条道路迤逦着走过我，每一条河流汹涌着渡过我。然后我就抵达了那个最初的早晨……

一

一切都始于那个阳光明媚的早晨。

在繁华的邯郸街头，我一眼就看见了那张脸。

那种倨傲与萎靡相互混杂的奇异表情多年后依然在我的记忆中屡屡浮现。

他低着头，心不在焉地向我走来，看上去跟所有没落贵族的公子哥毫无二致。然而，当我们擦肩而过的一瞬间，我捕捉到了一种气息。一种王族后裔特有的高贵气息。那是他外表的散淡与落寞所无法掩盖的。

我敢断定，这个人具有非同寻常的身份和血统。

很快我就弄清了有关他的一切，从而证实了我的猜测。他叫嬴异人，是秦国太子安国君并不宠幸的妃子夏姬所生，在赵国充当人质，已经在邯郸住了整整八年。秦昭王当年为了破坏六国合纵、笼络赵国，把这个不起眼的孙子作为一个政治筹码扔在了赵国，一扔就是八年。这几年秦赵之间的军事冲突不断升级，这个筹码实际上早已过期作废，可至今秦国也没有把他召回去的打算。

可以肯定，秦国遗忘了异人，就像一个长大的孩子遗忘了童年的旧弹弓。而对于赵国来说，昔日手中的龙种如今变成了一只寄生的跳蚤，这让他们既尴尬又愤恨。所以，除了保证不让嬴异人饿死，他们实在不可能再为他多做些什么。

面对急剧缩减的车马衣食和赵国人日渐增多的白眼，秦国公子嬴异人的痛苦和无奈是不言而喻的——当下穷愁困顿，未来黯淡无光。嬴异人就像一只被弃的孤雁，只能在自己的断翅中偶尔嗅一嗅往日飞翔的气息……

嬴异人真的变成一文不值的废物了吗？

当我对他做出完整而深入的调查之后，我笑着对自己说——不！

我敢说，在这个世界上，除了我吕不韦，没人能认识到这个落魄的秦国公子身上潜藏的巨大价值，包括嬴异人自己。

洞察到这个巨大商机之后，我兴奋得一夜未眠。我预感到那个早晨的邂逅终将把我的命运和嬴异人的命运紧紧地捆绑在一起。我意识到我的商业生涯正面临一个前所未有的重大转折——或者说质的飞跃。

而这一切看上去是那么偶然——摩肩接踵的人流中，两个素不相识的匆匆过客……

这和一条湍急的河流上漂浮的两枚落叶又有多大差别呢？

说到底，在这世上，人如落叶，亦如飘蓬。旋生旋灭，旋遇旋散。无所谓玄机，也无所谓必然。然而，我还是愿意把那个早晨与嬴异人的相遇视为造物主的安排。因为，在我看来，任何偶然都是一颗上天赐给的种子，你可以任它湮灭，也可以让它成长，端看你是否具有一种甄别良窳的眼光。倘若你有眼光，就能在一颗种子里看见参天大树，从一次偶然中打开一世的繁华与荣光。

我就是准备这么做的。

忘了告诉你们，我来自韩国的阳翟（今河南禹州）。我是一个商人。一个还算成功的商人。所以，我不但具有从沙里淘出金子的眼光，我还具有把金子打造成各种金器的实力，亦即对初级产品进行深加工以使它增值的能力。

很快你们就会看到，我将把嬴异人从沙堆里淘出来，然后告诉他——要发光！

于是他就有了光！

我那时还不知道两千年后从西方传来了一个宗教，也不知道他们的偶像耶和华说过类似的话，所以你们不能说我掠美或者抄袭，也不能说我太过狂妄把自己当成了上帝。其实我要说的是，这世上从来没有什么救世主，也没有神仙上帝，一切都要靠自己。

我想说，天堂就在尘世——在你的心、你的手、你的汗里。

说穿了，你才是自己的上帝。

好了。人一老就变得啰唆（我今年快六十了）。扯远了，打住。

遇见嬴异人的三天之后，我马不停蹄地赶回了故乡，见到了我的父亲——一位精通商道、洞明世事的老人。我迫不及待地问父亲，耕田之利几倍？

十倍。父亲说。

珠玉之赢几倍？

百倍。父亲说。

立国家之主赢几倍？

父亲微微一怔。

我笑了。我想那一刻我肯定笑得有些诡异。

因为父亲正在用一种陌生的眼光看着自己的儿子。

我知道，这个问题严格来讲已经超出了商业领域——它指向了政治。它等于是在向父亲表明：我日益强大的欲望和能量已经不允许我再做一个普普通通的商人，我需要一个释放和展现自我的新舞台。

我知道，作为一个名不见经传的小商人，说出这种“立国家之主”的话，很可能被人视为痴人说梦。但是我要告诉你们一个秘密——想大才能做大！

是的，想大才能做大。你们说，成功者和普通人最大的区别是什么？在我看来，就是两个字：梦想。

一个人之所以能够获得别人难以企及的成功，就在于他敢于梦想。普通人看到的总是他现在的人生是什么样子，而成功者关注的是——人生可能会变成什么样子。

那一天，父亲肯定也看出了潜藏在我身上的那个巨大的梦想，所以他并没有过多迟疑就回答了我的问题。

他说，无数。

这正是我需要的答案。

我当天就辞别了父亲。回邯郸的路上，我注意到了那些在烈日暴晒之下挥锄洒汗的农人。他们终年胼手胝足辛苦劳作却往往不得温饱。我也遇见了许多同行——那些风尘仆仆的商队。他们一年到头四处奔波赚取的只是有限的价差，而且一不小心就会血本无归。与此相反的是，那些四体不勤五谷不分的诸侯大夫们却能享有肥马轻裘钟鸣鼎食的生活。这是为什么呢？

因为权力。

因为这世上有一种东西叫作权力。

农夫耕种土地，创造价值；商人贩卖货物，交换价值；而政客掌握权力，所以他们占有价值。道理就这么简单。当然，这世上没有人不想当后者。问题是大多数人没有机会。想到这里，我再次为自己能够发现这样一个机会而得意不已！我说过，我是一个还算成功的商人。所以用我的眼光来看，世间万物皆为商品，包括人。

不，尤其是人。在某些时候，人是最有价值的商品。

当邯郸城上的旌旗和雉堞依稀映入我眼帘的时候，我已经做出了一生中最为重大的决定——我要倾尽所有，投资嬴异人！我坚信这个特殊的商品必将给我带来无数的利润！

那一刻，我对自己说了一句话。没想到这句话居然广为流传，成为你们现在所说的“成语”。

我说的是“奇货可居”。

回到邯郸后我匆匆洗了把脸，便策马奔向嬴异人的府第。这是一个天色阴沉的午后，我心里却装满了阳光。一个下人为我开了门，听完我的自我介绍后，把我引进了院子。片刻之后，嬴异人神色倦怠地走了出来。他站在廊上，微仰着下巴，狐疑地瞟了我一眼。看那样子，丝毫没有请我进去坐的意思。

他肯定以为我找错人了。一个韩国的商人，能和他有什么瓜葛？

我粲然一笑，无遮无拦地说了一句：“我能光大您的门庭。”语气之直白与狂妄连我自己都有些惊讶。

异人笑了。笑容中满是讥嘲。他说：“你还是先光大自己的门庭，再来光大我的吧！”

我没有理会他的讥讽，而是盯着他的眼睛说：“您有所不知。我的门庭必待您的门庭而光大。”

嬴异人半张着嘴看着我。颓废的目光中忽然有火焰一闪。然后他毕恭毕敬地走下台阶，牵住我的手，把我请进了内室。席地而坐之后，我毫不客气地挑明了他当下的困境。我说：“秦王已经老了，您的父亲安国君被立为太子。我私下听说安国君宠爱华阳夫人，并不宠爱您的母亲夏姬。现在你们兄弟有二十多人，您又排在中间，并不受宠幸，而且长久在诸侯国为人质。一旦秦王死后，安国君立为王，您根本没有机会和长子竞争太子之位，甚至也没有机会跟那些早晚都在秦王跟前的兄弟竞争！”

异人苦笑着说：“没错！可我还能怎么办？”

我说：“依你看，安国君要立谁为嫡嗣，是不是由华阳夫人说了算？”

异人点头说：“是。”

我说：“那么，华阳夫人是不是无子？”

异人依旧点头说：“是。”忽然间，他像是明白了什么，猛地抓住我的手，嘴巴张了几下。可他什么都没说出来，慢慢又松开我的手，颓然坐了回去。

我笑。我知道他已经猜到了一半。“您刚才想得没错，”我说，“我就是要让华阳夫人认您为义子，然后再立您为嫡嗣。”

嬴异人再度苦笑着摇了摇头。他知道要做到这一步他还缺了样东西，那就是——钱。可他忘了，他所缺少的，恰恰是我所拥有的。我吕不韦之所以来找他、之所以对这桩生意成竹在胸，正是因为我可以和他达成这种微妙的优势互补。他拥有高贵的王室血统，而我拥有必要的资本和运作能力。这就是商业的奥妙之所在，它能把分散和闲置的资源整合在一起，从而产生惊人的效益。当然，进行资源整合的前提条件是要敢于投入成本，并且承担风险。而我现在正是要这么做。我对嬴异人说：“我知道，您目前被困于邯郸，经济状况不好，没有条件交结应酬。

不韦虽不富裕，却愿携黄金千斤替您到秦国走一趟，去侍奉安国君和华阳夫人，说服他们立您为嫡子，不知您意下如何？”

我永远不会忘记听完这一席话后嬴异人脸上的表情。那是一种被突如其来的幸福和喜悦撞击得无所适从的表情。他唯一所能做的就是腾地从坐席上跳起来，然后趴在我的面前频频叩首。他用一种战栗不止的声音对我说——

如果先生的计策成功，我愿意与先生分享秦国的土地！

我笑了。

我想那肯定是我有生以来最灿烂的一个笑容。

二

我出发了。目标咸阳。临行前我给嬴异人留下了五百斤黄金。我告诉他，他现在唯一需要做的事情就是——花钱，尽情地花钱。要让越来越多的人知道，秦国公子嬴异人是个慷慨仁义、贤明有为、宾客遍天下的人。异人心领神会。从此以后，穷愁潦倒的嬴异人摇身一变成了挥金如土、仗义轻财的知名人士。我另外用五百斤黄金购置了一车的奇珍异宝，来到了咸阳。可我并没有直接去找华阳夫人，而是找了另外的两个人。

很多时候，两点之间并非直线最短，巧妙的迂回才是捷径。

经过一番打点，我见到了华阳夫人的弟弟阳泉君。我第一句话就说：“阳泉君，你有罪，而且罪足以致死！您可知道？”

阳泉君当场就蒙了。

没等他反应过来，我接着说：“君之门下，无不是高官厚禄；而安国君的儿子们，却一无显贵之人。况且，君之府库藏珍韫宝，骏马盈外厩，美女充后庭。而安国君年事已高，一旦崩逝，将来的太子执政，君必然危于累卵、命在旦夕。这一切，君可曾想到？”

也许这就叫一语惊醒梦中人。阳泉君极力想保持镇定，可他的惶悚之情已经溢于言表。他说：“不知先生有何见教？”

我不紧不慢地说：“我有一策，可让您长保富贵、安如泰山，绝无危亡之患。”

阳泉君立刻离开坐席，起身行礼，诚惶诚恐地说："愿闻先生高见。"

我说："安国君年高，华阳夫人无子，长子嬴傒势必承继秦国政权。届时，华阳夫人与您的整个家族都将门庭冷落、命运堪忧。如今公子异人是个贤明之人，却作为人质被遗弃在赵国。他每天引颈而望，思念故国。如果华阳夫人能说服安国君立他为嫡嗣，那么异人将无国而有国，而夫人亦将无子而有子。"

阳泉君沉吟半晌，重重地点了个头，说："对！"

我笑了。可我心里捏了一把汗。虽然这场对话的结果完全在我的意料之中，可那样的开场白明显属于剑走偏锋，并不是任何人都可以接受的。搞不好，我这个无权无势的韩国商人就有可能脑袋搬家。

可见，这是一次冒险。

所幸的是，最终的事实还是证明了，这是一次成功的冒险。

我第二个找的人是华阳夫人的姐姐。当然，我收起了对付阳泉君的那一套，采用了让一个女人最容易产生好感的方式——给她奉上了一份价值不菲的见面礼。然后我很自然地跟她聊起了异人。我谈起异人的贤能、异人的聪明以及所结交的诸侯宾客如何遍布天下等。当然，我顺便还提到了异人的孝顺。我说："异人把华阳夫人当成像天一样，日夜以泪洗面，深切思念太子和夫人。"最后我说，请夫人代我向尊敬的华阳夫人奉上几件小礼物，顺便转达几句话。

我所指的几件小礼物就是我用五百斤黄金购置的那一车奇珍异宝。而请她转达的那几句话是这么说的："我听说，以色事人者，色衰而爱弛。如今夫人侍奉太子，深受宠爱，膝下却无子，那就应趁早在安国君的众多儿子中选择才德之人立为嫡子。如此一来，丈夫在的时候则备受尊重，丈夫百年之后，所立之子即位为王，终究不会失去权势。不在繁华时树立根本，一旦色衰爱弛，即使想进一言，还有可能吗？如今在太子的诸位儿子中，属异人最为贤能。他自知排行中间，按次第不得被立为嫡嗣，而且他母亲又不得宠幸，所以自愿依附于夫人。夫人如果能在这个时候立其为嫡子，那必将终生在秦国享有富贵。"

据我所知，这些话当天就原封不动地落进了华阳夫人的耳中。事后我在想，华阳夫人的姐姐在转达的过程中，很有可能还会加上女人所特有的那种绘声绘色，以及姐妹之间闺中秘语所特有的那种推心置腹和语重心长。

所以，这些话从我的口中还是从她姐姐的口中说出来，对华阳夫人来说，效果是大不一样的。

当弟弟和姐姐都异口同声地劝说华阳夫人立异人为嫡子以长保富贵时，华阳夫人自然不可能不动心。就这样，事情完全按照我的计划进展。我并没有花多大的功夫，就成功地把嬴异人的未来与华阳夫人和他们整个家族的未来紧紧地绑在了一起。

当然，这里头也包括我的未来。

我说过，所有成功的商业策划，其秘诀都在于优势互补和资源整合。这一点在我的此次咸阳之行中再次得到了验证。另外，金钱的魔力也不可忽视。当那一车奇珍异宝赫然呈现在华阳夫人姐妹面前时，她们那一刻的眼神是相当动人的。还有一点我必须指出，那就是在影响和说服华阳夫人姐弟们的过程中，我采取的原则和策略是——

永远只谈对方所需要的，而不是我所需要的。

这就是影响力的本质。

只要你善于抓住所谓“人性的弱点”，你就很容易获得别人的合作，从而无往不胜。无论在日常生活中，还是在商业活动中，甚或在政治事务中，这都是一条颠扑不破的铁律。

我相信下面这几句话你们都已经耳熟能详——当我去钓鱼的时候，我不会去想我要吃什么，而是想它们所需要的。你为什么不用同样的常识，去“钓”一个人呢……为什么我们只谈自己所要的呢？那是孩子气的，不近情理的。想想你永远在注意你的需要，别人对你却漠不关心。要知道，其他人都像你一样，他们关心的只是自己……世界上唯一能影响对方的方法，就是谈论他所要的，而且告诉他，如何才能得到它。

这是两千多年后一个叫戴尔·卡耐基的西方人说的。我觉得他说得很好。这番话不啻于是对我的咸阳之行所做的一个有力注脚。所以说，无论日月如何轮转，世事如何变幻，也无论人间几度沧海桑田，我们身上所秉有的人性却往往亘古不变。基于此，我觉得有必要再提醒你们一点，那就是两千多年后风靡世界的西方成功学理论，有不少都可以在我所处的这个战国时代找到相应的案例。所以，作为中国人，你们也不宜太过妄自菲薄。

当然，我们缺乏系统的理论。这也是事实。

又扯远了。我很抱歉。打住。

后来发生的事情基本上可以说是水到渠成。华阳夫人选择了一个恰当的时机向安国君提出了要求：立异人为嫡嗣，以托终身。也许是安国君当时没什么思想准备，所以略微迟疑了一下。而华阳夫人的眼泪就在那一瞬间悄然滑落。

眼泪是一个女人温柔的武器。尤其当这个女人既年轻又美丽，那就更是一件致命的武器。华阳夫人梨花带雨的脸庞立刻唤醒了安国君无限的怜惜之心和恻隐之情。他当即表示同意，并与夫人一起刻玉符为据。然后托我将一笔数目可观的馈赠带给异人。

当我大功告成归来的时候，嬴异人欣喜若狂。从此，他不再是那个被人遗弃的“质子”了。他现在是堂堂秦国的嫡长孙，未来的大秦国王。这一重大的政治新闻即刻传遍了邯郸城的大街小巷，并且不胫而走，很快传到了各诸侯国。与此同时，我吕不韦也不再是一个普普通通的韩国商人了。离开咸阳前，安国君和华阳夫人就郑重其事地邀请我担任嬴异人的老师。我非常自信也非常光荣地接受了这一名副其实的职务。

在这世上，除了我，还有谁更适合当他的老师呢？我吕不韦之于嬴异人，与其说是伯乐之于千里马，还不如说是一只点金手之于一颗形同废物的石头。我的所作所为，几乎可以用“化腐朽为神奇”来形容。我相信，直到两千多年后，当你们在阅读这段历史时，仍然可以感受到贯穿其中的那种过人的胆识和卓越的智慧。

别把我说成是什么野心家或政治投机商那么不堪。野心和投机心谁都有，这并不值得拿来说事。值得你们关注的是一个人究竟是凭什么实现了他的梦想（或者说野心），而世上绝大多数的芸芸众生，又为什么只能把他们的梦想与野心带进坟墓，连同肉体一起腐烂。你们可曾想过，在一个允许自由竞争的社会上，自甘平庸和无所作为就是一种耻辱，而敢于梦想和追求成功是一个人应负的责任？你们是否习惯于让一种狭隘而僵死的眼光遮蔽着，所以总是把包括我吕不韦在内的许多古人贴上形形色色的道德标签？在面对历史、面对古人的时候，你们是否总是倾向于论断和评价，而不善于体验和感受？你们是否总是有意无意地忘记，人是复杂而矛盾的动物，因而总是习惯于对事物做出非黑即白、非善即恶的一刀切？是否直到两千多年后，你们仍然纠缠于所谓的义利之争和善恶之争，仍然在道德和欲望的夹缝中徒劳地挣扎，看不到义利之间、善恶之间那个广阔的中间地带？所以，你们的梦想总是很容易枯萎，而你们的生命能量总是在不知不觉中耗散。

也许这些问题又扯远了，但我真的很想知道答案。

谁能回答我？

谁？

三

我一直自认为是一个相当成功的男人，除了因为我拥有智慧、能力和财富，还有一个原因，那就是我拥有邯郸城最美丽、最能歌善舞的女人。她的名字叫赵姬。

她是赵国一位富豪的女儿，和我郎才女貌、门当户对，可以说是一对天造地设、令人艳羡的佳偶。我深爱着这个女人。在我们同居数年之后的某一天，赵姬忽然羞怯地告诉我，她怀孕了。当我得知自己即将成为父亲的那一刻，一种巨大的温馨和幸福之感迅速弥漫了我的胸臆。我预感到，即将投奔人间的这个小生命肯定是个男孩儿，而且他必将负有一种非凡的使命。后来的事实证明，我的预感是正确的。这个男孩儿在未来的岁月里将扫灭六国、统一天下，实现五百多年来无数英雄豪杰为之肝脑涂地而未能达成的伟大梦想，并且——成为中国历史上第一位至尊无上的皇帝。

他的名字叫嬴政。天下人都称他为“秦始皇”。

他——就是我的儿子。

可是，他姓嬴，不姓吕，所以他从来没有叫过我一声“父亲”。这是命运跟我开的一个最大的玩笑。它几乎给了我想要的一切，却剥夺了我作为父亲的权利。如果说我这一生有什么遗憾的话，这就是最大的遗憾。我和他有父子之实，却一生没有父子之名。我另一个深深的遗憾就是赵姬。我和她大半生都有夫妻之实，却从来没有夫妻之名。

这一切都是为什么呢？

也许你们已经猜到了。这是因为异人。

所以，我这一生始终对嬴异人怀有一种极其复杂的情感。我喜欢他，因为他是对我最有价值的人。有了他，我才可能拜相封侯、位极人臣、一生显赫、驰骋天下。可我也恨他。就是因为他，我失去了当一个丈夫和一个父亲的权利。

他让我获得了巨大的成功，可他也让我丧失了生命的完整。

也许，人的一生就是这样。得失相倚，利弊相生。只有缺憾，没有完美。做什么事情都要付出代价……也许就在我做出某种貌似伟大的选择之后，人世间的许多平凡幸福就已经离我远去……也许人只能直面现实的残忍，慢慢学会在回忆和遐想中体味幸福……也许我无权怪任何人，要怪只能怪自己……想到这里，我还能说什么呢？

那真是一场该死的酒宴。

迅速到来的巨大成功让我们每个人都有点儿忘乎所以。那天在我的府上，我，异人，还有赵姬，三个人都喝得有些飘飘然。

我微醺。异人半醉。而赵姬笑靥嫣然，面若桃花。

我真该死。

我居然没有想到——在这样的时刻，美丽就是一种错误。

我总是下意识地认为赵姬的美丽只属于我一个人。可我错了。在这个世界上，什么事都有可能发生，没有谁注定属于谁。当我终于察觉到异人注视赵姬的眼神中荡漾着一种无可救药的痴迷时，一切便都不可避免地发生了。

异人端着一只酒盅摇摇晃晃地站了起来，向我敬酒。我也笑着端起酒盅。异人忽然说了一句话。那句话他说得含混不清，可却异常清晰地落进我的耳中。他说，希望我把赵姬送给他。

仿佛是一声惊雷炸响在我的头顶。那一刻我差点失手跌落了酒盅。

有没有搞错？！

论辈分，现在赵姬应该算是异人的师母了。他居然还说出这种大逆不道、不知廉耻的话？！还有没有一点长幼尊卑了？！

可其实我们大家心里都很清楚，我和异人真正的关系是合作伙伴。说得更明白点，是一对商业搭档或者说政治搭档。而无论是在商人还是在政客之间，都只有利益的交换，没有什么天经地义不可违背的道德准则。

怎么办？

我强抑着内心的愤怒，一遍又一遍告诉自己：冷静。一定要冷静。我已经把我几乎所有的家产都押在了异人身上，我梦想中的辉煌事业刚刚露出了一线曙光，前方的道路还很漫长，未来难以预料。在这样一个微妙的时刻，我和异人之间绝对不能出现任何性质的裂痕。我们必须竭尽全力扩大双方的利益结合面，以至让二者水乳交融、不可分割。

所以，异人并没有搞错。如果我任由自己的愤怒倾泻而出，指着他的鼻子破口大骂，然后异人狼狈而去、我们双方关系破裂，而我的所有投资和努力付诸东流、功亏一篑，最后我守着爱情、守着赵姬、守着我们的爱情结晶，贫贱一生抱憾终老，那么——我才真的是搞错了！

这一切思考都发生在电光石火的一瞬间。所以，我没有来得及去看一眼赵姬的反应，也没有来得及去考虑她腹中胎儿的未来命运——以及我们一家三口未来的关系和命运——就发出了一声无比慷慨无比爽朗的大笑。我说："行！"

那一刻，是否有某种与生俱来的晶莹的东西在我的灵魂深处无声地碎裂？

我不知道。

在这个变幻无常的世界上，在这个人人心怀叵测的世界上，我们真的不知道明天会发生什么，甚至不知道下一刻会发生什么。

比如，就这么一顿酒宴的工夫，我失去了我的女人，还有我的儿子。看着杯盘狼藉的桌案和空空荡荡的房间，我的生命好像忽然间失去了重量。

再比如赵姬离去时的那个眼神。她并没有表现出过多的缠绵与忧伤，这一点实在出乎我的意料。固然，她也流露出了一丝眷恋和不舍，但是，我从中看见的更多的是平静。

她的平静意味着什么？是绝情寡义，还是坚忍自持？是甘愿为我做出牺牲，还是怀藏着比我更深的权谋？毕竟，我现在仍然是一介布衣，而异人是堂堂秦国的嫡长孙，未来的大秦国王……哪一只鸟儿不想攀高枝呢？想到这里，我苦笑了一下。如果真是这样也好，起码我不用背负道义和感情的债务，我可以笑着对他们说，大家各取所需，各得其所，多好！谁也不属于谁，谁也不亏欠谁，多好！

可不知道为什么，我的心里还是一片空旷。

这是一种如释重负之后的轻松，还是一种若有所失之后的茫然？

明月装饰了你的窗子，你装饰了别人的梦。

这是两千多年后一个叫卞之琳的诗人写的。可那时的我很想知道——在我、异人和赵姬之间，谁是谁的窗前明月？谁又是谁的梦？

秦昭王四十八年（公元前 259 年）正月，我的儿子降生了。他们给他取名叫“政”。赵姬当初隐瞒了怀孕的事实，所以嬴异人兴高采烈地当上了我儿子的父亲。他丝毫没有怀疑。没过多久，他就把赵姬立为夫人。

跟我同居了好几年，赵姬一直没有名分。这一回，她总算有了，而且尊贵无比。

秦昭王五十年（公元前 257 年），秦国突然派遣将军王龁率领大军进攻赵国，并迅速兵临邯郸城下。赵王一怒之下，下令捕杀秦国人质嬴异人。形势万分危急。我没有片刻的犹豫，当即拿出我最后的财产——黄金六百斤贿赂赵国捕吏。那个捕吏经过短暂而痛苦的抉择后，一咬牙收下了黄金。

那是他一辈子也挣不到的钱。所以，他宁愿用他的政治生命来交换。当然，他收下钱后首先要做的一件事，就是用比我们更快的速度逃亡。

我和异人什么也顾不上了，立刻乔装出城，马不停蹄地逃进秦军大营，随后在秦军铁骑的护送下顺利到达了秦都咸阳。直到进入城门的那一刻，我和异人才相互对视了一眼。除了大难不死的庆幸，我们眼中闪现着相同的焦虑和不安。

赵姬和嬴政还在赵国，他们逃得过赵王的屠刀吗？

所幸的是，赵姬的父亲在邯郸还是有一些势力的。性命攸关的时刻，他可能也动用了大量的金钱和他在政商两界的关系。详细的情况我和异人都不得而知。

我们只是从随后陆陆续续传来的消息中获知：他们母子平安。

赵姬的父亲想方设法把他们母子藏匿了起来。

这一藏整整藏了六年。

我不敢想象，在那暗无天日、与世隔绝的两千多个日日夜夜中，这对可怜的母子是如何生活的。

幽闭的时光，渗入骨髓的恐惧，无止境的思念，近乎绝望的期待。除此之外，陪伴她们的还能有什么呢？

那些日子，我总在无人的时刻独自遥望邯郸的天空。一想到他们在那里承受苦难，我却在秦国独享安宁，我便心如刀绞、愧悔难当。也许就是在那个时候，对她们母子怀有的那种尖锐而痛切的愧疚之情就在我心中刻下了一道伤痕。那是我一生都无法抹平的伤痕。很多人都知道，在后来的岁月里，我对赵姬百种迁就、千般纵容。为了满足她那永无休止的欲望，我做出了许多有悖常理的举动，甚至犯下了愚蠢而致命的错误。所有这一切，也许只有从我的内心深处才能找到合理的解释。

还有一点也是让我一生为之心痛的——那就是六年的穴居生涯对童年嬴政所造成的伤害。两到八岁，这本来应该是一段幸福而灿烂的时光。可嬴政所面对的，只有无尽的恐惧和黑暗。童年的屈辱和不幸给他幼小的心灵蒙上了一层浓重的阴影，并且伴随他的整整一生。多年以后，身为秦王和始皇帝的嬴政之所以显得阴郁、冷漠、敏感、多疑，甚至还有些刻薄和残忍，我想在很大程度上应该归咎于那段不堪回首的童年记忆。

当然，我不可能一味地沉湎于儿女情长。对于我吕不韦来说，情感永远是人生的后栈。唯有权力和对权力锲而不舍的追求和渴望，才值得占据我生命的前台。所以，对赵姬母子的强烈思念并没有阻挡我向秦国政坛迈进的脚步。

就在我和异人死里逃生回到咸阳的当天，我就告诉他，我们必须马上去见一个人。

惊魂未定的嬴异人顺从地看了看我，那意思是一切听从我的安排。我们匆匆洗沐之后，我就给异人找来了一套火红色的、上面绣有金色凤鸟的“楚服”。

换上它。我说。

异人迟疑了一下，可他很快就按我说的做了。等他穿戴齐整，我顿时感到眼前一亮。

这就对了。我想，这才像是华阳夫人的儿子。

服饰是一种文化。而对于从楚国远嫁秦国的华阳夫人来说，楚地的服饰就是故乡的象征，是最容易唤起她情感认同的有效媒介，也是嬴异人能给她的一份最好的见面礼。

事实证明我是对的。当华阳夫人看见嬴异人的一刹那，她惊呆了。她绝对没想到异人会以这样的装束出现在她面前。她目不转睛地盯着异人，喃喃地说："我是楚人。我是楚人。异人你太让我惊讶了……"

这次令人感动的会面所带来的一个直接结果是：异人获得了一个新的名字——子楚。

还有什么能比这更让异人和我惊喜呢？

华阳夫人赐给他的不仅仅是一个名字，而是一个王位继承权的标志。

新生的子楚就这么闪亮登场了，而且一举站在了秦国政治舞台的中央。昔日异人的二十几个异母兄弟睁着困惑的眼睛，看见自己在这颗政治新星的映照之下黯然失色。

四

秦昭王五十六年（公元前 251 年），也就是我和异人回到咸阳的六年之后，秦国历史上在位时间最长的君主秦昭王嬴稷终于告别了他的王国和子民，带着统一宇内的未尽梦想撒手西归。安国君嬴柱也终于告别漫长的太子生涯，带着迟来的喜悦登上宝座，是为秦孝文王。华阳夫人被立为王后。而异人也终于成为太子。

异人被立为太子之后，命运多舛的赵姬母子总算迎来了他们的出头之日。赵国断然没有想到他们缉捕多年而不得的人犯居然成了秦国的太子妃和嫡长孙。无奈之下，他们做出了一个痛苦却是明智的决定——主动把赵姬和嬴政送回秦国。

这是他们唯一的选择。

面对如日中天的秦国，借赵国一百个胆，他们也不敢有别的想法。

阔别六年之后，我们一家人终于团聚了。不，我这么说不太准确，应该说秦王嬴异人一家终于团聚了。当我眼睁睁看着自己曾经的妻儿带着苦尽甘来的笑容被秦王拥进臂弯，然后携手步进王宫时，我还能作何表情？我当然只能送给他们一个甜美的、祝福的笑容。

那一刻我知道，今晚等待我的，必然又是一个不眠之夜。

不过，总是会习惯的。连动物都善于舔着自己的伤口安然入梦，我凭什么要让自己活在过去？

距离最高权力仅有一步之遥。我和异人如愿以偿，相视而笑。可我们不约而同地在思考一个问题：我们还要等几年？老太子安国君即位的这一年，已经五十三岁。我在想，或许我们不需要像他那样熬那么久，但是等上个十年八年总是要的吧。

没想到，我这次的预测错得相当离谱。我们并没有等十年八年，也没有等三年五年，而是等了三天。

没错，是三天。

孝文王仅仅当了三天的秦王，就迫不及待地跟着他父王走了。秦国人刚刚结束昭王之死的国丧，紧接着又穿上了吊唁孝文王的丧服。

看着那个光芒四射而又空空荡荡的秦王宝座，我和异人惊愕得说不出一句话。

虽然我不相信上帝，但随着年龄和阅历的增长，我还是不得不承认，人的命运或许只有一半掌握在自己的手中。而另一半掌握在谁的手里呢？

偶然，未知，命运，还是造化？

我不得不承认，造化之神有时候就像一个躲在暗处一脸坏笑的家伙，而这个世界就是他信手涂鸦率性而为的作品。谁也不知道他的手随便一抹会抹出什么东西，或者抹掉什么东西——比如，抹掉在位仅三天的孝文王。

虽然这么说对死者有些不敬，可我还是想说，这真是神来之笔！

人的成功固然需要不懈的努力，可谁敢说他的成功完全不需要这样的神来之笔呢？在异人登基为王的大典上，我忍不住在心里发出了这样的感慨。

异人即位，是为秦庄襄王。随后华阳王后被尊为华阳太后，异人的生母夏姬被尊为夏太后。而我吕不韦也终于成为一人之下、万人之上的大秦丞相。

立国家之主赢几倍？

无数。

站在大秦巍巍的权力巅峰上，回想起当年与父亲的对话，我心中感慨万千。

我对你们说过——想大才能做大！

人一定要敢于梦想，并且无论在任何情况下，都要为梦想付出不懈的努力。现在你们都看见了，我在十年前倾家荡产所做的这笔政治投资，终于为我赢得无数的回报。

可我知道，这一切才只是刚刚开始。当我终于握住秦国这驾铁血战车的缰绳时，我意识到上天已经赋予我一项新的使命，那就是驾驭着它奔赴一片更为辽阔的疆场，去实现五百多年来无数人为之前仆后继的伟大梦想。这就像是命运发出的一声召唤。我听见它说，你的目标绝不只是秦国，而是要通过秦国——

问鼎天下！

说句实话，嬴异人是一个相当不称职的秦王。对于一个国家的外交、内政、军事、经济、文化等，他统统一窍不通。所以我吕不韦很自然地成了大秦政坛的幕后推手，亦即真正的主宰者。

我就任丞相后所做的第一件事便是大赦天下、表彰功臣、宽刑减赋、布施于民。其实，我这么做并不仅仅是像后世史家所说的那样沽名钓誉、笼络人心，而是缘于我有一整套不同于旧日秦政的治国理念和施政纲领。

秦国自商鞅变法之后，奉行的是严刑峻法的法家思想。这种政治思想可以在一段时期内整顿纲纪、增强国力，可它的副作用是导致和掩盖社会矛盾，不利于长久地维系民心。所以，我新官上任的第一把火，就是烧掉了缠绕在百姓脖子上的苛政之绳，让他们喘喘气。

我做的第二件事，就是在秦庄襄王元年（公元前 249 年），亲自率领军队打了一场不大不小的战。说它不大，是因为所动用的兵力、所耗费的物资都不多；说它不小，是因为这一仗具有划时代的意义——它消灭了东周。

自从五百二十一年前（公元前 770 年）周平王东迁、定都洛阳之后，周天子在诸侯心目中的地位便一落千丈，周王室的权威也是江河日下、逐年衰弱。到我执掌秦国政权的时候，所谓的周朝天下早已名存实亡。它的最后一任天子周赧王最悲哀，经济来源完全枯竭，生活窘迫，只能靠举债度日。每当债主要追债时，他就吓得躲到一座高台上，几天不敢露面。你们今天所说的成语"债台高筑"指的就是他。七年前（公元前 256 年），雄才大略的秦昭王断然出兵收拾了他，结束了他那落魄天子的悲剧一生。然而，周朝宗室没有完全绝灭。因为还有一个东周君躲在小小的巩地（今河南巩县）苟延残喘。

明明知道他只是最后一块聊胜于无的遮羞布，可诸侯之中没人敢动手撕掉他。这是为什么？

因为谁也不愿背上颠覆周室的骂名，授以其他诸侯国群起而攻的口实。换句话说，龟缩在巩地的东周君实际上是一块连塞牙缝都不够的肉，谁愿意为了吃他而惹一身骚？所以，如果谁胆敢灭了东周，除非他脑子进水，否则马上可以证明三点：一、国力之雄厚无人可及；二、吞并天下之心昭然若揭；三、与诸侯国的决战就此拉开序幕。

没有人会想到，这个甘冒天下之大不韪、一举灭掉东周的人就是我——刚刚在战国舞台上崭露头角的新角色——大秦丞相吕不韦。

这是我跟诸侯们打的一声出人意料的招呼，也是我向他们下的一道铿锵有力的战书——我吕不韦来了，天下一统还会远吗？！

当然，做什么事情都需要借口。尤其是战争。而自不量力的东周君偏偏自己把借口送上了门。我就任丞相不久，他便频频联络各诸侯国，准备纠集军队攻打秦国，以报当年周赧王被灭之仇。我禀明异人后，带上一支军队，不费吹灰之力就消灭了周朝的这股残余势力。

然而，我并没有把周宗室斩尽杀绝，而是把东周君迁到了阳人聚（今河南临汝县西），让他继续享有当地的租税。

我之所以这么做，并不是要刻意表现出一种高姿态，而是出于我的战争观。我认为战争和杀人只是一种不得已而为之的手段，其目的是为了和平、为了拯救更多的人。就像我的同时代人荀况所言：“彼兵者，所以禁暴除害也，非争夺也。”我在后来会同门客共同编纂的《吕氏春秋》中也表达了“义兵”的思想。所谓“义兵”，就是“诛暴君而振苦民”。所以，我极其反对毫无意义的杀戮。

由于我生平打的第一场战就消灭了东周，其意义非同凡响，因此随后便被异人封为文信侯，并享有河南、洛阳的食邑十万户。

我再度令秦国朝野侧目，并迅速在各诸侯国声名鹊起。

我说过，你，我，还有这个生生灭灭的世界，或许都是造化之神心血来潮的作品。每一口气呼出去，我们都不知道下一口气能否如期而至地吸进来。我们忙忙碌碌，我们嬉乐宴饮，可不知道那只无形的造化之手哪一天就会点中我们的额头，说，你——给我滚蛋！

异人在登基三年后的某个夜晚就寝时照例闭上了眼睛。可第二天早上，他没有照例把它们睁开。

造化之手点中了他。

当秦王驾崩的消息第一时间传进我的耳中，我正在用早膳。我就那样端着碗愣了好长时间。一时之间竟然不知道这个突如其来的消息对我而言意味着什么。

年仅三十五岁的嬴异人走了，所以我的儿子嬴政立刻就要成为大秦国王。可他才十三岁，所以必须由我辅政。也就是说，整个大秦的权柄接下来都要完完全全落在我吕不韦的手上！

许久，我终于咽下残留在嘴里的那一小口饭。然后我问自己——

这一切都是真的吗？

这当然是真的。嬴政即位之后，我就成了“相国”。另外，在我的授意下，我又多出了一个意味深长的称谓——“仲父”。

我承认，这并非我的首创，而是我对春秋时代齐国管仲的一种掠美。当年的管仲就是以“仲父”之称辅佐齐桓公成就了一番霸业，所以这个称谓寄托着我对先贤的追慕和效仿。除此之外，还有一个更重要的不足与外人道的原因就是——我希望在嬴政对我的这种称呼中获得某种心理上的补偿。

也许，你们都能理解并原谅我的这一层私心吧。

五

从嬴政即位的这一年（公元前 246 年）开始，我驾驭着秦国这驾铁血战车开始了大规模的东征——

元年，将军蒙骜平定了晋阳之乱。二年，将军麃公率兵攻打卷城，斩首三万。三年，蒙骜率大军进攻韩国，以所向披靡之势连下十三城。当年十月，蒙骜攻打魏国的畼城和有诡。由于这一年秦国遭遇严重灾荒，粮草不济，所以迟至四年春才将其攻陷。五年，蒙骜乘胜而进，大举攻占魏国的酸枣、燕、虚、长平、雍丘、山阳等二十余城……

秦国的节节挺进令东方列国陷入了极度的恐慌中。

六年，韩、魏、赵、卫、楚等五国匆忙拼凑了一支合纵联军，对秦国展开反攻，一度占领了寿陵。可是，在我和秦军铁骑的眼中，诸侯就算组织起再多军队也无异于一群乌合之众。在秦军强有力的打击之下，五国联军迅速瓦解。秦军一路追击，顺势吞并了弱小的卫国。

秦国在军事上对诸侯国具有绝对优势已经是不争的事实，然而，我总觉得强悍的大秦也有它脆弱而苍白的一面——那就是文化。

武力征服的只是城邑和土地，唯有文化才能统御人心。当大秦统一天下的日子不再遥远，我立刻意识到，必须为这个未来的帝国打造出一整套相应的政治思想和社会伦理，以此作为嬴政的治国教材，以备将来统御四方的臣民。所以，秦国亟须一大批能够著书立说、传播思想的文人学士。尤其当我看到魏国的信陵君、楚国的春申君、赵国的平原君、齐国的孟尝君等人的府上一贯宾客如云、人才济济时，我就更是替强秦感到羞愧。

于是我迫不及待地面向天下人发出了最富有诚意的求贤榜。

很快，各诸侯国的文人学士便犹如过江之鲫纷纷投奔到我吕不韦的门下。我让人统计了一下，人数竟然多达三千。

我笑了。看来，人们对我的诚意领略得还算充分——我在求贤榜上公布的养士待遇是所有诸侯国中最优厚的。

除此之外，我提出的不拘学派、兼容并包的原则也是能广泛吸引人才的重要原因。在我的三千门客中，有儒家、墨家、道家、法家、阴阳家、名家、农家、纵横家、兵家、杂家、小说家等。也就是说，只要你有真才实学，我便来者不拒。所以，其时我门下的食客可谓精英荟萃，皆为一时之选。其中就有一个你们非常熟悉的人物，也就是后来辅佐嬴政建立大秦帝国的楚国人李斯。

人才有了，接下来要做的事情就是著书立说。我提出了一套编撰的思路，然后命所有门客各自阐发他们的学术思想，最后由我亲自修订。不久之后，一部荟萃了诸子百家的学术精华、总揽天地万物古今之事、长达二十余万言的皇皇大作终于问世。内容分为八览、六论、十二纪。我给它取名叫《吕氏春秋》。

这本著作的问世是我一生中最值得骄傲的事情之一。

因为，再大的事功都会随着时间的流逝成为明日黄花，思想却能传之久远——在一代又一代人的研习读诵中焕发出永不泯灭的光芒。

书成之后，我特意把它刊布在咸阳的城门上，悬榜邀请各诸侯国的辩士学者前来观看。我在告示中称："有能增损一字者——予千金。"你们今天所说的成语"一字千金"就源于此。

在书简的旁边，赫然悬挂着那仿佛唾手可得的一千斤黄金。

然而，日子一天天过去了，前来参观者络绎不绝，却没有一个人能够增删一字而获重赏。我的门客都面露得意之色地对我说，在吕相国的亲自指导和统一修订下，《吕氏春秋》真可谓是一部完美之作。我笑着对他们点了点头。可我心里说，不，你们错了！

这世上没有什么是完美的。《吕氏春秋》也不会例外。之所以没人提出异议，并非他们不能，而是他们不敢！

很多有学问的人都可以看出它的瑕疵，却没有人敢于触犯我的权威。

真相不过如此。

这一点，后世的人都看得很清楚。比如，东汉的王充就曾在他的《论衡》中指出："夫贵，故得悬于市；富，故有千金副。观读之者，惶恐畏忌。虽见乖不合，焉敢谴一字？"

王充之言，可谓确论。而这点自知之明，我吕不韦还是有的。但是这并不会削弱我的成就感。我之所以仍然为之骄傲，并不是因为它是完美的，而是因为它是唯一的。

无论如何，它都是我吕不韦生命中的唯一。换句话说，它是在我吕不韦的肉体无论消逝了多久之后，都仍然承载着我生命价值的唯一的东西。

难道不是吗？

自从异人死后，年纪轻轻的赵姬就成了尊贵的大秦太后。可是，外在的显赫与荣华难以弥补她孀居生涯的空虚和寂寥。在她的一再暗示之下，我怀着一种复杂的情感走进了后宫，并且很自然地迈上她的床笫，开始与她旧梦重温。让我感到惊讶的是，暌隔多年之后，赵姬身上所散发出来的女性魅力依然是那么令人难以抗拒——无论是她的容颜、她的笑靥、她的眼波，还是她那无懈可击的美妙胴体……所以，在刚开始的几年里，我的激情就像一条冰封的河流突然解冻一样肆意地奔腾着，给赵姬带来了深深的满足和欢愉。然而，这种缠绵悱恻的情欲生活逐渐让我感到空虚和倦怠，甚至隐隐生出一种负罪感。到后来，我和赵姬的情事越来越像是一种单调乏味的例行公事。每当我大汗淋漓地从赵姬的身上爬起来，我总是仓促地穿上衣物，然后像逃离深渊一样头也不回地匆匆离开赵姬的寝殿。留在我身后的，是赵姬意犹未尽和困惑不已的目光。

我意识到，我必须对这场来势汹汹却有些不合时宜的中年情事做一个了断。

我之所以这么想，并不是因为我不再爱她，而是因为我所处的位置、我所承担的责任和我对自己的期许都不允许我过度沉溺于情欲之中。在其时的秦国，我是权势最隆的男人，而她是地位最尊的女人。所以，没有任何一个人敢当面阻挠或指责我们。可我知道，任何人都可能对我们进行腹诽或议论。而我的地位又决定了我不可能无视朝野的舆论。更重要的是，我不能把自己可贵的生命能量一味地虚掷于温柔乡中，从而影响到我逐鹿天下的千秋大业。

当然，促使我最终斩断情丝的原因还有一个，可能也是最重要的一个，那就是我的儿子——秦王嬴政。

这些年来，嬴政已经从一个郁郁寡欢的孩子变成一个心事重重的青年。曾经对我怀有的敬畏之感已经从他的眼中消失，取而代之的是一种让我无比陌生的阴鸷和冷漠。每当我走向赵姬的寝殿，背脊便会不由自主地生出一股寒意。我总是下意识地感到有一种刀子一样的目光正在某个角落里冷冷地窥视着我。

其实这也难怪。嬴政十九岁了。对于我这样一个终年忙碌地穿梭于朝堂与后宫之间的“仲父”，他怎么可能不感到怀疑和愤懑呢？

我还政于君的日子已经屈指可数了。在余下的岁月里，我必须倾尽全力为即将亲政的嬴政打下一个坚实的政治基础。

所以，我只能离开赵姬。

我别无选择。

一个正值盛年的女人，如果她拥有美貌、拥有地位、拥有财富、拥有名望、拥有闲暇、拥有人世间所有的一切，却唯独缺了丈夫，那么，你们说她会变成什么？

她只能变成一个永不餍足的情欲的黑洞。

很不幸，赵姬正是这样的女人。

更不幸的是，我是她身边唯一的男人。

我选择离开，她却不依不饶。

怎么办？

这是一个形而下的问题，却比《吕氏春秋》中那些玄奥的形而上问题更足以困扰我。必须有另一个男人来替代我——这是我所能想到的避免被黑洞吞噬的唯一办法。

六

那个连名字都透着一股邪气的男人就是在这时候进入我的视野的。

他叫嫪毐。

这是一个阳具奇大的男人，因此闻名于咸阳坊间。人们都说他是一件天然的慰妇工具。当我偶然听见关于他的“美谈”时，立刻意识到这正是我要找的人。我暗中将他招纳为相国府的舍人，并且很快在咸阳的闹市上策划了一场眼球效应十足的“巨阴秀”，让嫪毐在众目睽睽之下以他的阳具为轴穿过桐木车轮，再让车轮运转如飞。不出我所料，这场惊世骇俗的“巨阴秀”立刻成为一条爆炸性新闻，当天便传进了赵姬的耳中。于是她迫不及待地向我提出——希望得到嫪毐。她说这话的时候脸不变色心不跳，一副理直气壮的样子。我知道，因为我的逃避她一直耿耿于怀，所以她认为我必须为她做出某种形式的补偿。

而把嫪毐送进她的寝殿，就是最好的补偿方式。

我笑了。这也正是我希望的方式。

几天后，便有人以严重的罪名告发嫪毐。罪名之严重刚好达到实施宫刑之程度。嫪毐当即被逮捕，送进了宫中。我对赵姬说，做一场宫刑表演，然后他就能留在宫中供职了。赵姬心领神会，马上以重金贿赂主持宫刑的官员。随后，嫪毐被行刑官拔去胡须，成为一名近侍“宦官”，名正言顺地留在后宫专门伺候太后的饮食起居。

做完这一切，我长长地松了一口气。我为自己能够想到这么一个绝妙的主意而得意，也为自己终于能够逃离深渊而庆幸。可我没想到，这居然是一个错误，而且是我这一生中犯下的最不可饶恕的错误。

我一直以为嫪毐充其量只不过是女人胯下的一件工具，可我错了。后来我才知道，嫪毐的权力欲一旦受到纵容，其膨胀的程度丝毫不亚于他的阳具。所以，我把嫪毐献给赵姬，实际上是在引狼入室。

而我无论如何也不敢相信，这个不学无术、粗鄙卑贱的嫪毐居然是我政治生命的终结者。就是因为他，我最终丧失了一切。又有谁会相信，聪明绝顶的大秦相国吕不韦，到头来竟然因为这个一无是处的小人而身败名裂、去国身死呢？

难道这就是该死的造化之神故意玩弄的黑色幽默，以此来教训我这个一生自负的人？我自以为能够把别人、把一个国家，甚至把整个天下把握于股掌之中，可到头来我发现——我只是造化之神手上的一只爬虫，和任何人没有两样。

是谁说过，在人的一生中，最让人难以承受的不是绝望，而是荒诞。

一个床上功夫绝顶的男人和一个情欲旺盛的女人在一起会有什么结果？

我什么都想象得到，可唯独想象不到的是怀孕。

你们或许会认为我错了，这样的男人和女人在一起最简单、最直接的结果就是怀孕，没什么好大惊小怪的。

可是，如果这个男人是一个“宦官”，而这个女人是一个国母，你们还会说我大惊小怪吗？

更让我匪夷所思的是，身为秦王的母亲、大秦的太后，赵姬怀孕之后居然还想把孩子生下来——一个所谓的“宦官”的孩子！

这简直是有史以来最荒唐、最无耻的一场闹剧。可是，我阻止不了它。因为我是它的始作俑者。我能怎么办呢？难道要我挺身而出揭破他们的龌龊情事，让一切大白于天下，然后在我自己脖子上挂块牌子，说，瞧，他就是这场无耻闹剧的幕后导演？

或者我干脆宰了浑蛋嫪毐，然后等着太后来跟我拼命？让她把我们曾经有过的不堪往事也全都抖搂出来？

赵姬会这么做吗？

会！凭我对她的了解，我相信她会。自从爱上嫪毐，她就彻底变成了一个只会用下半身思考的女人。要不然她也不会甘冒天下之大不韪，硬要生下嫪毐的孩子。

所以，我只能眼睁睁看着这场闹剧完全脱离我的掌控，一意孤行地按照它自己的逻辑疯狂表演，直至最终以流血和死亡的悲剧情节黯然收场。

就像你们所知道的那样，事情变得越来越难以收拾。赵姬在三年之间一口气给嫪毐生下了两个宝贝儿子。当然，为了避人耳目，她从怀孕到分娩一直躲在雍城（今陕西凤翔县南）的大郑宫里。

可是，丑闻是最容易传播的——尤其是宫廷丑闻。这件事很快就成了秦国上下人尽皆知的一个秘密。

而小人得志的嫪毐这几年来也越来越肆无忌惮。他倚仗太后的宠幸，被封为长信侯，嚣张跋扈、擅权揽政，狂妄到了极点。手下的仆役多达数千人，巴结投靠等着他封官的门客也有一千多人。在一次酒宴上，他甚至借着酒劲公然宣称他是秦王嬴政的“假父”（义父）！

一个靠着粗大阳具一朝得宠的市井无赖竟然爬到了秦王头上，并且与号称“仲父”的我并列？！

这是在挑战秦王嬴政的权威，也是在挑战我吕不韦的底线。

是可忍，孰不可忍！

可我还是忍了。任凭流氓嫪毐一次次突破我尊严的底线，我还是一次次忍了。

为什么？

因为秦王已经二十二岁了。我随时可以让他亲政。我知道这几年来，嬴政面对那个无耻狂妄的嫪毐、面对丝毫不懂得检点的母亲，心中已经郁积了太多的愤怒。等到嬴政亲政的那一天，必然会有一场雷霆万钧的爆发。所以，如果我去收拾嫪毐，那么他和赵姬必然会跟我拼个鱼死网破；而如果由嬴政来收拾他们，则谁都无话可说。

基于此，我最终选择了观望的态度。

我就不信——一个小小的嫪毐还能翻得了天？

可我又一次低估了嫪毐的野心。

不久我便收到大郑宫里的眼线传回的密报，嫪毐居然亲口对赵姬说：“如果嬴政一死，就由我们的儿子即位为王！”我意识到事态已经相当严重，于是马上授意有关大臣筹备嬴政的加冠典礼——我要还政于君！

与此同时，嬴政也得到奏报，称嫪毐是假宦官，与太后生有二子，皆窝藏于雍城。

秦王政九年（公元前 238 年）四月，我、嬴政还有秦国的大臣们，浩浩荡荡开赴大秦的发祥地——旧都雍城，在蕲年宫举行了一场隆重的加冠大典。

执掌秦国朝政九年之后，我终于把大秦的最高权杖还给了自己的儿子。

同一天，丧心病狂的嫪毐也意识到嬴政的亲政之日就是他的灭亡之时，于是伪造了秦王御玺和太后诏书，潜回咸阳，趁秦宫空虚之时悍然发动了军事政变。

消息传来，嬴政颁布了他亲政后的第一道诏令，命令军队火速回奔咸阳镇压叛乱。战斗的结果可想而知。毫无军事经验的嫪毐仓促间集结起来的武装力量根本不是秦王卫戍部队的对手。一场血战之后，嫪毐及其一干党羽兵败逃亡。嬴政立即犒赏了平叛的有功之人，同时发布了重金悬赏的通缉令："有生擒毐者，赐钱百万；杀之，五十万。"

随后，嫪毐和他的手下一一落网。九月，在咸阳的闹市，嫪毐及其党羽二十多人被施以"车裂"之刑，嫪毐被夷灭三族，其中就有他那两个幼小的孽子。同时遭到株连、被剥夺官爵流放蜀地的家庭共计四千多家。

最后，嬴政用他那一贯阴鸷而冷漠的目光看了他母亲一眼，下令将她软禁在雍城的棫阳宫。

这一生他再也不想见到她。

为了不让自己后悔，他特意下达了一道杜绝说客的诏令："有敢以太后之事劝谏者，乱刀砍死，并以蒺藜抽打其脊背和四肢，尸体抛在城阙下示众。"

可还是有二十七个不怕死的游士和宾客试图劝说秦王回心转意，结果无一例外地被弃尸于城门口。最后一个叫茅焦的齐国宾客对秦王说："我听说天上有二十八星宿，您已经杀了二十七个，我今天就来凑够这个数。"

聪明的茅焦绕开了让嬴政一听就烦的母子之情，从统一大业的角度提请秦王维护天下共主的道德形象。换句话说，他希望秦王能意识到——这不是一个感情问题，而是一个政治问题。嬴政终于豁然开朗，亲自驾临雍城把太后接回了咸阳。

最后我就要告诉你们嬴政上台后对我的所作所为——虽然我实在不愿意

提起。

嬴政屠灭嫪毐贬谪太后之后，曾经一度想杀了我。

因为他认为我必须对这一切负责。

是的，也许我真的要对这一切负责。我也完全可以理解他当时的心情。可不知道为什么，当我听到他要杀我的消息时，我的内心还是感到一片荒寒。我真想大声对他说——我是你的父亲！你这是在“弑父”！

当然，我没有丧失理智，所以我没有这么做。

我并不惧怕死亡。我惧怕的是毫无意义的死亡——如果我死在自己亲生儿子手上，成了那个流氓嫪毐的陪葬品，那么我的死亡就将成为一种笑谈。

我甚至也不惧怕失败——如果一个人已经竭尽全力却仍然无法战胜他的敌人，那么他虽败犹荣。可是我看不见敌人，所以我惧怕这种没有敌人的失败。

让我欣慰的是，我那三千门客没有白养，他们群起而劝谏秦王，一再强调我一心一意辅佐先王所立下的不世之功。嬴政无奈之下收回了他的诛杀令。

我总算免于一死，可我的政治生命就此终结。

秦王政十年（公元前239年）十月，嬴政免去了我的“相国”之职，保留“文信侯”的爵位，把我遣回了封国河南。

那是一个萧瑟的秋天。风中落叶漫卷，天地一片苍茫。我坐在颠簸不已的马车上，看见一生的道路都在我眼前摇晃。

这么快，我就要抵达终点了？

让我自己都有些始料未及的是，回到封国后，我非但一点也不寂寞，反而活得比以前更为热闹。诸侯们一听说我下野，纷纷派遣使者前来慰问。各国的名流政要也络绎不绝地前来拜访。一时间，我在洛阳的府邸门庭若市、宾客满堂。我在大秦十年为相所树立的政治威望，于此得到了最充分的体现。我知道，绝大多数来访者都抱有一个相同的目的，那就是请我再度出山，辅佐他们的国君成就霸业。我笑着敷衍着他们，对他们的所有试探和游说一概不置可否。

我还能东山再起吗？

能。

可是我不想。

因为我是秦王的父亲，我不可能帮助别人来对付自己的儿子。我也不可能用另外一个十年，来亲手摧毁自己前一个十年所缔造的功业。我之所以没有明确拒绝那些来访者，是因为我喜欢朋友、喜欢热闹、喜欢与人交流思想、喜欢纵论天下风云。

或许，我天生就是一个政治家——我也希望自己永远都是。我不希望自己像所有孤独的老人那样在一个被人遗忘的角落里度过余生。所以，我希望直到我临终的那一天，我依然能够面对众多毕恭毕敬的来访者畅谈我的政治思想和治国理念。我希望直到那一天，我依然拥有乐观的心态、敏捷的思维、雄辩的口才和常新的智慧……

然而，嬴政打断了这一切。

他断然发出了最后通牒，终结了我生命中最后的辉煌和最后的梦想。

是他给我这个平生自负的老人上了最后一堂课——一个失败的政客没有资格再意淫政治！

我承认，他是对的。一个刚刚上台的执政者，是该拥有最敏锐的政治嗅觉，以便随时斩断所有旧势力死灰复燃的可能性。而我回到洛阳后的所作所为，已经触犯了任何一个新君最根本的忌讳。所以，作为一个年轻的政治家，嬴政懂得这么做，正是他走向成熟的标志。

我替嬴政感到高兴，同时也为自己感到悲凉。嬴政的最后通牒说得很清楚，要把我和所有门人全都迁徙到蜀地。也就是说，我不再是文信侯，不再享有封国食邑，不再有机会与各国宾客交往。我将作为一个卑贱的政治流放犯远赴那个边瘴之地，在恶劣的生存环境中，在痛悔交加中，在无边的凄凉与绝望中——了却残生。

我能接受这样的终局吗？

不能。

所以，我必须做出自己的选择。

嬴政还在信中对我发出了这样的质问——君何功于秦，秦封君河南、食十万户？！君何亲于秦，号称“仲父”？！

我说过，我完全可以理解自己的儿子。这么多年来，面对自己谜一般的身世，面对我这个大权独揽的“仲父”，嬴政已经遭受了太多的伤害，所以，我必须用我的死，来为他做出补偿。我活着，他就会永远怀疑自己王族贵胄的身份；我活着，他就永远摆脱不了某种“鸠占鹊巢”的尴尬。所以，我必须把谜底带进黄泉，让他没有机会探究任何真相。只有这样，秦王嬴政才能以堂堂正统所应具有的钢铁意志，义无反顾地踏上扫灭群雄的道路，最终完成数十代人未尽的霸业。

此刻，嬴政距离这个不世的霸业只有一步之遥了。如今横亘在他面前的最后一颗拦路石，就是我这个名不正言不顺的“仲父”！

既然如此，我还能继续苟活在这个世上吗？

不能。

所以，我必须得死……

在这个风雨飘摇的夜晚，在这个阒寂无人的夜晚，我静静地回顾了自己的一生。我像一个拾荒者，尾随着走过我一生的那个人，一路捡拾他每一步扬起的尘土——那漫天的尘土。然后一粒一粒地，把它们放回原来的地方。

最后他停下了脚步。我长长地松了一口气。

我的活儿终于干完了。

我看见他站在道路的终点。他的眼睛在彷徨四顾。我真怕他一抬脚，转身又走上别的道路。所幸他没有。他就那么站了一会儿。然后他就站成了往事。一段尘埃落定的往事。

我知道，未来的你们还将无数次地打开它，令我一生的尘埃飞扬如初。

可是，这已经与我无关。

我说完这些话，就会端起面前这杯毒鸩。

喝下这一小口，我就要永远沉默。

今夜，我在一个人的世界里遥想咸阳，遥想巍峨的大秦宫阙，遥想我的儿子嬴政，还有我曾经的女人赵姬。

今夜的咸阳，会不会有风雨敲窗？风雨声中的嬴政，会不会安然入梦？嬴政在梦里，会不会原谅我？会不会轻轻地，叫我一声父亲？

这一切，我都永远无法知道了。

但是我了无遗憾。

真的，我了无遗憾。

因为我相信自己的儿子——我相信他很快就会达成那个伟大的梦想！

为此，我希望他把过去全部遗忘。

就像婴儿遗忘子宫，河流遗忘源头；就像锦瑟遗忘旧弦，鲜花遗忘土壤……

嬴政，今夜请将我遗忘。

咸阳，今夜请将我遗忘。

第二章

霍光

是栋梁，还是芒刺？

春天不是一个死亡的季节，可人们从我身上嗅到了弥留的气息。

皇帝刚才哭了。一看见我，他年轻的面容立刻爬满晶莹的泪水。

他看上去很伤心。

是的，起码看上去是这样。

虽然我知道自己还很清醒，可皇帝的哭声还是再一次提醒了我——霍光已经是一个濒临死亡的老人。

这是早春二月的长安。从我的卧榻望出去，可以看见窗外那一小块湛蓝的天空，还有一两枝将放而未放的桃花。这些日子以来，它们是我眼中唯一的景物。可是我并不觉得乏味。因为这一生中，我真的很少有这样的机会，可以静静地守候一朵花开，或者耐心地守望某一只飞鸟的掠过。仅仅为了这样的惊鸿一瞥，我往往要等上好几天。如果恰好碰上一两片飘浮的白云，那便是我的一个幸运日。因为它们的舒卷与变幻，总是会让我充满无穷的心悸和想象……

生命中这最后一小段岁月让我忽然有了一种领悟。我发现人其实可以活得很简约。当然，我这么说或许会让你们觉得矫情——一个跋扈一生的大权臣，到头来居然侈谈什么简约?

是的，也许你们是对的。人吃了葡萄就不能再说葡萄酸。可我也没有办法。也许人生就是这样，在某些阶段你要竭尽全力去争取比任何人都多的葡萄，然后细细品尝它们的甜味；可在另外的阶段，你就要学会找到比葡萄更甜的东西，或者说不比葡萄酸的东西。当然，我这么说并不是在否定葡萄，就像我并不是在否定我一直以来的辉煌一样。

我想说的是，对于一个人来说，活得简约和活得辉煌同等重要。换句话说，你要学会在特定的时候享受特定的东西。如果你不这么做，而是无论何时都执意追求其中的一种，或者偏偏要在辉煌的时候渴望简约、在简约的时候渴望辉煌，那你永远不会活得幸福。倘若如此，我不但要说你可怜，而且要说你愚蠢。

好了。我不再唠叨了。也许你们更关心的是我的辉煌——或者说我是如何获取并保有了一生的辉煌。这才是你们想听的。

也许，简约只适合独自品尝，辉煌才值得拿来分享。

是吧?

一

跟你们大多数人一样，我的起点并不高。我诞生在河东郡平阳县（今山西临汾西南）一个很平凡的家庭。我父亲叫霍中孺，年轻时曾当过几年小小的平阳县吏。可他既无从政的野心，也缺乏从政的能力，所以早早致仕回到乡里，守着百十亩薄田当起了太平绅士。

如果没有那一次偶然，那么我的一生很有可能与父亲一样，只是一个默默无闻的小乡绅，在方圆不过百里的小地方娶妻生子、耕读传家，最后衰老并死亡。倘若如此，那么在历史的黄钟大吕中，我霍光可能连一个小小的杂音都算不上，更遑论要在前后长达二十年的时间里成为整个帝国历史的主旋！

我说的这个偶然，发生在父亲的青春时期。更准确地说，是他在血气方刚的青年时代里遭遇一场激情的结果。

日后我经常在想，当我父亲以县吏的身份到平阳侯府上去短期当差时，他和那个叫卫少儿的侍女，究竟是在怎样一种耐人寻味的机缘中走到一起的？是命中注定的一见钟情一下子就把他们的眼神系在了一起，还是在日常庶务的交接中由偶尔的肌肤触碰最终发展到了肌肤相亲？

时隔多年之后去揣想我父亲那场青春激情的开端其实是毫无意义的。对我一生产生重大影响的是那场激情的结果——令人意想不到的结果——卫少儿怀孕了。

可我父亲对此一无所知。他随后就因公差结束而离开了平阳侯府，此后又辞职返乡、娶了我母亲、生下了我，从此与卫少儿音讯阻隔，彻底中断了一切联系。对可怜的女人卫少儿来说，这注定只能是一场有始无终的露水姻缘。因为当她察觉到自己已经怀孕时，我父亲已经从她的生活中消失了。而对我父亲来说，这充其量也只是他记忆中昙花一现的美丽初恋。要到整整二十年后，当那个英姿飒爽、威名赫赫的青年将军突然站在他面前时，他才会在一瞬间发觉——原来多年前那场恍如春梦的短暂爱情居然诞生了一个令他如此悲欣交加的结果！

命运是诡异的。很多时候更是强大的。它傲慢地替我们划定生命的轨迹，让我们不由自主地往前走，而没有办法去思考我们怎么做才是对的、怎么做又是错的。

我永远不会忘记那个阳光灿烂的五月的早晨。平阳侯府上的几名官吏驾着一辆装饰豪华的车舆忽然驶进我们的村子，最后缓缓停在我家门口。村里的乡亲们纷纷驻足围观，脸上都是惊羡的表情。几名使者毕恭毕敬地邀请我父亲前往平阳侯府，说有一位朝廷来的将军路过此地，特意点名要见他。我父亲一脸茫然地看着他们。他实在想不出自己有什么亲友在朝为官。最后他小心翼翼地问使者，那位将军是谁？

使者们相视一笑，神秘地说：先生去了便知。

那一年我才十几岁。我站在父亲身边，心里忽然莫名其妙地动了一下。我扯扯父亲的袖子，怂恿他去，并表示要陪他一起去。父亲硬着头皮答应了。我们就这样登上那驾豪华车辇，懵懵懂懂地进了平阳侯府。使者领着我们来到了正堂。一进庭院，我一眼就看见了那位翘首立于堂前阶上的气宇轩昂的青年将军。

那时候我并不知道，他就是那个即将改变我一生的人。

乍一看见我父亲，将军的眼中闪过一丝异样的神色。日后我才明白，那是一种困惑多年而一朝豁然的百感交集的眼神。那种眼神一闪即逝。随后他便大踏步朝我们走来，脸上带着一种熟人般的笑容。我父亲恭恭敬敬迎上前去。还没等他弯腰作揖，将军已经扑通一声跪倒在父亲面前。我听见他朗声说：“父亲大人在上，请受去病一拜！去病早先并不自知乃大人骨肉，未尝亲炙，尚祈父亲大人原宥！”

那一刻，父亲彻底怔住了。

去病？霍去病？！一个多么如雷贯耳的名字啊！

这几年来，在大汉帝国的任何一个角落，没有人不知道这个异常响亮的名字，没有人不知道这个纵横驰骋于大漠西域、令匈奴闻风丧胆的大汉朝骠骑将军——帝国最年轻的军事天才霍去病！

可父亲做梦也想不到，这位蜚声四海的英雄此刻居然跪倒在他面前，并且声称是他的儿子——二十年来从未谋面甚至从未听说过的儿子。父亲的身形略微摇晃了一下，然后他双膝一软，也跪在了这个将军——不，是他的长子的面前。

日后我知道，父亲之所以会有这尴尬的一跪，是因为他在短短的一瞬间，实在无法承受那整整二十年的重量。

父亲一边叩首一边颤声说："老臣能把命运寄托给将军，此乃天力……此乃天力也！"

那一刻，我看着这个仿佛从天而降的兄长，又看了看父亲，惊诧得说不出一句话。如果不是平阳侯不失时机地上来解围，我真担心这对尴尬的父子会一直这样互跪下去。

那天的父子重逢不但让我父亲从此多出了一个异常优秀且声名显赫的长子，而且给我们整个家庭带来了翻天覆地的变化——兄长赠给了我们一笔数目相当可观的金钱。父亲随后便用它购置了大量的土地、房宅和奴婢。仿佛就在一夜之间，我们霍家在平阳地界上就成了屈指可数的豪门大户。即便是最有想象力的人，或许也不得不在这种不可思议的天赐洪福面前目瞪口呆，或者慨然良久。

我的异母兄长霍去病就这么突如其来地走进了我的生命。

那天临别前他摸了摸我的头，问，叫什么名字？

光，字子孟。我说。

我的兄长笑了笑，忽然说：想不想跟我去长安？

我睁大了眼睛，拼命地点头。

我的兄长又拍了下我的脑袋，然后转身跃上那匹通体纯白的高大战马，回头冲我眨了眨眼。我听见他一边拍马绝尘而去一边远远地扔过来一句话——

等我回来，光。

这是元狩二年（公元前 121 年）的夏天。这是一个注定要在我记忆中闪闪发亮的早晨。

我那年仅十九岁的兄长霍去病顽皮地冲我眨眼，告诉我让我等他，说要带我去长安。从小到大，我没有走出平阳县半步——我没有看过比平阳城更高的城墙，也没看过比平阳侯府更漂亮的房子，所以，我真的想象不出传说中的帝都长安是什么样子！从那个早晨之后，我开始了无比焦灼的等待——等待我那率领大汉铁骑出征匈奴的兄长早日凯旋。

日后我才知道，那是他那一年的第二次出征。第一次是在春天，他刚被任命为骠骑将军，就率一万名骑兵从陇西（今甘肃临洮南）出发，在六天里转战五个匈奴王国，越过焉支山一千多里，斩杀了折兰王、卢侯王；活捉了浑邪王的儿子和相国、都尉；共击杀俘获了约九千个匈奴人；还得到了休屠王祭天的金人像。班师回朝后，天子下诏加封其食邑二千二百户，与前共计四千七百户。就在这一年夏天，亦即他第二次出征之前，我的兄长再也抑制不住探访生父的渴望，于是特意来到平阳县拜见了我父亲。也许是终于到来的骨肉团圆一下子抚平了他多年来的感情创伤，也许是这种失而复得的宝贵亲情赋予了他莫大的勇气和力量，总之，元狩二年夏天的这次出征，我那天纵英才的兄长又打了一场近乎完美也近乎奇迹的胜仗——把他辉煌的军事生涯再度推向了令世人瞩目的巅峰。

多少年后，人们仍然津津乐道于这场出奇制胜的经典战役。那一年，骠骑将军霍去病与合骑侯公孙敖率领数万骑兵从北地出发，呈掎角之势分道进击匈奴。然而，无能的公孙敖深入沙漠后很快迷失了方向，两军顿时失去联络。霍去病毫不犹豫地命令部下——继续向纵深推进。孤军深入，既无粮草亦无援兵，此乃兵家之大忌。可霍去病就是这么一个不按常理出牌的人。他率领部队昼夜奔驰，深入匈奴境内两千多里，迅速越过居延山和小月氏，直抵祁连山下，与匈奴主力展开了会战。面对从天而降的汉朝军队，毫无准备的匈奴只能仓促应战。而对于汉军来说，深入敌后就意味着置之死地而后生，如果不拼死杀敌，等待他们的只能是全军覆没。所以，当汉军以这种决然赴死的姿态投入战斗后，匈奴虽然进行了顽强的抵抗，但最终还是遭到了惨重的失败。这一仗，霍去病俘获了匈奴的酋涂王，以及相国、将军、当户、都尉共六十三人，还有五个匈奴小王和五十九个王子、士兵二千五百人，歼灭匈奴三万余人；而汉军的伤亡只有十分之三，可以说是大获全胜。

临近秋天的某个黄昏，我依旧站在村口那棵老槐树下，向着西方的地平线翘首而望。

终于，远方有一队飞骑赫然映入我的眼帘。

为首的那匹白色的骏马上有一袭猩红的大氅在夕阳中猎猎飘动。我看见他的身后燃烧着满天彤云——终将在我一生的记忆中灼灼燃烧的彤云。

我知道，为首的那个人就是我的兄长。

我知道，明天我就要走向长安。

二

从某种意义上说，我的生命是从长安开始的。因为在平阳老家的整个童年和少年时代，实在没有在我记忆中留下太多印象。我这么说是不是有点忘本?也许是吧。我想这可能就是我和父亲最大的差别。他可以当一介布衣终老于乡间，而我呢？一旦步入仕途，便一天也离不开权力。这一点在我来到长安不久就已经很清楚了。我兄长推荐我担任了朝廷的郎官，虽然官秩不高，但足以让我领略到权力的美妙。尤其是当长安城那些高官显宦一听说我是骠骑将军霍去病的弟弟，便马上对我刮目相看的时候，我更是深深地体会到功业和权力对于一个男人意味着什么。所以，虽然我初到长安的那年才十几岁，正是一个男孩最疯的年龄，可我知道自己的身份已经非同往日。我一遍遍地告诫自己，我不再是平阳县那个不知天高地厚的村野顽童了，我如今是堂堂大汉朝的朝廷命官！所以，我在郎官的职位上充分表现出了远远超越我年龄的成熟和稳重，并且干得兢兢业业、一丝不苟。

这一切当然都被朝上的那帮老臣看在了眼里，也被皇帝刘彻（汉武帝）看在了眼里，因此没过多久，我就被擢升为诸曹侍中。

我本以为通过自己的勤勉和努力，再加上兄长霍去病如日中天的声势和威望，我们霍家很快就会形成一股强大的政治势力——实际上这种情形已经出现——皇帝刘彻对我兄长的器重完全不亚于大将军卫青，他命二人同任大司马，官阶与俸禄完全相等，隐然已有尊霍抑卫之意；而卫青手下的很多门人故交，也已或明或暗地投到了我兄长的麾下。然而，让我万万没有料到的是，就在我来到长安的第五年亦即元狩六年（公元前 117 年）的九月，我的兄长霍去病突然死了。

那一年，他还未满二十四岁。

事前没有任何预兆。朝廷对他的猝死也并未作出任何公开的解释。这一惊天的噩耗来得如此突然、如此令人难以置信、又如此让人疑窦丛生。我在极度的震惊、悲伤与茫然中参加了他的葬礼……

那是一场异常隆重而肃穆的秋天的葬礼。伤感不已的皇帝刘彻调派了边境五郡的数万名铁甲军，列阵于从长安到茂陵长达百里的道路两旁。那天的渭北原，天地一片肃杀，沿途布满了凄惶而苍凉的景致。我步履沉重地跟在盛大的皇帝车辇的后面，泪水一次又一次迷蒙了我的双眼。那年秋天的大风，呼啸着吹过我的一生，至今依然在我的耳旁呜咽。

葬礼的车队缓缓行进到茂陵，我看见皇帝刘彻特意把我兄长的陵墓修筑得跟祁连山一样。那时候我并不知道，四十九年后的我也将在此——在兄长的身畔，与皇帝刘彻、大将军卫青等帝国的灵魂人物一起——同在这片土地上长眠。

事后我一直在苦苦思索我兄长的真正死因。我不相信他是暴病而亡，不相信人们所谈论的什么天妒英才之类的说法。我更情愿相信——他是死于一场阴谋，死于一场我根本无法洞知其内幕的险恶的政治斗争。当然，以我当时位卑人轻的处境和远未成熟的政治经验，我不可能知道这场阴谋的幕后主使是谁。但我有一种强烈的直觉。我相信当时朝中势力最强的卫氏集团必定与我兄长之死有关。我所说的卫氏集团，是一个以皇后卫子夫、卫太子刘据和大将军卫青为首的庞大的政治势力。我兄长霍去病在短短几年间的强势崛起，必然直接威胁到这个集团的利益，他们对此不可能无动于衷。然而，以我对皇后、太子和大将军为人的了解，我又不太敢相信他们会对我兄长下毒手，况且我兄长又是皇后和大将军的外甥、太子的表兄弟。再有，他是大将军卫青一手提拔起来的，直到他死前，他仍然可以算是卫氏集团中的一员，从某种程度上说，他和卫氏集团仍然是一荣俱荣、一损俱损的关系。既然如此，那真正的凶手到底是谁？

我不得不承认，时至今日，这对我来说仍然是一个未解之谜。

我很惭愧。在我最迫切希望了解真相的时候，我没有能力、也没有胆识去追查这一切；而当我独揽帝国大权、任何人都不敢对我说声“不”字的时候，这一切早已事过境迁，绝大多数当事人已经不在人世，而我追究真相的那份意愿也早已淡漠。

可不管怎么说，元狩六年的那个秋天，仍然是我一生中最痛苦最惶惑的时期之一。我意识到，无论真相是什么，我都必须接受“霍去病已死”这样一个残酷的事实。无论霍去病生前如何光芒万丈，他都已经是一颗陨落的政治彗星。我对自己说，在未来的岁月里，我或许会一次次因他的英年早逝而扼腕神伤，也会一遍遍追思缅怀他的英雄业绩，然而，我更需要做的，是用自己的双手去开辟自己的政治前程，是用自己的力量和智慧去打造属于我霍光的人生传奇。

若干年后，当我回首元狩六年，我不无惊讶地发现，恰恰是英雄霍去病笼罩在他弟弟身上的光环消失的那一刻，另一个英雄霍光就诞生了。

其实这并不奇怪。当一个人失去了所有凭借，他就会获得自我。

倘若你今天无所依赖、赤手空拳，请你别埋怨上苍。你要知道，那是命运要给你机会成长。总有一天你会发现，你自认为生命中最黑暗的那段日子，正是你脱颖而出的起点。

我的兄长霍去病死后，我表现得比任何时候都更加谦恭而谨慎。我发现皇帝刘彻注视我的目光中，有一种无言的信任在逐日加深。不久后，皇帝再次擢升我为奉车都尉、光禄大夫。顾名思义，就是在皇帝出巡的时候以奉车身份随驾，在宫内的时候就侍奉左右。官阶虽然不是很高，但是众所周知，日夜跟随在天子身边的人，往往比朝堂上的三公九卿更能对帝国政事产生微妙的影响，因为他比任何人都更为洞悉皇帝的内心世界——换句话说，在这个职位上的人，往往要比皇帝本人更了解他自己。

当然，这是一把双刃剑。知晓太多天子秘密的人，就是一个浑身捆满了柴薪的人，只要皇帝向你喷出一粒火星，你马上会烈焰焚身、死无葬所。我在这个职位上整整干了三十年，见过太多这种不善于和秘密打交道的人。而我之所以能干这么久，原因只有一个，那就是皇帝认为我可靠。

别小看了这两个字，那上面浓缩着我个人的无数经验和别人身上的无数教训，是我三十年政治智慧的结晶。所谓“可靠”，绝不仅仅是什么正直忠诚，更不是什么老实厚道，也远非守口如瓶那么简单。而是你要成为天子秘密的封存储藏器、自动拣择器和适量输出器。换句话说，你要善于把各种秘密分门别类，知道哪些必须永远储藏，哪些必须过目即忘，哪些必须适当公开——以及在什么时间上、对什么人、通过什么渠道、在多大程度上公开——而这一切，你都必须和皇帝随时保持默契。总之，这是一门高深的学问。运用之妙，存乎一心。

任何事情都是有代价的。倘若你希望成为天子最信任的人，从而获得连丞相都可能没有的无形影响力，那么你就要甘之如饴地成为皇帝的外脑、手足，有时候则是沙包、挡箭牌、暗器。你要学会几十年如一日地让渡你自己，直到最终有那么一天，天道好还，一阳来复——你重新做回自己，而且是更强大的自己！

后元元年（公元前 88 年）的冬天，也就是我被牢牢锁定在“奉车都尉”这个位子上整整二十九年之后，六十八岁的皇帝刘彻终于向我透露了一个信息，预示着我霍光即将功德圆满、否极泰来。

皇帝赐给了我一幅画，那上面画着神情肃然的周公抱着年幼的成王，正在接受诸侯的朝见。没有任何语言，只有这一幅意味深长的画。

此时此刻，你能否猜到老皇帝心中那个最大的秘密？

六十八岁的皇帝刘彻准备册立年仅六岁的幼子刘弗陵为太子，同时让“可靠”的霍光辅政，这就是此刻的大汉帝国最大的秘密。

当然，这是一个时效性很强的秘密，很快，它就会向整个帝国公开。

后元二年（公元前 87 年）二月，皇帝刘彻病危。我跪在龙榻前，眼泪无声地爬了一脸。依次跪在我身后的人是：侍中、驸马都尉金日磾；太仆上官桀；搜粟都尉桑弘羊。

在沉重的死亡气息的笼罩下，天子的寝室静得像一块铁。包括皇帝刘彻在内的每个人都在等待一个人打破沉默。

当然，这个人就是我，也只能是我。

“皇上，如有不测，谁可继立？”我的声音很小，小到刚好让这屋里的四个人能够听见。

皇帝开口了。他的声音微弱，可语气中的威严仍然不减往日。他说：“你还没理解我以前给你那幅画的意思吗？要立少子，你要像周公那样辅佐他。”

当我确信身后的三个人都已经充分领会这份政治遗嘱的含义之后，我向皇帝叩首说："臣不如金日磾。"乍闻此言，身后的金日磾立刻抢着说："臣乃外国人，不如霍光！况且如此一来，会让匈奴轻视汉朝！"

即便没有回头，我也猜得出金日磾脸上那种大为惶恐的表情。三十多年来，这是他向世人展示得最多的表情。其实这也难怪。从身为太子到沦为奴隶，再到天子近臣，此刻又成为顾命大臣——如此跌宕的一生的确很容易让一个人的神经变得脆弱而敏感。我经常在想，如果说金日磾的一生是一部富有传奇色彩的书简，那么"惶恐"或许最适合做他的封面。

金日磾本是匈奴休屠王的太子。元狩年间，我兄长霍去病数度大破匈奴。单于迁怒于作战不利的昆邪王和休屠王，准备将他们诛杀。二人恐惧，遂密谋归降汉朝。但休屠王随后又反悔，被昆邪王所杀，家人和部属遭其胁迫一同归降汉朝。昆邪王被封侯。可金日磾和他的家人却因当初父亲的一念之差而没入官府为奴，被送到黄门养马，那一年他十四岁。多年以后，一个极其偶然的机会，皇帝刘彻检阅各部所养马匹，看到金日磾牵马走过的时候，不但觉得他相貌端严，而且所养马匹膘肥体壮，遂任命他为养马总管。从那一刻起，金日磾的戒慎恐惧之情便长年萦绕在他心中，并且定格在他脸上。变幻无常的命运造成了他那迥异于常人的谦卑和内敛。也许正是这一点，让他在某种程度上也成了一个"可靠"的人，所以他很快就跟我一样，成了侍中、驸马都尉、光禄大夫，日夜随侍在天子左右。

此刻，在皇帝的病榻前，按照我们所跪的班次，他俨然已是顾命大臣中的第二号人物。对于一个像他这样一辈子临深履薄的人而言，这样的地位无疑会加重他的精神负荷。所以当我向他发出上述的试探时，他所受到的惊吓是完全可以想见的。虽然我故意刺激他脆弱的神经显得有点残忍，但我必须这么做。因为在接下来的日子里，帝国的命运无疑将决定在我们四个顾命大臣手上。换句话说，我们四个人必将围绕最高权杖进行激烈的角逐和较量，由此演绎后汉武时代的政治风云。所以，我必须让其他三个人时刻牢记——先帝所赋予我霍光的这个"顾命一"的地位，是任何人都无法撼动的。

在后来的岁月里，我将一次又一次用血的事实，向他们几个人，同时也向所有帝国臣民提醒并证明这一点。

而像金日磾这个“顾命二”，其实是最容易摆平的。他要么自动成为我的同盟，要么立刻出局。所以，我真正的潜在对手其实就是“顾命三”和“顾命四”——上官桀和桑弘羊。

后元二年二月十二，弥留中的皇帝刘彻颁下诏书，立年仅七岁的刘弗陵为太子。

十三日，皇帝任命我为大司马大将军，金日磾为车骑将军，上官桀为左将军，桑弘羊为御史大夫。四人同时在皇帝病榻前拜受遗命、辅佐少主。

十四日，刘彻驾崩。十五日，刘弗陵即皇帝位。是为汉昭帝。

在刘弗陵的登基大典上，我踌躇满志地站在少帝身边，一同接受群臣的拜贺。那一刻的情景与“周公辅政图”如出一辙。

我笑了。我看见一个崭新的时代正在来临。这个时代的名字，叫作霍光。

三

始元元年（公元前 86 年），也就是少帝刘弗陵即位的第二年，车骑将军金日磾在深秋的某个日子悄然闭上了眼睛，走完了他临深履薄的一生。一个刚刚坐上帝国第二把交椅的人居然走得如此匆忙，多少有些出乎人们的意料。可我知道，他自己肯定很满意这样的结局。因为我相信，像他这么一个淡泊自守的人，权势和地位非但不会增加他的幸福感，反而会给他带来不安。所以，早一天离开政治斗争的旋涡，对他其实是一种解脱。更何况，对于高层的政治人物来说，能够在位尊爵显的时候平静地死去，让子孙能够安然地承袭爵位和富贵，这本身就是一种不小的成就。尤其是当我看到几年后，有那么多帝国政坛的显赫人物在一场突然爆发的流血政变中死于非命、而且遭到族诛时，我就更要替金日磾感到庆幸。

相对于上官桀、桑弘羊、燕王刘旦、盖长公主等人日后的下场，金日磾的善终，绝对可以称得上是一种幸运。

当然，上官桀等人如果都能像金日磾那样安分守己，就绝不至于死得那么难看。只可惜他们对于权力的欲望太过强烈，而夺取权力的手段又太过拙劣，从而决定了他们的悲剧。他们天真地以为：只要缔结成一个统一战线，就可以明目张胆地挑战我霍光的权威。真是太可笑了！我霍光自从当上大司马大将军的那一刻起，就已做好了以一人敌千万人的准备。这就是我的胆识！而且我知道自己完全具备与此胆识相匹配的实力！

长安不是一天建成的。我霍光的地位也不是一蹴而就的。如果有人以为我在先帝身边的三十年都只是在伺候天子的饮食起居，那他就错了！那三十年我在干什么？我是在虎口上觅食，在刀尖上舔蜜；是在高空中走索，在悬崖边舞蹈……那是浇铸心志的一场无尽炼狱，更是淬励灵魂的一场浴火涅槃……如果有人胆敢把我当成是先帝的一个高级用人、一个唯唯诺诺的老奴，那他不但是在低估我的能力，更是在侮辱我的智慧！

所以，如果有这样的人，他就注定要为此付出代价。

血的代价。

事实上，在整个汉武帝时代，上官桀一直与我保持着还算友善的关系。而且我们还是儿女亲家——我的女儿嫁给了他的儿子上官安。

裙带关系历来是中国官场哲学的重要组成部分。在彼此的利益追求趋同的情况下，这种关系就是把人们联结在一起以获取和分享更多利益的一条有效纽带。然而，一旦时移势易，彼此的利益追求产生冲突，这种关系便随时会被斩断和抛弃——在个人的政治利益面前，父子尚且反目，兄弟犹然操戈，更何况区区的儿女亲家？！

金日磾死后，左将军上官桀就从“顾命三”变成了“顾命二”。每当我出宫休假的时候，上官桀自然就要代替我主持政务。也许是偶尔行使最高职权让他上了瘾，可短暂的代理期又让他远远过不足瘾，所以他很快产生了染指最高权力的企图。他向我提出了一个请求，希望通过我的推荐，把我们共同的孙女、也就是上官安的女儿纳入后宫，再促使昭帝立她为皇后。

我在心里发出了一串冷笑。这是一个貌似对双方都有利的请求，可实际上对我没有半点好处。小皇帝刘弗陵本来就对我言听计从，我把外孙女嫁给他又能给我带来什么？这不是画蛇添足吗？可上官桀就不同了，一旦孙女入宫当了皇后，他的儿子上官安就成了国丈，他们父子就能堂而皇之地对皇帝施加影响，从而获得他们想要的一切——其中最重要的，就是从我手中夺取帝国的最高权力。

我怎么可能让他们得逞？！

我笑着对上官桀说，咱们的孙女还小，才五岁，这事等将来再说吧。

上官桀知道我看穿了他的心思，没说什么，只冲我干笑了几声。

我是后来才回味出他笑声中透露出的那一份挑衅意味的。我的一口回绝非但没有打消他的念头，反而迫使他下定了与我一较短长的决心。从后来发生的一系列事情来看，我显然低估了上官桀的野心，也低估了他的活动能力。他们父子处心积虑地绕了一个大圈，终于从上官安的一个朋友那里找到了突破口。

那个朋友叫丁外人，表面上的身份是盖长公主儿子的一个门客，实际上是盖长公主的男宠。而盖长公主是昭帝的长姐。所以，搞定丁外人，就有可能最终搞定小皇帝。上官安对丁外人进行了游说，不外乎就是一大堆许诺富贵之词。丁外人本来就是一个声色名利之徒，一想到这是一笔无本万利的大买卖，当下欣表赞同。随后他便说服了盖长公主，公主很快又入宫说服了小皇帝。始元三年（公元前 84 年）冬，一纸诏书颁下，上官安年仅五岁的女儿被征召入宫，当了婕妤。上官安随即被任命为骑都尉。

此后的事情一发而不可收拾。第二年春，上官氏被立为皇后。当年，上官安被擢升为车骑将军。第三年夏，上官安又被封为桑乐侯。

迅速到来的巨大荣宠让上官安一下子暴露出小人得志的嘴脸。每当他入宫接受皇帝的赐宴，回来后就会对门客说："我和我的女婿一起宴饮，喝得很高兴！"而且还吩咐下人把家里的衣物都给烧了，意思是皇帝很快就会赏赐给他御用的绫罗绸缎；每当醉酒之后就在府中裸行，而且据说还和他父亲的姬妾们淫乱……总之，种种浅薄和荒唐的言行，让我听了就恶心。我忍不住对我的夫人显说："真后悔当年居然把女儿嫁给了这么一个狂妄、浅陋又浪荡之辈！"

没想到显立刻白了我一眼，说："人家上官桀当初是太仆，咱还高攀了呢！有啥好后悔的？"

我一时语塞。想想也是，我在奉车都尉的位子上一待就是三十年，而上官桀很早就是太仆、九卿之一，官位远在我之上。想当年因为这桩政治婚姻的缔结成功，我还私下庆幸了好一阵子……也许，上官桀如今一意想取代我，除了因为他那膨胀的权力欲，还有一个隐蔽的原因，那就是想重新获得曾经在我面前所具有的那种优越感。

不可能了。我在心里对上官桀说，无论你们父子如何折腾，我霍光屈居人下的日子都已经一去不复返了。

上官桀父子为了报答盖长公主，也为了兑现对丁外人的承诺，向我提出要给他封侯。我当然严词拒绝了。他们无奈，只好退了一步，说那就让他当个光禄大夫，我还是不同意。如此一来，对丁外人的许诺就成了彻头彻尾的空谈，上官桀父子顿感颜面扫地。恼羞成怒之下，他们开始寻求更多反对我的势力，准备缔结一个反霍同盟，一举将我扳倒。

他们当然不会孤单。

这几年来，朝野上下把我视为眼中钉肉中刺的人绝对不在少数。首先，御史大夫桑弘羊就是一个。这个"顾命四"依仗着为朝廷创设了盐、铁和酒业专卖的制度，开辟了国家的财源，增加了财政收入，就居功自傲，动不动就替其子弟伸手要官。诚然，为国家做出贡献的大臣的确应该获得相应的回报，可前提必须是有功不居，低调做人。不管心里怎么想，起码表面上要装装样子。可桑弘羊整天牛皮哄哄、鼻孔朝天，把谁也不放在眼里，好像朝廷亏欠了他似的。我故意要压一压他的嚣张气焰，于是多次驳回他的要求。桑弘羊为此对我恨之入骨。

还有一个人对我素怀不满，他就是先帝的第三子燕王刘旦。应该说，在先帝的六个儿子中，刘旦的辩才、学识、交游能力最为突出，而他想当皇帝的愿望也最为强烈。自从卫太子刘据受到江充巫蛊案的牵连，在一场未遂政变中畏罪自杀之后，刘旦入继大统的野心就被唤醒了。未久，先帝次子齐怀王刘闳又一病而亡，刘旦自以为依照排行太子之位非他莫属，于是迫不及待地上书刘彻，要求回京值宿宫禁，实际上就是急着要当太子。刘彻一贯讨厌受到任何形式的胁迫，一看到奏书，当即勃然大怒，把递送奏书的使者扔进了监狱。刘旦的急于求成和自作聪明导致刘彻对他产生了深深的反感，从此日渐疏远他，最终把储君之位给了幼子刘弗陵。这样的结果让刘旦大为困惑，同时也愤恨不已。等到先帝崩逝、昭帝继位后，刘旦立即产生了篡位的企图。我意识到这一点，便授意昭帝下诏赐给他三千万钱，加封食邑一万三千户。我很清楚刘旦的野心，也知道单纯的金钱根本满足不了他，但我还是给了他这笔丰厚的赏赐。一来表明朝廷对他已经仁至义尽，二来也是在暗示他——除了财富上的封赏，你刘旦别指望从我和昭帝手里拿走任何东西！

后来的事情并未超出我的预料。刘旦接到诏书的当天就口出狂言，说："我当为帝，何须赏赐！"随后便与宗室诸王刘长、刘泽等人日夜密谋，准备发动兵变篡夺皇位。然而，他那急功近利和有勇无谋的弱点再次暴露无遗。事发前，他不但四处扬言昭帝非武帝子，乃一帮大臣（意指我霍光）非法拥立，天下宜共伐之云云，而且公然大造兵器、演练军队，还一连诛杀了十五个劝谏的谋臣。如此猖狂的言论和举动自然瞒不过地方官和我的眼睛。于是我派遣了几个朝臣，会同地方刺史，轻而易举地把这场兵变消灭在了萌芽状态。我下令诛杀了刘泽等人，却有意放了他刘旦一马，既未杀他，也没有废除他的封国和爵位。我之所以这么做，一是先帝尸骨未寒，我不愿诛杀他的骨肉；二是我在辅政之初，有必要树立一种宽仁的政风，同时在天下人面前塑造我的道德形象；三是因为我有足够的信心掌控他，不怕他卷土重来。

所以，当他后来义无反顾地同上官桀父子、桑弘羊、盖长公主等人组成同盟，把矛头再度指向我和昭帝时，说实话，我不但不担心，反而有一丝窃喜。

因为我可以借此机会把所有政敌一网打尽。

这是他们自作孽、不可活。

怨不得我。

四

元凤元年（公元前 80 年），反霍集团向我发动了第一波攻击。

事后来看，他们并没有一开始就孤注一掷，而是想采用常规的也是成本最小的政治手段解决我。上官桀以燕王刘旦的名义拟了一份弹劾我的奏书，趁我出宫休假时呈给了昭帝。奏书从三个方面对我进行了攻击：一、霍光集结禁卫军进行了大规模操练，而且他出城检阅时，凡出行仪式、交通管制、膳食预备等皆采天子之制；身为臣子，此举分明是僭越。二、苏武出使匈奴，前后二十年，忠肝义胆、宁死不降，归国后却只当了个小小的典属国，而霍光的长史杨敞无功于国，却成了位高权重的搜粟都尉。此举说明霍光任人唯亲。三、擅自增调自己幕府中的校尉。

上官桀得出的结论是：种种迹象表明，霍光专权自恣、图谋不轨。最后他以刘旦的身份说："臣旦愿意将王爵的符节印玺归还朝廷，入宫宿卫，以察奸变！"

上官桀的如意算盘是这么打的：趁我不在宫中时呈上奏书，然后利用他手中的代理职权将此奏章下发给有关官员进行审理，再由桑弘羊联合一帮大臣迅速将我拘捕、解除一切职务，让我乖乖就范。

可上官桀想得太简单了。先别说我霍光会如何反击，仅仅昭帝这一关他们就过不了。奏书呈上后如同泥牛入海，小皇帝一点反应也没有。我休假的这几天，宫中的耳目早已将这一切跟我做了通报。我知道昭帝与我心有灵犀，于是决定演一出戏给他们看。

第二天上早朝时，我入宫后便故意躲在西阁不上殿。昭帝不见我的身影，就问："大将军在哪儿？"

上官桀说："因为燕王告发了他的罪状，所以畏罪不敢上殿。"

昭帝闻言，立刻宣诏：召大将军！

我匆忙上殿，作出一副诚惶诚恐的表情，脱下官帽，叩首向皇上谢罪。那一刻，我注意到上官桀和桑弘羊等人的嘴角都无一例外地挂着一抹得意的笑容。

我在心里笑得比他们更加灿烂。

昭帝马上发话了："将军，把官帽戴上，朕知道这奏书有诈，将军无罪。"

上官桀和桑弘羊面面相觑。我忍住笑，说："陛下凭什么知道我没罪？"

昭帝说："你到广明检阅禁卫军，也就这几天的事；从你选拔校尉那天算起，到现在也不超过十天，远在封国的燕王何以知之？况且，如果将军真的要图谋不轨，也不缺那几个小小的校尉！"

这一回，在场的所有大臣和皇帝的左右侍从全都面露惊讶之色。没人料到年仅十四岁的小皇帝居然如此精明。上官桀和桑弘羊的脸上立刻写满尴尬、懊悔、恼怒和担忧。只有皇帝和我默契在心，微笑不语。当天，昭帝便下令捕杀那个递送奏章的假冒燕王使臣。上官桀担心自己主谋的身份暴露，极力阻止皇帝说，此乃小事，无须深究。可昭帝根本不听他的。

第一回合，我还没有出手，反霍集团已经输得很难看。上官桀输就输在他把皇帝当成了一个孩子。他以为小皇帝只不过是一个傀儡，谁来操纵都一样。可他错了。小皇帝比他预想的要清醒得多。昭帝深知，只有我霍光存在一天，他的帝位才能保证一天。这不但是先帝的遗命所决定的，更是后汉武时代的整个政治格局决定的。昭帝自己很清楚，以他尚未成熟的年龄、经验和能力来说，在相当一段时期内，都必须有一个强势人物来辅政，才能确保他的帝位和整个江山社稷的稳固。而这个人的品德、才干等各个方面都必须是他可以完全信任的。放眼朝中，这样的人物，除了我霍光还能有谁？对刘弗陵来说，还有谁能比他那雄才大略的父皇用三十年时光考验过的人，更值得让他信任？

所以，无论是出于秉承遗命还是出于现实利益的考虑，昭帝都不可能让任何人取代我。从他坐上帝座的那一天起，从我当上大司马大将军的那一天起，我们就已经是利益高度一致的政治同盟——并且是以我霍光为主导的同盟。没有刘弗陵，我霍光依然可以存在；可一旦没有我霍光，刘弗陵转眼就会灭亡！

对此，十四岁的刘弗陵心明眼亮，老政客上官桀却一团懵懂。

当然，在政坛上打滚了大半生的上官桀犯下如此低级的错误，其原因绝不是低能，而是过度膨胀的权力欲望障蔽了他的政治理性。

可见，当一个人内心的狂热不受到遏制，它就必定会烧坏脑子。

“假奏章事件”败露之后，上官桀的一帮朋党不甘心失败，仍然见缝插针地对我进行诽谤。昭帝索性跟他们挑明了：“大将军是一个忠臣，是受先帝嘱托来辅佐我的人，敢有再诽谤他的，一律严惩不贷！”

至此，反霍集团终于意识到——通过常规手段对付霍光绝对是行不通了。近乎绝望的上官桀等人决定破釜沉舟，用非常手段与我进行最后的较量。

一场流血政变就此爆发。

上官桀父子的政变计划分为三步：首先，让盖长公主筹备一场酒宴，邀我出席，命事先埋伏的士兵将我刺杀。其次，废掉昭帝，迎请燕王刘旦进京。最后，诱杀刘旦，拥立上官桀即位称帝。

上官安身边的谋士担心地问：“废掉昭帝，那皇后怎么办？”

上官安说：“追逐麋鹿的猎狗，哪还顾得上那只小小的兔子？眼下的问题是，皇后的尊崇难以依恃，人君的心意反复无常，一旦有变，恐怕连做一个老百姓也不可得。所以，必须当机立断！”

无独有偶，燕王刘旦的相国也提醒他：“当年大王与刘泽的密谋之所以败露，就是因为刘泽为人率性轻狂。而据我所知，左将军上官桀也是浮躁冒进之人，车骑将军上官安更是年少而骄矜，臣恐他们的命运会像刘泽一样，不能成事。而且，即便事成，臣亦恐他们背信弃义，不让大王即天子位。”然而，一心做着天子梦的刘旦根本听不进忠言。他一边纠集了几千名死士，一边命令群臣打点行装，随时准备进京即位。

燕王刘旦就这么一意孤行地跟着上官桀父子走上了一条不归路。

这一回，他不可能再像上次那么幸运了。

因为我的忍耐是有限度的。

也许你们都看得出来，在我二十年的执政生涯中，有一点自始至终都表现得很明显，那就是我的自信与从容。无论面临怎样的危局，我都能运筹帷幄而决胜千里。当然，要做到这一点，前提是必须拥有一张无孔不入的情报网。

而这正是我多年以来苦心经营的。在后汉武时代的大汉帝国，上自宫禁朝堂，下至街肆坊间，我的耳目无所不在。所以，我能够在第一时间洞察一切潜在的威胁，并立刻将它铲除。反霍集团的政变计划，就是我那巨大情报网的最底层眼线探知的。那是一个叫燕仓的老差吏，他的儿子是公主的舍人，他本人在公主府上任稻田使者，也就是收租员。燕仓侦得情报后，立刻上报我的老部下、时任大司农的杨敞，杨敞又通过谏大夫杜延年向我作了详细的禀报。

元凤元年九月的一天，我对反霍集团实施了致命一击。

经我授意，昭帝颁下诏书，命令丞相田千秋展开了一场大搜捕。一天之间，曾经显赫一时的上官桀、上官安、桑弘羊、丁外人等人，连同他们的宗族全部被诛杀。唯一漏网的是桑弘羊的儿子桑迁。他逃亡了两年，最终也被抓获处决。盖长公主知道大势已去，当天便畏罪自杀。燕王刘旦得知东窗事发的消息后，张皇失措地问他的相国说："政变失败了，现在起兵来得及吗？"

相国说："左将军已死，此事天下人尽皆知，现在起兵已经于事无补了！"

刘旦终于绝望了。那天他特意举办了一场告别宴会，和自己封国的大臣们，和自己的姬妾们一一饮酒作别。毕竟是皇族贵胄，所以刘旦选择了这样一个华丽的姿态离开人世。宴会还没结束，天子问罪的诏书便送到了他的眼前。刘旦最终用自己的燕王绶带，把自己悬挂在了寝室的横梁上。那天随他而去的，还有他的王后、妃妾等二十多人。

事后我放过了刘旦的儿子刘建。我没有取他性命，只把他废为庶民。你们或许会对我的做法表示不解——但凡对付政敌总是要斩草除根的，你留着活口，就不怕遭到报复？

可我认为，斩草除根是不自信的表现。一个从政者固然需要一定的暴力手段来剪除对手，可一个成熟的政治家，并不一定需要靠赶尽杀绝来巩固自己的地位。

在权力的博弈中，杀戮是必要的，可它从来不是唯一的。

当你自信能够用你的智慧和手腕把一切不利因素防患于未然、或扼杀于襁褓时，你还惧怕什么呢？

这场流血政变，基本上以我的大获全胜而告终。

我唯一的损失，就是失去了我的女儿。

可我没有办法。她首先是上官安的妻子，其次是上官桀的儿媳妇，最后才是我的女儿。当禁卫军将上官家族满门抄斩的时候，我只能眼睁睁看着自己的女儿成为这场政治斗争的牺牲品。

不过我总算保住了我那年仅九岁的外孙女——除了她的性命，还有她的皇后之位。

这是我唯一能为女儿所做的事情。

也是我唯一能告慰自己的。

在我日渐苍老的生命中，我总算还能时时刻刻从她身上看到我女儿生命的延续。还有什么，能比这更让一个终生抱愧于心的父亲感到安慰的呢？虽然我也时刻没有忘记——她姓上官，不姓霍。

五

元凤元年的这场政变之后，帝国政坛从此风平浪静。天下的臣民们似乎都明白了一个道理——除非霍光自己愿意，否则任何人也别想从他那里夺走任何东西。

我在平静中度过了六个没有对手的寂寞春秋。

日子一路走到元平元年（公元前 74 年）的初夏。忽然有一天，昭帝驾崩了。

死的那年，他才刚满二十岁。眼看我还政于君的日子已经屈指可数了，可昭帝刘弗陵居然等不到那一天。

在君临万物的无常面前，人世间的一切都苍白如纸，无论是财富、名望、功业，还是权力——即使贵为天子，你也要向无常俯首称臣。说实话，刘弗陵之死让我充满了莫名的伤感。就像当年我的兄长霍去病之死一样。当然，它们都发生在我的心灵深处。没有人能从我脸上看出什么。包括我的妻子显。

另外我也知道，无论死者是进入彻底的虚无还是去到了另一个世界，活着的人，都必须尽早把他们遗忘。因为这个世界读不懂你的伤感，也不会给你发呆的时间。它就像一驾时刻在奔驰的巨大的马车，前方永远有许多它认为值得追逐的东西。所以，如果你不想让世界抛弃你，那你就要先抛弃伤感。

而对我来说，伤感就更是一种近乎奢侈的感情。因为刘弗陵是一个皇帝，可他却没留下子嗣，所以我要尽快帮这驾无主的马车重新寻找一个合适的驭手。国不可一日无君。要选择谁来当继承人，是一个有点棘手的问题。在宗室诸王里有资格继任天子的人当然不少，可问题在于：谁值得我信任？

谁能像刘弗陵那样，在与我分享帝国权力的时候始终保持默契？也就是说，在我们分工合作的问题上，谁能既不失聪明又聪明得恰到好处？谁能像刘弗陵那样，既和我有着先天的利益一致，又在后天上自觉地与我保持政治上的一致？还有，谁能在帝国臣民面前根据形势需要随时扮演一头狮子，而在我面前又能真心实意地成为一只绵羊？

可以说，既有资格当皇帝又能符合我上述条件的人，绝对稀有。比如朝臣们嘤嘤嗡嗡议论多日后一致推举的那个人选，我就认为不太合适。他们提议的是武帝六个儿子中唯一在世的广陵王刘胥。论资格，他当然是臣民心目中的最佳人选。可对我来说，刘胥并不理想。其中最重要也是最直接的原因是——他的年龄太大了。一个早已成年的宗室亲王，在性格、观念、行为方式、政治取向、利益诉求等方方面面势必都已定型，我何苦要花大力气去改变他、或者跟他磨合呢？

所以，我用沉默否决了大臣们的提议。

当然，我想说的话，几天后就由一个郎官以奏书的形式表达了出来。理由自然不能用我上面说的那些，而是诸如行为不检、放逸无度、迷信巫蛊之类的。要让一个人当上皇帝的理由比较难找，可要想让他当不上，理由随手一抓就一大把。不过，我授意郎官所举的那些反对理由也不是我凭空捏造的，而是件件确有其事。

关于他的行为不检和放逸无度，朝野上下可谓有目共睹：他力能扛鼎，却没把力气花在正经事上，而是成天与狗熊、野猪之类的猛兽徒手搏斗；而且还喜好倡乐、宴饮、嬉游等。总之，玩物丧志。这也是先帝刘彻不喜欢他的原因。至于他的迷信巫蛊，相对而言便鲜为人知了。我之所以了如指掌，当然是得益于我的情报网。据我所知，因为昭帝年少无子，刘胥很早就有觊觎帝位之心。他找了一个叫女须的楚地女巫，让她求神下界，降殃于刘弗陵。女须就自称是武帝附体，并且以武帝的口吻说："我必定让刘胥当上天子！" 刘胥大喜，当即赐以重金，命她上巫山日夜祷祝，对刘弗陵施加巫蛊。昭帝崩后，刘胥欣喜若狂，大为感叹，说："女婴真是能通神的巫师啊！"从此把她奉若神明，赏赐更丰。

这样的人，如何能当大汉天子？

当然，我并没有让郎官在奏书里捅破刘胥的这些阴谋。因为我心目中已经有了另外的人选。同时我也觉得刘胥根本是成不了气候的人，不值得在他身上浪费时间，所以也就没必要撕破他的脸皮。

郎官在我的授意下最后强调了一句话：如果有必要，废长立幼也是可以的。

而我选中的人就是先帝的孙子、时年十六岁的昌邑王刘贺。

虽然刘贺也并不是很理想，其私行同样乏善可陈，可毕竟他还年轻。如果他聪明，入继大统后懂得检点和收敛，我有信心把他调教成刘弗陵第二。如果他不够聪明，我也随时可以把他废了。毕竟，能让我看得上眼的天子人选凤毛麟角，所以我必须给自己一个试错的机会。

只是我万万没有料到，刘贺仅仅当了二十七天的皇帝，我就忙不迭地对自己、同时也对天下人大喊一声——错了！

那个郎官呈上奏书后，我就提拔他当了九江太守。当天，我就让我的外孙女、上官皇后颁下了一道迎立昌邑王的诏书，命一帮大臣火速迎请刘贺入京即位。

几乎就在刘贺进入长安、登上帝座的那一天，我就已经隐隐意识到：我可能犯了一个严重的错误。因为刘贺远不如我想象的聪明——他不是轻车简从来的，而是前呼后拥、恨不得把他封国的人全都带进长安来的。

此后二十多天所发生的事实一再证明——他岂止不够聪明，简直是愚蠢到家了！

他总共带来了两百多号昌邑旧臣，既不依资历、也不论功劳，一口气，全部加官晋爵。比如原来的昌邑相国就被他擢升为长乐宫的卫尉。每当看到这帮得志小人天天在朝堂上趾高气扬，而且在我面前显摆摇晃，我气就不打一处来。

一个小小年纪的刘贺，还有这帮不知天高地厚的边藩小臣，竟公然蔑视我的权威？才当了几天皇帝就如此明目张胆地培植私党，假以时日，还有我霍光的立足之地吗？他们难道真的以为，我把帝王权杖交出去后，就没有能力再收回来吗？

笑话！

我简直是瞎了眼，居然挑了这么一个活宝来当皇帝，既让天下人耻笑，更让我霍光蒙羞！很快我就对自己说：必须阻止这一切。

当然，在最终废掉他之前，我还是苦心孤诣地给了他几次机会。然而，这个笨蛋一次也没抓住，并且还变本加厉。我授意太仆丞张敞上书劝谏他，他置若罔闻。我又让光禄大夫夏侯胜趁他出行时挡在他的车驾前当面进谏，他居然把夏侯胜绑了，命有关官员将他定罪。我再让侍中傅嘉进行最后的劝谏，他干脆把傅嘉扔进了监狱。

我死心了。什么叫烂泥扶不上墙？

这就叫烂泥扶不上墙！

我决定把他废了。当然，我不能让人认为这是我的个人意志，而要让人知道这是朝中大臣的一致愤慨。我找了个机会，对我的旧属、时任大司农的田延年稍稍做了暗示。田延年心领神会，马上说："将军是国之重臣，既然知道此人难当大任，为何不禀报太后、另立贤能呢？"

我说："是有此意，不过不知前朝是否有此旧例……"

我说了一句废话。不过在这个时候，这种废话并不多余，而且非常必要。

田延年很乐意为我代言，他说："商朝的伊尹放逐太甲、安定国家，人皆称义。将军若能这么做，就是汉朝的伊尹。"

田延年对我说的这句话不过是密室私语，可从此被众多的后世史家一遍遍地称引，成为中国政治史上的经典佳话。人们乐此不疲地把我和伊尹并举，以儆示那些图谋不轨的篡位者，赞扬那些鞠躬尽瘁的辅政大臣。

后世的人们似乎一致公认：我是主少国疑之非常时局中的典范人物、栋梁之材。

在某种程度上，这也是我对自己的期许和认可。

然而，很快就有一个人动摇了我的这一自信。他就是我继昌邑王之后拥立的另一个皇帝——刘病已，也就是后来改名为刘询的汉宣帝。

他说跟我在一起犹如"芒刺在背"。

这就有点让我闹糊涂了——我到底是人们所说的国之栋梁，还是皇帝眼中的一根芒刺？

六

决心已定，我就开始启动对刘贺的废黜程序。

我跟车骑将军张安世（也是我提拔的）妥善商议之后，就让田延年把我的计划告知了丞相杨敞，准备让他率领群臣响应我的提议。杨敞这人本来就有点懦弱，一听说要废黜皇帝，吓得大汗淋漓，说不出话。要不是他的夫人替他表态说"一定遵奉大将军的命令”，我很可能会考虑把他撤掉。事后田延年对我说，他是故意离开了一会儿，好让他们夫妻商量商量。果然，他一离席，聪明的杨敞夫人就从厢房匆匆跑出来，数落她丈夫：“这是国家大事，如今大将军心意已决，才会派九卿（田延年的官阶）前来知会你，你要是不赶紧答应，与大将军同心，还在这儿迟疑不决，第一个被砍头的就是你！”

元平元年六月二十八日，也就是昌邑王刘贺被我拥上帝座的二十七天后，我召集了丞相、御史、将军、列侯、中二千石、大夫、博士等朝臣在未央宫举行会议，准备把刘贺废了。我扫了群臣一眼，说：“昌邑王德行昏乱，恐怕会危及社稷，你们说，该怎么办？”

不出我所料，我话音刚落，大殿上的衮衮诸公们顿时吓得面无人色。他们相互交换着惊慌的眼神，支支吾吾，没人敢开口说一个字。我朝田延年使了个眼色。这时的田延年已经被我提拔为给事中。他离开座席，立于殿中，以手按剑，高声说：“先帝托孤于将军，寄天下于将军，是因为将军忠诚贤能，能够安定刘氏天下。可自从昌邑王即位后，民怨沸腾，社稷将倾，倘若因此而断送汉室宗庙，将军即便以死谢罪，又以何面目见先帝于九泉之下？！今日之议，应当立决，群臣中倘若有人迟疑拖延，议而不决，就让臣用手中之剑将他斩了！”

田延年这番话说得大义凛然、掷地有声，让我很满意。不过当着这么多人的面，我还是要作作姿态。我长叹了一声，说：“诸位大臣对我心怀谴责是对的，而今天下汹汹、社稷不宁，我霍光难辞其咎啊！”

本来听到田延年的那番恐吓之词，群臣早已吓破了胆，现在又听出了我的话外之音，顿时全部离席，向我跪地叩首，异口同声地说：“万姓之命，在于将军！唯大将军之命是从！”

我颔首不语。心里说——此时此刻，谁敢说我不是国之栋梁？

当天我就率领群臣觐见了上官太后——我那年仅十五岁的外孙女。我向她详细陈述了朝野上下对昌邑王的公愤，并说明了废黜之意。此时刘贺刚刚依例朝见完太后，正从长乐宫返回未央宫温室殿。太后立刻驾临未央宫的承明殿，下令各宫门守卫一律不准昌邑群臣进入未央宫。而我则赶在刘贺之前进入了温室殿，在那里等着他。当刘贺领着他那帮爪牙优哉游哉地回到宫门前时，宦官们封锁了各道宫门，只让刘贺进入，把他的手下全挡在了外面。刘贺看见了我，警觉地问：“这是什么意思？”

我最后一次跪在他面前，说：“皇太后有诏，昌邑群臣一概不得入宫。”

刘贺依旧傲慢地瞥了我一眼，拿着腔调说：“慢点来嘛！何必搞得如此吓人！”

真是无可救药！我在心里说，抓紧时间最后嚣张一把吧，待会儿就有你哭的。

我立即下令把昌邑群臣全部驱赶到了金马门外，又命车骑将军张安世率禁卫骑兵逮捕了他们，一个不少地扔进了监狱。然后我吩咐那些侍中和宦官们严密看守刘贺，我说：“小心看着他！万一他突然死了或是自杀，我就有负天下，背上了弑君的骂名。”

当我做完这一切，愚蠢的刘贺居然还没意识到自己的下场，仍然对左右叫嚣说：“我那些旧臣犯了什么罪，大将军要把他们全都逮捕？！”

片刻之后，太后召见他的诏令就到了。刘贺至此才有了一丝恐惧，他说：“我有何罪，太后要召见我？”

你有何罪？我在心里冷笑，愚蠢、傲慢、荒淫、嚣张、结党营私、自行其是、不守法度、不纳诤谏……如此种种，哪一条不是罪？！

这场废黜行动至此已经接近尾声，剩下来的，无非是走走过场而已。

刘贺被带到了承明殿，跪在太后面前听诏。尚书令高声宣读了我和杨敞、张安世等三十六位大臣联名弹劾昌邑王的奏章，其中备举了他的斑斑劣迹和种种罪状，最后的结论只有两个字——当废！

我说过，要让一个人当不了皇帝，理由随便找都有。

当然，他最大的那条罪状在奏章中是不能提及的——那就是他严重触犯了我的权威而又不思悔改！

宣完奏章，太后朗声下诏，就一个字——“可！”

我听见我孙女清脆的声音中仍然有一丝稚气未脱。可在此刻的大汉帝国，她的声音却象征着帝国的尊严，具有至高无上的权威。

昌邑王刘贺的二十七日天子梦就在这一个字中彻底终结。

我让刘贺站起来，然后再跪下去，行礼接受诏令。

那一刻，我看见刘贺的眼中流露出无尽的惶惑和恐惧。也只有在那一刻，我才想起，其实他还只是个孩子——就像我的外孙女、堂堂大汉帝国的皇太后也不过只是个孩子一样。

可他们稚嫩的双肩往往要撑起一个帝国赋予他们的重量，然后不知何时，又忽然会被卸掉。在命运的翻掌之间，一面是生命中的难以承受之重，另一面顷刻就是生命中的不可承受之轻。或许在你们看来，这有点残忍。可这就是现实——这就是我们所属的这个时代无所逃避的游戏规则。无论我个人如何看待它，首先我必须得遵循它。我可以在这个规则里最大限度地发挥我的个人才智和主动权。可是，我仍然溢不出规则之外。就此而言，我并不比昌邑王刘贺和我的孙女上官太后更为幸运。如果有人告诉我这个规则还将在我们身后延续达两千年之久，我可能会表示惊骇。同时也会对两千年之后的你们说一声：设计一个好的游戏规则是何等重要。因为它事关你们的幸福。

每一个人的幸福。

至于说什么才算是好的规则，很抱歉，我不知道。它可能需要你们每一个人去付诸思考，同时有所行动。一旦你们这么做了，就算没找到最好的，应该也能找到一个最不坏的。

两千年后的你们，难道不能比我们聪明一点？

那天刘贺跪地接诏的时候，我看见他的双腿在不停地战栗。然后他茫然的声音最后一次在未央宫中响起："我听说，'天子有诤臣七人，虽亡道不失天下！'我何以竟被废呢？！"

你说得没错。我在心里说，可就在几天前，你把那些都诤臣扔进监狱里去了，你忘了吗？

"现在太后已经下诏将你废黜，你如何还能自称'天子'？！"我冷冷地看着他说。然后我走过去亲手解下他身上佩戴的天子玺绶，交给了太后。最后我扶着他走下大殿，来到了金马门外。群臣都跟在后面送行。刘贺向西遥拜了一下未央宫阙，说：“我愚钝，难以担当大汉社稷。”

这是我唯一一次听见刘贺说了一句明白话。

我把他送到了设在京师的原昌邑王官邸，略微沉吟之后，我向他道别：“你昌邑王的行为自绝于天，臣宁可负王，不敢负社稷！愿王自爱，臣从此不复能在你左右了。”

说完我的眼眶就湿润了。

这并不是在故作姿态。从个人角度而言，我对刘贺的怜悯多于愤恨。我说过，我们都在规则之内。所以，并不是霍光废了刘贺，而是权力的游戏规则把一个不合格的皇帝淘汰出局。

而我霍光只不过是它的执行者。执行者迟早会被换掉，可规则永在。所以，我不知道那天与刘贺告别时情不自禁流下的泪水中，是否有一丝兔死狐悲的意味？

终我一生，那几滴泪水并没有应验什么。然而，就像你们所知道的那样，在我身后，霍氏家族遭遇了一场灭顶之灾。从那场灾难往回看，谁又敢断言，我送别昌邑王的泪水中没有隐含某种惊人的玄机？

昌邑王被废后，朝堂上的衮衮诸公不约而同焕发出了迟来的勇气。

他们联名上奏，说：“历来被废黜之人，必定要流放边地，以杜绝他们干预朝政。所以，应该把昌邑王刘贺放逐到汉中的房陵县。”

众所周知，房陵地处群山之中，人烟稀少，贫瘠荒凉。贬谪到那里的人通常九死一生。可见，这帮朝臣们事先没有任事的胆量，事后却不乏落井下石的勇气。

这就是人性，没有办法。

我让太后下诏，仍然让刘贺回到昌邑，并赐给他两千户的汤沐邑。不过我撤销了他的封国，把名称改回原来的山阳郡。

我说过，我不习惯做斩草除根的事情。可是，刘贺手下的那伙人却迫使我不得不大开杀戒。他们被关进监狱后，竟然屡屡叫嚣——当断不断，反受其乱！

这不明摆着他们早有对付我的阴谋，只是下手比我稍迟了点吗？

我愤怒了。二百多号人转眼之间便都人头落地，只有三个人被我免除了死罪。那是因为他们曾经多次劝谏过刘贺。

七

刘贺走了，帝座上空空荡荡。我不得不再次考虑这个让人头疼的继承人问题。

那个叫刘病已的年轻人就在这时候进入了我的视野。

我看上他的原因有四：其一，他是卫太子刘据的孙子，属于宗室嫡系，具有入继大统的资格；其二，他很年轻，才十八岁，符合我的意愿；其三，他受卫太子的巫蛊之祸牵连，出生才几个月就进了监狱，自幼在监狱里生活，随后又成长在民间，尝尽人间疾苦和世态炎凉，身上没有其他宗室子弟惯有的纨绔习气，性情质朴，容易塑造；其四，由于处境寒微，他没有丝毫的政治根基，身后也没有一个利益集团，所以不可能像刘贺那样领着两百多号人浩浩荡荡地进入长安，也就是说，他重蹈刘贺之覆辙的可能性很小。

选择他的理由如此充分，我还需要犹豫吗？

元平元年（公元前 74 年）八月的一天，来自民间的刘病已在我的拥立下登上了皇帝宝座，成为大汉帝国的第七任天子，随后改名为询，是为汉宣帝。

事后来看，我自己都很难断定这个选择究竟是对是错。

如果着眼于整个国家的政治大局，我认为我的选择是对的。因为刘询很聪明——其聪明程度甚至远远超过了刘弗陵。他刚登基才几个月，也就是本始元年（公元前 73 年）春，便一下加封给我食邑一万七千户。我从政将近五十年，虽然政绩卓著，但前后所享食邑总共才三千户，而刘询一上来就给我加到了两万户，如此阔绰的出手，充分表明了他对我的感激和尊重。同是这年春天，我作出了一个姿态，表示要将朝政大权归还给他，可他坚辞不受。此后政事无论大小，仍然要先经我处理，其后才上奏给他。可见，他在如何分享帝国权力的问题上，与我保持着高度默契。每当我觐见他时，他也总是表现得庄重而谦虚，对我执礼甚恭，与无知傲慢的昌邑王刘贺相去不啻霄壤，说明他在政治上相当稳重而成熟。

总之，以我的政治经验判断，我相信他未来会是一个有所作为的皇帝。

然而，如果着眼于我个人以及家族的政治利益，我的选择无疑是错误的。一栖不两雄。一个外表恭谨而内心强悍的皇帝与一个权势熏天的政治家族，历来是难以共存共荣的。自从废黜昌邑王后，我霍光的权威便达到了顶点，上自天子、下至群臣，无不对我俯首帖耳、言听计从。同时，以我为首的霍氏集团也成为一支空前强大的政治势力。我儿子霍禹和我兄长霍去病的孙子霍山均为中郎将，霍山的弟弟霍云是奉车都尉、侍中，他们手中掌握着一支战斗力极强的胡、越军队；另外，我的两个女婿范明友、邓广汉分别担任未央宫和长乐宫的卫尉，掌管着宫禁大权；还有，我的兄弟、兄弟的女婿们、我的外孙们甚至很多宗亲族裔，都担任诸曹大夫、骑都尉、给事中等职……总而言之，在其时的大汉帝国，没有第二个家族可以比拟霍氏于万一……

皇帝刘询不动声色地看着这一切，没人知道他心里在想些什么。

应该说，在那个时候，我对霍氏家族的未来已经产生了一丝隐忧。

可是我没有办法。霍氏集团后来的急速上升与扩张已经非我所能掌控。在宣帝初年的帝国政坛上，霍氏族人要进入权力中枢根本无须我的授意，所有朝臣一律为其大开绿灯，甚至主动安排。这就是官场的潜规则。既然人们都乐意这么做，我当然只能乐观其成。我总不能装出一副大公无私的样子去阻止这一切，从而让我的族人们怨恨、令所有大臣们难堪吧？

况且，在向我示好的人群当中，为首的就是他这个皇帝刘询。除了增加我的食邑，他还先后赏赐给我黄金七千斤、钱六千万、各色彩帛三万匹、奴婢一百七十人、马两千匹、上等住宅一处。

你们说，我有理由拒绝这一切吗？

我当然没有理由拒绝富贵和权力。我认为自己唯一需要做的，就是尽量防止霍氏族人利用他们手中的职权徇私枉法。我相信只要做到这一点，别人就没有攻击霍氏的口实。事实上在宣帝即位之初，我的家族成员中也的确没有谁给我捅过什么娄子。

然而，让我断然没有想到的是，就在本始三年（公元前 71 年）春，一个霍家的人就给我捅了一个天大的娄子。

那个人就是我的妻子显。她背着我干下了一桩天底下最愚蠢的事。这桩蠢事为日后霍氏的毁灭种下了祸根。

她毒死了皇后许平君，目的是让我的小女儿霍成君取代她。

当事情即将泄露，显在无计可施的情况下，被迫向我坦白了整件事情的来龙去脉。我看着惊恐万状的显，生平第一次几乎乱了方寸……

事情要从皇帝刘询立后讲起。

我之所以说刘询外表恭谨而内心强悍，也与他立后这件事有关。早在刘询还在民间的时候，就娶了一个受过宫刑的狱吏许广汉的女儿许平君为妻。刘询即位后，许平君被立为婕妤。当朝廷公卿商议要册立皇后时，一致认为最合适的人选就是我的小女儿霍成君。对此，我的妻子显也是沾沾自喜、成竹在胸。可结果出乎所有人的意料，年轻的皇帝刘询忽然下了一道让人莫名其妙的诏令，说要寻找他在民间时用过的一把旧剑。明眼人一看就知道，他是想立自己的糟糠之妻许平君为皇后。我很清楚刘询的心思，可我没有阻止。因为我觉得霍家的富贵和权势并不需要靠我的小女儿来保障。朝臣们看我并不反对，于是就顺从皇帝的意愿立了许平君为后。这样的结果让显大为恼怒。可我实在不明白她生的是哪门子气。霍氏的显赫已经让我颇有临深履薄之感了，她居然还嫌不够？！

真是妇人之识。说白了，就两个字——贪！鄙！

我原本以为显只是一时之怒，很快就会过去，可没想到她一直在等待时机，处心积虑地要搞掉许皇后。不久后许平君怀孕，奉命看护她的女医淳于衍历来与我霍家过从甚密，碰巧她那担任掖庭守卫的丈夫正觊觎安池监之位（安池是朝廷专控的产盐区，总监之职是个肥缺），淳于衍就拜访显，替她丈夫求官。显意识到这是天赐良机，马上屏退左右，亲热地称呼淳于衍的小名说："少夫啊，你有求于我，我也正好有事相求于你啊，不知你能否答应。"

淳于衍受宠若惊，说："夫人说哪里话，您的吩咐，我哪有不从命的呢？"

显说："将军向来很喜爱小女成君，一心希望她能够至尊至贵，这事就要有劳少夫你了！"

淳于衍闻言更为惶恐："夫人何出此言？"

显凑近她，压低了声音说："妇人生产是一件危险的事，免不了九死一生。

如今皇后临产，可趁此机会投毒，将她除掉，成君就能入宫当皇后了。承蒙你鼎力相助，如若事成，当与少夫你共享富贵！”

淳于衍大惊失色：“药是由许多医生共同配制的，况且还要由宫女先行尝过，如何能有机会？”

显笑了笑：“这就要看少夫你了，如今将军统领天下，谁敢多言？万一出现什么紧急情况，我们也会尽力保护你，只怕你没这个意思罢了。”

淳于衍犹豫了很久，最后一咬牙，说：“愿意尽力而为！”

数日后，许平君喝下一碗淳于衍侍奉的汤药，片刻后突然说：“我头痛欲裂，药中是否有毒？！”淳于衍故作惊愕说：“没有啊！”许平君愤懑不已。少顷，毒性发作，加上气急攻心，许平君当即暴亡。淳于衍出来报功，显欣喜若狂。可还没等她重赏淳于衍，朝臣中就有人上书弹劾，指斥看护皇后的一帮医官玩忽职守，未尽人臣之道，把他们全都关进了监狱。

眼看事情马上就要败露，显才向我坦露了一切。

我又惊又怒，第一反应就是去向皇帝自首。

可是，我终究没有迈出这一步。

我知道这件事的严重后果。

无论我霍光的权势多大，也无论我对帝国的贡献多高，阴谋毒死皇后的罪名都不是我所能承担的。此事如果公之于众，轻则是我晚节不保，一生功名毁于一旦；重则人亡政息，霍氏集团转眼间分崩离析……

事已至此，我还能怎么办呢？

我首先做的一件事就是在朝臣呈送给我的奏章上批示：释放淳于衍。

我做的第二件事就是把我的女儿霍成君送进了后宫。

第二年，也就是本始四年（公元前 70 年）三月，我的女儿终于成了皇后。

一切如显所愿。一个外孙女是太皇太后，而今一个女儿又成了皇后。她看见霍氏家族从此锦上添花，可她看不见天道忌盈。

她看不见两年后的我的死亡，也看不见四年后接踵而至的那场劫难。

八

春天不是一个死亡的季节，可人们从我身上嗅到了弥留的气息。

这是地节二年（公元前 68 年），是我从小小的平阳县来到京师长安的第五十三个年头，也是我执掌朝政的第二十个年头。

皇帝刘询亲自驾临大司马府来看我。他刚才哭了。一看见我，他年轻的面容立刻爬满晶莹的泪水。

刘询看上去很伤心。是的，起码看上去是这样。你很难说清他的眼泪是出于真诚还是虚伪。可我宁愿相信他是真诚的。

因为这世上从来没有纯粹的真诚和虚伪，因为人始终是复杂而矛盾的动物。所以，我们实在不应该苛求。即便是伪装，可当一个人面对你的死亡，仍然愿意花费心思和感情去做伤心的伪装，这足以表明你已经成功地把你的价值和重要性保持到了生命的最后一刻。你还有什么不满意的呢？尤其当这个人又是皇帝的时候，你就更应该替自己感到高兴，从而不再有所奢望。

在生命的最后几天里，我向皇帝提出的唯一要求就是——希望分出我的三千食邑给我兄长霍去病的孙子霍山。皇帝立刻同意了我的请求，并且当天还把我儿子霍禹擢升为右将军。

在生命最后的日子里，我看见自己辉煌的一生仿佛惊鸟从眼前掠过。

飞快地掠过。

然后我在三月的长安独自品尝生命中最后的那份简约之美。

还有什么是我不曾放下的吗？

是霍氏的未来，还是窗前那三两枝桃花？

地节二年三月初八，我眼睛一闭，整座长安城的桃花就开了。

葬礼隆重而奢华。一切都仿照天子之制。皇帝刘询和太皇太后亲自吊唁。我的一生就这样画上了圆满的句号。

就像你们所知道的那样，在我死后，霍氏家族遭遇了一场灭顶之灾。

那是地节四年（公元前 66 年）秋天发生的事情。

对此，作为个体生命的霍光已经不复存在，当然一无所知。

个体生命的霍光终结于公元前 68 年。可是，作为历史事件的霍光，作为你们记忆中的霍光，如果舍弃霍氏家族的最终结局不谈，必将残缺不全。换句话说，霍光生前的作为必须与他死后的命运放在一起观照和考量，才能见出完整而丰富的意味。

为此，我愿意和你们一起走进公元前 66 年那个血流漂杵的秋天……

后汉武时代由霍光命名，人们称其为“霍光时代”。

而后霍光时代将由谁来命名?

年轻的汉宣帝刘询在地节二年的春天之后吁出一口长气，然后当仁不让地说：我。

历史后来果然把这个时代称为“汉宣之治”。

从霍光时代到汉宣之治的转型，对刘询是一场巨大而危险的考验。可后来的事实证明，刘询的转型动作完成得非常漂亮。如果说帝国是一头笨拙老迈的大象，那么刘询就是一个技艺超群的驯兽师，他成功地让这头大象完成了华丽而优雅的转身，继而在此后的二十多年里令人瞩目地翩翩起舞。

我说过，刘询很聪明。

他剪除霍氏集团的手法圆熟老到而又果断利索，让人很难相信他只是一个二十岁出头的年轻人。他亲政不久就开始任用自己的亲信，把一个叫魏相的御史大夫提拔为给事中，然后和他一起策划了一个逐步削弱霍氏的行动。

刘询的第一个举措，就是在地节三年（公元前 67 年）四月，把他和许皇后在民间生的儿子刘奭册立为太子，从而彻底杜绝了我女儿霍成君将来的儿子被立为太子的可能性。此举对于我的妻子显不啻当头一棒。听到消息时显气得口吐鲜血，数日饮食不进，她恨恨地说：“皇上在民间生的儿子居然被立为太子，那皇后将来生的儿子不就只能封王了吗。”显不甘心，就故技重施，唆使成君毒杀太子。

成君便多次召赐太子饮食，可太子的保姆和乳母非常警觉，每次都先尝试一过，成君始终没有机会下手。

我不得不承认，我的妻子显的确是很愚蠢。我是霍氏集团唯一的政治保护伞。我不在的时候，霍氏族人亟须以低调示人，凡事要隐忍、谦和、收敛。可她偏偏变本加厉，在贪恋和追逐权势的道路上越走越远，最终把整个霍氏家族带进了万劫不复的深渊。

刘询的第二个举措，就是在地节三年六月，把魏相任命为丞相，大小政务皆与其商议定夺，逐步把朝政大权从霍氏手中收了回去。其时恰逢长安下了一场很大的冰雹，一个叫萧望之的低级官吏趁机上书说，此乃大臣当政、一姓专权所致。此言正中刘询下怀，他便任命萧望之为谒者，让他以“广延贤良”的名义大举征用民间的人才，实际上就是培植自己的干部队伍和政治势力。

刘询的第三个举措，就是在地节三年十月，以架空、调任、免职等手段将霍氏集团的人全都排挤出权力中心并解除了京畿兵权。当时霍山是尚书令，掌管着宫禁机要，刘询就下令臣民若要奏事，皆可以密封的方式直接呈奏给他，不必经由尚书令转达。我的女婿范明友原任度辽将军、未央宫卫尉，被刘询收回了将军印绶，调任了一个虚职——光禄勋。二女婿中郎将、羽林监任胜被调出京畿，任边远的安定太守。其后，我的姐夫给事中、光禄大夫张朔又被调任边远的蜀郡太守；孙女婿中郎将王汉被调任边远的武威太守；大女婿长乐宫卫尉郑广汉被调任少府；三女婿骑都尉、光禄大夫赵平被收回骑都尉印绶。其他凡是手中握有兵权的霍氏族人，一律被免职，改由皇帝的外戚许氏和史氏的子弟担任。然后又任命张安世为卫将军，凡未央、长乐两宫卫尉以及城门、北军的部队都归他管辖。

最后，刘询竟又让我的儿子霍禹承袭了我的职位，任命他为大司马。

这是怎么回事？对整个霍氏集团动完了大手术，皇帝最终对霍禹发了善心了？

不，我儿子当的这是大汉开国以来最窝囊的一个大司马。

皇帝不但撤掉了大司马属下的官员和士兵，还收回了他的印绶。并且最让人难以忍受的是，刘询居然给了霍禹一顶令人啼笑皆非的小冠，而收回了历任大司马所戴的那种武弁大冠。

皇帝这么做，不仅是在打击霍氏，更是对霍氏的公然侮辱和嘲弄。

至此，皇帝刘询与霍氏家族的潜在矛盾完全公开化了。换句话说，二者已经走到了势不两立的边缘。

接下来，就是看谁先动刀子了。

地节四年，所有霍氏族人的心头全被一片愁云惨雾所笼罩。

每当显、禹、山、云几个人坐在一起，除了长吁短叹，就是相对而泣。

霍山说："如今丞相掌握政权，皇帝只信任他，完全改变了大将军时代的法令，还揭举了大将军的许多过失。而且，眼下有很多出身贫寒的儒生，客居长安，困顿窘迫，经常口出狂言，不避忌讳，想以此耸动视听，博取功名。大将军当年最鄙视这些人。如今陛下却喜欢和这些儒生谈论，无论何人都能擅自呈上奏章，议论时政，大多数是把矛头指向我们霍家。曾有人上书指斥我们霍氏兄弟骄慢放纵，被我压下来了。后来上书的人就越来越狡猾，全都上呈密封的奏书。皇帝每见有人上书，便命中书令尽数取走，根本不经过我，看来是越来越不信任我了。我听民间纷传，说什么霍氏毒杀了许皇后，究竟有没有这回事？"

显知道，到了这种时候绝不能再隐瞒了，就把真相和盘托出。几个人闻言大惊失色，说："原来确有其事，为何不早告诉我们？皇帝打击霍氏的原因正是在此。此事非同小可，搞不好就是杀头族诛，怎么办？"

四个人面面相觑。

一个鱼死网破的想法不约而同地浮现在他们的脑海。

霍山的舅舅李竟有个好友叫张赦，看到霍氏族人终日惶惶不安，就向李竟献计说："现在是丞相和平恩侯（许广汉）掌权，可以让太夫人（显）去同上官太后商议，先把魏相和许广汉干掉，最后能够左右皇帝的，就只剩下上官太后了。"可世上没有不透风的墙，李竟和张赦的密语很快便被人告发。张赦被捕。皇帝把案子交给了廷尉审理，可随即又下诏命廷尉停止抓人。霍山等人极为恐慌，却又大惑不解。

关键时刻，皇帝为何忽然不追究了？

他们得出的结论是：碍于上官太后的面子，皇帝可能想网开一面。不过既然已经走到了这一步，皇帝绝不会善罢甘休，与其等着被族诛，还不如先下手为强！

霍山等人有一点判断是正确的，那就是皇帝不可能既往不咎。可有一点他们错了。皇帝忽然不追究，绝不是碍于太后的面子，而是他自信已经对霍氏撒下了天罗地网，因此故意要迫使他们采取进一步行动，好让他们谋反的罪名坐实。要不然仅凭张赦一人的证词，还不足以成为铲除整个霍氏集团的理由。

事后来看，皇帝此举纯粹是在引蛇出洞。

而霍山等人刚好钻进了皇帝设下的圈套。他们让霍氏诸女各自回去通知她们的丈夫，准备随时动手。而就在这一刻，有关部门逮捕了李竟，罪名当然是随便捏造的。李竟被迫供出了霍氏的相关内情。如此一来，距离皇帝刘询想得到的理由已经更进一步了。可刘询仍然引而不发，只下了一道诏书免除了霍山和霍云宫禁宿卫的职务。此举一来是防患于未然，二来是进一步迫使霍氏铤而走险。胸有成竹的皇帝准备到时候再后发制人、从容收网。

事实证明，整场事变的主动权自始至终都掌握在刘询手中。霍氏的意图和每一步行动他都了如指掌。可见，无论是霍山、霍云还是我的儿子霍禹，没有一个人是皇帝刘询的对手。

李竟被捕后，霍山等人匆忙制订了一个政变计划，想让上官太后设宴，宣召魏相和许广汉等人赴宴，再让范明友和邓广汉以太后的名义将魏、许等一帮皇帝近臣诛杀，趁此废掉宣帝，改立霍禹为帝。

计划貌似很周全，可他们的一举一动早就在皇帝刘询的掌控之中。

未及行动，皇帝的禁卫军便已倾巢而出……

地节四年七月，霍山、霍云、范明友在家中自杀。我的妻子显、我的儿子霍禹、女婿邓广汉，还有我的女儿们、霍禹的同辈兄弟全部被捕。霍禹被腰斩，其他人全被判死刑、弃市。在这场灭顶之灾中，同时被株连定罪遭到诛杀的共有数千个家庭……唯一幸免的是我的小女儿霍成君。同年八月初一，她被废除了皇后之位，移居上林苑的昭台宫。

在我死后仅仅两年，曾经权势熏天、显赫无比的霍氏集团一夕之间灰飞烟灭。

霍光的历史，至此才真正宣告终结。

即便整个霍氏家族的终局命运极为惨痛，即便霍氏集团最终是以大逆不道的谋反罪名被族诛，无数后世史家也毫不动摇地把我奉为人臣的楷模。

就像我曾经说过的那样，人们并不否认我是国之栋梁。

可霍氏最终的下场也足以表明，我霍光无疑是皇帝刘询眼中的一根芒刺。或迟或早，皇帝总要把它狠狠地连根拔掉。

实际上，刘询视我为芒刺的想法并不是他坐稳了皇帝宝座之后才有的，而是从登基的那一刻起便始终伴随着他。

元平元年（公元前 74 年）八月的一天，我陪同刚刚即位的皇帝刘询去参拜高庙。我们共乘一驾车辇。事后我听人说，皇帝跟我在一起感觉有如“芒刺在背”。其后当车骑将军张安世陪乘的时候，皇帝就丝毫没有不安的感觉。直到霍氏被诛灭后，长安坊间的百姓纷纷说：“功高震主者不会被容留，霍氏的灾难始于陪乘。”

霍氏的灾难真的始于陪乘吗？

不。自从后元二年（公元前 87 年）武帝刘彻任命我为大司马大将军的那一刻起，这一切便早已注定了。

这就是游戏规则。如果你想成为栋梁，那你就别想避免芒刺的命运。我不知道这种规则已经存在了多久，也不知道它将在何时终结。

我只知道——

我绝不是第一根栋梁。

也绝不会是最后一根芒刺。

除非哪天人们厌倦了这种把戏，决定换一种规则来玩……

第三章

尔朱荣

问天下谁是英雄

我永远不会忘记许多年前我父亲尔朱新兴带我去泅游“天池”的那个遥远的下午。

天池位于高耸入云的山巅之上。我和父亲一步一步向上攀登。我不知道我们走了多久。直到我感到自己几乎把一生要流的汗水都提前流尽了，父亲才对我说：到了。那一刻我满身疲惫。可是父亲的眼神告诉我，如果我愿意承受肉体的磨难，那我一定可以成为秀容这块土地上最坚韧最勇敢的少年。于是我昂起头颅，任猎猎天风凶猛地刮过我的衣襟和脸庞。那一刻，我看见自己站在辽阔的大地之上、站在人世的绝顶之上，仿佛一伸手就可以触摸穹苍——那永远高高在上的无言而神秘的苍穹。

我相信天池的水是人间最清澈的水，因为我看见整片天空都在它的怀中荡漾。我跳进去的时候，冰凉的池水瞬间就把我吞没了。我忘乎所以地敞开身体，不知道自己是到了天池的池里，还是到了天池的天上。

那缥缈而清晰的箫鼓之声就是在那时候忽然落进父亲和我的耳中的。

我既好奇又懵懂。而父亲是一脸难以置信的愕然。

我很努力地聆听，想辨别箫鼓之声来自哪个方向。可是我一无所获。多年以后，我依然弄不清那恍若天籁的绝妙之音究竟真的是来自天上，还是来自天池深处。

荣，你听。

我在听。

那是一个古老的传说，听到这个声音的人，就可以当上三公、位极人臣。荣，我已经老了，这声音是为你响起的。是的，肯定是为你响起的！荣，你要努力，你一生都要为之努力！

那一刻父亲脸上的愕然已经全部转化成了激动和期许。我被父亲的兴奋感染了。那种难以言表的兴奋之情一下融进了我的血液，并且伴随我的整整一生。从此以后，我每天都告诉自己——我是有使命的人。我相信，那个契胡族人的古老传说，还有那个美妙难言的箫鼓之声，一定是在天池守候了几百年，才等到了我的出现。

我相信，总有一天，我会成为契胡族人的英雄，成为北魏王朝的英雄，成为驰骋天下的英雄……

甚至直到此刻，当皇帝的千牛刀突然刺进我胸膛的这一刻，我仍然对自己的信念毫不怀疑。我只是感觉到了疼痛，可疼痛击败不了我。很早以前，我就学会了怎样蔑视自己肉体的感受，从而让自己的意志凌驾于万物。

可糟糕的是，为什么我的意识也开始模糊了呢？既然我的肉体可以抵抗千牛刀，为什么我的意识就不能呢？！

皇帝开始摇晃。

我心里在笑。

整个天下也开始摇晃。

所以我纵声狂笑。

我是不会倒下的。自从我屹立于天池绝顶的那个遥远的下午之后，我就没有倒下过。今天怎么就会例外呢？莫非一把千牛刀真的会改变这一切？

皇帝忽然消失了。接着我看见了黑暗。这一生中，我见过无数人的死亡，可我第一次看见了自己的黑暗。

什么声音响了起来。

荣，你听……

我在听。

那是一个古老的传说……

你说什么，父亲？

听到这个声音的人……

是你在跟我说话吗，父亲？

荣，你要努力，你一生都要为之努力……

一

我是契胡族人。我的先人从前居住在尔朱川（今山西西北朱家川），因而以此为姓。我的祖辈们一直是部落的酋长。我的高祖父尔朱羽健在登国初年，率领一千七百名契胡武士追随北魏的开国皇帝拓跋珪平定了晋阳和中山。皇帝封他为散骑常侍，并把我们居住的北秀容（今山西朔县西北）方圆三百里封为尔朱氏的世袭领地。我的祖父尔朱代勤也多次追随太武皇帝拓跋焘四处征伐，屡建战功，被封为立义将军，并被免除了一百年的赋税。到我父亲这一代，我们的家业已经无比丰饶，牛羊马驼漫山遍野，只能以山谷来估量，而不是以几头几只去计算。朝廷每有征战，我父亲便会捐献大量的马匹、物资和粮草。孝文皇帝元宏极为嘉许，拜其为右将军、光禄大夫。未久又加封为散骑常侍、平北将军、秀容第一酋长。

从我懂事以来，我就为自己拥有如此显赫的家世和高贵的血统而骄傲不已。

同时我也知道，尔朱家族一定会在我的手里头变得更加强大和辉煌。

因为我是有使命的人。

就像你们所知道的那样，我的一生是在征战杀伐中度过的，人们都说我勇猛、凶悍，甚至还有点残忍。所以，你们很有可能把我想象成满脸横肉、面目狰狞之人。可你们错了。上苍不但赐予我高贵的出身，还赐给了我白皙的肤色和英俊的脸庞。当然，对于容貌的美丑我根本不在乎。我敢说，女人们对于我容貌的兴趣，要远远高于我对她们的兴趣。我一直搞不明白，为什么世上的人们对容貌和肉体之类的东西会如此迷恋，并且总是那么容易沉溺于肉体和官能的享受？在我看来，肉体只不过是奴仆，唯有意志才是生命的主人。在这个弱肉强食的世界上，坚强的意志是你活下去的唯一保障。如果你无法领会并掌握这一点，那就带上你薄弱的意志连同你那可怜的肉体，趁早从这个世界上滚蛋！

这就是我的生存哲学。

在我不算漫长的一生中，我将无数次用我的刀剑向人们表明这一观点，并且迫使世上的人们要么臣服在我的脚下，要么横尸在我的面前——包括我手下的契胡武士，包括我战场上的对手，也包括朝堂上的三公九卿、六部百官，甚至包括——金銮殿上的皇帝。

我一直认为，战争与杀伐是这个世界的常态，而所谓的和平只是一种假象，或者说是两场战争之间的过渡和间歇。事实证明我是对的。在我的整个青少年时代，除了北魏朝廷与南方的萧梁王朝之间长达十四年的拉锯战，国内相对而言还算太平。然而，在我成年之后，也就是在我继承了父亲的爵位、被朝廷任命为游击将军之后，我发现和平的假象正在褪去，而金戈铁马之声已经隐隐可闻。

应该说，对于战争的预感既是我的一种直觉，也是我的一种渴望。我讨厌宁静而庸庸碌碌的生活，渴望一身戎装呼啸沙场，与各种各样的对手展开意志的争锋和勇气的较量。

孝明帝正光年间，北方六镇爆发了全面叛乱。朝廷派遣大都督李崇北上征讨，被叛军所败。李崇退兵，六镇全陷。一时间，冀州（辖今冀中、冀南及鲁、豫各一小部）、并州（辖今山西大部及内蒙古、河北各一部）以北到秦、陇以西，民变四起，如同野火燎原。与此同时，柔然王阿那环亦趁火打劫，大肆侵略北部边境。

嗅着从四面八方纷涌而来的血腥气息，我知道，尔朱荣的时代来临了。

我广散家财、招募义勇，迫不及待地率领四千契胡勇士冲上了战场。

朝廷授予我冠军将军的职衔，让我隶属大都督李崇北上御敌。我很快就在边境线上寻获了柔然军队的主力，和他们狠狠干了一仗。阿那环兵败而逃，我率部一路追击到大漠深处，直到把他们赶回老巢才奏凯而归。随后，我又以闪电般的速度接连平定了秀容郡乞扶莫于、南秀容万于乞真和并州素和婆仑崄的叛乱。

我数战数捷，朝廷立刻擢升我为直阁将军。

可我知道，这一切只是刚刚开始。

此后短短数年，我又打了一连串胜仗，令朝野上下惊叹不已。在此，我很愿意向你们罗列一张我所获得的战绩单和晋职表。虽然这些战果看上去只是几行枯燥的文字，可我相信透过字里行间，你们还是能够想见我的汹涌快意与万丈豪情。

第一阶段战役，我消灭了瓜州（今甘肃安西东南）的步落坚胡，肆州（治所在今山西代县）的刘阿如，还有沃阳（治所在今山西右玉）的叱列步若；朝廷封我为安平县开国侯，赏食邑一千户；官拜通直散骑常侍。

第二阶段战役，敕勒人斛律洛阳与费也头起兵叛乱，互为掎角，来势汹汹。我轻而易举地击破斛律洛阳于深井，驱逐费也头至河西。朝廷擢升我为平北将军、光禄大夫，并任北道都督；随后授武卫将军，不久又加使持节，授安北将军，都督恒、朔讨虏诸军，进封爵位为博陵郡公，增加食邑五百户。

人们情不自禁地惊呼我为常胜将军。可是，从朝中那帮宿将元勋的眼神中，我还是看出了一丝困惑和一丝不屑。我知道，在他们眼里，我不过是一个小小的秀容部落酋长。我的赫赫战功在他们看来，多半靠的是运气。

我在心里对他们发出冷笑。他们愚蠢的脑袋理解不了我成功的奥秘。

我相信只要稍加解释，你们就知道为什么我会赢得这么漂亮，而我的对手们为什么会输得那么惨。因为他们是饥饿的暴民，而我是天生的战士。他们为了填饱肚子而战，为了卑贱的生存而战；而我是为了无上的荣誉而战，为了上天的使命而战。

境界的高低最终决定了战场的胜败。这很合理，也很公平。同时也说明——我并不是靠运气。

至于朝中的那帮老将，坚硬的铠甲同样掩盖不了他们脆弱的内心。因为他们也仅仅是为了荣华富贵而战。对他们而言，战争只是他们博取名利地位的手段。可对我来说，战争几乎就是目的本身。我并不是想通过战争获得什么（当然我也并不排斥它给我带来的诸如名利地位之类的副产品），而是就在战争当中，获取我超乎寻常的享受、实现我与众不同的价值。

从这个意义上说，战争是为我来临的。

我也为战争而存在。

所以，我会用接下来的生命最终向天下人表明——我不是什么常胜将军……

我是战神。

帝国的老家伙们看我不顺眼，所以我一直想找机会教训他们一下。碰巧那个不识时务的肆州刺史尉庆宾就充当了这么一个冤大头。

那一年我行军经过肆州，军队需要休息和补充给养，我让士兵在城门下喊话，要求入城。没想到尉庆宾竟断然拒绝。我的怒火刚刚要升腾起来，可一转念我就乐了。

很好，这是让我杀鸡给猴看的一个机会，也是我扔向朝廷的一颗问路之石。我毫不犹豫地向士兵下达了命令。我说：攻城。我记得听到这两个字的时候，我手下那些勇猛的武士们不约而同地愣住了。可他们很快就明白了。

一瞬间，我的军队像潮水一样漫过了肆州城。尉庆宾仓皇弃城而逃，最后在秀容被我的士兵抓获。一个堂堂的肆州刺史、朝廷的封疆大吏忽然成了我尔朱荣的阶下囚，我很想知道朝廷对此作何感想。

可朝廷连屁都不敢放。我笑了。当天我就把我的叔父尔朱羽生任命为新的肆州刺史。朝廷仍旧保持沉默。不唯如此，朝廷还加封我为镇北将军，仿佛我占领的是一座敌城。从那以后我就明白了一件事：在其时的北魏帝国，已经没有什么是我尔朱荣的意志所不能转移的了。

二

孝明帝孝昌二年（公元526年），又有鲜于修礼纠集北镇流民起兵于定州，大败朝廷的北道都督长孙稚，一时兵锋甚健。我当仁不让地上书朝廷，请求东征。朝廷当即加封我为征东将军、右卫将军、假车骑将军，都督并、肆、汾、广、恒、云、六州军事，进阶为大都督，加金紫光禄大夫。至此，连我自己都闹不清自己头上到底有多少顶官帽。

不久鲜于修礼被其部下元洪业所杀，而元洪业旋即又被他自己的部将葛荣所杀。葛荣尽得鲜于修礼的部众后，又击败了另一支叛军，斩杀了首领杜洛周，吞并了他的部众。一时间声势浩大，号称有百万之众。

我不禁有些兴奋。

我发现，在战场上厮杀了这么些年，一个比较像样的对手终于出现了。

朝廷也意识到，放眼天下，足以对付葛荣的人，就只剩下我尔朱荣了。于是再次加封我为车骑将军、右光禄大夫、进位为仪同三司。

我趁此时机北捍马邑（今山西朔县），东扼井陉（今河北井陉山），并且大量招募义勇、扩充军队。我表面上的动机当然是为了对付葛荣，可我心里还有另一层动机，那就是——对付朝廷。

因为我已经预感到，我操纵整个北魏帝国的日子不会太远了。

我说过，跟我交锋的人都是些暴民。就算葛荣真的纠集了一百万人，也不过是一群乌合之众。换句话说，葛荣只是一个匪首。而匪首不可能驾驭真正的豪杰。所以，当我和他交过几次手之后，他帐下的多名猛将便先后投奔到了我的麾下。

我相信其中两个人的名字你们并不陌生。

他们就是高欢和宇文泰。

正所谓英雄惜英雄。他们来到我身边不久，我便料定，假以时日，这两人必有一番造化。后来的历史果然证实了我的判断。高欢和宇文泰把北魏一劈为二——高欢拥立十一岁的清河王世子元善见为帝，挟持幼主迁都邺城，建立了东魏；宇文泰拥立南阳王元宝炬为帝，定都长安，建立了西魏。风雨飘摇的北魏王朝就此灭亡。东魏后来又变成了北齐，西魏变成了北周。从某种程度上说，高欢和宇文泰是这两个帝国实质上的开国皇帝。宇文泰所开创的西魏政制便是后来的北周政制、甚至是隋唐政制的基础和模本。

在他们两个人中，我比较喜欢的还是高欢。他是我生前最器重的一员爱将。

可也是他，在我身后诛灭了权倾一时的整个尔朱家族。

然而，即便我地下有知，我也并不恨他。

因为这世上的每个人都必须用自己的力量获取存在的资格。在我死后，我的子弟们也同样要依靠他们自己的意志和智慧来生存。倘若他们想侥幸凭借我的余威而存在，那他们活该被别人灭了。高欢的成功靠的是他自己的本事，任何人也不必有怨言。

我之所以赏识高欢，是因为他身上有两种常人少有的、而恰恰又与我相似的东西。一是不言自威的霸气，二是志在天下的野心。我是通过一次很偶然的机会看出这两点的。有一次他跟着我经过马厩。我忽然指着里面一匹还未驯服的烈马，命令他去剪除马首上那些杂乱的鬃毛。高欢一言不发地走过去，直直地盯着马的眼睛看了一会儿，随后动手修剪马鬃。片刻之后，一头漂亮的马鬃剪出来了，一匹烈马也被他驯服了。这不禁使我大为诧异。别人修剪马鬃之前都要绑紧马的四肢，然后几个人合力按住马头才能把活干完，而他居然未加羁绊，一人搞定，而且整个过程中那匹烈马服服帖帖，既不踢他也不咬他，甚至没发出半点声响。

完事后高欢说，对付凶狠的人也要用这种办法。

我看着他的眼睛。

很快我就看见了那种和我如出一辙的不言自威的霸气。这种霸气足以震慑战场上的对手，当然也可以驯服一匹烈马。

那一天我屏退了左右，与高欢促膝长谈。我问他对天下大势有何看法。高欢说，听说明公有马十二谷，颜色不同、各自成群。请问明公，您养这么多马是为了什么？

我对他微笑，你说呢？

高欢说，而今天子暗弱，太后淫乱，奸佞擅权，朝纲废弛。以明公之雄武，乘时而奋发，诛讨郑俨、徐纥之罪以清君侧，霸业定可举鞭而成！

我纵声大笑。

那一天，我和他从午后一直畅谈到深夜。从此，高欢进入了我的军事集团最高决策层。

高欢说得没错，这些年来导致天下大乱的罪魁祸首就是胡太后、郑俨和徐纥。

自从延昌四年（公元 515 年），年仅六岁的太子元诩被拥立为帝、胡太后临朝听政以来，帝国政治便日趋糜烂。这个从头到脚都生长着勃勃情欲的女人十几年来除了找情人、宠信佞臣和大兴佛事，几乎没干过一件正经事。眼见她的儿子孝明帝元诩年龄渐长，胡太后不但丝毫没有还政于君的意思，反而变本加厉地钳制皇帝。一旦她发现有哪个大臣和皇帝走得近一点，便千方百计加以剪除。诸如不久之前，通直散骑常侍谷士恢多次受到皇帝召见，马上引起了胡太后的警觉。她屡屡暗示谷士恢，要将他外放为地方刺史。可谷士恢不为所动。胡太后随便捏造了一个罪名就把他杀了。不仅是朝臣，就连天子身边宠幸的道士也会不明不白地遭到太后的暗杀。总之，这个姓胡的女人想把她的儿子一辈子都当成一只中看不中用的金丝雀养着，让他成为名副其实的孤家寡人。

这样的一对母子迟早有一天会反目成仇，只是我没想到这一天会来得这么快。

武泰元年（公元 528 年）二月的一个早晨，一匹来自京师洛阳的快马风驰电掣地冲进了我在晋阳（治所在今山西太原西南晋源镇）的将军府。

来人是天子的特使。他怀揣着一道皇帝给我的亲笔密诏。皇帝决定对太后集团动手，而他选择的人就是我。

皇帝是明智的。在此时的北魏帝国，有力量“清君侧”的人，除了我尔朱荣还能有谁？！

我即日派遣高欢为前锋，率领大军立刻开拔，目标洛阳。

可高欢的先头部队刚刚走到上党，皇帝的第二道诏书就到了。他命令大军暂缓前进。我知道，这肯定是太后集团察觉到我的异动，向皇帝施加了压力。

怎么办？

向前走，我就可能一步跨进帝国的政治中枢，左右北魏天下的命运，用尔朱荣的佩剑书写历史；往回走，什么时候才能再有这么一个千载难逢的机会？！

我在焦灼的思考中再度接到了朝廷传来的消息——

孝明皇帝驾崩了。这一年他十九岁。

胡太后和郑俨、徐纥等人又拥立了临洮王的世子、年仅三岁的元钊为帝。

听到这个消息的时候，我惊愕不已，同时又欣喜若狂。很显然，愚蠢的胡太后和她身边那些丧心病狂的小人走了一步臭棋，他们自以为一不做，二不休把皇帝干掉，我尔朱荣就会灰溜溜地带着军队撤回防区。

可他们错了。他们这么做实际上是替我打开了一条权力之路，同时又送给了我一面正义之旗。

孝明皇帝在的时候，我如果执意把大军开进洛阳就是大逆不道之举，可现在，天子死得不明不白，天下人心惶惶，还有什么比我开赴洛阳更紧迫更正当的事呢？还有什么比追查天子驾崩的真相、安定元室宗庙、匡扶北魏社稷更冠冕堂皇的理由呢？

我决定向京师进兵，铲除太后集团，另立年长之君。我把想法告诉了我的刎颈之交并州刺史元天穆，因为我需要政治和军事上的同盟。元天穆听完后不假思索地说："如果能这么做，就是伊尹、霍光重现于世！"

那我还等什么呢？！

我当即呈上奏书，向朝廷发出了愤怒的声讨："惊闻皇帝抛弃了万方臣民，龙驭宾天，臣等悲痛呼号、伤心扼腕，五内俱焚、肝肠寸断！当今天下人心浮动，众口一词，都说天子是死于鸩毒。臣等外闻传言，内心揣测，上月二十五日圣体犹然安康，二十六日忽然去世，此事实在令人困惑。况且天子有疾，侍臣应不离左右；宗室贵戚、大臣御医，都要探望病情；当面聆听圣旨，亲自接受顾命。岂能病危之际御医都未召来，驾崩之时身边竟无一人？欲使天下之人不感到惊愕、四海之民不为之气丧，如何可能？！而今宗庙遭到亵渎，朝野之望尽失；百姓危于累卵，社稷毁于一旦！竟然还挑选婴儿为帝，致使奸竖当朝、贼臣乱纪，擅权揽政、败坏朝纲！这不啻于蒙眼捕雀、掩耳盗铃。如今天下战火纷飞、烽烟弥漫，即便先帝统御海内，犹不能止息；何况不会说话之婴儿，岂能安定天下？！若有此事，臣所未闻。恳请朝廷，鉴于臣之赤胆忠心，允许臣前往朝廷，参与朝政，查访皇帝驾崩之尤，将郑、徐等人绳之以法！重新推举德高望重之人继承国祚，则四海更生、百姓幸甚！”

发出这番大义凛然、掷地有声的宣言之后，我即刻向大军发布命令：开拔！

目标不变，还是洛阳。

就在我率领军队日夜兼程奔赴洛阳的同时，我悄悄派遣了我的侄儿尔朱天光、亲信奚毅、王相等人骑上快马先行进入洛阳，与我的堂弟、担任直阁将军的尔朱世隆秘密商议废立大计，并告知长乐王元子攸——我准备拥立他当皇帝。

胡太后听到我向洛阳进军的消息后，立刻召集所有王公大臣召开御前会议，商量对策。宗室大臣们历来看不惯太后的所作所为，所以一律保持沉默。只有太后宠臣徐纥站出来说：“尔朱荣一个小小胡人，胆敢举兵进犯京师，朝廷禁卫足以制之，只需扼守险要，便可以逸待劳。而他们行军千里，士马疲弊，必然会被击败。”

太后急命黄门侍郎李神轨为大都督率部出城迎战，同时命别将郑季明、郑先护率兵防守黄河上的浮桥，命武卫将军费穆屯驻黄河渡口小平津。

朝廷摆出了与我决一死战的架势。

我不禁哑然失笑。暂且不说这几个将军无人愿意和我交手，就算他们真的要与我为敌，又有谁是我的对手？！

武泰元年四月初，我的军队抵达河内（今河南沁阳）。四月初九，我派遣王相再度潜入洛阳，迎接长乐王元子攸出城。初十，元子攸和他的兄长彭城王元劭、弟弟霸城公元子正一起渡过黄河，与我在河阳（今河南孟县西）会合，将士们齐声高呼万岁。十一日，我在河阳操办了一场隆重的登基大典。元子攸即皇帝位，是为孝庄帝；封元劭为无上王，元子正为始平王。而我则成为侍中、都督中外诸军事、大将军、尚书令、领军将军，同时开府、领左右千牛备身，封太原王，再赐食邑二万户。

至此，北魏帝国已经完全落入我的股掌之中。

那一刻我面朝洛阳，心花怒放。

连天子都是我一手拥立的，整个北魏天下还有什么是我办不到的？！

只是我无论如何也想不到，短短三年之后，我竟然会命丧元子攸之手——这个看上去弱不禁风的年轻天子，亲手终结了我的使命、我的梦想还有我未竟的英雄之路。

当然，武泰元年四月十一日这个阳光明媚的早晨，元子攸和我都不知道我们终将走到你死我亡的那一步。年轻的天子在阳光下笑得极其灿烂。他望着我，脸上洋溢着无限的感恩戴德之情。我报之以淡淡的微笑。

那一刻我在心里说，现在你已经确凿无疑地成为北魏帝国的天子，可你不要忘了——

你也是我的金丝雀。

三

我就这样带着新任的天子浩浩荡荡地把军队开过了黄河。扼守小平津的武卫将军费穆率先向我投诚，郑季明和郑先护忙不迭地为我打开了洛阳的城门，大都督李神轨还没看见我的军队就掉头而逃。

十一日夜，扬言可以轻易把我击败的徐纥偷了几匹御马仓皇出宫，亡命兖州。郑俨也逃回了老家。剩下一个胡太后在昏暗飘摇的烛光中剪落了她的一头黑发，然后命令后宫的所有嫔妃宫女跟随她出家。

十二日，朝廷的文武百官全部到河桥来迎接，向我和元子攸奉上了天子玺绶。

十三日，我命令骑兵逮捕了胡太后和小皇帝元钊。

胡太后来见我的时候已经是一副素面朝天的僧尼之相。可这丝毫没有减损她的姿色。我相信即便此刻，一般的男人看见她仍然会心旌摇荡。

可我尔朱荣不会。

胡太后极力向我表现出女人特有的娇弱和温存，希望打动我的恻隐之心，让我放她一条生路。

我自始至终不发一言。等她说累了，我站起来拂袖而去。

不用回头，我也能看见她眼中的愤恨与绝望。

佛法不是说，世间万事皆有因果吗？你胡太后一生崇佛，到头来居然认为可以把毒杀皇帝的罪责一笔勾销，就像你剪落满头青丝一样容易吗？你前后两次临朝，总揽朝政十三年，最终搞得民不聊生、天下大乱，你真以为可以抹掉这一切，了无牵挂地遁入空门吗？！

你错了。

因果报应，丝毫不爽！

你所崇信的佛法就是这么告诉你的，同时也是这么告诉我的。

所以，为了含冤而死的孝明帝元诩，为了饱受荼毒的天下百姓——当然，同时也为了根除我政治上的对手和隐患——我必须执行这条放诸四海而皆准的因果律。

武泰元年四月十三日，我把胡太后和三岁的小皇帝一起扔进了黄河。

就让浊浪滔天的黄河水，去洗刷她满身的罪孽和情欲吧！

扶立了新天子，剪除了太后和徐、郑等人，我此番洛阳之行的使命似乎可以算完成了。可当文武百官跪伏在元子攸面前异口同声地向他拜贺时，我默默注视着他们，脑中却闪过一些念头。

只有一个人捕捉到了我若有所思的目光，那就是刚刚投靠我的武卫将军费穆。他悄悄走到我身边，附在我耳旁说了几句话。我不得不承认，这个人很敏锐。

他说："明公此番进京，兵马不过万人，却能长驱直入、不战而胜，我担心朝野不服。以京师兵马之众、文武百官之盛、人人所怀轻慢之心，若不诛罚立威、更树亲党，恐怕明公北还之日，便是朝廷变乱之时！"

费穆说的正是我心里所想的。

我是凭借战乱从地方崛起的军事集团，在帝国的权力高层中毫无根基。朝廷的衮衮诸公历来把我视为有勇无谋的一介武夫。他们既希望依靠我的军事力量铲平四方叛乱，又害怕我以武力干预中央朝政。而今，他们的担心变成了现实，可他们却对我无可奈何。所以，就像费穆所说的，我前脚一走，他们后脚必定另行废立，或者千方百计推翻我所做的一切。因此，在回晋阳之前，我必须先做一件事——

那就是对洛阳的政治中枢来一场大清洗，同时在朝中建立我自己的势力和代言人。

武泰元年（公元 528 年）四月十三日。这注定是一个非同寻常的日子，也注定是一个飘荡着血腥之气的日子。因为这一天我要洗牌。

历史后来把这一天发生的事情命名为“河阴之变”。

我记得，那天的阳光直射大地，仿佛一万支携带着火焰的利箭。时节才近初夏，可提前到来的强大热浪狠狠地烘烤着这个世界——这个潮湿了整整一春的散发着霉味的世界。

柔软的土地和所有柔软的事物从此都将变得坚硬，而我喜欢坚硬。

那天我向所有人发出了一个命令——祭天。我让皇帝元子攸沿着黄河西岸前往位于河阴（今河南孟津）的行宫，又命所有王公大臣全部离开洛阳，来到行宫西北面的高地上参加祭天大典。百官集合完毕后，我策马跃上一座高台，环视着这群昔日里不可一世的帝国大员。

他们用形形色色的目光与我对视。

我冷笑着把目光从他们表情复杂的脸上移开。在他们身后不远处，我看见我的骑兵们正依照计划迅速散开，又缓缓合拢，把两千余名朝臣全部锁定在包围圈中，然后我听见自己的声音随着咆哮的黄河一同响起：

天下丧乱，先帝暴崩，皆因尔等骄奢淫逸、为虎作伥！尔等身为辅弼大臣，不思匡扶社稷，不尽人臣之责，有何脸面苟活于世？！

随着我高高扬起的马鞭和话音一齐落下，我看见数千把刀剑同时挥起，在炽热的阳光下发出令人兴奋的森寒而耀眼的光芒。

光芒呼啸着飞进黑压压的人群中。

然后便有无数道鲜艳的血光在我眼前此起彼伏地飞溅和绽放……

两千多人在一瞬间爆发出的惨叫声肯定能够响彻云霄。可是我没有听见。我只听见自己的血液在体内翻腾奔突所发出的巨响。

这是我一生中最富于激情的巅峰时刻。

我看见一张张熟悉又陌生的面容痛苦地扭曲着——上至丞相高阳王元雍、司空元钦、仪同三司义阳王元略，下至正在为父守孝的前黄门侍郎王遵业兄弟——所有人的脸上都呈现出相同的恐惧、困惑和绝望。

随着这些骄矜贪婪而又软弱无力的生命从这个世界上消失，我相信北魏帝国必将获得拯救，必将重新拥有清洁的精神和强悍的生命。

武泰元年四月十三日所发生的这个事件就是南北朝历史乃至中国历史上著名的“河阴之变”。后世史家根据这场流血事变无数次地对我进行道德上的攻讦。他们异口同声地指责我残暴和血腥，说我不懂政治，只会用简单的军事手段解决复杂的政治问题。

其实，把问题简单化的不是我，而是这些后世的文人。他们只看见我在铲除异己、杀戮立威，可他们根本看不见埋藏在我内心深处的强大动因——那就是对由来已久的鲜卑“汉化”之恶果的深刻反省和拨乱反正。

自从太和十八年（公元 494 年）孝文帝拓跋宏迁都洛阳、全面推行“汉化”政策以来，魏朝贵族宗室、王公大臣们的生活日趋奢靡，而鲜卑民族的尚武精神则日渐消亡。在我看来，孝文帝的所有汉化举措，无论是禁胡服、断北语、改姓氏、婚名族，还是禁归葬、改制度、倡文学等，显然都是弊大于利之举。那些文人们沾沾自喜地认为这是制度和文化的进步，是从野蛮走向文明，可我认为这是在断送一个民族的立身之本，是从辉煌走向没落。这十几年来帝国的种种乱象已经充分证明了这一点。

所以，清除数十年来的积习与积弊，重振鲜卑民族和北魏帝国的昔日雄风，正是我尔朱荣的使命。而要完成这个使命，就必须从洛阳的这帮王公大臣身上开刀。只有施展这样的雷霆手段，才能一扫贵族们的堕落、萎靡、软弱、颓废之风，让鲜卑民族重新焕发出质朴、清洁、骁勇和强悍的精神。

当然，如果你们因此而指责我残忍，我无话可说。可假如你们认为我这么做纯粹是出于一己之私，那我绝不敢苟同。

不过有一点我还是不得不承认，那一天我可能真的是兴奋过头了——我甚至想杀掉刚刚被我拥立的孝庄帝元子攸，自己当一回皇帝……

那天有一百多个朝臣姗姗来迟。当他们蓦然发现遍地的鲜血和尸骸时，还没来得及掉头，就被我的骑兵团团围住。我对他们说："有能作禅位诏书者，可免一死。"侍御史赵元战战兢兢地表示愿意草拟禅文。于是我命令士兵们齐声高喊："元氏既灭，尔朱氏兴！"然后又让他们山呼万岁。

那一刻我真的有点忘乎所以了，而事态的发展也在一步步背离我的初衷。

我派遣士兵冲进行宫，不由分说就砍杀了无上王元劭和始平王元子正，然后把皇帝元子攸劫持到了我的军营中。元子攸悲愤难当，派人来对我说："帝王迭兴，盛衰无常。今四方瓦解，将军奋袂而起，所向无敌，此乃天意，非人力也。我投奔将军，只求保全性命，岂敢妄希天位！乃是将军逼迫，以至于此。若天命归于将军，将军就应即位称尊；若推而不居，仍思保有魏朝社稷，亦当另选贤能而辅之。"

当时高欢力劝我称帝，左右众人也同声附和。只有部将贺拔岳劝阻我说："将军首举义兵，本意乃诛除奸逆，而今大勋未立，突然有此谋划，恐怕只能招来祸害，不见得是好事。"我左右为难、犹豫再三，最后决定让上天来裁决，以我的形象铸造金像。若成，则称帝；若不成，则作罢。结果很快就出来了。前后共铸造了四次，没有一次成功。我不甘心，又命擅长占卜的功曹参军刘灵助卜卦，可结果是天时和人事皆不合。我说："如果我不吉，就让天穆来当天子。"

当时我想，并州刺史元天穆是我的挚友，毕竟比元子攸更值得我信任。可刘灵助说："元天穆也不吉，唯独长乐王（元子攸）有天命而已。"

那一刻我忽然有些恍惚。

我历来笃信天命。四次铸像和多次卜卦的结果让我非常沮丧。我意识到自己的举动很可能是在逆天而行。我喃喃地说："犯下如此过错，真该一死以谢朝廷。"贺拔岳说，应该杀高欢以谢天下。左右急忙劝阻，说如今四方多事，正是需要武将之时，应免其一死，以观效尤。我有些茫然地点了点头。

这一天的血流得够多了。

是该适可而止了。

四

当天夜里，我的军营里人心惶惶。士兵们因为屠杀了太多朝臣，都不敢进入洛阳，纷纷劝我迁都北地。我亦有此意。不过我倒不是担心进入洛阳会遭到报复，而是考虑把都城迁回北地有利于重振士民的粗犷勇戾之风。可我帐下的武卫将军泛礼却极力反对。我只好暂时搁置这一想法。

四月十四日，我终于拥护皇帝元子攸进入了洛阳皇宫。元子攸登上太极殿，下诏大赦、改元建义；我手下的将校一律加官五阶，朝中文官加二阶，武官加三阶；百姓免除租役三年。可此时百官已死亡殆尽，侥幸未死的人都吓得不敢露面，偌大的朝堂上只有散骑常侍山伟一人跪在阙下拜受敕命。此情此景，连我都觉得有些悲凉。我不禁为昨日的流血事件隐约生出了一丝愧悔。

此时的洛阳城内，行政机构完全瘫痪，人人都成了惊弓之鸟。坊间纷纷传言我将要纵兵大掠，然后迁都晋阳。于是无论是富豪缙绅还是贫穷人家，全都抛弃宅第，争先恐后地逃亡。洛阳几乎成了一座空城，留下来的人十分不及一二。

士民们的担心其实是多余的。我不是东汉的董卓。我的所作所为虽然超出一般人的想象，可我的心灵并未纯然被私欲所占据，无论如何，我心里仍然装着家国社稷。

为了安定人心并恢复秩序，我即刻上书皇帝，说："臣世代蒙恩，封藩重位，多年征战，奉忠王室，志存效死！只因太后淫乱，先帝暴崩，遂率义兵，扶立社稷。陛下登阼之始，人心未安。大兵交接之际，号令不一。致使诸王公大臣罹难者甚众，臣粉身碎骨不足以抵偿万一！请陛下追赠亡者，以稍尽臣责。请追赠无上王为无上皇帝，其余死于河阴之人，王赠三司，三品官赠令、仆，五品官赠刺史，七品以下没有官职的赠予郡镇；死者若无后代则听凭过继，并授予爵位。另请派遣使者于京城各坊间巡行慰问，以安抚人心。"

诏书下达，朝臣们才陆续回到朝廷，人心略为安定。此时我并未放弃迁都的打算，便在朝会上提了出来。皇帝面露难色，可不敢表示反对。只有都官尚书元谌力争，坚持认为不可行。我脸色一沉，说："此事与你何干？竟敢执意反对？河阴之事，难道你不知道吗？！"

没想到元谌是个硬汉。他当着皇帝和大臣们的面，盯着我说："天下之事，天下人皆可商议，何必拿河阴的惨酷之事来恐吓谌？！谌乃国家宗室，位在常伯，活着既然无益，死了又有何损失？！即使今天碎首流肠，我亦无惧！"

此言一出，满朝皆惊。众人恐惧的目光在他和我的脸上来回逡巡，料定元谌此次必死无疑。按说像他这样公然顶撞我，肯定难逃一死，可那天我忽然有点欣赏他的气节。我发现他身上仍然具有鲜卑人的勇气和血性。在其时的北魏帝国，这种人已经不多见了。所以，我不忍心杀他。加之尔朱世隆一再劝谏，我才放过了他。

迁都计划屡次搁浅，我不得不重新考虑。我估计元谌的意见肯定代表了绝大多数朝臣的心声。朝廷南迁三十余年来，一再倾注大量心血和财力经营洛阳，而今有几个人愿意放弃它的繁华富庶，重新回到那偏僻荒凉的北地呢？如果我一意孤行，很可能导致第二次"河阴之变"。思虑再三，我决定放弃这个计划。但前提是我必须在朝中建立自己的势力。这一点是绝对不可动摇的。

换句话说，即便不能迁都，我也必须遥控。

五月初一，朝廷加封我为北道大行台。我进入明光殿向皇帝拜谢，同时就"河阴事件"再次向皇帝表示歉意，发誓从此再无二心。元子攸匆忙离开御座，亲手把我扶起，也向我发誓说对我根本没有疑心。

如果说我的誓言只有一分是真的，那皇帝元子攸的誓言则纯粹是假的。

因为当天晚上元子攸差一点就把我做了。

那天在金銮殿上我们信誓旦旦地互表诚意之后，为了缓和多日来的紧张关系，我提议饮酒助兴，皇帝欣然赞同。我一时高兴，多喝了几杯，最后一头歪倒在酒案上。等我迷迷糊糊醒过来时，发现自己躺在一张简陋的床上，四周一片黑暗和死寂。

这是哪里？我怎么了？

我一下子翻身坐起，酒全醒了。直到我的眼睛适应了黑暗，我才约莫看出自己躺在中常侍省空旷的殿堂内——偌大的殿堂中央孤零零地摆着这张小床，而床上躺着我。

我为什么会躺在这里？皇帝为什么会让我以这副模样躺在这里？！

我百思不得其解，就这么枯坐着挨到了天明。

第二天终于有人告诉了我答案——我醉倒后，皇帝元子攸就决定把我杀了。左右苦苦劝谏，对他晓以利害，他才悻悻作罢。可他不甘心，就特意命人用一张小床把我抬到了中常侍省的殿堂上，目的在于向我暗示——无论你如何神勇，可总有某些时候，你也得任人摆布、甚至生死被操于人手！

意识到这一点后，我倒吸了一口冷气。

但我随即发出了一声冷笑。

皇帝这么做，除了泄一时之愤、彻底破坏我和他之间残存的信任，对谁都没有半点好处。

就凭他，居然也想摆布我？！

接下来我就会让他知道——到底是谁在摆布谁！

我的女儿原本是孝明帝元诩的嫔妃，元诩一崩，我的女儿就成了千百个后宫寡妇中的一员。我当然不会让她落入这种境地。因为她是我尔朱荣的女儿。我不但要让她再度嫁给天子，而且，我还要让她母仪天下、成为至高无上的皇后。

我把这个意思跟皇帝元子攸说了。天子脸上一阵红一阵白，支吾了半天，说不出一句话。

我笑着告诉他，我有足够的耐心等候他的答复。

事后我听说元子攸对此大为恼怒。他认为把先帝之妃许配给他当皇后，不但是滑天下之大稽，而且是对他的公然侮辱。可黄门侍郎祖莹一再跟他说："有些事虽然违背常道，可是合于权宜，陛下您不能再犹豫了，不答应也得答应。"

祖莹是对的。正所谓识时务者为俊杰。而其时北魏帝国的时务，就是一切以我尔朱荣的意志为转移。

元子攸被迫点头。

我放声大笑。第二天我就为女儿操办了一场盛大的册封大典。典礼上，我看见年轻的天子在接受群臣拜贺时，一直在强颜欢笑，而且自始至终都躲避着我的目光。

我笑了。

小子，走着瞧吧，我摆布你的日子才刚刚开始。

五月初五，我启程回晋阳。皇帝在邙阴为我饯行。我最后向南遥望了一眼洛阳，心情和这盛夏的阳光一样火热和亮丽。

临行前，我已经安排元天穆进入洛阳，担任侍中、录尚书事、京畿大都督兼领军将军。朝堂上其他重要的职务，也全部由我的心腹担任。

虽然我人归晋阳，与洛阳远隔千里，可整个朝廷都已经成为我手中的一只提线木偶。

所以，我可以放心地回到晋阳，然后游刃有余地——

遥控洛阳。

五

武泰元年（公元528年）六月，葛荣的叛军日益猖獗，四出劫掠，并且兵锋向南，有逼近京师之势。与此同时，前幽州平北府主簿邢杲又纠集河北的十几万户流民在青州（辖今山东东北部、河北小部）造反，自称汉王，改元天统。一时间朝野震恐。七月初十，皇帝下诏，加封我为柱国大将军、录尚书事。诏书充斥着对我的赞美之词，书中称："太原王尔朱荣拥朕登基、君临天下，其勋胜过伊尹、霍光，其功等同皇天后土，王朝没有颠覆，全仰赖他一人！"

我很高兴。

虽然我知道这不是皇帝的真心话，但我还是感到高兴。

八月，葛荣率领他所谓的百万大军猛攻邺城（今河北临漳西南），其前锋已侵入汲郡（治所在今河南汲县西南），所到之处，烧杀劫掠，至为惨酷。

我知道，该是我出手的时候了。

九月，我上书朝廷，请求讨伐葛荣。我让侄儿尔朱天光留守晋阳，随后亲率一支精锐骑兵，命侯景为前锋，每人两匹马，轮流驱驰，以数倍于平日的行军速度昼夜疾驰，兵锋直指围攻邺城的葛荣。

当朝廷听说我所率领的骑兵数量时，顿时一片哗然，认为我绝无取胜之理。

我的士兵只有七千人。而葛荣号称百万，打个对折也有五十万，再打个对折也有二十五万，仍然数十倍于我。无怪乎朝堂上的衮衮诸公瞠目结舌。

我的心腹们替我捏着一把汗，而其他人都在等着看我的笑话——等着看我头上那“常胜将军”的光芒黯然陨落。

可我说过，我不是常胜将军，我是战神。我就是喜欢打那种在常人看来绝对不可能取胜的仗。

在战场上，敌我双方的数量对比并不是最重要的，最重要的是士气。当然，其次还有战术。我在战略上藐视敌人，可我在战术上极为重视敌人。很快你们就会看见，我是如何打赢这场以少胜多的经典战役的。

葛荣探知我的兵力后，狂笑着对他的部下说：“尔朱荣太容易对付了，你们都给我准备好长绳子，到时候把他们一个个都给我绑了！”他停止了对邺城的进攻，命令数十万军队掉头在邺城以北展开，呈簸箕状向北推进，战阵东西绵延达数十里。

我率部抵达战场后，立刻让士兵们埋伏在山谷中，命将官三人一处，领兵数百，分头在山谷中到处奔驰，扬起漫天灰尘，同时击鼓呐喊。

我知道此刻的葛荣肯定满腹狐疑。他一定以为情报有误，而我的兵力绝对不止七千人。

制造完假象后，我发给每个士兵一根大棒。我告诉他们，由于敌众我寡，所以这一战的关键不在于歼灭敌人，更不在斩敌首级，而是要从各个方向以最快的速度插入敌阵，直捣中军，擒获葛荣。只要匪首被擒，余众自会不战而降。我一再告诫士兵们，之所以给他们棒子，就是要让他们充分利用骑兵的速度优势，以击倒敌人、撕开缺口、生擒葛荣为要务，绝不能为了斩敌首级而恋战。

总而言之，我的战术意图是：在绝大多数敌众还没有接触我军、还未真正投入战斗时，以迅雷不及掩耳之势把战斗结束掉，让敌人的数量优势完全丧失。

士兵们领会我的战术之后，个个摩拳擦掌、士气高涨。我一声令下，七千骑兵从各个方向像无数把尖刀直插敌阵。我看见我的奇特战术立刻产生了效果。骑兵们的大棒每过一处，敌众就倒下一片。敌军阵脚顷刻大乱。

我注意到已经有几路骑兵渐渐逼近葛荣的帅旗。为了防止葛荣脱逃，我亲率一队绕到敌军背后，从后方发起攻击。当我挥舞大棒冲入敌阵时，我发现敌人像船舷两侧的波浪一样被我左右劈开。有的是被我击倒，有的是被我吓退，更多的则是被他们自己趔趄的人墙压倒。

片刻之后，我看见不远处那面高高飘扬的“葛”字帅旗就颓然扑倒了。

不出我所料，葛荣一被俘，敌众全部投降。对方士兵还没和我的人交上手，战斗就结束了。

我说过，人多没用。关键是士气和战术。

因为叛军人数太多，不易控制，我就下令就地遣散。随他们高兴，爱跟谁搭伙就跟谁搭伙，爱往哪走就往哪走，我一律不加干涉。降众们欢天喜地，数十万人一天之间散得一干二净。而对那些有才能的将校，我则加以收编、量才录用，让他们各安其职。

最后，我派人用槛车把葛荣押到了洛阳。

战前，朝廷已经料定我不能取胜，让元天穆率领军队驻扎在朝歌南边，还准备派出将军穆超、杨椿，可他们尚未出发，捷报便已传回洛阳。

皇帝大喜，当即大赦天下，改元永安。

一支人多势众、凶猛猖獗的叛军就这么轻而易举地被我剿灭了。朝野上下无不对我心悦诚服。

永安元年（公元 528 年）九月二十七，皇帝下诏，毫不吝啬他的溢美之词。诏书称：“尔朱荣功格天地，必须给予最尊崇的爵位；道济苍生，应该褒赏最盛大的名分。高天之柱催折，他能抗御；大地之维断绝，他能振起！进则匡扶衰颓的国运，出则剿灭凶顽的强敌，使积年之迷雾倏忽荡涤，数载之尘埃一朝洁净。观其业绩与功勋，古今再无第二人。应该任命为大丞相、都督河北畿外诸军事，增加食邑一万户，与前共计三万户，其他官职如故。”

同日，我的两个儿子尔朱文殊和尔朱文畅一起晋爵为平昌王和昌乐王。

十月初三，葛荣在洛阳的闹市被斩首。

十月十二，我的侄儿尔朱菩提被任命为骠骑大将军、开府仪同三司。

十月十三，与上一道诏书相隔不过半月，皇帝元子攸再度颁诏，把他自己以及朝堂上的硕学鸿儒们所能想到的阿谀谄媚之词全都用上了。我很愿意撮其精要，将它收录于此。因为古往今来，能够让皇帝这么拼命赞美的臣子委实不多。所以，我很想让你们和我一起分享这份殊荣——

“大丞相、太原王尔朱荣，道义如镜照耀海内，德性之光放射域外；神机能昭明过去，妙思可预知未来；大义可追先辈勋臣，忠心可当昔日烈士……杀戮的敌兵比长平之战还多，缴获的武器堆积得高过熊耳山。秦晋之贼闻声而丧胆，齐莒之贼侧听而屏息。中兴之业，从此再隆；太平之基，自是更始。即使伊尹、霍光的辅翼之功，齐桓、晋文的赞襄之业，亦难以比拟其崇高功勋，无法追踪其超迈足迹。普天充盈了他的道，率土沾溉了他的仁；亘古以来，罕有其匹。如果不赐给他广大的山河，拓宽他封国的土地，何以表其大义之崇高？！何以标其盛德之广远？！”

最后，皇帝再度赐给我食邑七万户，与前共计十万户，并且让我进位为太师。

皇帝这回出手之阔绰让许多人眼红心跳。

可元子攸心里很清楚，这是他应该给我的。

而我也知道，这是我应得的。

六

永安二年（公元529年），我在战场上遇到了一生中真正的对手——陈庆之。据说他也是战神般的人物——南方萧梁王朝的战神。

所以，我们的相遇必然是上苍注定，而我们的交手也注定要成为经典。

我相信，无论是我还是他，都没有稳操胜券的把握。

在我们交手之前你若是问我：今日天下谁是英雄？

我只能告诉你——天晓得。

建义初年，北海王元颢逃亡梁朝。梁武帝萧衍决定采用“以魏制魏”的战略，封其为魏主，并资以兵马，让他攻击北魏。萧衍老儿打的如意算盘是：一旦元颢入主洛阳，北魏就成了萧梁的藩属国；而他便能不战而胜，以最小的代价鲸吞天下。

元颢随后便不断率兵入境骚扰，与齐地的邢杲叛军遥相呼应，南北夹击魏朝军队。朝廷认为元颢势单力孤，不足为虑，命元天穆率军东征，先讨平邢杲，再回师对付元颢。

此举正中萧衍下怀。他当即派遣陈庆之协同元颢，趁北魏空虚再度入侵，一战就拿下了边境的荥城（今河南商丘东）。

无独有偶。跟我一年前剿灭葛荣一样，陈庆之这次率领的梁军也只有区区七千人。

攻克荥城后，陈庆之与元颢又直扑梁国（即梁郡，治睢阳，今河南商丘南），北魏守将丘大千领七万之众，分筑九座堡垒进行抵御。可陈庆之一天之间就连克三座城池，丘大千怯战，率部投降。元颢迫不及待地登基称帝，改元孝基。随后，陈庆之又进攻考城（今河南兰考县东北）。守将是济阴王元晖业，他手上有三万名精锐羽林兵。可这仍然没有挡住陈庆之。未久考城陷落，元晖业被俘。

数日之间，只有七千人的陈庆之竟然连下三城，令朝廷大为震惊。

永安二年五月初六，朝廷急命东南道大都督杨昱镇守荥阳（今河南荥阳东北），尚书仆射尔朱世隆镇守虎牢（今河南荥阳西北汜水镇），侍中尔朱世承镇守崿岅。随后，业已平定邢杲的元天穆又与骠骑将军尔朱吐没儿率领三十万大军赶来增援。

北魏军队在陈庆之面前筑起了一道铜墙铁壁。

没有人相信陈庆之会赢。

首先他自己的七千士兵就不敢相信。他们睁着惊恐的双眼望着他们的主帅，渴望听他从嘴里吐出一个字：撤。

然而没有。大敌当前，陈庆之却气定神闲，悠然自得地解鞍喂马。他不紧不慢地对士兵们说：“我们攻入北魏以来，一路屠城掠地。各位杀了人家的父兄，掳掠人家的子女，元天穆和他的部下都视我们为寇仇。我军才七千人，敌众三十多万，今日一战，只有抱定必死的决心才能生存。敌方骑兵众多，不能与他们野战，应该在他们大军集结之前，急攻其城而据之。诸位不要再狐疑犹豫了，那样只能被宰割。”

陈庆之一声令下，那些置之死地而后生的士兵们开始埋头猛攻荥阳。五月二十二日，陈庆之仅以伤亡五百多人的微小代价攻陷荥阳，生擒东南道大都督杨昱。

同日，元天穆与尔朱吐没儿的三十万大军迅速兵临荥阳城下，对其展开反攻。

陈庆之亲率三千精锐骑兵背城而战。

三千对三十万，相差一百倍。结果却出乎所有人的意料——元天穆与尔朱吐没儿的三十万大军被打得大败而逃。

我早就说过了，兵力不重要，士气和战术才重要。

我相信荥阳城下这一战的经典程度，绝不亚于我与葛荣的邺北之战。可惜我没有亲临战场。就算我能够想象出三千白袍勇士的冲天士气，我也不知道陈庆之究竟用了什么战术。

据说陈庆之的士兵打仗时一律在铠甲外罩上一件飘逸的白袍。

这一点真的让人匪夷所思。我想象着陈庆之的数千名白袍骑士在战场上跃马挥刀的身姿，内心就会滚过一阵莫名的战栗。

人们传言陈庆之的白袍军出现在战场上的时候，就像一大片飞驰的白云，又恍若从天而降的神兵。

我相信，这样的传言并非过誉之词。

白袍军的另类装束使得他们根本不像是在杀人和打战。从南方到北地，他们仿佛只是在进行一场又一场姿态绝美的奔跑。然而就在你惊愕恍惚的瞬间，你的首级已经落地，城池已被摧毁，亲人已遭屠戮。

我不知道这算不算陈庆之的战术。可我知道，那一袭袭飘逸乘风的白袍所代表的，绝不是圣洁和美丽，而是冷酷和杀机！

陈庆之击败元天穆的大军后，又一鼓作气进攻虎牢。我的堂弟尔朱世隆根本不是他的对手，见势不妙，立刻弃城而逃。陈庆之进占虎牢，俘获了魏朝的东中郎将辛纂。

前线接连失利，皇帝元子攸带领二三随从仓皇逃离洛阳，于五月二十四日到达河内。

形势急转直下，天下人都认为大势已去。

五月二十五日，临淮王元彧、安丰王元延明等人封闭洛阳府库，打开城门，率领文武百官将元颢迎入京师，改元建武，大赦天下。陈庆之被任命为侍中、车骑大将军。

短短一个多月，陈庆之率领他的七千白袍军从梁朝的铚县一路杀到北魏的洛阳，大小四十七战，连下三十二城，战无不胜，攻无不克，缔造了一个几乎是空前绝后的战争神话。

这个神话之所以能够诞生，固然是因为陈庆之卓越的军事才能。

但有一点你们不要忘记——这一路走来，陈庆之还没遇到我！

当我在晋阳接到前方传来的这一连串令人难以置信的战报时，我笑了。老天爷真公平。它给了萧梁王朝一个陈庆之，就给了北魏王朝一个尔朱荣。而陈庆之的神话注定要被尔朱荣终结，对此我毫不怀疑。

五月底，河内失守，皇帝元子攸再度逃到上党郡的长子县。黄河以南的绝大多数州郡都先后归附元颢的傀儡政权。北魏帝国分崩离析。

我知道，我尔朱荣力挽狂澜的时候到了。

六月初，我把晋阳的军务交给尔朱天光，随后马不停蹄地赶到长子县的行宫觐见了皇帝。与此同时，我向各地的部属发布了勤王令。十日之内，反攻洛阳所需的士兵、武器、粮草、装备陆续到位。随后，我拥着皇帝挥师南下，与元天穆会师，随后进攻河内。

六月二十二日，我攻下河内，斩杀了都督宗正珍孙和太守元袭。

七月，我的军队逼近洛阳。元颢命陈庆之驻守黄河北岸的北中城，阻挡我的锋芒，而他自己的军队则在黄河南岸与我对峙。

我下令大军向北中城发起猛攻，在三天内强攻十一次，却被陈庆之顽强的白袍军全部击退。我看着堆积在城下的无数将士的尸体，第一次领教了白袍军的战斗力，也生平第一次感到了沮丧。

我转而想绕开陈庆之，直接抢渡黄河，可一时又无法找到足够的船只。眼看北中城固若金汤，而我又不得越天堑一步。我不得不考虑暂行北撤，再作打算。黄门郎杨侃和中书舍人高道穆极力劝阻，认为撤兵会让天下人失望，并且建议就地向百姓征收木材，编造木筏。而我一贯信任的刘灵助占卜后也说："不超过十天，河南必定可以平定！"

我历来相信天命，刘灵助的话让我重新树立了信心。

我对自己说，上天一定是站在我这一边的。

七月十九，我命令车骑将军尔朱兆和大都督贺拔胜赶造木筏，从马渚西边的硖石夜渡黄河。对岸的守军是元颢的儿子、领军将军元冠受。当他还在寝帐中鼾睡的时候，我的士兵趁着夜色的掩护向他的军营发起突袭。元冠受仓促应战，兵败被俘。随后我的大军全部进抵南岸。安丰王元延明的部众听到我已渡河的消息，当即哗然四散。惊恐万状的元颢闻讯，连夜带着数百骑向南奔逃。元颢既溃，困守孤城的陈庆之意识到，单凭他的数千人马根本不是我的对手，于是集合部队结阵而退。

我亲率一支轻骑兵一路猛追陈庆之。

曾经被陈庆之占据的沿途各城望风而降，全部被我收复。

也许真的是上天助我。当我追至嵩高河的时候，陈庆之的军队正在渡河。眼看他们即将登岸扬长而去，突然间河水暴涨。我策马立于北岸的一面高坡上，看见那些天纵神勇、所向无敌的白袍勇士们在汹涌澎湃的河水中无望地挣扎哭号。

我的嘴角泛起一缕酣畅的笑意。

当最后一袭白袍被浊浪吞没，我听见自己的笑声长久地响彻在天地之间。

事后我听说，萧梁王朝的赫赫战神陈庆之侥幸捡了一条命，爬上岸后剃掉须发，化装成和尚，然后独自步行，抄小路逃回了建康。

好些日子以后我仍然在思考这样的问题——

他身上那袭飘逸无瑕的白袍后来变成了什么模样？最后又被他丢弃在哪里？

七

永安二年（公元529年）七月二十，孝庄帝元子攸终于回到洛阳。望着失而复得的皇城宫阙，惊魂甫定的天子感慨不已。

二十二日，天子加封我为天柱大将军，增加食邑十万户，与前共计二十万户。

元颢逃窜到临颍后，随从的骑兵各自逃亡，溜得一干二净。孤身一人的元颢被临颍士卒江丰砍杀。二十三日，首级被传送到洛阳。

外患平定之后，我便全力以赴诛讨境内的叛乱。

从永安二年秋天开始，我调兵遣将，先后剿灭了猖獗多年的韩楼、万俟丑奴、萧宝寅、王庆云、万俟道洛等叛军。到永安三年（公元530年）秋天，幽州、平州、泾州、豳州以及向西直到灵州，整个北魏境内大大小小的叛乱基本上全部平定。

此时此刻，如果你再问我：今日天下谁是英雄？

我想答案应该是不言自明的。

永安三年，天下无贼。

举国上下，无论是公卿将相还是士卒百姓，无不欢喜踊跃、拊掌相庆。饱受了多年战乱之苦，而今一朝太平，任何人当然都应该感到高兴。却有一个人对此闷闷不乐。

整个北魏帝国也许只有这个人不高兴。

他就是皇帝元子攸。

当四方乱平的捷报传到洛阳皇宫的那天早上，元子攸在朝会上怅然若失。他恍惚良久，才喃喃地说："从今往后，天下无贼了……"皇帝后面没说出来的三个字是——可惜啊！

古往今来，也许没有哪一个皇帝像元子攸这样为天下无贼而感到惋惜。

他是不是脑子进水了？

不，元子攸的脑子清醒得很。因为他知道，整个北魏帝国只有各地叛军是唯一能制衡我的力量；一旦我对付完所有蟊贼，接下来要对付的人就是他——孝庄帝元子攸。

那天临淮王元彧注意到了天子的脸色，就陪着他长叹了一声，说："臣恐怕贼寇平定之后，圣上的忧虑才真正开始啊！"

君臣二人长吁短叹完之后，元子攸抬起头来，蓦然发现满朝文武都在用一种困惑的眼神看着他。元子攸才猛然醒悟过来，连忙说："爱卿所言甚是啊！安抚战乱之后的百姓更不容易啊！"

这小子的脑筋转得倒快，硬是把方才那反常的表现给化解了。

其实也怪不得元子攸会在朝堂上说出那种反常的话，平心而论，他当的的确是一个窝囊天子。朝廷上里里外外都是我的人，他的一言一行、一举一动都在我的掌控之中。可偏偏他又是一个有抱负的皇帝，总想着要励精图治、中兴魏室。据我的眼线奏报，元子攸经常朝夕不倦地批阅奏章，而且屡次亲阅刑讼卷宗，审理冤狱，甚至还和吏部尚书讨论要整顿吏治，俨然有澄清宇内之志。

可在我看来，他太嫩了。

没有我，他一刻也玩不转这个帝国。所以，我不可能不对朝政进行干预。

有一次我选派了一个人当曲阳县令，事后才向吏部报备。吏部尚书李神俊自以为有皇帝撑腰，认为这个人资格不够，就否决了我的提议，而且另外改派他人。我一下子就火了。一个小小的尚书居然敢触犯我的权威？！我当即命我的人到曲阳走马上任，不用理会吏部的什么狗屁决定。李神俊自知没有好果子吃，几天后便乖乖地挂冠而去。我马上让尔朱世隆兼了他的尚书一职。

后来我又要安排几个北方人担任河南诸州的刺史，皇帝元子攸竟然不同意。我让元天穆去提醒他，他还是固执己见。元天穆只好把话给他挑明了："天柱将军既有大功，又身为大丞相，就算替换掉天下所有的官，陛下也不得违背，为何任用几个人当刺史，居然不准呢？" 皇帝怒气冲冲地说："天柱如果不为人臣，那么干脆把朕也撤换了；如果他还保有臣节，就没有撤换天下百官的道理！"

元天穆把皇帝的话转述给我，我勃然大怒："天子是靠谁的力量继位的？现在居然不采用我的话？！"

后来元子攸还是不得不听从了我的安排。

除了在朝堂上他要听我的摆布，在后宫我女儿面前，他也没有半点地位。我女儿从小娇惯，难免有些小脾气。元子攸忍受不了，就让尔朱世隆去劝她，反而被我女儿顶了一鼻子灰。她让尔朱世隆去转告皇帝："天子由我们家拥立，现在居然敢对我说三道四！要是我父亲自己做天子，看看天下事谁来做主！"

所以，站在元子攸的角度来看，他这个天子当得可谓是内外交迫。

可这就是他的命运，他没得选择。

从我拥立他的那一天起，他就应该安心当一个傀儡。如果他不想干，想干的人多的是。

自从我被加封为天柱大将军、食邑达二十万户后，虽然已经位极人臣、备享尊荣，可我总觉得跟历朝历代的栋梁之臣比起来，似乎还少了什么东西。

后来我终于想起来——是少了"九锡"。

所谓"九锡"，实际上就是"九赐"，是历朝天子赏赐给大臣中立有殊勋者的九种礼遇和器物：

一锡车马，即金车与兵车各一驾，枣红色公马八匹；其德可行者赐之。

二锡衣服，即衮冕之服，外加赤舄（xì，鞋）一双；能安民者赐之。

三锡乐则，即定音、校音器具及钟磬乐器；使民和乐者赐之。

四锡朱户，即朱漆大门；能感化民俗者赐之。

五锡纳陛，即登殿时特凿的陛级；善纳贤良者赐之。

六锡虎贲（bēn），即虎贲卫士三百人；能退恶者赐之。

七锡弓矢，即红弓一张、箭百支，黑弓十张、箭千支；能征不义者赐之。

八锡斧钺，即铡刀铜钺一副，有专事征伐、先斩后奏之权；能诛有罪者赐之。

九锡秬鬯（chàng），即祭礼用的香酒，以稀见的黑黍和香草酿成；孝道备者赐之。

以我对北魏所立的功勋而言，我认为自己绝对有资格享有九锡。于是我上奏皇帝说："参军许周认为朝廷应该加臣九锡，臣厌恶他的话，已经予以斥责，并把他调走了。"

我其实是在向皇帝作出暗示。

可奏书呈上之后，元子攸却装糊涂，下诏说我主动拒绝九锡，忠心可嘉。

元子攸不愿意让我迈过这一步。

因为他知道，一旦我加了九锡，他的帝位就岌岌可危了。无论是西汉末年的王莽、东汉末年的曹操、曹魏末年的司马昭，还是南朝刘宋的开国皇帝刘裕、萧齐的开国皇帝萧道成、萧梁的开国皇帝萧衍，都曾经是加九锡的权臣。

所以，在元子攸看来，九锡就是篡逆的代名词。

最终，我还是没有实现这个愿望，这是我一生中最大的遗憾之一。我以为自己有的是时间，大可以从长计议。可我没想到——自己的生命这么快就走到了终点。

八

当我的人生走到永安三年（公元 530 年）的秋天，我开始感到寂寞。

因为我已经没有对手，我已经成为北魏王朝独一无二的英雄。

可我觉得这远远不够。

一个人的生命如果再也没有可以仰望的梦想，再也没有值得追求的目标，那他就会变得颓废，变成一具行尸走肉。

我不允许自己这样。

所以我给自己设定了一个新的目标——从永安四年开始，我要大举南征，灭掉萧梁，统一宇内，成就不世之伟业。

我要成为驰骋天下的英雄！

为此，我必须让自己和手下的那些契胡武士随时保有勇敢而强悍的精神，一刻也不能堕入安逸与享乐之中。我训练和保持军队战斗力的方法历来很简单，那就是狩猎。不分四季寒暑地进行狩猎。

只不过我的狩猎方式和别人有一点小小的不同。我不选择猎场。无论是高山湖泊还是森林沼泽，我随时随地一声令下，士兵们就要像在战场上那样即刻列阵，随后以整齐的步伐向前推进、包围猎物。不管前方是悬崖还是沼泽，任何人也不得躲避和后退。许多士兵为此丧命。有一次由于地形险峻，一只鹿从包围圈中脱逃，我当场斩杀了好几人。另一次，一个士兵逼近老虎的时候突然掉头逃跑。我对他说：“你怕死吗？”还没等他张嘴，我的长剑已经削下了他的脑袋。还有一次，我命令十几个士兵徒手生擒一只猛虎，并且不能让虎受伤。结果老虎被擒，毫发无损，我的士兵却死了好几个。

也许你们又会指责我残忍。你们会说我不珍惜士兵的生命，让他们作出无谓的牺牲。

可能你们是对的。

可我要说：那是你们那个时代的观念。我这个时代的价值观和你们不同。你们或许认为，士兵必须牺牲在战场上才有价值。可我认为你们只看到表面现象。一个士兵生命价值的体现，并不取决于他死前在做什么，而是取决于他以怎样的态度在做。以我的经验来看，很多战场上的士兵并非死于勇敢，而是死于怯懦。在战场上背部中箭而死的人要数倍于胸膛中箭而死的人。这说明什么？说明大多数士兵是死在他背对敌人、掉头而逃的那一刻。而我的士兵虽然倒在了狩猎场上，可只要他们在临死前战胜了自己的怯懦，最后以勇敢的姿态倒下，那他们就死得壮烈、死得其所、死得有价值！

至于说他是死于敌人的刀下还是死于虎口，有什么根本的区别吗？

我认为没有。

当然，不光是一千多年后的你们不理解我的做法，连我的士兵们私下里也颇有怨言。可我并不认为我错了。不这么做，就无法锻造出一支勇猛之师。

可能是士兵们的怨言传到了我的好友元天穆耳中，所以他特意找了个机会，很委婉地劝我说：“大王勋业已盛，四方无事，这时应该修政养民，顺应时节来狩猎，何必不分寒暑地打猎驱驰，损害天地的和气呢？”

我看着元天穆发出一阵大笑，然后卷起袖子，说：“胡太后是个女主，不能自行正道，所以我才拥立天子。这只是人臣的普通节操而已。还有葛荣这一伙人，本来就是流民，趁着时机起来作乱，好比奴隶逃走，擒获就算了。近来我屡屡蒙受朝廷厚恩，却未能统一海内，怎么能说是勋业？我听说朝廷那些士大夫的生活还是很放纵奢侈，所以今年秋天，我打算和兄台一起带领人马前往嵩高山围猎，命令朝臣们一同进入猎场搏虎。然后出鲁阳、历三荆，把那些蛮族全部俘虏，遣往北方六镇戍边。回军的时候，顺便扫平汾胡。明年，我计划选拔精锐骑兵，分别从长江和淮水进发，扫荡梁朝。萧衍如果投降，就封他为万户侯；如果不投降，就率领几千骑兵直取建康，将他绑送洛阳。然后我就能和兄台一道奉侍天子，巡狩四方，这才称得上是勋业！现在如果不经常打猎，士卒懈怠，战事一起，如何能用？！”

元天穆看了我很久，最后对我会意地一笑。

他看见了我的勃勃雄心。

在这样一个慷慨激昂、指点江山的时刻，我们怎么可能想到，短短的一个月后，我们俩就要双双离开人世、含恨于九泉之下呢？

这年秋天，我的女儿要临产了。

我很高兴。我即将拥有一个具有皇族血统的外孙。所以我特意赶往洛阳看望我女儿。

我不知道，此时的朝廷已经集结起了一个阴谋集团，准备对我下手。为首的是皇帝元子攸，其次是城阳王元徽、侍中李彧、侍中杨侃、尚书右仆射元罗，还有一个居然是我的心腹——武卫将军奚毅。

奚毅察觉出皇帝元子攸的想法后，就主动向他表忠心，说：“如果一定会发生事变，臣宁愿为陛下牺牲也不能事奉契胡。”皇帝小心翼翼地看了他很长时间，说了一句聪明话：“朕保证对天柱将军绝无二心，但是爱卿的忠诚朕也不会忘记。”

我出发前，人在洛阳的尔朱世隆已经对皇帝的计划有所耳闻，便自己写了一封匿名信贴在自家门上，随后派人撕下来送到晋阳。信上写着：天子和杨侃设计要杀天柱。我看了一眼就把信撕烂了。当时我根本想不到元子攸有此胆量。我往地上狠狠啐了一口，说：“世隆这人也太胆小了！当今天下，有谁敢算计我？！”

我太自信了。

九月，我率领五千骑兵从晋阳出发。到达洛阳后，我见到皇帝时第一句话就说：“陛下，到处都在传言，说你要杀我！”

伶牙俐齿的元子攸不假思索地说：“外面的人也纷传说你要造反，你说，我要相信他们吗？”

我语塞。是啊，从我拥立他的那一刻起，天下人哪一个不知道我们俩貌合神离？

也许这一切都是揣测之词。我想。

随后的日子里，我断然打消了疑虑，出入皇宫的时候身边只带着几十个人，而且没有带武器。本来那几天皇帝就决定下手了，可是考虑到元天穆还在并州，怕到时候遭他报复，所以下了一道诏书命元天穆回朝，准备把我们一起干掉。

我来洛阳之前，就已经有占星师告诉我，说这一年有彗星出现，预示着帝国将除旧布新。到了洛阳后，我的心腹、行台郎中李显和也说："天柱大将军到来，怎么没有加九锡呢？何必一定要大王自己开口呢？这天子也太不会见机行事了！"都督郭罗察更是说："今年其实可以作禅文了，何止加九锡？"参军褚光说："人家都说并州城上有紫气，何必担心不应验在天柱将军身上呢？"

这些话每一句都说到了我的心坎上。

我承认那一刻我真的有些飘飘然，而人在飘飘然的时候是看不到危险的。

即便那危险近在咫尺。

我这些心腹的阿谀之词一字不漏地落进了皇帝的耳朵里。于是他们加紧了密谋。

九月十五，元天穆到达洛阳。

九月十八，他们决定在我陪元天穆入宫用膳的时候动手。杨侃带着十几个人早早就埋伏在明光殿的东侧。我和元天穆在明光殿中，饭吃到一半，忽然想起一件事务要处理，于是起身离去。那一刻杨侃等人刚刚从大殿东门潜入，等到他看见我们时，我和元天穆已经走到了中庭。

他们的第一次行动就这样失败了。我想那肯定是上天在给我机会，它肯定希望看到我一统天下，实现它赋予我的使命。

可是，我的极端自信导致我最终辜负了上苍。

九月二十一日，我入宫稍稍转了一下，就前往我的小女婿陈留王家饮酒。结果喝得酩酊大醉，一连几天头晕目眩，都没有再入宫。

那几天，尔朱世隆频频对我说，皇帝必定有阴谋，要先下手为强。我却说：“不急。”

一直找不到第二次机会，皇帝和他的刺杀行动组焦急万分。他们担心夜长梦多。城阳王元徽对皇帝说：“干脆说皇后分娩了，并且生了个太子，这样尔朱荣必定入朝。”

元子攸说：“皇后怀孕才九个月，这样说行吗？”

元徽说：“妇人早产是常事，他肯定不会怀疑。”

于是他们的第二次行动就这么定了下来。

这一次，上天终于不再眷顾我了。

永安三年（公元530年）九月二十五日。洛阳的天空碧蓝如洗。

温暖的阳光一如既往地走进我三十七岁的秋天，走进我生命中的最后一个早晨。

我和元天穆刚刚用过早膳，正在悠然地弈棋。城阳王元徽就在这时候乘着一匹快马飞驰到我的府邸。我看见他脸上带着一种异乎寻常的兴高采烈的笑容。元徽一边大声喊着“皇后生太子了”，一边摘过我头上的帽子手舞足蹈起来，以这种夸张的举动表示他的喜悦之情。还没等我回过神来，朝臣们便已接二连三地登门来向我贺喜。

我很高兴。这个天潢贵胄的小外孙已经让我足足盼了九个月了。我迫不及待地想看看他的模样。不知道，他会不会长得像我？

当我和元天穆一起进入明光殿的时候，皇帝元子攸正在东边的偏殿里朝西而坐。我看见他脸上挂着一个笑容，一个略带生硬的笑容。

和元天穆一起落座之后，我看着皇帝，正想玩味一下这个笑容，十几个刀斧手就在这时候冲了进来。

一瞬间我就顿悟了那个笑容的意味。

我下意识地一跃而起，第一时间冲向了皇帝。我知道，此刻的明光殿周围绝对不止这十几个伏兵。所以我不能和他们硬拼，必须先劫持天子——这个在我眼中弱不禁风的年轻的天子。

我冲到元子攸的面前。就在我向他伸出手去的一刹那间，我看见他脸上杀机暴涨。

原来看上去那么弱的人也有这么强的杀机。

我平生第一次、也是最后一次体会到了这一点。然后一把千牛刀就刺进了我的胸膛。千牛刀插得很深。借着我前倾的冲力，它插入得只剩下刀柄。

我凝视着刀柄。我不知道我凝视了多久——是一瞬，还是一百年？

那些刀斧手应该早就冲过来的。我看见他们用最快的速度向我冲来，可刀剑落在我身上仿佛又是很久之后的事情。

因为中间几乎相隔了我的整整一生。

时光凝固了。只剩下我的一生在飘。

天地在摇晃。我的一生在眼前飘。

可我拼命抓也抓不住它。

皇帝忽然消失了。接着我看见了黑暗。这一生中，我见过无数人的死亡，可我第一次看见了自己的黑暗。

什么声音响了起来。

荣，你听……

我在听。

那是一个古老的传说……

你说什么，父亲？

听到这个声音的人……

是你在跟我说话吗，父亲？

荣，你要努力，你一生都要为之努力……

我的确已经努力了，父亲。可不知道为什么，我最终没有成为驰骋天下的英雄。父亲，我让你失望了吗？我辜负了契胡族人的那个古老传说了吗？

没有人回答我……

我终于知道——我已经死了。

元天穆也死了。我十四岁的侄儿尔朱菩提也死了。那天跟我一起入朝的三十几个人都死了。

永安三年（公元530年）九月二十五日早晨，洛阳城一片沸腾。据说上自天子、下至百姓，所有人都欢呼雀跃、拍手称快。

据说元子攸那天一直在笑。似乎要把他三年来所郁积未发的笑容在一天之中全部释放。

可他的笑容并没有维持多久。

我死后，我的堂弟尔朱世隆和我的侄子尔朱兆就发誓为我报仇。同年十月三十日，他们拥立太原太守、长广王元晔为帝。十二月初三，尔朱氏的军队攻克洛阳，生擒元子攸。十二月二十三，元子攸被缢死在晋阳。和我相差不足三个月。

两年后高欢就崛起了。他铲平了整个尔朱家族，自立为大丞相、太师、天柱大将军，彻底取代了我在北魏帝国的地位。

问天下谁是英雄？！

答案也许并不是不言自明的。上天给了我宏大的梦想，可它没有给我足够的时间。不过，难道一定要以成败论英雄吗？难道英雄不可以是一种生命的姿态，而非得是某种实质性的结果吗？无论如何，我还是要说，我一直在努力。从许多年前我父亲带我去见识“天池”的那个遥远的下午之后，我就一刻也没有放弃努力……

如果你一定要问我，谁才是天下真正的英雄，那我只能说——天晓得。

第四章

李林甫

无心睡眠

我经常失眠。

原因很复杂。其中最根本的一条，我想是因为警觉——对周遭一切潜在的危险所时刻保有的警觉。

从年轻的时候起，我对世界就怀有一种根深蒂固的看法。我觉得这个世界是一座丛林——一座人心叵测而又人人自危的丛林。每一个幽暗的角落里也许都隐藏着一两个敌人，他们随时会跳出来咬你一口。所以你要时刻小心提防。你最好学会一种本事，那就是预测敌人所在的方位、所具备的实力以及他出手的时间。在他们扑出来之前，你就得把他们干掉，把一切危险扼杀在萌芽状态。

我总是用尽一切手段把自己严严实实地包裹起来，最后只剩下一双眼睛和一对鼻孔。我会在自己的堡垒里冷冷地窥视这座丛林的每一个角落，小心翼翼地嗅着每一种危险的气味，以充分保障自己的安全。

也许正因为此，世人对我最为集中的评价就两个字——阴鸷。

可我情愿认为这是在夸我。

我的阴鸷让我在大唐帝国的相位上稳稳当当地坐了十九年，任何人都无法撼动；我的阴鸷让整个天下自皇太子以下的人在我面前都要敛目低眉、垂首屏息、脚下不敢随意移动半步；我的阴鸷让天宝年间最嚣张的三镇节度使安禄山在大冬天里见到我都要汗流浃背，我随口给他一两句评价，他要么就欣喜若狂、要么就惶惶不安，比圣旨更让他敬畏；我的阴鸷还使我把整个家族的荣华富贵一直保持到我死的那一刻……

如此种种，你们说，阴鸷不好吗？

在我出手做一件事之前，任何人都别想预先揣测我的任何意图；与此相反，我对帝国里每一个我认为重要的人物——上自天子、下至百官——的内心世界都了如指掌。所以我总是能左右逢源，也总是能逢凶化吉、遇难呈祥，乃至经常可以运筹帷幄而决胜千里……

你们说，阴鸷不好吗？

当然，阴鸷纵然有千般好处，可还是有一点不好——它总是让我活得过于紧张，让我和这个世界的关系显得不太融洽。

所以我经常失眠。我总是觉得每一个人的心中都暗藏杀机。我总是感到在某一个夜晚，会有一个刺客突然从黑暗中闪出，一剑刺穿我的梦境，并且割破我的喉咙……所以我的府邸四周总是岗哨林立。而且，我那庞大奢华的宅第里到处都是重门复壁和暗道机关。每天晚上我都要换好几个地方睡觉，连我的妻妾子女都不知道我在什么地方。

简言之，我夜晚的大部分时间也许并不是在床上度过的，而是在这一张床到那一张床的路上。

就像现在——天宝十一载（公元 752 年）十一月的这几个晚上，我虽然已经病势沉重，无法下地行走了，可我还是经常让手下抬着我通过暗道不断地转移寝室。

尽管我知道死亡已经离我很近，可我不想改变这个习惯——我宁愿让死神伸出冰冷的白爪公然攫走我的生命，也不愿让某个政敌派出的刺客在夜深人静时悄悄抹了我的脖子。

换句话说，我只能输给死神，不能输给对手。

其实，从我患病的这些日子以来，我已经跟死神握手言和了。我不再像从前那么厌恶和恐惧死亡。死亡固然会夺走我生前所拥有的一切，可它也会给我一份生前所享受不到的馈赠。那就是一场真正的睡眠——一场没有对手没有刺客没有担忧没有恐惧的美妙而安详的长眠。

在这座危险的丛林中行走了这么久，我可能真的是累了。

我已经拥有过人世间最美好的一切：权力、地位、财富、功业、名望、享乐、美女……

而今我已了无遗憾。

我现在唯一需要的，就是一场不被打扰的睡眠。

此刻，深冬的冷风拍打着寝室的窗棂。我嗅到了一种冰凉而腐烂的气息。我不知道它是来自落叶堆积的后花园，还是来自我的身体深处。是不是我的内脏已经开始腐烂了？趁着它还没有烂透，我就给你们讲讲我的一生吧。

在我看来，人是生而自由的，可他无往而不在丛林之中。因此我想，我的自述或许对你们不无裨益。

如果要给这篇自述起个名字，我该叫它什么呢？

《仕途指南》，还是《丛林导读》？

一

其实我们家族本来也算是皇亲国戚，只可惜一代不如一代。我的曾祖父李叔良是唐高祖李渊的堂弟，被封为长平王，官任刑部侍郎，死后赠灵州总管，从二品。我祖父李孝斌官至原州长史，从三品，相当于你们今天的军区参谋长，跟曾祖父已不可同日而语。而我父亲李思诲则更不如意，终其一生也不过是个扬府参军，官阶是正七品上。所以我从小就立下了光大门庭的志向。我知道我的父亲位卑权轻，没办法助我一臂之力，当然只能把目光转向我的母亲这一系。所幸我的舅父姜皎仕途畅通，深得玄宗宠幸，被封为楚国公、官拜工部尚书。

我年轻的时候当了一个千牛直长的底层小官吏。那么小的一顶乌纱帽对我来讲只能说聊胜于无。于是我就跟飞黄腾达的舅父走得很近。而他也恰好很喜欢我。开元初年，凭着这层关系，我当上了太子中允，正五品下。虽然官阶不高，但总算进入了东宫，初步涉足长安的官场。我舅父姜皎有一个姻亲源乾曜在朝中担任正三品的侍中，掌管门下省，位高权重，我就刻意结交了他的儿子源洁。跟他厮混了一段日子后，我就请他帮忙，求他父亲给我补一个实缺。

源洁找了一个机会对源乾曜说："李林甫要求当个司门郎中。"

郎中的官虽然也不大，可毕竟有一些实权，不像太子中允那样纯粹是个闲职。我原以为这件事十拿九稳，没想到源乾曜竟然一口回绝。

而且他说的那句话让我一辈子铭心刻骨。

他说："郎官必须由品行端正、有才能、有声望的人担任，哥奴（我的小名）岂是做郎官的料？"

言下之意，我哥奴在他眼中就是一个品行不端、没有才能、名声不佳的人。当源洁哭丧着脸把他父亲的话原封不动地转达给我时，我笑了笑，不但一点没生气，反而拍了拍他的肩膀，安慰他说：没事。

其实那一刻我的心里就像有三千道火热的岩浆在剧烈地奔突，可我脸上并未流露丝毫。

如果说我的这篇《导读》应该要有一些关键词，那么这里我就要告诉你们第一个，那就是：隐忍。无论你内心是狂怒还是狂喜，都不能让它们流露在脸上。

源乾曜的那句话我记了一辈子，直到今天依然响彻在我的耳边。那一刻我在想：我会让你源侍中瞧瞧，看我这块不能当郎官的料最终会当什么。

结果呢？我成了大唐帝国一人之下万人之上的宰相。源侍中绝对想不到，我哥奴居然是当宰相的料！

所以，如果今天有人跟你说了类似的话，你要笑着说：没事。然后拿出你所有的智慧和力量去证明——他是错的！

而为了证明这一点，你就不能生气。生气没有用，它只会让你伤害自己又得罪别人，一点建设性都没有。古往今来，凡是成大事者，必定是喜怒不形于色的人，必定是临事“有力而无气”的人。一千多年后上海滩有个叫杜月笙的大佬说过一段话，我觉得和我很有共鸣。他说：“这世上有三种人，上等人有本事没脾气，中等人有本事有脾气，下等人没本事有脾气。”

你看，他说得多好！

源乾曜为了不至于让他的儿子太难堪，几天后就授给了我一个东宫的“谕德”之职，虽然官阶比太子中允高，是正四品下，但仍然是闲职。

我表面上显得很高兴，对他们父子千恩万谢，内心却波澜不兴。我知道，用不了多久，我就会获得我想要的实缺，因为我相信自己的能力。

几年后，我几经辗转，终于调任国子监的国子司业一职。相当于你们今天的教育部副部长。虽然属于平调，但显然握有一些实权。国子监下辖国子学、太学、广文学、四门学、律学、书学、算学等京师七学。其中国子学和太学是典型的贵族学校，其生员皆为高官显宦的子弟。而且每年我都会参与主持毕业考试，登第者呈报吏部和礼部，再经二部遴选后正式入仕为官。所以，这样的一个职位显然非常有利于我与那些朝廷大员们进行微妙的互动。

说白了，哪一个学生家长不希望自己的子弟“学而优则仕”呢？而决定他们的学业是否优异的权力，从某种程度上说就掌握在我的手中。在这种情况下，你们说，那些朝廷大员们会不和我礼尚往来吗？

开元十四年（公元 713 年），我升迁为御史中丞，正四品。虽然官阶仍不是很高，但是手中握有弹劾百官之权。这是朝廷的一个要害职位，很符合我的意愿。

我之所以能获此职，是得益于另一个御史中丞宇文融的援引。

而宇文融就是我当年的学生家长之一。

几年后我又调任刑部侍郎，未久又迁吏部侍郎，官阶虽然都只是四品，但职权显然一次比一次更重。我就这样一步一步迈上了帝国的政治高层，但我的目标远不止此。

我想的是如何才能进入权力中枢，最终成为大唐的宰相。

为此，我锁定了两个人物，决定不择手段地向他们靠拢。

一个是皇帝李隆基最宠幸的嫔妃武惠妃，另一个是皇帝最宠幸的宦官高力士。

李隆基在当临淄王的时候最宠幸的是赵丽妃，所以登基后立了丽妃所生的李瑛为太子。可后来皇帝转而宠幸武惠妃，对她所生的寿王李瑁的宠爱超过了任何一个皇子，甚至超过太子。皇帝屡有立武惠妃为皇后之意，可大臣们极力劝阻。因为武惠妃是武则天侄子武攸止的女儿，大臣们说：“武氏与李唐社稷有不共戴天之仇，岂可以其为国母？况且太子非惠妃所生，惠妃自己又有儿子，一旦成为皇后，太子必危。”皇帝不得已而作罢。

对于武惠妃来说，朝堂上没有她的同盟，对她是很不利的；而对于我来说，在后宫中没有人，要影响皇帝又谈何容易？所以我决定与她携手成为战略伙伴。于是我委托宫中的宦官向武惠妃抛出了橄榄枝。我跟她说：“愿意保护寿王。”武惠妃极为感激，遂将我引为同道。

而另一个人物、宦官高力士对皇帝的影响力，则肯定要远远大于很多朝臣。天子曾经公开说：“有高力士当值，朕才睡得安稳。”可见其受宠幸的程度。为了跟高力士搭上线，我绕了一个大弯。我使出了早年混迹市井惯用的一些暧昧手段，与另一个姓武的女人建立了私情。这个女人是武三思的女儿、侍中裴光庭的妻子。我之所以和她产生婚外情，当然不是一时冲动的结果，而是因为我想通过她影响高力士——因为高力士曾经是武三思的门人。

在其时的长安皇城，谁能成为武惠妃和高力士的朋友，谁就能成为天子眼前的红人。

后来的事实证明，我的判断是正确的，手段是高明的，而结果当然就是美满的。

开元二十一年（公元733年）春，裴光庭病逝。武氏还没做足丧夫之痛的样子，就急不可耐地示意高力士推荐我继任她丈夫的侍中之职。虽然高力士表示为难，不敢向皇帝提出来，可他毕竟觉得有负旧主所托，便一直寻找机会补偿。

几天后机会出现了。皇帝李隆基让时任中书令、宰相的萧嵩物色一个人当他的同僚。萧嵩几经考虑，推荐了尚书右丞韩休。皇帝同意，可他任命韩休的诏书还未起草，高力士便第一时间通知了武氏，而武氏又立刻告诉了我。于是我便带着满面笑容，赶在天子的诏命之前拜访了韩休，向他表示了祝贺。

韩休赔着笑脸，眼中却流露出难以置信的神色。

我仍旧笑得一脸神秘。那意思是说，相信我，没错的！

片刻之后，皇帝任命韩休为宰相的诏书就到了。韩休又惊又喜地看着我，仿佛这一切都是我的功劳，此后便一直对我感恩戴德。

韩休这人是一根直肠子，说好听点就叫刚直不阿，说难听点就叫又臭又硬。他当上宰相后，不但丝毫不领萧嵩的援引之情，还三番五次当着皇帝的面和他吵得面红耳赤，搞得萧嵩狼狈不堪又懊悔不迭。相反，韩休却经常在皇帝面前说我的好话，说我的才能堪为宰相。

可见人是多么感性的动物。他很容易喜欢上一个当面告诉他好事的人，却很不愿意相信会有人在背后帮他做好事。

在韩休的大力举荐下，再加上武惠妃在天子耳边日以继夜地吹枕头风，皇帝终于任命我为黄门侍郎。虽然官阶仍然是正四品，可已经是门下省的副职，能够随侍皇帝左右，可以说真正进入了帝国的权力中枢。

我看见自己距离宰相之位仅有一步之遥。

我知道，我哥奴位极人臣的那一天不会太远了。

韩休这根直肠子不但常搞得萧嵩不爽，也总是让皇帝不爽。皇帝有时候在宫内宴饮作乐，或是在后苑游猎的时间稍长一点，就会不安地问左右说："韩休知道吗？”可往往话音刚落，韩休的谏书就到了。皇帝顿时意兴阑珊，闷闷不乐。左右说：“自从韩休当宰相后，陛下形容日渐消瘦，为何不赶走他？”皇帝叹道：“我形貌虽瘦，天下一定肥。萧嵩做事总是顺从我的意思，退朝后，我睡不安稳。韩休常力争，退朝后，我睡得安稳。用韩休，是为国家，不是为我的身体。”

皇帝这话虽说得好听，可日子一久，他也难免对韩休心生厌烦。开元二十一年冬天，萧嵩和韩休又在朝堂上大吵了几次，萧嵩终于忍无可忍，向皇帝提出要告老还乡。皇帝说：“朕又没有厌恶你，你何必急着走？”萧嵩说：“臣蒙受皇上厚恩，忝居相位，富贵已甚。在陛下不厌弃臣时，臣尚可从容引退；如已厌弃臣，臣生命尚且不保，怎能自愿引退？”

皇帝长叹一声，说：“你且回去，待朕慢慢考虑。”

皇帝考虑的结果，就是各打五十大板，把两个人都从宰相的职位上给撸了下来。萧嵩贬为尚书左丞，韩休贬为工部尚书。同时启用裴耀卿和张九龄为相。

当上黄门侍郎后，我经常要出入宫禁侍奉皇帝。以此职务之便，我结交了宫中的许多宦官嫔妃。当然，我为此花费了不少钱财。

不过这绝对值得。

因为这些宦官嫔妃一直在源源不断地向我提供有关皇帝的一切情报。没过多久，我就对皇帝的性情、习惯、好恶、心态乃至饮食起居等一切细节全都了然于胸。所以，凡有奏答应对，我总能符合皇帝的心意，满足他的愿望。

试问，哪一个天子不喜欢事无巨细都能随顺己意、体贴入微的臣子呢？这样一个臣子，又怎么可能不出人头地呢？

二

开元二十二年（公元734年）五月二十八，我生命中最重要的一个日子。

就在这一天，我被天子任命为礼部尚书，同中书门下三品，并加银青光禄大夫；与裴耀卿和张九龄同列。

我正式成为大唐帝国的宰相。

在五月的骄阳下，我看见了盛夏的果实。在幽暗曲折的丛林中穿行多年，我终于抵达梦想中的阳光地带。我知道，这一天不但是对我富有意义的，而且将在许多人的心中唤起种种微妙难言的情绪。

我逐代没落的家门和族人们，将以我为荣为傲；曾经不拿正眼瞧我的源乾曜们将为此惊愕，而且这种惊愕足以令他们回味一生；我在政坛上的同盟者将为此感到庆幸；我的政敌们将因此而恐惧，他们生命中的许多不眠之夜亦将由此开启；朝野上下将有许许多多人把目光聚焦在我身上，揣摩我的心意，跟从我的好恶，为博得我的赏识而孜孜以求，以成为我的拥趸而沾沾自喜。

而我的同僚裴耀卿和张九龄则不得不小心翼翼地打量着我，为判断我究竟是敌是友而进行激烈的思考，既大伤脑筋又心怀忐忑……

从千牛直长到大唐宰相，这绝对是一个巨大的成功。

可我知道，要爬上这个位子不容易，要守住这个位子则更不容易。

古往今来，短命宰相不胜枚举。究其失败的原因，最根本的一条，就是对于人性的懵然无知。换句话说，他们疏于洞察别人的内心世界，抓不住人性的弱点，也就无法借此发挥自己的优势。

所以这里就有了《导读》的第二个关键词：洞察人性。

人性相当复杂，有着种种斑驳陆离的表象。可你一旦深入内核，就会发现它的本质实际上极其单纯。一千多年后那个叫戴尔·卡耐基的美国人说过这么几句话——

“当我们要应付一个人的时候，应该记住，我们不是应付理论的动物，而是在应付感情的动物。”“人的行动都是由欲望和需要所诱发的。无论在生活领域，还是在商业和政治领域中，如果你想要获得别人的认同，那最好先激起对方某种迫切的需要。若能做到这点就能左右逢源，否则就会到处碰壁。”

我认为这几句话切中了人性的要害。

促成我当上宰相的人有五位：武氏、武惠妃、高力士、韩休，还有大唐天子李隆基。我相信你们可以清楚地看到，他们是如何被自身的感情（或者说感性）和需要（或者说欲望）所支配，从而自觉不自觉地帮助我达成了目标。当然，前提是我必须对他们进行细致的观察，从而对他们内心深处的感情和需要了如指掌。

我从武氏身上捕捉到的是她对于男女之情的需要，所以她愿意为我的前途而奔走。而武惠妃虽然表面上受尽恩宠，实际上却一直怀有色衰爱弛、富贵不能长保的恐惧，所以她需要在朝臣中寻求可靠的同盟者。而高力士则是比较恋旧的人，所以他对旧主始终抱有一种感恩和报恩之情。还有韩休，我也说过了，他脑袋里只有一根筋，刚直不阿的外表下掩盖的其实是感情用事、率性为人的幼稚性格。至于说天子李隆基，他同样逃脱不了爱屋及乌的人之常情，当他身边最宠幸的几个人都在不约而同地说我的好话时，他有可能讨厌我吗？当然不会。另外，我通过自己的观察以及他左右宦官所透露给我的信息，我就很容易确认天子所需要的宰相类型。那既不是萧嵩那种一味顺从型的，更不是韩休那种犯颜直谏型的，而是需要——外能任事于朝堂、内能迎合他的种种个人需求——这种类型的。

很快你们就会发现，裴耀卿和张九龄显然也不属于这种理想的类型。

谁最符合呢？

那当然就是我——李林甫。

我说裴耀卿和张九龄不是皇帝李隆基喜欢的宰相，绝非诬妄之词。裴耀卿上任不久，即着手治理漕运，三年为朝廷节省了三十万贯，有人建议他把这笔钱献给皇上，他却说："这是国家节余的资金，怎么能拿来邀宠？"然后就把这钱拿去作为调节市场粮价的经费。

还有一次，皇帝急着要从东都洛阳返回西京长安，时逢农民收割的季节。裴耀卿和张九龄马上阻止说："现在农作物还没收割完，请皇上等到仲冬的时候再出发。"于是皇帝就一脸不爽。等他们二人退下后，我对皇帝说："长安、洛阳只不过是陛下的东宫西宫而已，往来走动，何需另择时日？假使妨碍农人收割，可以免除所经之地的租税。臣建议明示百官，即日回西京。"一听我这么说，皇帝马上龙颜大悦。

这就是我和他们的区别。

他们为了照顾百姓，就忤逆了皇帝；而我既迎合了皇帝，又没有伤害百姓。

不可否认，裴耀卿和张九龄都是一心为公、关心社稷民生的人，如果单纯从百姓的角度看，他们无疑是好宰相。可问题是，宰相之职是百姓给他们封的，还是皇帝给他们封的？他们的政绩是百姓说了算，还是皇帝说了算？

答案是不言自明的。

在我们这个时代，官员都是自上而下选拔的，所谓“为官一任，造福一方”说的都是虚的，当官的只要一切向上负责，自然前程远大，仕途通达。小到县令、大到宰相，概莫能外。假如有人老是惦记着造福天下苍生，却得罪了顶头上司或是皇帝，那等待他的只能是贬谪罢免甚至是杀头流放。

这就是我这个时代的丛林规则。

皇帝李隆基在任命我为宰相前，曾咨询过张九龄的意见。张九龄说：“宰相关系国家安危，陛下用林甫为宰相，臣恐怕将来会成为宗庙社稷之忧。”

可皇帝根本就不听他的。

张九龄的言下之意，无非就是认为我这个人私欲太盛，缺乏公心。

像张九龄这种人，在我看来就是一介书生。他总是拿古代经典所标举的道德理想来评判世人，也总想用书本中的理论来改造社会现实。这显然是行不通的。如果人人都按书本上的样子来活，那这个世界早就是天堂了，还要官府干什么？还要军队、律法、监狱干什么？

所以，能否当宰相的关键根本不在于是否有私心，而在于能否首先满足皇帝的私心，其次是在自己的私心和满朝文武的私心之间维持一种动态平衡，当然最后还要保证不出现天下大乱。

我认为宰相的职责不过如此。难道要天下人人争当君子，满街都是圣贤才算称职吗？所以，就跟张九龄对我的看法一样，我也认为他和裴耀卿不适合当宰相。

很显然，像我们这种危情三人组是注定不会在同一片屋檐下共存共荣的。

总有人要走。可我知道——那绝对不是我。

开元二十四年（公元736年）冬天发生的三件事情，最终决定了我们各自的命运。

三

第一件事是关于朔方节度使牛仙客的任命与封赏。

牛仙客当初在河西任职时，不但恪尽职守、节约用度，而且还使军队的武库充实、器械精良。皇帝很赏识他的才干，准备擢升他为尚书。而据我在宫中的眼线透露，如果不出现什么意外，皇帝有让他入相的想法。

我立刻意识到这是一个挤走张九龄和裴耀卿的机会。

以我对张九龄的了解，我断定他不会同意让一个武夫进入帝国的权力中枢。因此我决定力挺牛仙客——像这种头脑简单四肢发达的武夫一旦入相也只能是我的应声虫。

果不其然，皇帝一提出来，张九龄马上说："不可以。尚书是古代纳言官，唐有天下以来，只有前任宰辅并且名扬天下、有德行、有名望的人才能被任命。仙客早先只是一个节度使判官，现在突然位居枢要，臣恐怕有辱朝廷。"

皇帝说："那么只加实封可以吧？"

"不可以。"张九龄斩钉截铁地说，"封爵是用来赏赐有功之臣。边防将领充实武库、修备兵器，是日常事务，不能称为功勋。陛下要慰勉他的勤劳，可以赐给他金钱丝帛。要是分封爵位，恐怕不太妥当。"

皇帝无语。

张九龄退下后，我立即向皇帝表明了自己的立场。我说："仙客有宰相之才，任尚书有何不可？九龄是书生，不通大体！"

皇帝一看我投了赞成票，马上转怒为喜。于是第二天在朝会上又提了出来。张九龄还是和皇帝对着干，坚决反对。我在一旁窃喜，知道今天有好戏看了。

只见皇帝勃然作色，厉声说："难道什么事都由你做主吗？"

张九龄一震，连忙跪地叩首，说："陛下不察臣之愚昧，让臣忝居相位；事有不妥，臣不敢不具实以陈！"

皇帝冷笑道："你是嫌仙客出身寒微吧？可你自己又是什么名门望族？"

"臣是岭外海边孤陋微贱之人，比不上仙客生于中华，"张九龄说，"然而臣出入台阁、掌理诰命有年，仙客边隅小吏、目不知书，若予以大任，恐怕不孚众望。”

这天的朝会就这样不欢而散。

散朝后，我却没有急着离开。我踱到天子的几个近侍宦官身边，随口说了一句：“苟有才识，何必辞学！天子用人，有何不可？”

我知道，这话很快就会落进皇帝的耳朵里，而且他绝不会无动于衷。

数日后，天子下诏，赐牛仙客陇西县公之爵，实封食邑三百户。这样的结果无异于甩了张九龄一巴掌。

第二件事是关于太子李瑛的废立。

皇帝李隆基登基前，除了宠幸太子的生母赵丽妃，对另外两个妃子皇甫德仪和刘才人也是宠爱有加。即位后转而宠爱武惠妃，对那三个嫔妃的恩宠渐淡。于是太子李瑛与皇甫德仪之子鄂王李瑶、刘才人之子光王李琚同病相怜，便缔结了一个悲情三人组，时不时地聚在一起长吁短叹、怨天尤人。

世上没有不透风的墙，而皇宫中的墙比一般的墙更薄。

驸马都尉杨洄把悲情三人组的怨恨之词打探得一清二楚，然后一五一十地报告给了武惠妃。武惠妃好不容易抓住了把柄，立刻发飙，向皇帝哭诉：“太子暗中结党，欲图加害我母子，而且还用很多难听的话骂皇上……”

皇帝大为光火，立刻召集宰相商议，准备把太子和另外两个皇子的王位都给废了。

不识时务的张九龄又发话了。

他大掉书袋，滔滔不绝地陈述了反对的理由：“陛下即位将近三十年，太子及诸王不离深宫、日受圣训，天下人都庆幸陛下享国久长、子孙蕃昌。今三子皆已成人，不闻大过，陛下岂能凭无据之词，在盛怒之下尽皆废黜？况且太子乃天下根本，不能轻易动摇。从前晋献公听了骊姬的谗言而杀申生，三世大乱；汉武帝听信江充的巫蛊之言问罪戾太子，京城流血；晋惠帝偏听贾后的一面之词废黜愍怀太子，中原涂炭；隋文帝纳独孤后之言废黜太子勇，遂失天下。由此观之，不可不慎。陛下必欲为此，臣不敢奉诏。”

我不知道当张九龄在给皇帝上历史课的时候别人作何感想，反正我是听得昏昏欲睡。

不就是废黜一个不得宠的太子吗？居然说什么天下大乱、生灵涂炭……简直是危言耸听！

我偷偷瞧了皇帝一眼，只见他闷声不响、脸色铁青，于是我就知道自己该怎么做了。

退朝后，我故技重施，跟一个皇帝宠信的宦官低声说："此乃皇上家事，何必问外人！"

我当然希望太子被废。理由有三：其一，这是对武惠妃当初向皇帝吹枕头风的回报；其二，迎合了皇帝，打击了张九龄；其三，寿王李瑁一旦被立为太子，将来就是皇帝，那么未来的大唐帝国就会牢牢把持在我手中。

这就叫一石三鸟。

可我没想到，就在皇帝犹豫不决的当口，武惠妃自己却走了一步臭棋。她吩咐一个下人去跟张九龄传话，说："有废的必有立的。相爷帮个忙，宰相便可长久做下去。"

女人毕竟是女人，头发长见识短。明知张九龄是个不可能被收买的强硬角色，还自讨没趣。结果她派去的人被张九龄一顿臭骂，最后还被他告到了皇帝那里。皇帝当即打消了废黜太子的念头，并且还说了一大堆话慰勉张九龄。

可我当然不会让张九龄就此反败为胜。即便废黜太子不成，他张九龄也别想占上风。我在随后的日子里跟皇帝说了许多掏心窝的话。其实就是在暗示皇帝，张九龄这个人棱角太多、自视太高、锋芒太露，不适合当宰相。

皇帝跟我深有同感，听得频频点头。

所以我料定，张九龄滚蛋的日子不会太远了。

第三件事是关于蔚州刺史王元琰的贪污案。

这件事促使皇帝最终下定了罢免张九龄的决心。

这件贪污案本身并不复杂，也并未牵涉到任何一个当朝大员，却成为我和张九龄角力的一个触发点。事情的起因说来话长。我曾经荐引了一个叫萧炅的人担任户部侍郎。这个人没什么学问，曾经当着中书侍郎严挺之的面把“伏腊”读成“伏猎”。这本来也不是什么大不了的事。一个人喝了多少墨水和他会不会当官是两码事。可偏偏这个严挺之是张九龄的人。他揪住萧炅的这个短不放，对张九龄说：“台省中岂容有‘伏猎’侍郎？”不久后萧炅就被外放为岐州刺史。我因此深深记住了严挺之这个人。

张九龄想援引严挺之入相，又知道他得罪了我，所以让他登门拜访我，化解怨恨，沟通感情。严挺之却自命清高，硬是不肯向我低头。我听说后，就决定找机会收拾他。不久后，王元琰案发。而王元琰的妻子正是严挺之的前妻。这个女人无奈之下求到了前夫严挺之头上。按说这种关系相当尴尬，严挺之完全可以不予理睬。可不知道他是念在旧情还是为了逞英雄，居然出面替王元琰说情。其时王元琰已被交付三司审讯，证据确凿、罪无可赦。严挺之此举无异于引火烧身。我抓住这个机会在皇帝面前参了他一本。皇帝就对张九龄说：“挺之为贪污犯求情的事你知道吗？”

张九龄假如聪明的话，这个时候应该明哲保身。可他还想保严挺之，就说：“这事只有挺之和他前妻的一点关系，应该不能算是徇私情吧？”

皇帝冷笑：“虽已离异，仍不免有私。”

这件事最终破坏了张九龄维护了大半生的道德形象。皇帝之所以能容忍他一再忤逆圣意，无非是念在其一心为公、从不徇私。而今张九龄自己却难逃徇私之嫌，并且给皇帝造成了一个交结朋党的印象，所以，皇帝不得不遗憾地作出了决定。

张九龄一辈子标榜道德，到头来自己还不是栽在了这个“私”字上？！

这一年岁末的一天，裴耀卿和张九龄被双双罢免了宰相之职。裴耀卿贬为尚书左丞，张九龄贬为尚书右丞。严挺之贬谪为洺州刺史，王元琰流放岭南。

同日，我取代张九龄成为中书令，兼集贤殿大学士；牛仙客被任命为工部尚书、同中书门下三品，正式入相。

自此，我摒除了所有政敌，真正成为大唐的第一宰相。

我真正领略到了一人之下万人之上的滋味，这种滋味妙不可言。

四

果然不出我之所料，牛仙客入相之后，对我感恩戴德，凡事唯唯诺诺，整个朝政都由我一人独掌，百官的升降任免都由我说了算。凡是标榜道德自命清高的，即便政绩突出，升迁呼声很高，我也会告诉他们：对不起，请按资历来。一句话就把他们钉死在老位子上。而那些善于察言观色、主动向我靠拢的，我当然有各种办法让他们获得破格提升。

很快我就在皇帝李隆基的周围画上了一条无形的警戒线。

线内是我和天子的专属区。

任何人胆敢越雷池一步，我就会让他吃不了兜着走。

有几个我提拔上来的人曾试图和天子眉来眼去，结果好处还没捞着，头上的乌纱帽就掉了。

无论自认为多么老奸巨猾的人，在我面前都是透明的。有几个人不相信。可当他们不得不相信的时候，人已经坐在贬往岭南的马车上了。

我自己当过言官，知道御史台的言官们经常有触红线和闯雷池的冲动与豪情，所以我特意找了个机会，对御史台的全体官员作了一次重要讲话。我说：“如今皇上圣明，我们紧跟着走还来不及，哪里需要发表什么言论？诸君注意到立在朝堂上的那些仪仗马了吗？如果保持沉默，就能吃到三品的饲料；要是敢自由鸣放，只嘘一声，立刻被驱逐，悔之何及啊！”

众人相顾默然。我环视会场，点头表示满意。

会后只有一个人没有充分领会讲话精神。那是一个叫杜琎的补阙。他不知好歹地鸣放了一下，结果就成了下邽县令。

从此以后，大唐官场鸦雀无声。

张九龄虽然离开了相位，可他还在京城。这就意味着哪一天皇帝心血来潮，他就可能东山再起。所以，我必须给他最后一击。

我一直在寻找机会。

开元二十五年（公元 737 年）四月，又一个不识时务的监察御史周子谅忍不住冲进了雷池，他居然向牛仙客发出弹劾，说他不学无术，没资格当宰相。

周子谅这是在找死。牛仙客固然斗大的字识不了一箧，可关他周子谅什么事？只要皇上高兴，我喜欢，牛仙客就是个好宰相！

我最讨厌这些读书人。总是以天下为己任，却又一肚子的不合时宜。他们好像看谁都不顺眼，好像这个世界天生就是等待他们改造的对象。他们自以为才高八斗、学富五车，可《道德经》里的一句话他们就没参透："水至清则无鱼，人至察则无徒。"

水太清鱼就不去了，人太清高就没朋友了。

难道不是这样吗？其实这世上本没有麻烦事。自以为高明的人多了，就有了麻烦事。如果人人都像张九龄和周子谅那么清高，那保证啥事也别干了。大伙不吃饭不睡觉，天天死磕。

周子谅一纸奏书呈上，天子震怒，命左右把他推到殿庭中当众暴打，周子谅当场昏死过去。等他醒过来，又在朝堂上杖责，然后流放瀼州。遍体鳞伤的周子谅还没走到瀼州，在半道上的蓝田县就死了。

我说过，他是在找死。

打狗也要看主人嘛。牛仙客是皇帝亲手提上来的，你骂牛仙客不学无术，不就等于掌皇上的嘴吗？

周子谅的闯雷池事件不但害死了他自己，也给了我一个期盼已久的机会。我对皇帝说："周子谅是张九龄引荐的。"

三天后，张九龄被贬为荆州长史。

这叫搂草打兔子，顺手的事。

张九龄被贬出长安的第二天，太子的悲情三人组突然间东窗事发。

也许是武惠妃授意的，总之一直咬住他们不放的驸马都尉杨洄这一次又咬到了一些实质性的东西。他掌握了太子李瑛、鄂王李瑶、光王李琚与太子妃的哥哥、驸马薛锈暗中联络、图谋不轨的证据，立刻向皇帝告发。皇帝找我商议，问怎么办。我说："这是陛下的家事，臣等不应该参与。"

我还需要说什么吗？当初要不是张九龄阻挠，太子早废了。所以，我什么都不用说，皇帝自然知道该怎么干。

开元二十五年（公元737年）四月二十一日，太子李瑛、鄂王李瑶、光王李琚被废为庶民，驸马薛锈流放瀼州。次日，三个皇子在朝为官的外戚皆遭流放和贬谪。

天子这次很果断。

可我没想到的是，他不但果断，还心狠手辣。

几天后，悲情三人组被赐死于东驿。驸马薛锈被赐死于蓝田。

东宫突然没了主人，我希望寿王李瑁能住进去，就一再提醒皇帝说，国不可无储君，寿王业已年长，可以考虑立他为太子。

可皇帝始终举棋不定。

鸦雀无声的大唐官场这一年秋天忽然热闹起来。起因是大理寺监狱的庭院有一棵树，树上有一群喜鹊在筑巢。也许你们会说这根本不是事儿，可我告诉你们，在我们的时代，这绝对是件大事。

你们且来听听大理寺少卿徐峤怎么说。他在奏书中称："今年天下判死刑的才区区五十八人。大理寺监狱的庭院，向来相传杀气太盛，鸟雀都不栖止。而今居然有喜鹊在树上筑巢，这是难得的祥瑞啊！"

一时间，朝堂上的文武百官纷纷呈上表章，说天下几乎不用刑罚了，真是可喜可贺！天子龙颜大悦，认为这是宰相执政有方所感召的祥瑞，应该算宰相的功劳，于是下诏封我为晋国公，封牛仙客为豳国公。

百官和天子都这么盛情，我当然就笑纳了。牛仙客也乐得合不拢嘴。

这年冬天，我的一个同盟者死了。

她就是武惠妃。死时年仅四十余岁。我不知道她的具体死因，传闻是悲情三人组的鬼魂作祟，搞得她寝食难安，最后精神崩溃。

我觉得这是扯淡。人死就死了，哪来的鬼魂？八成是这女人自己心虚。像我也经常失眠，可我怕的不是鬼，我怕的是活人——什么事都干得出来的活人！

我的政敌那么多，天知道会不会有哪个疯子突然间铤而走险，买通刺客对我下手？

所以，尽管喜鹊筑巢了，尽管天下和谐了，我的内心却始终无法和谐。

也许这就是一人之下万人之上的代价吧！

也许这就叫……高处不胜寒！

五

开元二十六年（公元738年）夏天，犹豫了一年多的皇帝终于立了太子。

却不是我最希望的寿王李瑁，而是最年长的忠王李玙。

事后我才得知，这是高力士出的馊主意。

皇帝杀了三个皇子之后，想到自己年龄渐老，储君的人选又总是定不下来，所以整天闷闷不乐。高力士就赶紧替皇上分忧，问他怎么回事。皇帝说："你是我家的老仆人，难道猜不透我的心思吗？"高力士说："是为储君之事吧？"皇帝点点头。高力士说："皇上何必这般殚精竭虑呢？只依年龄大的立他，看谁还敢再争？！"

皇帝如释重负，频频点头："不错！你这话不错！"

高力士这话是不错，立嫡立长嘛，千百年来的老规矩。可问题是，谁都知道我跟寿王李瑁历来同坐一条船，一直力挺他当太子，忠王李玙对此也是心知肚明。如今他当上太子，还有我的好果子吃吗？

每个皇子背后都有一个利益集团。当上太子后，这个集团的势力无疑会更加强大。

可我不是忠王集团的人。所以，我必须把他搞下来。

不择手段！

我说过，只要我在大唐的相位上待一天，便不允许任何一个朝臣和皇帝眉来眼去，同时也不允许皇帝向任何人表露出异乎寻常的垂青。

天宝元年（公元742年）三月的一天，风和日丽，皇帝心情舒畅，在勤政楼上听乐工演奏乐曲。也许是明媚的春光和悦耳的曲声让天子心醉神迷，所以当清秀俊朗的兵部侍郎卢绚骑着一匹白马从楼下缓缓走过时，天子忽然惊为天人，深深赞叹他的气质超凡出尘。

皇帝身边遍布我的耳目，所以当天就有人把消息告诉了我。

几天后我找到卢绚的儿子。一番嘘寒问暖之后，我对他说："令尊素有清望，如今交州和广州一带缺乏有才干的官员，圣上打算派他去，你认为如何？如果怕去偏远的地方，难免要被降职。依我看，还不如调太子宾客或太子詹事之类的职务，去东都洛阳就任。这也是优礼贤者的办法，你看怎样？"

卢绚大为恐惧，一旦真的调任交、广，那不形同贬谪吗？连忙主动提出调任太子宾客或詹事之职。

为了不使这项任命在旁人看来显得过于唐突，我就先安排他去当华州刺史。不久我就找了个借口把他调任太子詹事、员外、同正。虽然太子詹事的官阶是正三品，但加了个所谓的"员外同正"，就是把他划到了编制外，不但俸禄只有正官的一半，而且完全根除了他染指中枢权力的可能性。

这年夏天，我的一个宿敌差一点卷土重来。他就是被我搞出朝廷的严挺之。

有一天皇帝忽然对我说："严挺之如今在什么地方？其实这个人还是可以用的。"

我嘴上唯唯，可心里登时一紧。

当天退朝后，我就把他在朝中任职的弟弟严损之找来，说："皇上对尊兄十分挂念，你何不上一道奏书，说明尊兄得了风湿病，要求回到京师就医？"

每个外放的官员都眼巴巴地盼着天子垂悯、有朝一日重回天子脚下，严损之自然对我的这番贴心话感激不尽。他连连道谢地告辞而出，次日就依言上了道奏书。

然后我就拿着奏书对皇帝说："严挺之看来是老了，又得了风湿，应该任命他当个闲散的官，使他便于就医养病。"

那天皇帝叹息了很久，最后还称赞我想得周到。

于是严挺之就和卢绚做伴去了——当了太子詹事、员外、同正。

在我十九年的宰相生涯中，这样的事情不胜枚举。人们总是一边对我心怀感激，一边不知不觉地被我挤出权力核心。这一切都发生得非常合理，非常自然。所以后世的人们总是对此津津乐道。当然，大部分读书人还是骂我的。他们总是据此对我进行口诛笔伐，并送给我一句传颂千古的成语——口蜜腹剑。

就像人们常说我阴鸷一样，我不但不生气，反而认为这是在夸我。

因为这是最低成本的政治斗争方式。

难道要我像南北朝时代的那些人，动不动就白刀子进红刀子出，动不动就搞得血流满地、尸横遍野才好吗？难道非得那样才叫胸怀坦荡、表里如一吗？！

所以，这里我就要提出《导读》的第三个关键词——无影手。

说具体一点，就叫善用无形手段。

当然，必要的时候也要流血，可那是万不得已的。

这一年秋天，我的应声虫牛仙客死了，我引荐了刑部尚书李适之继任宰相。他和我同是一个宗族的人。至于说他能不能称我的心意，我还得进一步观察。

天宝三载（公元 744 年，该年改年为载）岁末，又有一个人很不幸地触到了我在天子周围画下的红线。

他叫裴宽，时任户部尚书。他跟皇帝走得很近，大有入相之势。于是我找到机会又施展了一次无影手。

那是刑部尚书裴敦复打完海盗班师回朝的那几天，裴敦复收受贿赂，为行贿者大记军功。裴宽立刻给皇帝打了小报告。我就把裴敦复找来，说，你惨了，裴宽参你一本了。裴敦复急着说，以前我打胜仗的时候裴宽也经常把他的亲朋好友塞给我啊！我说，那你还等什么？还不赶紧想办法禀明皇上！

这裴敦复也是聪明人，知道自己已经被裴宽恶人先告状了，就不敢直接去找天子，悄悄派人送了五百金给杨贵妃的姐姐，请她在皇帝面前反咬裴宽一口。其时杨贵妃正大受宠幸。她的姐姐在天子面前一奏，裴宽当然要完蛋。几天后就被贬为睢阳太守。

可就是这后面一招，让我隐约感到裴敦复也是一个即将触线的人。原本就屡立战功，如今又搭上了杨贵妃的姐姐，这对我构成的威胁已经不亚于裴宽了！

天宝四载（公元 745 年）三月，我随便找了个借口，就把裴敦复贬为淄川太守。

六

摆平二裴之后，新的威胁立刻接踵而来。

威胁首先来自我的同宗兼同僚李适之。他刚刚当了半年多的宰相，尾巴就已经翘到了屋顶上，渐渐不把我放在眼里，明里暗里开始跟我角力。他兼任兵部尚书，于是就和兵部侍郎、驸马张垍沆瀣一气，把整个兵部都变成了他们的势力范围。

其次是太子妃的哥哥韦坚。这小子精明干练、擅长理财，几年来在江淮租庸转运使的位子上干得风生水起，每年替朝廷增收的赋税多达一亿，大受天子赞赏，两年前被提升为左散骑常侍、水陆转运使，原职照旧，所有属下全部跟着他升迁。这小子又很会献媚，看上去极有入相的可能。

更有甚者，这两个人为了搞倒我，居然走到了一起。不断有人向我密报说他们过从甚密。

说起来这两个人都算是我的亲戚。李适之是同宗，而韦坚则是我舅舅姜皎的女婿，所以我才有心提携他们。可如今他们翅膀硬了，就企图联手整垮我。

所以我说这个世界就是一座丛林——像这种恩将仇报的事儿，每天都在发生。

不过他们也太不自量力了。

他们现在自以为是皇帝跟前的红人。可他们忘了我的无影手。我要是想对付他们，不但会让皇帝毫无察觉，甚至还会假借皇帝之手。

对付韦坚，我采用的是明升暗降的策略。我把他擢升为刑部尚书，同时撤掉了他原来的所有职务，让我的心腹、御史中丞杨慎矜取而代之。

老鹰没有了天空，它就会变成一只家禽，甚至比家禽还不如，因为它不会从地上啄食。

理财高手韦坚离开了税赋部门，他就变成了一个庸才，甚至比庸才还不如，因为他对律法刑讼一窍不通。

而对付李适之，我则施展了借力打力的太极。我知道他想巴结皇上想疯了，就给了他一根竿儿。有一天我随口对他说：“华山富含金矿，一旦开采出来，足以富国利民啊！”

我说得很小声，那意思是——一般人我不告诉他。

李适之如获至宝，屁颠屁颠地跑去跟皇帝禀报。皇帝就问我有没有这回事，我说：“臣早就知道了，可华山是陛下的本命，乃龙脉所在，不宜开采，所以不敢向皇上提起。”

皇帝拉长了脸，随后就对李适之说：“今后奏事，应当先和李林甫商议，不可草率轻忽。”

李适之一张脸涨得像猪肝。

这就叫活该。

韦坚和李适之分别被我摆了一道，恨得牙痒痒，于是同仇敌忾，天天待在一起。这样更好，我可以一网打尽。

我授意杨慎矜使出他御史台跟踪取证的看家本领，日夜监视他们的行动。

天宝五载（公元 746 年）的春节，太子的密友、边将皇甫惟明由于击败吐蕃入朝献捷，自恃有功，就在天子面前斗胆议论朝政，并把矛头指向了我，说我擅权揽政，建议天子将我罢黜。我的宫中耳目当天就向我作了汇报。

我听着听着，忽然间灵机一动。

这是多么好的一个机会啊！久戍边塞的皇甫惟明好不容易回京一趟，而且正逢新春佳节，还不得和故旧亲朋走动走动？

谁是他的故旧？

太子便是，太子妃的哥哥韦坚也是。

这不是天赐良机吗？太子，外戚，边将，这三种角色搅在一起，多么容易令人产生某种遐想啊！

我一想到这一回很可能又是一石三鸟，就不禁在暗室中笑了很久。

我叮嘱杨慎矜，春节期间必须密切关注这三个人的动向。杨慎矜心领神会。

正月十五，元宵节的晚上，太子出游，与韦坚会面。片刻后韦坚又赶赴景龙观，在僻静的道士房中与皇甫惟明密谈多时。

第二天一早，杨慎矜立即向皇上告发。他陈述的理由是：韦坚是皇室外戚，不应该和边将私下密谈。而我则立刻向皇帝指出：很显然，这是韦坚与皇甫惟明密谋，企图共同拥立太子，篡位登基。

皇帝暴怒。

自古以来所有天子最敏感最脆弱的那一根神经被触动了。不，是被触痛了！

当天，韦坚和皇甫惟明被拿下诏狱。皇帝也认为他们谋反的嫌疑很大，可心里顾及太子，就以钻营求进的罪名把韦坚贬为缙云太守，以离间君臣的罪名贬皇甫惟明为播川太守。

韦坚一落马，兔死狐悲的李适之大为恐惧，不久后便上表请求退居闲职。于是皇帝罢免了他的宰相职务，任其为太子少保。

来势汹汹的韦李同盟就这么被我击溃了。朝中的文武百官看在眼里，人人噤若寒蝉。李适之失势之后，他那担任卫尉少卿的儿子李霅有一次宴请宾客，丰盛的宴席摆了一整天，可满朝文武没一个人敢去赴宴。

谁会那么傻，为了喝几杯酒得罪我李林甫呢？

搞掉了李适之，我又引荐了一个人当宰相。

他叫陈希烈，时任门下侍郎，精通老庄之学，为人柔顺谦和，专以神仙符瑞之说讨好皇上。我觉得这种人最适合做我的搭档。崇尚无为，个性冲淡，没有夺权的野心，既懂得让皇上高兴，又能乖乖服从我的意志。

这种人不可多得，可谓牛仙客第二。

他上任后，我也享受了一段清静无争的太平日子。依照旧例，大唐开国以来的宰相，每日办公必须到午后六刻才能退朝。我以前也一直是这样的。倒不是严格遵守上下班制度，而是不待在朝堂上我不放心。我怕同僚私自揽政，把我架空。而自从陈希烈一来，我浑身轻松，就上奏天子说，如今天下太平无事，我也可以每天提前下班了。从此凡是早朝散后，巳时（上午九时至十一时）我便打道回府，让各省各部的待批文件、一切军国要务都送到我的府上去。我在家中决断后，有关官员再拿去给陈希烈签名，也就是走走形式而已。

天宝五载秋天又发生了一件事情，终于让我逮住机会把韦李一党的人全部赶尽杀绝。

对付这种在朝中尚有残余势力的人，一定不能让他们有喘息的机会。如果你掉以轻心，让他们有朝一日咸鱼翻身，你自己绝对会死无葬身之地。

这件事是韦坚那两个傻乎乎的弟弟干的。一个是将作少匠韦兰，另一个是兵部员外郎韦芝。他们上书为韦坚喊冤，结果令皇帝勃然大怒。太子一下就慌了，为了自保，赶紧要求和韦妃离婚，声明自己绝不以亲废法。几天后，韦坚被贬为江夏别驾，韦兰和韦芝流放岭南。我对皇帝说，看来韦坚和李适之在朝中的朋党势力还很庞大啊！皇帝深有同感，于是将韦坚流放临封，贬李适之为宜春太守；同时把韦坚的宗族亲党数十人全部罢黜。

第二年春，我又奏请皇帝将韦坚兄弟和皇甫惟明全都赐死于贬所。李适之彷徨无计，知道难逃一死，最后服毒自杀。我又让人捏造了一个罪名，将李适之的儿子李霅活活杖死。

七

天宝六载（公元 747 年），我的心腹、时任户部侍郎兼御史中丞的杨慎矜又渐渐取得了皇帝的信任。

眼看又有一个人要触红线了，这真是一件让人很无奈的事。

你要做事情就要用人，要用人就要授予他一定的权力。而任何人只要尝到权力的滋味就会想要更多，然后他就从你的心腹之人变成了心腹之患。

所以人们常说，这世上没有永远的朋友，也没有永远的敌人，只有永远的利益。

我的整个宰相生涯，都像是在为这句话作注脚。

杨慎矜曾经引荐过他的外甥王铁进入御史台。王铁此人颇有能力，后来升迁为御史中丞，已经与杨慎矜平起平坐，可杨慎矜总是拿他当晚辈，在朝堂上也直呼其名，而且与人闲谈时嫌王铁出身微贱，言下之意是王铁有今天都是他的功劳。

王铁对此怀恨在心。

其时又恰逢杨慎矜正宠幸一个叫史敬忠的术士，史敬忠危言耸听，说天下将有变乱，劝杨慎矜提前在临汝山中买一个田庄避难。杨慎矜对王铁毫无防备，把这事透露给了他。

于是我就示意王铁利用此事搞掉杨慎矜。我暗示王铁，杨慎矜是前朝隋炀帝的玄孙，可利用这层关系做做文章。王铁便在长安散布流言，说杨慎矜与术士往来密切，家中暗藏符谶，计划复兴祖先的帝业。

皇帝李隆基怒不可遏，把杨慎矜扔进了监狱，命刑部、大理寺和御史台进行三堂会审。我命令手下的酷吏吉温前往汝州逮捕了史敬忠，拿到了他的供词。人证虽然有了，却没有物证。有关官员搜遍了杨宅也找不到谶书。我授意侍御史卢铉再去搜一遍。卢铉心领神会，袖中藏着谶书走进了杨宅，片刻后便骂骂咧咧地走出来，说："这个叛贼原来把谶书藏在了密室里。"

杨慎矜百口莫辩。数日后，皇帝将他和两个哥哥少府少监杨慎余、洛阳令杨慎名全部赐死，同时株连了数十个朝臣。

我屡兴大狱，却不能伤及太子分毫，心里颇为懊恼。

于是我起用了一个人，他就是杨贵妃的族兄杨国忠（原名杨钊，后赐名国忠）。

这个人十分精明，而且有杨贵妃撑腰，用他来对付太子很合适。我任命他为御史，让他密切监视那些东宫集团的成员。一旦发现有何污点，立即发出弹劾，并交由我手下的酷吏吉温和罗希奭去审问。经他们之手审过的人，几乎没有一个是清白的。太子党成员为此被我扳倒了好些人。无奈太子为人谨小慎微，基本上抓不住他的把柄，而且高力士又经常在天子面前保他。所以终我一生，太子毫发无损。

事后来看，起用杨国忠也许是我这辈子犯过的最大的错误。

我并不是低估了他的野心，而是没有充分考虑他的外戚身份。

我已经习惯于把手下的人当成一次性筷子，用完就扔。没想到杨国忠这种人一旦坐大，想扔也扔不掉了。因为天子爱屋及乌，对他的宠幸与日俱增。只要杨贵妃恩宠不衰，他杨国忠便可以扶摇直上。而且这小子又跟韦坚一样精于理财，善于聚敛，这点又对了天子的胃口，于是屡获升迁。

天宝六载，我的仕宦生涯达到了顶峰。天子不但加我开府仪同三司，而且赏赐食邑三百户，并且赏赐众多上等的宅第、田园和别墅，还有天下各种奇珍异宝。岁末的那些日子，由于时近春节，各地贡献的物品先后运送到尚书省，随后天子便全部赐给了我。每当天子不上朝的时候，文武百官都聚集到我家中，御史台和尚书省都无人办公，只有陈希烈一个人孤零零地坐在相府里。

俗话说：盛极而衰，物极必反。在那些日子里，我已经隐约预感到，这也许是我一生中最后的辉煌了。

我的儿子李岫也意识到了这一点。有一次我命人在后花园修筑暗道，李岫随我去视察时，指着那些正在劳作的工匠对我说："父亲大人长久掌握大权，怨仇遍满天下。倘若哪天灾祸降临，想要当个像他们这样的杂役，恐怕也办不到了！"

那天我凝视着他，心情忽然变得极为恶劣。我说："都已经走到这一步了，还能怎么办？！"

我记得那天的天色阴沉，北风在我们父子的耳旁一直呼啸。

当时的我绝对想不到，儿子李岫的话最终竟会一语成谶。

我当时所能想到的，只有如何防患于未然以及如何加强自身的安全系数而已。

在那几年里，我的失眠症更加严重，每夜更换寝室的次数更为频繁。不但在夜里，大白天出行我也要带上一百多名步骑兵，分左右两翼护卫；而且还让巡防京城的金吾卫提前开道，数百步外的前行卫队所到之处，无论公卿还是庶民都必须回避。

除此之外，我所能做的就是杜绝有实力的人物入朝为相的可能，借此确保我的相位不受威胁。自大唐开国以来，许多有能力的朝臣都是先外放为边帅，取得战功后再入朝为相的。我意识到，如果这个要命的规矩不改，迟早有一天，会有一些能人通过这样的方式来到相位上跟我叫板，所以，我必须未雨绸缪地封死这条"出将入相"的渠道。我对皇帝李隆基说："文臣做将军，不敢身先士卒地抵挡敌人的弓箭炮石，不如起用那些出身卑贱但是勇猛善战的胡人为边将。这些人没有显赫的门第，势单力孤，难以在朝中交结朋党，陛下果能以恩义感召他们，他们必定会替朝廷卖死命！"

皇帝觉得我的话很有道理，随后愈加重用安禄山这些胡将，并且不再把朝中文臣外放为边藩将帅，而是大量起用胡人担任诸道的节度使。

我终于松了一口气。

从此朝中百官都要乖乖跟在我屁股后面，唯我李林甫马首是瞻了。

可是我绝不会想到，这样的举措最终居然导致了“安史之乱”，从而终结了大唐一百多年来的升平，把帝国一下推进了万丈深渊……

错在我吗？

虽然安禄山起兵叛乱是在我死后三年发生的事情，但是一旦真的要追究原因，我承认自己还是要负一定责任的。大唐历来之所以形成以文臣为边帅的规矩，目的就是要节制边镇势力，把四方的兵权牢牢把握在中枢。我却将其一朝废止，致使皇帝大肆任用心怀异志的胡人，并且使得中央的武备荒废，而帝国主要的军事力量则集结在北部边镇，最终导致“强枝弱干”的局面。在这方面，我承认我铸成了大错。然而，冰冻三尺非一日之寒。如果要把“安史之乱”的屎盆子全都扣在我一个人头上，我绝对不服。

我认为我最多只能负三分之一的责任，另外两个罪魁祸首你们也有必要考察一下。

一个就是大唐天子李隆基。

大唐朝廷防范边将的办法除了我上面提到的之外，还有三条不成文的规定：一、不能长久任职；二、不能遥领远地；三、不能兼统他镇。这是三条绑在边将身上的绳子。有此三项制约，朝廷就不怕边将们尾大不掉。可结果是李隆基自己给他们松了绑。自开元以来，做边将的十几年不调职的人多如牛毛；而且很多人都遥领远地，皇子中如庆王、忠王等人，宰相中如萧嵩、牛仙客等人；而节度使兼统他镇的也多得很，如盖嘉运、王忠嗣等，都是一人节制好几个道的，所以最终结出了安禄山这颗无比壮观的硕果！

这一切能怪我吗？

在我生前，安禄山一人身兼范阳、平卢、河东三镇节度使，还封爵为东平郡王，势力已经极度膨胀，可到我死后两年亦即天宝十三载，皇帝还打算任命他为宰相，天宝十四载还把宗室的荣义郡主许配给他长子安庆宗……这一切，难道也是我的责任？

除了我和皇帝，最终促发“安史之乱”的人就是外戚杨国忠。

我死后，杨国忠继任宰相。可他哪里是宰相之才呢？他浅薄、浮躁、狂妄、轻言，别说肚里能撑船，就算撑一个木盆我看都有问题。他上任之后，喊得最大声的一句话就是：安禄山要造反！喊得朝野上下无人不知。别说安禄山有心要反，就算无心要反最终也会被他逼得狗急跳墙。我知道杨国忠是怕安禄山入相以后跟他争宠，所以一心想除掉他。可除掉这么一个重量级人物是用这种办法吗？不用说朝堂上复杂的政治斗争需要韬略，就算市井斗殴，你们见过哪一个狠角儿杀人之前拼命喊“我要杀了你”的？往往这么喊的人就是头一个被干掉的。我在清除每个对手的时候，都是事前波平浪尽事后不留痕迹的，哪里能像杨国忠这样到处嚷嚷？这么做的结果只能被对手耻笑，而且引起他的高度防备和警觉。

在这种情况下，对手通常会放出一些烟幕弹，然后趁人不备先下手为强。

安禄山就是这么干的。

天宝十三载（公元 754 年）正月初三，按例安禄山会入朝觐见，杨国忠却坚称安禄山必反，还说：“陛下倘若不信的话，可以下诏召他来，臣敢保证，他一定不敢来！”

这杨国忠就是一个笨蛋。在这种微妙的情况下，任何人三更半夜都会赶来，向天下人证明自己的清白。安禄山可不像杨国忠那么笨，他一接到诏书就昼夜兼程赶到了长安，流着泪对皇帝说：“臣本是胡人，承蒙陛下宠爱，提拔如此之甚，因而被杨国忠嫉恨，臣不知哪一天就要被杀了！”皇帝闻言，大起恻隐之心，当即赏赐给他一万万钱，之后宠幸更隆。

杨国忠的话，从此被当成了放屁。

“安史之乱”最终就是这么爆发的，而杨国忠就是这么死的。

可惜我也死得早。假如上天让我多活两年，也许我有机会亡羊补牢，也许我能找到机会不动声色地除掉安禄山。

可是历史没有假如，人生无法重来。归根结底，我也只是历史棋局中的一枚棋子，一枚身不由己的棋子。什么时候被拿起来扔掉，只有老天爷知道。

八

在我生命的最后几年中，大唐官场的局面变得极端错综复杂。

外有安禄山的强势崛起，内有杨国忠的恃宠争权，而我手下的王𫟹也日渐坐大，就连酷吏吉温也开始阳奉阴违、吃里爬外，甚至原本看上去碌碌无为的陈希烈也忽然间抖擞起来，事事要和我对着干……

我逐渐产生了临深履薄之感。

我知道自己已经老了，而对手们正处于高速成长期。在这种艰难的局面下，我只能采取守势。我不可能同时向这么多强势人物发起进攻，那样只会自取灭亡。我只能小心翼翼地游走在他们之间，以自己的余威震慑他们，把他们的嚣张气焰控制在我可以忍受的范围内。

仅此而已。

这也是丛林中的生存之道。当你具有绝对优势的时候你必须以攻为守，而当你不具备压倒性力量时你只能以守为攻。这里就要引出《导读》的第四个关键词：攻守相宜。

在无常而险恶的丛林中生存，一味地进攻不叫勇敢，而叫莽撞；适度的忍让也不是懦弱，而是另一种意义的坚强。它将有效地保护你所有的既得利益，而不至于使你的一生心血付诸东流。

下面我就向你们举几个具体的例子。

比如天宝十载（公元 751 年），也就是安禄山兼领第三个节度使的那一年，小人吉温就暗地里投靠了他，和他拜了把子，称他为三哥。他对安禄山说："李相虽然表面上与三哥亲近，可未必肯以三哥为宰相；我虽然受他驱使，也终究不能得到他的提拔。哥哥若向皇上推荐我，我即刻奏明皇上，说哥哥可以担当大任，我们一同排挤掉李林甫，您就一定能当上宰相。"

不久安禄山果然向皇帝举荐吉温。就在安禄山兼任河东节度使时，吉温也被任命为副使。其实吉温在背后跟我玩什么猫腻我一清二楚，可我必须得忍着。理由前面已经说了。

再比如安禄山这个人。外表粗犷豪放、大大咧咧，其实内心细如针尖。很少人能意识到这点，可我对此洞若观火。

对付他这种人，我当然知道该用什么招。

每当他入朝的时候，我总是盛情邀请他到寒舍小聚。我们宾主之间经常进行亲切友好的会谈，就国内外大事交换看法，从而达成广泛的共识。但就在这种诚挚、坦率的会谈气氛中，我会见缝插针地说出一两句话。

而这些话通常总能道破安禄山心中隐秘的想法。

每当我那么随口一说的时候，安禄山脸上的表情总是颇堪玩味。

久而久之，安禄山服了。

他终于知道，在我面前，他几乎就是一个半透明体。几年来，他在跟朝廷百官打交道时总是一脸傲慢，可唯独跟我坐在一起时总是战战兢兢，甚至大冬天的时候也会汗流浃背。当然，碰到这种时候，我就会跟他说很多体己话，然后脱下自己身上的袍子给他披上。

所以安禄山最后就称呼我为“十郎”。这是表示亲切，同时也是献媚。

每当他人在范阳，让手下来京办差时，总是吩咐手下一定要来拜见我。手下回去之后，他便忙不迭地问：“十郎都说什么了？”如果我给了他几句好话，安禄山就会高兴得手舞足蹈；要是听到手下转述我的话说：“告诉安大夫，要好自检点！”他就会吓得面无人色。

对付安禄山这种人，我所能做的也只有这么多了。

我只能一边拉拢一边威慑，而他也只能一边逢迎一边惧恨。对强弩之末的我来讲，在余生中能与这种军事强人、政治新星、天子眼前的大红人保持相安无事，我就应该感到满意了。

这几年王𫟹蹿得很快，领户部侍郎、兼御史大夫、京兆尹，此外还兼了二十几个其他官职。不过在场面上他对我还算恭敬。最嚣张的是他的儿子和弟弟。他儿子王准在宫中任卫尉少卿，我儿子李岫任将作监。两人低头不见抬头见，可牛皮哄哄的王准却经常对我儿子进行挑衅，要么当面侮辱，要么背后捅刀子。

李岫忍气吞声。

我也只好忍气吞声。

倒不是说我的权势已经不足以同王𫟹抗衡，而是如果我们两个干起来，吉温杨国忠陈希烈之流就会趁机对我群起而攻。所以我必须在小节上忍让，然后留着王𫟹与杨国忠等人相互制衡。

如果大家势均力敌，那就谁也不敢轻举妄动。就像对付安禄山一样，我只求大家相安无事。可惜这种平衡之局最后还是被打破了。王𫟹被搞得身败名裂、家破人亡；杨国忠从此在朝中一人独大；而我则在一种唇亡齿寒的悲凉中走向了生命的终点。

九

局面是被一个小人物打破的，这个不知天高地厚的小角色就是王𫟹的弟弟王銲。

说起来真是可悲又可笑。一群大佬正在紧张地对峙和相持，一个什么都不是的小角色却冒冒失失地闯进来，结果大伙动手，长安流血，政局随之一变……

这王銲真是一个丧门星！

王銲时任户部郎中，平时就骄纵狂妄，不守法纪，有一次把一个叫任海川的术士叫到家中，问他：“我有天子的相貌吗？”把任海川吓得不敢吭声，即日逃亡。事情被王𫟹知悉，暗中派人追杀了任海川。此事又被一个叫韦会的朝臣获知，王𫟹再次杀人灭口，把韦会逮捕入狱，并害死在狱中。如果事情到此为止，丧门星王銲别再搞什么小动作，那王𫟹就算把这事摆平了。

可王銲偏偏要往死路上走，又搞出了一件事——他居然想发动政变！

王銲和一个叫邢縡的朋友结交了一些禁军，于是一起策划，准备刺杀禁军将领，然后接管他的士兵发动军事政变，目标是把我、陈希烈、杨国忠三个都杀了，最后挟持皇帝、夺取政权。

他们有病。这不叫异想天开，而叫丧心病狂！

精明强干的王𫟹居然有这么一个活宝弟弟，也活该他倒霉。

可想而知，这群疯子还没来得及动手就被告发了。皇帝亲手把告状信交给王铁，让他逮捕叛党。王铁料到他弟弟肯定在邢縡家中，就暗中通知他逃离，到傍晚才与杨国忠一起率兵包围了邢縡的家。这邢縡存心要拉王铁下水，就和他的党羽一边突围一边互相喊话说："不要伤了王大夫。"

结果邢縡被杀，一干党羽全部落网。杨国忠总算抓住了把柄，于是向皇帝禀报了整个经过，说："王铁必定参与了这个阴谋！"皇帝正宠幸王铁，不忍心办他；而我也不能眼睁睁看着杨国忠打破这个平衡之局，所以也力保王铁。最后皇帝决定对他们兄弟网开一面，但为了维护法纪，希望王铁做做样子，主动上表请求将王銲治罪，这样大家都有个台阶下。皇帝让杨国忠把这个意思传达给王铁。

如果王铁识相，这时候绝对要丢卒保车，自己先洗脱干系，然后再想办法保他弟弟。可没想到他聪明一世糊涂一时，居然没按皇帝的要求做。这下可把皇帝惹火了。而陈希烈偏偏又站出来火上浇油，大骂王铁大逆不道、其罪当诛。他之所以这么做，一来可能是上了王銲的诛杀名单，心里窝火；二来也是故意要和我唱对台戏。结果皇帝一纸令下，命杨国忠取代了王铁的京兆尹之职，并让他和陈希烈会审王铁。

这样一来王铁就死定了。

审理的结果，不但此次谋反的罪名坐实，而且连同以前杀任海川和韦会的事情都抖了出来。最后证据确凿，呈报皇上。皇帝赐王铁自杀，把王銲绑到朝堂上活活杖死。王铁的两个儿子流放岭南，不久后也被杀了。

更要命的是，杨国忠和陈希烈居然把我也扯了进去。

他们信口雌黄，指控我和王铁兄弟暗中交结，甚至还诬蔑我与突厥叛将阿布思有瓜葛，并让陇右节度使哥舒翰出面指证。

这阿布思是突厥降将，曾一度归顺大唐，后来因与安禄山有嫌隙而再度叛回漠北。我和他素无往来，怎么平白无故成了他的同党？！

这真叫欲加之罪何患无辞！

皇帝当然没有采信他们的诬妄之词。不过从这一天起，皇帝便疏远了我。

我平生第一次充满了无力与软弱之感。

天宝十一载（公元 752 年）冬天，杨国忠入相基本上已成定局。

时逢南诏军队多次侵扰西南边境的剑南道，蜀地百姓要求遥领剑南节度使的杨国忠回去镇守，我趁机奏请皇帝派他去。杨国忠是一个彻头彻尾的军事盲，知道此去凶多吉少，就哭哭啼啼地去跟皇帝辞行，说这是我要陷害他。杨贵妃也一再帮他求情。老迈昏庸的皇帝李隆基安慰他说："你先去走一趟，把军事防御部署一下，我掐着日子等你回来，你一回来我就任命你为宰相！"

当宫中的耳目把天子的这句昏话说给我听时，我已经躺在病床上了。

我苦笑。

除了苦笑，我还能做什么？

冬天的冷风一阵紧似一阵，我的病势也一天比一天沉重。巫医说只要跟皇帝见上一面，我的病就会好。

我无声地笑了。与其说这是医治我沉疴的药方，还不如说这是在暗示我——该是跟皇上见最后一面的时候了。

皇帝决定来看望我，可左右之人拼命劝阻，说不吉利。皇帝只好命人把我抬到庭中，然后亲自登上降圣阁，拿起一方红手帕，远远地向我挥舞。

那一刻我的眼睛湿了。我看见皇帝一直在用力地挥手，仿佛是在表示感谢——感谢我在这十九年中代替他兢兢业业地操持这个庞大的帝国。

那方寒风中翻飞的红手帕，是皇帝对我最后的也是最高的奖赏。

我坦然地领纳了这份奖赏。

当之无愧地、别无所求地……领纳了它。

没过几天杨国忠就回来了。他在翘首以盼的剑南百姓的眼前晃上一晃，然后就回来了。

他来见我，跪在床前向我行礼。我忽然流下眼泪，对他说："林甫将要死了，您必定做宰相，身后的事情只好麻烦您了！"

杨国忠双手乱舞，一连声说不敢当不敢当……我看见他满脸是汗，表情尴尬。

我知道那是冷汗。我知道直到这一刻，他还在怀疑我装病。他怀疑我在欺骗他、试探他、陷害他。他甚至以为连我的眼泪也是假的。

可他错了。

虽然这一生我很少讲真话，可我从来不说没有必要的假话。

在丛林中行走一生，说谎绝对是一种必须，可它绝不能成为一种习惯。

总有那么一些时刻，人必须讲真话。比如现在我对杨国忠说的话。

在我身后，这个庞大的帝国将托付到他手上，万千黎民百姓的命运将决定在他手上，所以，我希望他能以和我一样的务实态度去当这个宰相。

在我身后，我儿孙的荣华富贵也必将交到他的手上，所以，我希望他着眼于大局，不要公报私仇——不要把我们的政争化成私怨倾泻到我的家人身上。

所以，我对他讲了真话。我也在他面前落下了这一生中罕有的真实的眼泪。

他能理解这一切吗？

这是天宝十一载的十一月二十四日，深冬的冷风猛烈拍打着寝室的窗棂。我嗅到了越来越浓的腐烂气息……

也许到这里，《导读》就该画上句号了。你们还记得那四个关键词吗？

隐忍。洞察人性。无影手。攻守相宜。

我像每一个濒死的老人一样不能免俗，絮絮叨叨地说了这么一大堆。也不知道你们喜不喜欢听，也不知道你们听懂了多少。

不管这么多了，我现在累了。

有一场睡眠在黑夜的深处等我，在世界的另一头等我，我要去赴约。

那将是一场真正的睡眠，一场美妙而安详的长眠。

我一想起这个就会笑，然后我笑着闭上了眼睛。

你们以为我的故事完了吗？

不，没完。

我死后，皇帝以隆重的礼节将我入殓。让我睡在一口宽敞舒适的贵重棺椁中，还在我嘴里放了一颗璀璨的珍珠，身旁放着御赐的金鱼袋、紫衣等物。

在大唐，这代表着无上的恩宠、巨大的哀荣。

所有人都认为我可以好好安息了。可杨国忠不这么认为。

第二年正月，我还未及下葬，厄运就降临了。当上宰相的杨国忠派人游说安禄山，再度指控我和阿布思共谋反叛。安禄山让阿布思的降卒到朝廷做证；我的女婿、谏议大夫杨齐宣禁不起他们的软硬兼施，也被迫做假证出卖了我。

老迈的皇帝在这么多来势汹汹的指控中发了昏，颁下了一道诏书。

二月十一日，我生前的所有官爵全部被削；子孙中有官职的全部罢免，流放岭南和贵州等地；所有财产全部充公。

如果仅仅到此为止，我的灵魂也不至于陷入一场凄怆无尽的漂泊。

他们还剖开了我的棺椁，夺去了我口中的珍珠和身旁的金鱼、紫衣，把我塞进了一口庶民的小棺中，随随便便埋在了长安郊外的乱葬岗上。

到死，我也得不到一场真正的睡眠。

这到底是为什么？！

如果灵魂可以思考，我将用无尽的岁月来思考这个问题。

不管能不能得到答案……

第五章

蔡京

政治是一门艺术

我有一种预感。

我即将死在这条山长水远的贬谪之路上。

前方那座名叫潭州的城市，很可能就是我生命的终点。

其实我已经无所谓了。既然我的政治生命早已终结，那我的物质生命又何苦在这世上苟延残喘？

政治是我的一切。失去它，我的存在毫无意义。更何况，我已是一个年近八旬的老人。人生七十古来稀，我还有什么不满足的吗？

没有了。

真的没有了。

我现在唯一想做的，就是伸出我颤颤巍巍的双手，细细抚摩这八十载的悲欣与沉浮，以及记忆深处那斑斑点点的繁华与忧伤。对于一个万里投荒的老人来说，记忆就是他最终的财富——不会被任何外界力量夺走的财富。这些日子以来，每当我回首自己在北宋政坛上屡起屡落、大开大合的一生，一种莫名的兴奋之情便会一再盈满我的胸臆。

这是钦宗靖康元年（公元 1126 年）的夏天，满山的草木翠绿葱茏。我坐在一驾灰色的马车上，一路与自己的记忆紧紧依偎。我发现离最后的时刻越近，过往的一切就越会在我幽暗枯槁的精神世界里泛起璀璨的光焰……

那是五十六年前吧，大概也是这么一个夏天，一个二十三岁的年轻人正风尘仆仆地进京赶考。我看见他的脸上写满自信和憧憬，他的眼中闪烁着质朴而纯真的光芒。很显然，这个十年寒窗的年轻人跟所有莘莘学子一样，肚子里装满了圣贤学问，胸中激荡着治国平天下的道德理想。

我面带微笑地看着这个年轻的蔡京。他却埋头赶路，顾不上看我一眼。所以他不知道我苦涩的笑容里泛着苍老的泪光。我真想叫他走慢一点。既然人生的每一段起伏、每一个拐点都已经为他准备在那边，他何必着急呢？可我又想让他走快一点。既然冰冷而坚硬的现实注定要将他改变，那他何不早一天抛弃所有不切实际的温情和幻想？

无论如何，年轻的蔡京还是踌躇满志地走进了汴梁。

那一刻，一座繁华富庶的帝都在他面前訇然展开。这个意气风发的年轻人看见北宋的汴梁就像一个陌生妖艳而又充满诱惑的女子向他敞开了怀抱。

年轻的蔡京并不知道，随之敞开的，还有一片无涯无岸、深不可测的帝国官场。

那一刻，我真想拍拍他的肩膀，对他说：年轻人，小心点……

一

这是神宗熙宁三年（公元1070年）的秋天，我金榜题名，考中进士，开始走上梦寐以求的仕途。就像你们所知道的那样，我步入帝国官场的这一年，正是北宋政坛风起云涌、万象更新的时刻。新党的领袖人物王安石与韩绛在这年岁末同时拜相，开始大刀阔斧地把他们一贯主张的变法运动推向了高潮。在这一年前后，反对变法的旧党人物纷纷落马，为首的是司马光、吕公著、韩琦、富弼、欧阳修、范纯仁、苏轼、苏辙、程颢等人。面对如此政局，年少气盛的我当然是义无反顾地站在了新党一边。虽然我当时人微言轻，仅仅是一名小小的钱塘县尉，可我还是满腔热忱地为朝廷颁布的一系列新法鼓与呼。

王安石的变法，其主要者有十三项。民政与财政方面的改革有“青苗法”“免役法”“方田均税法”“农田水利法”“市易法”“均输法”等六项，其目的在于富国；属于军事方面的改革有“裁兵法”“置将法”“保甲法”“保马法”“军器监法”等五项，其目的在于强兵；属于教育方面的改革有“太学三舍法”和“科举改制”两项，其目的在于培养实用型人才。对于这一系列新法，我当时的心态相当乐观，想法也很简单。我认为，既然神宗皇帝和王安石致力于变法的最终目的就是富国强兵，那么人们就没有理由反对新法，而我更没有理由不支持新法，所以我毅然成了一名年轻的政治改革派。我相信大宋帝国必将经由变法而振衰起弊、获致中兴，而我的政治前途也必将和新政的前途一样坦荡光明。

然而，事情并不像我想象的那么简单。

这场由神宗皇帝亲自主持的变法运动从一开局便遭遇了强大的阻力，其间又一波三折、屡起屡仆，至熙宁九年（公元1076年）王安石第二次罢相后便已名存实亡，再到元丰八年（公元1085年）神宗皇帝去世，这场轰轰烈烈的变法运动便以人亡政息而黯然收场。

这一切到底是为什么?

如果你们曾经跟我一样为此感到困惑，那我们不妨一起来看看，作为中国政治史上屈指可数的著名变法之一，熙宁年间这场规模浩大的改革运动究竟是在一种怎样的境况和遭遇中走向失败的；再让我们来感受一下，当一种看上去既精致又辉煌的救世理想一旦与复杂而坚硬的社会现实相互碰撞，其结果会让人感到多么无奈而又意味深长；同时也让我们看看，当那个叫蔡京的年轻人耳闻目睹了一连串风云变幻的政治斗争后，他是如何一步步抛弃纯真的理想，最终领悟政治这门艺术的精髓，直至成为一个精明务实而又无往不胜的政坛不倒翁……

早在王安石拜相之前，也就是从熙宁二年（公元 1069 年）九月朝廷颁布实施“青苗法”开始，朝野上下就掀起了巨大的反对声浪。所谓“青苗法”，就是由政府在春耕时节向农民发放农业贷款，到谷物成熟时收回本金和百分之二十的利息。这项新法出台的背景是由于当时北宋的兼并现象极其严重，大量贫困农民只能靠举债度日，长期遭受豪强的高利贷盘剥，尤其在青黄不接的时候几乎无以为生。所以，跟后来出台的其他新法一样，“青苗法”从初衷来看绝对是一项利国利民的善政，它的目的有三：一、帮助农民生产；二、抑制富豪兼并；三、政府从中获取利息收益。

然而此法遭到了司马光、吕公著、韩琦、欧阳修、苏轼、苏辙等当世名臣的一致反对。司马光说：“臣之所忧，乃在十年之外，非今日也。夫民之贫富，由勤惰不同；惰者常乏，故必资于人。今日出钱贷民而敛其息，富不愿取，使者以多散为功，一切抑配（硬性摊派）；恐其逋负，必令贫富相保，贫者无可偿，则散而之四方；富者不能去，必责使代偿贫者之负。春算秋计，辗转日滋，贫者既尽，富者亦贫，十年之外，百姓无复存者矣！”

苏辙说：“以钱贷民，使出息二分，本非为利。然而出纳之际，吏掾为奸，虽有法，不能禁。钱入民手，虽良民不免非理费用；及其纳钱，虽富民不免违限。如此则鞭笞必用，州县多事矣！”

综合反对派的观点，主要有四：一、政府放贷取息，是与民争利；二、官吏以多贷为功，必导致强行抑配；三、富人不愿贷，贫人不易还，政府强制执行，必然导致社会矛盾；四、出入之际，执行官吏难免乘机舞弊，上下其手，如此则腐败滋生，法所难禁。

即便群言汹汹，神宗皇帝和王安石还是力排众议，一意推行“青苗法”。此法断断续续执行了十八年，虽然曾使部分贫困农民受益，也在一定程度上增加了国家的财政收入，但同时不可避免地滋生了反对派所说的种种流弊。

作为一个刚刚步入政坛的基层官吏，我对“青苗法”在地方上贯彻执行时表现出的人事和技术方面的弊端看得一清二楚。首先，此法严重损害了地主富豪的利益，而这些权贵历来在各级官府中都拥有自己的利益代言人，所以为数众多的反对派便会采用各种手段，不遗余力地阻挠这项法令。其次，由于各地都有发放青苗贷款的配额，如果某些地区有很多人不愿申领贷款，主管其事的提举常平司就会对地方官员作出处分。如此一来，地方官员为了完成任务就会采取硬性摊派的手段，而那些被摊派的富户就要被迫领取贷款并承担利息。对他们来说，这无异于一项凭空强加的赋税。最后，另外一些地方又会发生完全相反的情形，也就是地方官员对于需要贷款的百姓采取加息手段，坐收渔利。

一项原本利国利民的政策到最后就这样变成了扰民之举和腐败工具。

这就是理想和现实的矛盾。

从中我逐渐明白了一个道理——为政在人。也就是说，无论什么样的政策都要由“人”去执行，而“人”又是利益的动物——整个权贵官僚体系就是一个庞大的利益关系网。在此情况下，越是理想化的政策越有可能损害权贵阶层的利益，所以新政策一旦进入官僚运作系统，其本意就越可能被扭曲，最后甚至变得面目全非。而王安石偏偏又是一个典型的理想主义者，他所推行的一系列新法大部分都打上了理想化的烙印，包括后来颁布的其他新法也都无一例外地遇到了和“青苗法”一样的问题。所以，随着新法日益深入地开展，我对这场变法的最终命运便越来越感到悲观。

王安石在熙宁三年十二月拜相之后马上又推出了“保甲法”和“免役法”。其中的“免役法”更是遭到士大夫阶层的极力阻挠。所谓“免役法”，即变原来的“差役”制度为“募役”制度，也就是民众“出钱充役”，各地方政府再以这项收入另行募用劳力。之所以要对此进行改革，是因为原来的役法名目繁多，百姓久已不堪重负，因逃避各种差役而出家或自杀的人比比皆是，实在是一种虐政。所以依照新法，贫困户不但可以免除原来的各项差役，而且无须交纳“免役钱”；与此相反，原本既无须出力也无须出钱的官宦人家则必须缴纳半数的“免役钱”，又称“助役钱”。

很显然，此法一出，中下层百姓普遍获益，而士大夫阶层则普遍受损，所以立即引起官僚集团的强烈不满。当朝中群情沸腾之时，神宗皇帝与老臣文彦博言及此事，文彦博说：“祖宗法制俱在，不须更张以失人心。”

皇帝说：“更张法制，于士大夫诚多不悦，然于百姓何所不便？”

那一刻，我们这位德高望重的帝国元老文彦博不假思索地回了一句话。这句话不但令年轻的皇帝哑口无言，而且在事后也让初入政坛的我茅塞顿开，并且终生获益匪浅。

文彦博说：“陛下乃与士大夫治天下，非与百姓治天下也！”

这句话堪称经典，一语道破了几千年中国官僚政治和权贵政治的本质。

王安石的变法之所以必然导致失败，正是因为他所追求的是宏观的国家利益，同时兼顾中下层百姓的利益，可他基本无视甚至严重损害了官僚权贵阶层的利益。不幸的是，这个阶层恰恰又是新法的执行者。如果年轻的神宗皇帝和理想主义者王安石寄希望于这些人用自己的权力斩断自己的既得利益，那无异于让他们用自己的左手砍掉自己的右手——试问这如何可能？而倘若不依赖官僚阶层，天子诏书和宰相政令又要由谁去贯彻执行？

这几乎是一切改革者都要面对的两难。

这也是中国历代政治变革和制度创新都绕不过去的暗礁和死角。

我不知道九百多年后的你们如何看待这个问题。

权且让我来做个猜想。

或许你们那个时代已经相当进步，拥有了一批叫作“经济学家”的人，他们可能会提出一个绝顶聪明的改革方案，那就是先把蛋糕做大，再按照社会阶层自上往下地分享改革的利益。当然，每个人据此获得的利益份额是不一样的，因为份额的大小必须与每个人的社会地位成正比。换句话说，原本占得多的人就分得多，原本占得少的人就分得少。虽然这么做似乎妨害了社会公平原则，但是它的好处也是显而易见的，它会促使整个社会的精英阶层都乐意成为改革最坚定的拥护者和执行者，从而使得改革的车轮始终保持高效率地运转，然后就可以继续把蛋糕做大……最终处于金字塔底层的人们也可以分到他们应得的那一份。至于说为了效率难免在一段时期内牺牲公平，那也是没办法的事。妇人生产都要经历几天“阵痛”，更何况改革？

如果我上面这些猜想没错的话，那老实说，九百多年前的我对你们那个时代的经济学家真是佩服得五体投地。因为中国历史上每一次改革碰到的暗礁和死角在他们面前居然形同无物，可见他们太有才了！

莫非，这就是所谓的历史的进步？

扯远了。很抱歉。还是让我们继续关注北宋熙宁这场注定要失败的改革吧。

二

熙宁五年（公元1072年）二月，随着“市易法”的颁布实施，更多弊端就相继暴露。“市易法”的一项主要内容是对商品实行政府专卖，就是由政府拨出专款，设立“市易务”，事先调查各种商品的一般市场价格，再于物价低时适当增价买进，以此保护中小商人的利益；物价高时适当损价卖出，以此保护百姓的利益。其目的有三：一、平抑物价、稳定市场；二、打击富商的垄断经营；三、增加政府的财政收入。

这项新法的出发点固然很好，可政府代民为商，直接介入市场贸易，就等于是赤裸裸地“与民争利”，因而必然招致旧党的诟病和责难。帝国元老文彦博就攻击该法是“官作贾区，公取牙利”“斯乃垄断之事”“有伤国体”等，并宣称其时的华山之崩就是因为此法违背天意而导致的，他说：“岂有堂堂大国，皇皇求利，而天意有不示警者乎？”除了名分问题，此法在具体执行中所碰到的技术问题和人事问题比起其他新法也有过之而无不及。首先，各种商品买卖的价格标准如何确定？其次，如何准确把握市场需求？如何及时购进紧俏商品、避免购进滞销商品？最后，如何防止主事官吏从中营私舞弊？

再者，“市易法”的另一项内容是向中小工商户提供年息百分之二十的贷款。虽然政府规定贷款人须以实物抵押和多人担保，但事实上还是有许多官吏违法放贷，如有人“抵产只及一千贯，则与吏胥、邻保计会，估为二千贯”；有的官吏则把贷款发放给自己的亲戚族人，在账籍上不登记借贷人姓名；有的官吏则加息放贷或强制放贷；等等。因而执行数年后便不可避免地造成了大量呆账坏账。

到后来，“市易法”不但扰乱了正常的市场秩序，而且成为官员腐败的温床，并且为政府财政造成了相当程度的损失。

如果说“市易法”引起的流弊尚未对通盘改革造成威胁，那么熙宁六年（公元 1073 年）八月与此法配套的“免行钱”的施行，则直接导致了帝国高层的政治冲突，并且最终成为王安石罢相的导火线。所谓“免行钱”，就是免除京城各商行为官府和宫廷无偿提供的实物和人工，代之以缴纳商业税，亦即根据各自利润的高低向政府缴纳相应的税款。此举的本意也和“免役钱”类似，就是让国家借此获得一项相对集中而完整的税收收入。

然而，正像“青苗法”损害了地主阶层的利益、“免役法”损害了官僚阶层的利益、“市易法”损害了大商人的利益一样，“免行钱”的施行则严重损害了包括京师各级官员、皇亲国戚和宦官们在内的帝国最上层人们的利益。因为这些人历来都是通过对京城各商行的采办和征收而获取各种利益的，其手段有盘剥、索贿、贪污、参与垄断经营等各种形式，而今由中央政府统一征税，等于彻底断送了他们的财源，当然会引发种种歇斯底里的反抗。

正当各种反对言论甚嚣尘上之际，天公又不作美，自熙宁六年七月到熙宁七年（公元 1074 年）的四月间，京畿一带滴雨未落、旱情严重。这种天怒人怨的局面不能不让神宗皇帝感到忧心忡忡。他终日长吁短叹，忍不住向王安石吐露了罢废新法的打算。王安石连忙说：“水旱常数，尧、汤不免。今旱虽久，但当修人事以应之。”

皇帝说：“朕所以恐惧者，正为人事之未修耳。今取免行钱太重，人情咨怨，自近臣以至后族，无不言其害者。两宫乃至泣下，忧京师乱起。”

此刻的王安石一定产生了某种不祥的预感。对于来自两宫皇太后的压力，他不得不和神宗皇帝一样感到了深切的无奈。

几天前皇太后当着皇帝的面哭着说："安石乱天下，奈何？"而太皇太后更是直截了当地说："祖宗法度，不宜轻改，吾闻民甚苦青苗、助役，宜罢之。"皇帝不甘心就此失败，力争说："此所以利民，非苦之也。"太皇太后干脆把话挑明了，说："王安石诚有才学，然怨之者甚众，欲保全之，不若暂出之于外。"

不久一个叫郑侠的小吏又绘制了一张《流民图》秘呈皇帝，并且在奏书中称："去年大蝗，秋冬亢旱，麦苗焦枯，五种不入，群情惧死……愿陛下开仓廪，赈贫乏，取有司掊克不道之政，一切罢去，冀下召和气，上应天心，延万姓垂死之命……陛下观臣之图，行臣之言，十日不雨，即乞斩臣宣德门外，以正欺君之罪！"

皇帝阅毕，惶悚不安，彻夜未眠，终于在四月初六这一天下诏罢废了青苗、免役、方田、保甲等八法。据说诏书一下，"民间欢叫相贺"，而让人匪夷所思的是，整整憋了将近十个月都坚持不落的雨，居然就在这一天哗哗啦啦地倾盆而下。

或许就是这场雨，最终浇灭了王安石心中灼灼燃烧的理想和激情。

除了黯然离去，他还能做什么呢？

与此同时，变法派大臣吕惠卿和邓绾正在皇帝面前痛哭流涕，他们说："陛下数年以来，忘寝与食，成此美政，天下方被其赐，一旦用狂夫之言，罢废殆尽，岂不惜哉？"本来就不甘心失败的神宗皇帝借机再度下诏，除方田法外，其余新法一切如故。

然而，新法可以续行，皇帝和王安石却无力违抗太皇太后的懿旨。

该怎么做，君臣之间都心中有数。

担任钱塘县尉数年之后，我升迁为舒州（今安徽潜山）推官。巧的是，年轻时代的王安石也曾经在这个地方当过通判。我凝望着这片曾经孕育出一位宰相的青山秀水，心里想着，若干年后，我蔡京能不能成为从这里走出去的第二个宰相？

熙宁七年（公元1074年），变法遭遇短暂的挫折后依然在进行，但我很快就听到了一则预料之中的消息——王安石迫于朝野压力辞去宰相职务，出知江宁府（今江苏南京）。神宗皇帝以韩绛继任首席宰相，又命吕惠卿为参知政事，作为副相辅佐韩绛继续推行新法。韩、吕二人是王安石的左膀右臂，时人称韩绛为"传法沙门”，称吕惠卿为“护法善神”。

虽然表面看来王安石的离职并未使改革进程就此中断，但是来自反对派和帝国上下各个阶层的阻力和打击已使得改革派元气大伤而且步履维艰。不过这还不是最致命的。如果改革派能够自始至终上下一心、求同存异，那变法大业也并非断不可为。真正的问题其实不在外部，而是来自改革阵营的内部分裂。换句话说，无论这些改革者内心奉行着多么超迈的处世原则和政治理念，可他们首先都是人——从政之人。而这样的前提就决定了他们之间也会有意气之争，也会有私人恩怨，也会看风使舵而且嫉贤妒能。为了党派利益，他们要与反对派展开激烈的政治斗争；而为了个人利益，他们也会在自己人之间进行无情的权力角逐。

这就是政治。

在权力斗争的法则面前，到最后真正在对垒的往往不是“我们”和“他们”，而是“我”——以及“我”之外的所有的“他们”。

改革派的领袖人物主要有这么几位：王安石、韩绛、吕惠卿、曾布、吕嘉问等人。在变法大潮初起而且进展相对顺利的时候，这些人尚能保持坚定立场和一定程度上的团结合作。可到了熙宁七年三四月间，也就是“市易法”和“免行钱”遭到疯狂围攻、改革陷入泥潭的时候，曾布意识到神宗皇帝迫于种种压力已经产生了动摇，于是率先倒戈，联合市易的倡议者魏继宗对“市易法”和“免行法”展开攻击，矛头直指负责市易务的吕嘉问，同时参劾吕惠卿。曾布在向神宗汇报这两项新法引起的问题时，竟然说“历观秦、汉以来衰乱之世，恐未之有也”，说他“召问行人，往往涕咽”，而且认为皇帝“垂意于此”，才“足以致雨”。

然而，曾布的急于自保和见风使舵并没有让他达到邀宠固权的目的，反而和吕嘉问一起被皇帝各打五十大板，双双被罢黜。曾布的错误就在于他只看见了皇帝表面上的动摇，而没有看见皇帝内心深处对变法仍然抱有希望。他的做法不但导致自己和吕嘉问两败俱伤，而且又从内部对改革派造成了重大打击，实在是自毁长城的愚蠢之举。可相对于其后接踵而至并且愈演愈烈的权力斗争来说，曾布的所作所为只能算是一段小小的序曲。

王安石罢相之后，坐上改革派头把交椅的韩绛由于能力有限而基本上无所建树，反而让第二号人物吕惠卿处处抢了风头。吕惠卿比王安石小十一岁，此人既有学术水平，又有很强的实际操作能力，在改革派中属于年富力强才干突出的中坚分子，一直受到皇帝的赏识和王安石的器重，因而在政坛上平步青云。王安石在朝的时候，恃才傲物的吕惠卿尽管与王安石时有抵牾，但还是不敢锋芒尽露；王安石一去，吕惠卿的勃勃野心立刻暴露无遗。他上任参知政事不久，便促使皇帝颁布了由他亲创的“手实法”，其目的是清查百姓家产，防止民众为了少交“免役钱”而隐瞒财产。据说此法一行，“民家尺椽寸土，检括无遗，至鸡豚亦遍抄之”“民由是益困”。连罢知江宁的王安石也忍不住提出了不同看法。可吕惠卿依然我行我素。

熙宁八年（公元1075年）正月，吕惠卿更是以强硬手段把郑侠、冯京和王安国（安石弟，反对变法）一起排挤出了朝廷。表面上看，吕惠卿此举似乎是出于公心，目的好像是为变法扫清障碍，但我们稍加分析便可以看出，事实上他是在利用职权挟隙报复，并进而树立自己的权威。

在吕惠卿上台不久，那个以《流民图》而上达天听、一举成名的郑侠，再次向皇帝呈上五千言的奏疏，取唐朝的魏徵、姚崇、宋璟的传记为一卷，又取李林甫、卢杞的传记为一卷，题为《正直君子邪曲小人事业图》。该疏“极陈时政得失、民间疾苦”，并声称“安石为惠卿所误至此，今复相扳援以遂前非，不复为宗社计。昔唐天宝之乱，国忠已诛，贵妃未戮，人以为贼本尚在。今日之事，何以异此”。此奏疏不但公开对吕惠卿进行攻击，而且建议皇帝罢黜吕惠卿，让冯京取而代之。此举令吕惠卿勃然大怒。而冯京素来反对变法，如今与吕惠卿同朝当政，自然处处政见不合。所以吕惠卿便对郑、冯二人产生了强烈憎恨。

而王安石的弟弟王安国与吕惠卿之间的嫌隙更是由来已久。吕惠卿当年为了个人的政治前途而投身变法，极力攀附王安石，事其如父。王安国对此深怀反感，称其为“佞人”，并经常当面给他难堪。吕惠卿当时便已怀恨在心。而巧合的是，王安国与郑侠又是好友。所以吕惠卿就决计将郑、冯、王三人一网打尽，于是授意御史发起弹劾，称郑侠的上书献图等举动都是冯京和王安国在背后唆使的，是蓄意诽谤朝政、攻击新法；同时又授意邓绾等人出面做证，称王安国事先曾看过郑侠的奏疏，而且大加赞赏，可见这一切早有预谋。

神宗皇帝虽然对此案半信半疑，可为了变法大业的继续开展，不得不听信吕惠卿之言，把郑侠、冯京和王安国三人都贬出了朝廷。

对于吕惠卿的种种独断专行之举，一直被架空的首席宰相韩绛终于忍无可忍，遂秘密奏请皇帝让王安石复相、重执朝柄。

如果说神宗皇帝此前一直善意地把吕惠卿的一系列做法理解为居于公心和对变法的热情，可在韩绛的提醒之下，皇帝也不免对吕惠卿的人品和用心产生了怀疑。

到底要继续任用吕惠卿，还是要重新召回王安石？矛盾中的皇帝忽然回想起去年冬至发生的一件事。当时朝廷依例举行天地宗庙的祭祀，事后吕惠卿以漫不经心的口吻对他说了一句话。吕惠卿说，应该趁郊祀大赦之际，让王安石出任地方节度使，以示皇恩。皇帝当时一听就觉得很奇怪："安石去不以罪，何故用赦复官？"吕惠卿无言以对，一脸尴尬。

此刻的皇帝猛然醒悟。

吕惠卿之所以会说出那句不合常理的话，此后又有一系列打击异己的做法，其目的都是为了巩固个人权力。而他尤其忌讳的就是王安石——他希望朝廷以节度使之职把王安石永远钉在地方上，彻底杜绝王安石复相回朝的可能，从而实现他个人的权力野心。

三

熙宁八年（公元 1075 年）二月十一，神宗皇帝恢复了王安石的宰相之职，让他再度入朝主持变法。历时十个月后，王安石似乎重新回到了政治舞台的中心，赞同新法的人们感觉自己仿佛已经看到了变法运动的第二次高潮。

然而，一切都已非同往日。

改革派内部出现的严重分裂已经无法弥补，权力斗争有愈演愈烈之势，吕、王二人的关系也已从并肩战斗的亲密战友一变而为不共戴天的政敌；而且王安石本人此番回朝之后的斗志和锐气似乎也大不如前。此外，各种反对势力对新法的攻击依然有增无减；而神宗皇帝对待王安石的态度也已产生了某种微妙而重大的转变，并且逐渐把改革的态势从激进调整为温和甚至是趋于保守。

基本上可以说，熙宁三年与熙宁八年是王安石的冰火两重天。

尽管同样是担任宰相。

事后来看，王安石二次为相的短短一年多时间，仅仅是他辉煌仕途终结之前的一次回光返照。

王安石归来之后，如同预料的那样，吕惠卿开始与他展开了明争暗斗。先是在六月，皇帝加封王安石为门下侍郎、吕惠卿为给事中、王安石的儿子王雱为龙图阁直学士。王雱为了表示谦退，表面上作了推辞。没想到吕惠卿竟然劝皇帝答应王雱的辞职请求。此举顿时让王、吕二人的关系雪上加霜。

此次回朝王安石或许已经为改革派内部必将爆发的政治斗争做好了思想准备，可让他万万想不到的是，此番重新执政后处处与他意见相左的人竟然是他的最后一个战友韩绛，而不是他预料中的对手吕惠卿。到了八月，韩绛居然因一件芝麻绿豆大的小事和他翻了脸，并且闹到了天子面前。神宗皇帝诧异地看着这两个曾经亲密无间的政治搭档，说："此小事，何必尔？"

没想到韩绛竟硬生生顶了一句："小事尚不伸，况大事乎？！"

几天后韩绛便愤然请辞，挂冠而去。

这件事情肯定给了王安石不小的打击。短短一年多来，原本坚如磐石的改革阵营如今竟然因内讧不断而分崩离析，到头来就剩下他和已然反目成仇的吕惠卿在主持大局。在此情况下，还有谁能把心思真正放在变法上呢？纵使有心，可政见和政令又如何统一呢？

也许正是意识到当下的这种困境，致使王安石显得有些心灰意懒。而吕惠卿正好抓住把柄，来了个欲擒故纵、以退为进，找了个借口一日数次上表请辞。皇帝不得不召他入对，问："无事而数求去，何也？难道是与安石在用人之议上意见不合？"

吕惠卿说："用人之议与臣去留无关。此前安石为陛下建立庶政，而今千里复来，竟一切托疾、无所事事，与昔日异，不知欲将大业付与何人？"

神宗说："安石何以至此？"

吕惠卿终于等到了天子的这句话，于是说："安石不安其位，盖亦缘臣在此。

不若逐臣使去，一听安石，天下之治可成！”

神宗最后还是否决了吕惠卿的辞职请求。正当吕惠卿自以为得计，庆幸自己用巧妙的方式摆了王安石一道的时候，王雱却对他展开了一次致命的反击。

参与其事者是时任御史中丞的邓绾。此人也是一个典型的趋炎附势、见风使舵的政客。早在熙宁三年（公元1070年），他还是一个小小的宁州（今甘肃宁县）通判之时，就上书神宗极力歌颂变法，引起了皇帝和王安石的注意，此后又主动向王安石伸手要官，遂被调入朝中委以重任。时人不齿，对他冷嘲热讽，他却说：“笑骂从汝，好官须我为之！”

这种人事实上就是把改革当成了一次绝佳的政治投机。然而王安石为了急于取得改革成效，遂破格擢用了一大批这样的政治投机分子。这也是导致变法最终失败的原因之一。邓绾随后在朝中青云直上，至王安石罢相后，转而投靠吕惠卿。不久王安石又复相，邓绾立刻不失时机地倒向了王安石。为了向王安石献媚，他处心积虑地搜罗了吕惠卿和弟弟吕升卿挪用公款私置田产的犯罪证据，在王雱的授意下发起弹劾，旋即立案审查。

审查结果，证据确凿，犯罪事实俱在。虽说吕惠卿不见得亲自参与其事，但他身为宰执大臣，其责任无论如何都推卸不掉。这年十月，吕惠卿被罢黜，出知陈州（今河南淮阳）。

至此，新党高层内部的政治斗争终于尘埃落定。

所有人都走了。不管是曾经的战友，还是后来的敌人。

王安石像一面孤独的旗帜兀立在帝国的绝顶之上。

他是这场政治博弈最终的胜利者。可这是一种亲者痛之、仇者快之的胜利，这是一种比失败更让他难以承受的胜利。

接下去的改革该往哪个方向走？

此刻的王安石也许和别人一样感到四顾茫然。

熙宁九年（公元1076年），王安石在无奈而悲凉的心境中迎来了他政治生涯的最后一年，也迎来了他生命中最黑暗的一段时光。这一年的王安石大多数时候意志消沉，基本上听任改革车轮自然运转，没有采取任何主动性的举措。

经历了这么多年的官场斗争和宦海沉浮，王安石或许认为自己的意志已经足够坚强，可韩绛和吕惠卿最终的离去和反目还是对他的心灵造成了重创。熙宁九年的王安石也许经常会被这样一个问题困扰——为什么天下人到头来都会变成他的敌人，即便是最亲密的战友也未能幸免？

最终还是他的儿子王雱一语道破了个中奥秘。

王雱说："公不忍人，人将如何忍公？！"

那一刻的王安石默然不语。

水至清则无鱼，人至察则无徒。满腹经纶、智慧过人的王安石不可能不知道这一点。其实王安石比任何人都清楚，这么多年来他之所以到处树敌的主要原因之一，就是他那狷介孤傲、操切执拗的性格。可就算从一开始就认识到这一点，这一切就可以避免吗？

无论如何，熙宁九年的王安石已经没有机会从头再来了。政治同盟的崩溃瓦解使他变得心灰意懒，而神宗皇帝曾经对他的期许和信任在这一年里也迅速淡化，君臣之间的默契不复存在，皇帝再也不像从前那样对他言听计从了。以至于王安石忍不住对身边的人感叹道："只从得五分时，也得也！"就算只听从我的一半建议也好啊！

就在王安石萎靡不振、情绪极度低落的时候，更为重大的精神打击接踵而来。这一年六月，儿子王雱一病而亡，年仅三十三岁。王安石彻底坠入绝望的深渊。他意识到自己再也无力承担肩上的使命，遂不断上表请辞。熙宁九年（公元1076年）十月，王安石二次罢相，复知江宁。

一代权相就这样在冬日的萧瑟中黯然走上苍凉的归途。

第二年六月，王安石又辞去江宁府的职务，隐居于金陵城外蒋山之麓的"半山园"，安安静静地度过了他生命中的最后十年。

时隔多年之后，我一直在揣想王安石最后十年的心境。

当一切喧哗与骚动都归于沉寂，当一切辉煌与困厄都悄然远去，这个曾经叱咤风云的帝国大佬，这个曾经傲视群伦胸怀天下的理想主义者——都在想些什么呢？

我相信，到最后的时刻，王安石肯定比任何人都更加清楚，熙宁年间这场轰轰烈烈的改革基本上是归于失败了。当然，王安石一定看淡了所有的得失荣辱，可他也一定在苦苦追问失败的原因。我相信很多原因他都可以归结出来，诸如性格因素、人事纠葛、利害关系等。可他一旦越过这些纷繁的表象深入问题的核心，他一定可以发现一个最根本的症结——那就是理想和现实的矛盾。

我想这应该是王安石终其一生都无法释怀的问题。对于理想主义者来说，现实必定是需要改造的，所以这个世界不能没有理想。可为什么古往今来，不止一个王安石作出了努力，他们那种匡扶社稷拯济苍生的宏大理想却始终不能在这片土地上实现呢？

圣人说，明知不可为而为之。

一切理想主义者到头来除了用这句话安慰自己，还能有什么更好的办法让自己免于绝望吗？也许九百多年后的你们比我们进步，也比我们聪明，能找到一种比王安石更为切实可行的理想，也能找到一条比王安石更好的实现理想的道路。对此我并不怀疑。当然，前提条件是——你们那个时代还有货真价实的理想主义者……

又扯远了。我很抱歉。还是回头说说我自己吧。

王安石二次罢相的那一年，我还只是一个普通的基层官吏，所以我不可能体会到王安石那种深刻的精神困境，但是命运多蹇的改革本身和那些理想主义者最终的蜕变和下场足以告诉我——只有现实主义者才能更好地在这个世界上生存。而且我还有一个发现，这个世界上绝大多数人骨子里头都是现实主义者。理想主义在他们那里要么是别有用心的伪装，要么是一种投机手段，要么就是他们年轻时代的自然产物——年轻人通常会对自己和世界抱有一些美妙的期待和幻想，但是到了一定时刻，他们身上绚丽多彩的理想主义光影就会悄然褪去，露出灰暗而沉重的现实主义本面。

当然，每个人的价值观和人生选择都不一样。无论到任何时候，这个世界都仍然会有七十岁或八十岁的理想主义者。可当我耳闻目睹了熙宁年间那么多官场人事之后，我就告诉自己，那绝对不是我的选择。

四

上苍是公平的，当它用残酷的现实击碎了你的理想，它就会给你一副成熟的性格；当它用无情的真相剥夺了你的激情，它就会给你一个冷静的大脑。

当历史进入元丰元年（公元 1078 年），我表面上还是一个不折不扣的新党。

但一切早已发生实质性的变化。

因为过去的我是为了理想而选择新党，现在的我则是为了利益而留在新党。

二者相去不啻霄壤。

我不知道别人的从政之道是什么，但是元丰年间的我已经学会了官场斗争的法则。我已经知道，真正的从政之道并不是让你怀抱个人理想去向整个世界宣战。

即便那些改革派大佬经过激烈斗争后相继离去，新党在元丰时代的北宋政坛上仍然是一种强势存在；尽管锐意进取的神宗皇帝已经使改革趋于守成，一些保守派也回到了朝廷，但是像王珪、章惇、蔡确等新党人物依然盘踞在帝国高层。这一切足以表明，只要神宗皇帝在位一天，帝国政坛的天平就会始终朝新党倾斜。旧党的存在至多只是起到一种制衡作用而已。

在此情况下，我当然没有理由不留在这个强势的政治队列里。尽管我对所谓的变法和改革早已不抱任何幻想。

正是基于这种精明的站队艺术，才使我在抛弃理想的同时没有意气用事地抛弃新党。我的仕途也因此而一帆风顺。元丰时代的八年间，我不断获得升迁，很快就进入朝中担任起居郎，几年后又继我弟弟蔡卞之后升为中书舍人。

兄弟同掌中书，在元丰时代的北宋政坛传为一时佳话。

进入朝廷后，我极力依附时任宰相的新党人物蔡确，从而在元丰时代的最后几年里攀上了一生仕途的第一座高峰——龙图阁侍制、知开封府。

尽管品秩不是很高，却是京畿的行政首长，握有实权。

我为自己得以领悟政治这门艺术的精髓而沾沾自喜。

我因自己将理论与实践结合得如此完美而得意非凡。

然而，世事难料。没过多久，诡谲多变的政治就用无情的现实再一次教育了我——

政治这门艺术绝非如此简单。

元丰七年（公元 1084 年）秋天，原本静如止水的帝国政坛忽然间波澜乍起。

因为神宗皇帝病了。而且病得不轻。

让所有大臣都感到惶惶不安的原因还不止是天子的病情。另一个让人神经高度紧张的因素是帝国还没有储君。

这是一个山雨欲来风满楼的时刻，也是一个危险和机会并存的时刻。

天子自知不久于人世，遂对宰辅们说："来春建储，其以司马光、吕公著为师保。"王珪与蔡确闻言，不禁面面相觑。他们二人皆为新党，而司马光与吕公著则是旧党的代表人物。天子的意思显然是要复用旧党辅佐新君。这对他们而言实在是个危险的信号。一旦居中调停的神宗驾崩，旧党重新得势，天知道新党会落得怎样的下场。王珪与蔡确不得不未雨绸缪，开始紧张地思考对策。

要确保自己在新朝廷中的政治地位，一个最直接最有力的办法就是拥立新君。也就是所谓的"定策之功"。王珪和蔡确不约而同地想到了这点。可令人遗憾的是，作为新党的领袖人物，两个人在关键时刻却同床异梦，分别把宝押在了不同的地方。王珪选择了神宗的第六子（前五子皆早夭）、年仅九岁的延安郡王赵傭；而蔡确则在其幕僚、职方员外郎邢恕的影响下把目光转向了神宗的两个弟弟雍王赵颢和曹王赵頵。

可以想见，在预想中的新旧党争来临之前，新党领袖王珪和蔡确之间就势必提前爆发一场斗争。

这一幕其实并不陌生，早在熙宁年间，那些德高望重的改革派元老就已经这么干过了。

元丰八年（公元 1085 年）二月，神宗皇帝日渐病入膏肓。王珪迫不及待地建议天子立延安郡王为储君。可病榻上的天子似乎还存有一丝病愈的幻想。王珪一连三次上奏，天子每次都是微微颔首，却并不下诏。

与此同时，蔡确和邢恕也紧张地展开了立储行动。事前蔡确就交代邢恕，欲立雍、曹二王，须有皇太后点头方才可行。邢恕自认为与太后的侄儿高公绘兄弟私交甚笃，遂自告奋勇前去游说。没想到邢恕刚一开口高公绘便大惊失色，连声说：“这是何言？君难道欲贻祸我家吗？”

邢恕碰了一鼻子灰，回头与蔡确商议之后，决定放弃雍、曹二王，转而拥立延安郡王。但此事已被王珪抢了先机，邢恕又生一计，让蔡确以公开发起人的身份率群臣去见天子，借问疾之名敦促神宗册立延安郡王为太子，顺水推舟抢一份头功，同时散布谣言，称王珪有拥立雍王的阴谋，把屎盆子转而扣在他头上。计划一定，邢恕便四处扬言，说雍王赵颢有觊觎皇位之心，而首席宰相王珪与内廷之人相互勾结，一直在怂恿太后舍延安郡王而立雍王。

其后蔡确便依计相约另一宰执章惇，准备即日率大臣一同入宫，拥立延安郡王。随后蔡确又找到了我，让我在他们入宫时率领开封府的卫士在外廷策应。蔡确最后说的一句话是：“大臣共议建储，若有异议者，当以壮士入斩之！”我知道他所指的“异议者”就是王珪。

我当时一听就摆出一副忠贞不渝的样子，表示坚决愿意效死。可我心里很轻松，远远没有我脸上写的那么悲壮。因为我知道这是一场绝对不可能流血的拥立行动。道理很简单。天子原本就已属意延安郡王，而王珪也一直在拥立延安郡王，他蔡确现在又要拥立延安郡王，在此情况下，新天子的人选还有悬念吗？

当然没有。蔡确之所以如此虚张声势，目的只不过为了制造一个假象，让不知情的人们误以为王珪是想拥立雍王，而他蔡确则是冒着动刀子的危险排除万难制服王珪，最终才把九岁的幼主拥上皇位的，这样的人难道不是新朝首屈一指的大功臣？

蔡确的小九九无非如此而已。

既然如此，我当然乐得搭这趟顺风车。权当是在我的开封府搞一次小小的防暴演习吧。于是这一天我依计集合了开封府的一帮卫士，让他们全副武装随时待命，然后我就坐在开封府的大堂上等待蔡确胜利的消息。

这一天蔡确和章惇浩浩荡荡率领三省和枢密院的大臣们入宫问疾，可他不急于提出建储之事，而是等众人退至枢密院南厅议事时，才在众大臣面前作秀，和章惇一起声色俱厉地恐吓王珪，说要是敢对拥立延安郡王之事有任何异议，随时让他脑袋落地。此举把王珪搞得百口莫辩、哭笑不得，只好连声称是。许久王珪才不服气地嘟囔了一句："上自有子，复何异？"意思是延安郡王是当然的储君，没必要画蛇添足。此言一出，蔡确和章惇立刻气得吹胡子瞪眼。旋即二人再度入奏，弥留中的天子终于颁下口谕。二人出殿时，恰巧遇见雍王赵颢。章惇故意大声对他说了一句话，以再次向人们强调他和蔡确的定策之功。章惇说："已得旨，立延安郡王为皇太子。奈何！"雍王赶紧找了一句最保险的话说："天下幸甚！"

元丰八年（公元1085年）三月初五，年仅三十八岁的神宗皇帝带着他未尽的中兴梦想溘然离世。已改名为赵煦的太子即位，是为哲宗，时年九岁，由祖母宣仁太后临朝听政。

一个曾经波澜壮阔的旧时代落下了帷幕。

帝国政坛等待着一轮新的洗牌。无论新党旧党，也无论在朝在野，每一个和政治有瓜葛的人都在紧张地眺望着这个新时代的黎明，一如眺望自己未来的政治命运。

五

三月底的一天，罢居洛阳达十五年之久的司马光忽然回京奔丧。他刚刚进入汴梁，守城士兵就额手相庆，大声说："司马相公来了！"随后百姓们便把他团团围住，纷纷说："公不要回洛阳了，留下来当宰相辅佐天子，让百姓过几天好日子！"

汴京城门发生的这一幕让我一下子就看清了未来的政局。

我知道，司马光重执朝柄的日子屈指可数了。无论是深宫中那个老妇人的心中所想，还是民间的舆论和期待，都可以让人对这个新时代的基调一目了然。那一天我对自己说：改革已经成为往事了。我接下来要做的，就是跟新党挥手道别，然后成为一个紧密围绕在司马光周围的人。

随后的日子里，宣仁太后开始逐步罢废新法，并着手对政坛进行洗牌。四月，以资政殿大学士吕公著兼任侍读，以资政殿学士司马光知陈州（今河南淮阳）；

五月初，恢复苏轼的朝奉郎之职，知登州（今山东蓬莱），以程颢为宗正寺丞。同月，实质上已被架空的首席宰相王珪一病而亡，蔡确继任首席之职。但明眼人都知道，这只是名义上的安排而已，他罢官的日子不远了。因为一个明显的信号是，司马光已经在同一天入朝担任门下侍郎，几乎是以闪电速度进入了宰执行列。

此前司马光为了试探太后的决心，数度上表请辞。宣仁太后不得不语重心长地对他说："先帝新弃天下，天子幼冲，此何时，而君辞位邪？"一片殷切之情溢于言表。

先帝尸骨未寒，朝廷便即刻罢废新法，改革派颇有怨言，以"三年无改于父之道"为由提出了反对。司马光慷慨陈词："先帝之法，其善者虽百世不可变也。若王安石、吕惠卿等所建，为天下害，非先帝本意者，改之当如救焚拯溺，犹恐不及……况太皇太后以母改子，非子改父也！"

这一年十月末，多名御史开始接二连三地上疏弹劾蔡确，理由是他在神宗的丧仪上轻慢废礼，有不恭之心。十二月，又有朝臣向太后揭露蔡确、章惇与邢恕在所谓"定策之功"中的阴谋，称其曾放言诬罔太后。几天后，旧党嫌这种侧面攻击力度太弱，遂由御史刘挚出面，说出了他们真正想说的话。刘挚称："蔡确与章惇固结朋党，自陛下进用司马光、吕公著以来，意不以为便，故蔡确内则阳为和同，而阴使章惇外肆强悍，陵侮沮害。中外以为确与惇不罢，则善良无由自立，天下终不得被仁厚之泽。"

至此，我知道新党全军覆没的命运已经无法避免了。

我摸着自己头上这顶开封知府的乌纱帽，不禁有些黯然神伤。

还有没有机会让我挽救自己岌岌可危的仕途？

第二年，也就是元祐元年（公元 1086 年）二月，我在惶惶不安中终于盼来了一根救命稻草。司马光奏请太后，以五日为限罢废"免役法"、全面恢复"差役法"。诏命一下，其他州府的官员都叫苦连天，称五日期限太短，无论如何难以完成。唯独我接到诏命的时候心中窃喜。

短短五天内我就在辖下的两个县城整整征集了一千多名差役，如期完成任务，令所有同僚瞠目结舌。我亲自去拜见司马光，向他报功。司马光大喜过望，不住地夸奖我说："倘若人人都像你这样，何必担心法令不行啊！"

那一刻我长长地松了一口气。

能得到司马光的褒奖和赏识，我就能在新朝中确保自己的地位。

这一年闰二月，该发生的事情终于发生了。蔡确在旧党的猛烈攻击下丢掉了宰相之职。同月，司马光出任尚书左仆射兼门下侍郎，不出所料地成为新朝廷的首席宰相。在随后的日子里，司马光迫不及待地把熙宁和元丰年间的一切新法罢废殆尽。史称"元祐更化"。然而，司马光这种过于操切的做法却引起了其他旧党人物的反对。苏轼、苏辙、吕公著、范纯仁等人都提出了不同意见，认为旧法并非尽善尽美，而新法也并非一无是处，不宜骤然更张，尽废新法，而且告诫他应"虚心以延众论，不必谋自己出"，也就是劝他不能刚愎自用，独断专行。可司马光却对众人的建议置若罔闻，依然一意孤行。

同月，新党的另一个大佬、时任知枢密院事的章惇亦被罢职。

至此，洗牌行动基本上宣告结束。朝廷的所有重要职位全部被旧党所占据。

我暗自庆幸自己终于躲过了一劫。

可是，人算不如天算。这一年九月，雄心勃勃准备大干一番事业的司马光，仅仅当了七个月的宰相便一病而亡。

这对我来讲绝对是个不祥之兆。

果不其然，不久后旧党的御史们便对我发起了攻讦，说我"挟邪坏法"。他们之所以给我安这么一个罪名，主要是因为我在某种程度上参与了蔡确等人的"定策之谋"。

其实这时候说我什么都已经不重要了。

道理很简单——覆巢之下，焉有完卵？新党都倒了，唯一对我抱有好感的旧党领袖司马光也死了，我凭什么在朝中待下去？

我旋即被罢免，出知成德军。

自此，我从仕途的第一个高峰上跌落，开始步入一个漫长的低谷。整个元祐年间，我都在帝国的四面八方漂流辗转。先是改知瀛州（今河北河间），不久又徙成都。其后谏官范祖禹又继续落井下石，上疏弹劾，说我这个人"绝不可用"。于是我又接连被贬为江、淮、荆、浙发运使，然后又出知扬州，再知郓州（今山东东平）、永兴军，于元祐末年才又回到成都任上。

在元祐时代的九个年头里，我一直在思考一个问题：我落败的原因是什么？

表面上看，是一系列瞬息万变的外在原因导致了我的失败。比如神宗皇帝的英年早逝，致使政局为之一变；比如蔡确贪图“定策之功”，又把我拉下水，予人攻击新党的口实；又比如我好不容易取得了司马光的信任，可这把保护伞又倒得太早；等等。也就是说，这些事情的发生都不是我的意志能够转移的，因此我的失败并非自身的主观原因所导致。

然而，答案果真如此吗？

不。我觉得寻找客观原因是没有用的，我必须追究自己身上的问题。

后来我就发现——问题出在我的政治思维上。

虽然我在熙宁年间已经抛弃了纯真的理想，领悟到政治就是一门艺术——站队的艺术，可这种领悟还是太过于幼稚肤浅。因为我没有考虑到一旦新党失势我自己也在劫难逃；我没有考虑到这种从一而终的站队思维等于是把自己的命运交到了别人手上——成败都取决于别人或运气，而不取决于我自己。

通过九年的反复思考，我最终得出的结论是：政治不应该仅仅是站队的艺术。

这种思维充其量只是入门的水平。政治应该还有更深邃的内涵。

可让我百思不得其解的是：这种内涵是什么？

换句话说，政治应该是一门什么样的艺术？

六

元祐八年（公元 1093 年）九月初三，宣仁太后崩逝，年已十七岁的哲宗皇帝亲政。

帝国重新站在了一个十字路口上。

又一个风云变幻的时刻即将到来。被打压了整整八年的新党人物纷纷把企盼的目光从四面八方抛向汴梁，而高居庙堂的旧党诸人看着血气方刚的年轻天子，仿佛又看见了昔日的神宗皇帝。他们不约而同地产生了一种不祥的预感。第一个让他们感到危险临近的信号是在九月末，朝廷罢免了苏轼的端明殿学士兼礼部尚书之职，让他出知定州（今河北定州）。此举让旧党们再也按捺不住恐惧之情。十月，中书舍人吕陶、翰林学士范祖禹、右司谏吕希哲（吕公著之子）等人纷纷上疏，试图把天子的思想继续锁定在"元祐更化"的框架之内，以避免厄运的降临。其中以范祖禹的奏疏言辞最为剀切：

陛下方总揽庶政，延见群臣，此乃国家兴替之本，社稷安危之基，天下治乱之端，生民休戚之始，君子小人进退消长之际，天命人心去就离合之时也……必将有以改先帝之政、逐先帝之臣为太皇太后过者，此离间之言，不可不察也……今陛下亲万机，小人必欲有所动摇，而怀利者亦皆观望。臣愿陛下上念祖宗之艰难，先太皇太后之勤劳，痛心疾首，以听用小人为刻骨之戒，守元祐之政，当坚如金石，重如山岳，使中外一心，归于至正，则天下幸甚！

范祖禹之疏文采斐然、掷地有声，致使苏辙阅后不禁发出"经世之文"的感叹，立刻毁掉自己已经写就的奏疏，只附名于范祖禹之后。

这些奏疏虽然写得慷慨激昂，但是呈上之后却如泥牛入海，哲宗皇帝一点反应都没有。

在这种微妙的时刻，皇帝的沉默似乎更能表明他绍述神宗的决心已经不可动摇。十一月，哲宗透露了复用章惇为相的想法，范祖禹大惊失色，极力劝谏。可哲宗一言不发，只给了他一个极度不悦的眼神。

一切尽在不言中。

与此同时，数月前已接到罢免诏命的苏轼却迟迟不愿动身，一直盼望能借辞行之机最后对皇帝进行劝谏，可一直等到十二月，天子依然不召他入对。苏轼只好黯然离京，临行前给皇帝上了最后一道语重心长的奏疏：

古之圣人将有为也，必先处晦而观明，处静而观动，则万物之情毕陈于前。陛下圣智绝人，春秋鼎盛，臣愿虚心循理，一切未有所为，默观庶事之利害与群臣之邪正，以三年为期，俟得其实，然后应而作，使既作之后，天下无恨，陛下亦无悔。由此观之，陛下之有为，惟忧太早，不患稍迟，亦已明矣。臣恐急进好利之臣，辄劝陛下轻有改变，故进此说，敢望陛下留神。

可对于一心想追随先帝开创一番事业的哲宗而言，苏轼的谆谆告诫不但毫无作用，而且适得其反。哲宗虽然年轻，可他已经在大权独揽的祖母身边当了八年的傀儡天子，如今一朝亲政，不用说让他再“观望三年”，就算三个月恐怕他都等不了。所以苏轼用心良苦的一番话反而只能激起他的逆反心理，并且促使他加快了罢黜旧党、复用新党的步伐。

次年二月，新党人物李清臣被擢升为中书侍郎，邓温伯被擢升为尚书右丞。绍述神宗的事业开始提上议事日程。三月，我的弟弟、时任陈州知府的蔡卞被复用为中书舍人。同月，旧党的首席宰相吕大防被罢免，出知永兴军；门下侍郎苏辙被罢免，出知汝州（今河南汝州）。四月，另一个新党人物张商英入朝担任右正言，由于贬谪日久，积怨甚深，所以一上任便利用他的谏官职权不遗余力地对元祐诸臣发起攻击，在奏疏中强烈抨击司马光、吕公著、文彦博、刘挚、吕大防、梁焘、范祖禹诸人。同月，新党的领袖人物曾布在江宁知府任上被起用为翰林学士，不久又擢为同知枢密院事。

也是在这一年四月，被贬谪到地方上达九年之久的我也终于随着新党的重新得势而否极泰来，回朝担任代理户部尚书。

我回到汴京数日之后，亦即四月十二日，京师的上空忽然出现“白虹贯日”的壮观景象。新党诸人和哲宗皇帝皆大为感奋，即日将年号改为“绍圣”。

同日，天子下诏以王安石配享神宗庙庭。

绍圣元年（公元 1094 年）四月二十一日，新党的另一领袖人物章惇回朝担任尚书左仆射兼门下侍郎，亦即首席宰相。

一个尽废元祐旧政、绍述神宗大业的时代就此拉开了序幕。

一切就像是一场不可思议的轮回。绕了一大圈，我们的帝国又回到了熙宁时代的原点。

面对如此反复无常的世事，面对如此变幻莫测的政治风云，一个人除了唏嘘感叹之外，是否还应有所顿悟？

我不知道别人怎么看，反正当我在四十七岁这一年千里迢迢地回到汴京、感慨万千地迎来我仕途生涯的第二次辉煌的时候，我隐约感到长期困扰我的那个问题已经有了一个令人满意的答案。

如果这个时候你问我：政治应该是一门什么样的艺术？

我会告诉你：政治应该是一门“变化”的艺术。

从某种意义上讲，它和我所喜好与擅长的书法其实神韵相通。在被贬谪的九年里，我失去了显赫的地位，却意外获得了一份淡定从容的心境。一管狼毫、一张宣纸，就足以让我忘记仕途的沉浮与人间的纷扰。如果说我在书法上的艺术造诣正是得益于这段岁月的沉潜和浸淫，那么我对政治艺术的崭新领悟也应该要归功于这段不可多得的沉思时光。我记得曾经跟你们说过，我一心以为政治就是站队的艺术。这话其实没错，可惜只是入门级的水平。学会站队就跟书法的学会临帖一样，你跟随的是别人的政见和笔意。在进退之际，在起落之间，你都是茫然无助的，说难听点就叫依葫芦画瓢。在这点上，元丰八年那场拥立储君的风波就很能说明问题了。当新党的集团首脑蔡确贪图定策之功的时候，我就要被迫跟在他后面准备跟别人动刀子。其实我当时就觉得他那么做不太高明，可是我没有办法。因为他是老大。

从书法这方面来说，刚学会临帖的人也是这样，往往只懂得谨守法度、依傍门户。可就算你学会了用笔的提、按、顿、挫，用墨的枯、润、浓、淡，笔势的顺、逆、圆、转，节奏的轻、重、快、慢，可对于布局、章法、风格，很可能你还是一团懵懂，更遑论把握其中的气韵、神采、意境。

而从政治这方面来说，你一旦以一种从一而终的思维选择了一个利益集团，就只能跟着它一荣俱荣、一损俱损。我觉得这有点提着脑袋上去押大小的味道，危险系数太高，而且很不合算。道理很简单——脑袋只有一个，万一遇到非常时局，很可能你站错一次队就再也玩不起了。假如当时蔡确的对手是一个强悍角色，说不定在那年的立储风波中我就跟着他蔡确一道玩完了。

所以，无论书法之道还是从政之道，你都必须摆脱一家一派的法度束缚，抛开门户之见，而后才可能进入更高的境界。很多人说我的书法“姿媚”“飘逸”“沉着”“利落”等，他们说的固然都没错，但实在没有说到点子上。我的书法之道如果要用一个字归结起来，那就是——“变”，也就是所谓的“学无常师、法无定法”。我在书法上初师本朝的蔡襄，不久弃之，改学唐代的徐季海、沈传师，后又厌弃，改学初唐的欧阳询，其后又改弦更张，直溯东晋“二王”（王羲之、王献之父子）；如此反复多变，博采众长，最终才自成一体。

书法人人会写，但是要入流、要有品，要企及最高境界，你就必须有属于自己的独到见解和精微领悟。如果你们有兴趣的话，我很愿意就这个话题向你们贡献一点我的独得之秘。

要通过什么途径企及书法艺术的最高境界？

我告诉你们，也是在于这个“变”字，具体言之，就是要取法于千变万化的大自然和世间万物，亦即所谓的“师法造化”。历代书圣无不从此间入、亦无不自此间出。

如“小篆”鼻祖李斯尝言，下笔之前当如“鹰望鹏逝”，落笔之后亦当如“游鱼得水，景山兴云”；王羲之见白鹅游水之姿，悟出“浮鹅钩”的笔势；张旭见公主挑夫争路、公孙大娘舞剑，悟出结构点画的争让穿插关系与用笔的疾徐、节奏；褚遂良见长矛锥锋画入平沙地里，沙形两边凸起，中间凹成一线，遂有“锥画沙”之笔法，使笔锋行于线条之中，不显起笔、止笔之痕迹，而有质感、力感与涩感；怀素观夏云因风变化无常势，悟草书亦当如飞鸟出林、惊蛇入草，遂有“自言转腕无所拘、大笑羲之笔阵图”之语；颜真卿观雨水渗入壁间，凝聚成滴徐徐而下，遂创“屋漏痕”之说，悟出用笔须藏锋而迟涩，因而“雄秀独出、一变古法”……

凡此种种，皆乃从造化之变中汲取灵感的范例。一臻此境，无论短锋长锋、有笔无笔，纵使一枝枯竹、一把笤帚，亦能随心所欲，自由驰骋，尽得书法艺术之妙。

就像我在元祐时代的九年里最终企及了书法艺术的巅峰一样，我通过这九年的反复思考，最后又与绍圣元年的政治变局相互印证，终于领悟到政治艺术的最高境界也是在于“变化”。

归根结底，这不仅是书法艺术和政治艺术的精髓，这同时也是我的一种哲学领悟。小到个体生命，大到整个世界，乃至整个宇宙，“变化”都是永恒的法则。

大化流行，无物常住，万物才得以生生不息。

只有顺应这样的法则，你才能不断地绝处逢生，并且不断获得一个又一个更加崭新更加广阔的舞台和世界。

七

在整个绍圣时代的五年间，朝廷在章惇的主持下对元祐旧臣展开了大规模的政治清洗，先是追夺了司马光、吕公著等人的赠谥，继而又险些将其斫棺暴尸；其后又将吕大防、刘挚、苏辙、梁焘、范纯仁等人一贬再贬，直至流窜岭南。与此同时，我和弟弟蔡卞也当仁不让地加入了绍述神宗新政的行列中。蔡卞升任翰林学士，并以兼知院事和国史院修撰之职负责重修《神宗实录》，将元祐时代被旧党篡改诬毁的部分予以了彻底修正，并促使哲宗以“诞谩不恭”的罪名贬谪了元祐史臣范祖禹、赵彦和黄庭坚。

而我则是把目光着重放在恢复新法上面。当章惇等人准备罢废“差役法”却又久议不决的时候，我对他说：“只是采取熙宁成法施行而已，还讨论什么呢？”最终促使章惇下定决心恢复了“免役法”。就是这件事导致同僚和时人对我腹诽不已。他们说元祐元年司马光罢废此法时我是执行得最卖力的，现在要恢复此法我又是最坚决的，可见这个蔡京是个反复多变的奸诈小人。

由于我的“多变”，不久后我就摘掉了头上那顶令人讨厌的“代理”帽子，转为正式的户部尚书。绍圣二年（公元1095年）七月，我又奏请哲宗“检会熙宁、元丰之青苗条约以示天下”。我之所以如此不遗余力地绍述新法，当然不是说我认为新法一定是利国利民之举，更不说明我对新法还有感情上的认同，而仅仅是因为这么做对我有利罢了。同年十月，我弟弟蔡卞升任尚书右丞；而我则调任翰林学士兼侍读之职，继蔡卞之后负责监修国史。绍圣三年（公元1096年）五月，谏官孙谔上疏哲宗，婉转地批评了“免役法”，我立刻对皇帝说：“谔论役法，欲伸元祐之奸，惑天下之听。”随后孙谔便被罢去左正言之职，出知广德军。我从此越发获得皇帝信任，于是在这一年七月又晋升为翰林学士承旨，有了更多接近天子的机会。我相信，不用多久，我就可以进入宰执的行列。

然而，这个一贯诡谲善变的世界再次跟我开了一个玩笑，也跟我们的帝国开了一个玩笑。短短三年多之后，亦即元符三年（公元1100年）的正月十二，年仅二十四岁的哲宗皇帝突然驾崩，给帝国留下了一个空空荡荡的帝座，也留下了一个叵测的未来。

哲宗唯一的一个皇子早已先他夭折，而国不可一日无君，接下来要让谁来当这个天子？

当然只能从神宗其他的儿子、也就是哲宗的弟弟们中间挑一个。

问题倒不在于挑谁来当，而是由谁来挑？

皇太后向氏应该是最有决定权的人。而她当然也不会放过这个机会。因为谁拥立天子谁就能在新朝中掌握大权。这是毫无疑问的。

向太后的心中其实早已有了人选，她却很讲究策略。她把几个宰辅重臣召来，一边抹眼泪一边说："国家不幸，大行皇帝无嗣，事须早定。"

首席宰相章惇自认为在这种大事上责无旁贷，就以不假思索的口吻说："当立同母弟简王。"

章惇太自信了。他以为他面前的这个妇道人家是向他征求意见来了，所以他当仁不让地企图抢一个拥立新君的首功。

向太后不动声色地瞥了他一眼，说："老身无子，诸王皆神宗庶子。"意思是反正哲宗也不是她亲生的，所以也不一定要选哲宗的同母弟。

章惇想了下，说："若不以嫡庶，则应以长幼，故申王当立。"

向太后不想再跟这个过度自信的宰相浪费时间了，所以立刻抛出了她的真实意图："申王病，不可立；先帝尝言，端王有福寿，且仁孝，当立。"

太后所说的端王就是我们日后的徽宗皇帝赵佶。章惇如果聪明的话，这时候就应该顺水推舟了，可他居然还不想放弃，直捅捅地顶了一句："端王轻佻，不可以君天下！"

没过多久我们的这位首席宰相就因为这句大逆不道的话而付出了惨重的代价，先是遭罢黜，此后又被一再贬谪，最后死于贬所。诚然，章惇的这句话起码有一半是出于公心。因为我们日后的这位徽宗皇帝的确有一大堆毛病，甚至不是用一个"轻佻"就可以概括的。可这有什么办法？纵观中国历朝历代，有几个天子是凭道德和能力上位的？除了那些开国之君，绝大多数皇帝甚至比我们日后的徽宗赵佶还不如。皇帝如此，大臣又何尝例外？很多权臣都是被后世指责为不学无术的，还不是照样大权独揽，作威作福？

章惇的那句昏话刚一出口，一贯与他不和的另一宰执曾布紧紧抓住这个机会，厉声呵斥道："章惇，听太后处分！"

帝国的新时代就在曾布的这一声怒喝中隆重开场了。

曾布因为这一句话而当之无愧地成为新时代的宠儿。

日后的章惇在凄凉的贬谪之路上肯定深刻理解了"祸从口出"这句成语；而新宠曾布在高高的庙堂上肯定也经常在回味"一怒而天下安"这句老话。

端王赵佶就在这一天即位了。虽然他年已十八岁，可在我们心忧天下的向太后眼中，他当然只能算是个孩子，所以我们的向太后就继宣仁太后之后毅然挑起了帝国的重担——临朝听政。

而碰巧的是，向太后和宣仁太后一样——一点也不喜欢新法。

也许这并不是碰巧。可不管怎么说，我们的帝国还是不可避免地开始了新一轮的乾坤倒转。赵佶即位仅仅十多天后，刚刚上任吏部尚书的韩忠彦立刻被擢升为门下侍郎，进入宰执行列。而这个韩忠彦正是元祐旧臣韩琦的儿子。

接下来要发生的一切就毫无悬念了。

韩忠彦在向太后的授意下立即着手对章惇执政以来的政坛进行大面积清场。而我首当其冲成为第一批遭罢黜的人，于这一年三月被罢为端明殿学士兼龙图阁学士，出知太原。之所以首先从我开刀，是因为曾布一直以来就对我在哲宗时代的迅速上位深怀戒惧，所以想借此除掉我。我一边让我弟弟蔡卞向皇帝求情，一边利用我在宫中交结的宦官向太后进言，说《神宗实录》被元祐党人篡改得面目全非，而我一直在努力修复，要将我逐出朝廷应该也要等我修完国史之后。我知道此举肯定能奏效，因为向太后不可能对她的丈夫遭人诬蔑而无动于衷。果然，四月初，太后就迫使皇帝收回成命，恢复了我的翰林学士承旨之职。可曾布不依不饶，对徽宗说："蔡京、蔡卞怀奸害政，党援布满中外，善类义不与之并立，此必有奸人造作言语，荧惑圣听。"徽宗无奈地说："无它，皇太后以《神宗史》

经元祐毁坏，今更难于易人耳。”

数日后，韩忠彦升任尚书右仆射兼中书侍郎，成为副相，实际上是架空了章惇。五月，朝廷的言官御史几乎换成了清一色的元祐党人，继而接二连三地对章惇、我和蔡卞发起猛烈的攻讦。与此同时，朝廷又对司马光、吕公著、文彦博等三十三名元祐旧臣予以了全面平反。几天后，蔡卞被罢知江宁（今江苏南京）。九月，章惇被罢知越州（今浙江绍兴），不久又贬为武昌军节度副使。十月，韩忠彦升任首席宰相，曾布升任副相。

曾布一入相，我就知道自己在劫难逃了。此后短短的一个多月里，曾布指使御史极力弹劾，将我一贬再贬。先是在十月把我罢为端明殿学士、出知永兴军；我还没来得及动身，十一月就又改变了主意，把我改知江宁府；我尚未赴任，几天后又罢免了我的江宁知府之职，把我贬为杭州洞霄宫提举。

最后这个怪模怪样的官职是有宋一朝的一大特色。顾名思义，就是管理地方上的道教宫观，既无政务、也无职权，只领食禄。可想而知，被贬到这个地步的官员基本上已经没有政治前途可言。一般人至此，完全可能变得抑郁不振、心灰意懒，最后就像一只可怜的寄生虫一样被朝廷养在道教宫观里了此残生。

可我不会。

因为我已经跟你们说过，从绍圣时代起，我对自己生命中和仕途上每时每刻都可能出现的变局已经不再有恐惧感，也不再有憎恨心，有的只是冷静和从容。我相信每一个变化背后都隐藏着一个机会，每一度厄运降临都孕育着一丝希望。当上天为你关上一道门，它肯定会为你打开一扇窗。可前提是——你不能让自己轻易地陷入颓废和绝望。你要相信，命运的每一种安排都是大有深意的。它让你入局是要培养你的雄心，它让你出局也是在锻造你的冷眼。眼前开阔的时候，你可以全力以赴去追求你的目标，一旦无路可走，你就要停下来调整你的步骤和方向。二者对你都是有益的，所以你不能轻言失败。用你们今天一句时髦的话来说——即使命运给了你一个酸柠檬，你也要把它榨成柠檬汁卖给别人。

所以我并没有把提举杭州洞霄宫视为我仕途的终点。相反，我认为这完全有可能是一个崭新的起点。日后的事实也证明了，我此刻的心境并不是一种自欺欺人的幻想——短短一年多后，我就从杭州洞霄宫走了出去，并且走上我个人仕途和帝国政坛的顶峰，成为徽宗时代一人之下万人之上的权相。

这一切当然不是天上掉下来的馅饼。

它来自我面临巨变时冷静的思考和积极的行动。换句话说，我并不是被动地顺应变化，而是随时随地都在主动地寻找机会和创造机会……

我想你们应该还记得，徽宗赵佶是一个被章惇视为“轻佻，不可以君天下”的人。章惇所谓的“轻佻”，其中很重要的一方面是指我们这位年轻天子对书画珍玩的强烈喜好和艺术追求。而你们也知道，我的书法造诣在其时的北宋天下不但享有盛誉，而且可以说首屈一指。所以我知道，凭借我与天子的这个相同点，我就完全有机会把命运给我的这个“提举杭州洞霄宫”的酸柠檬榨成可口的柠檬汁。而巧合的是，徽宗即位不久就在杭州设立了一个“金明局”，专门搜求三吴地区的各种名贵书画和古董珍玩。于是，在建中靖国元年（公元 1101 年），当那个名叫童贯的宦官奉旨来到杭州、作为金明局的供奉官为皇帝搜求各种宝贝的时候，我立刻意识到，我翻身的机会来了。

我开始刻意交结童贯，与他朝夕相处，将我的屏幛、扇带之类的书画作品源源不断地通过童贯之手献给天子，同时附上了我的一些奏疏。此外，我还不遗余力地帮童贯把杭州民间收藏的许多书画珍品搞到手。童贯回京复命后，徽宗龙颜大悦，逐渐对我产生了好感。此后，我又通过各种渠道把我的一些得意之作送给了宫中的一些宦官和侍妾，所以徽宗总是有机会听见各方面对我的赞美之词。再加上我在朝中的好友如起居郎邓洵武、左阶道录徐知常和太学博士范致虚等人的一致推崇，徽宗遂下定决心重新起用我。这一年的十二月末，我被擢为龙图阁大学士、知定州（今河北定州）。

第二年，向太后病逝，徽宗亲政，改元“崇宁”；顾名思义，就是“尊崇熙宁”。如果说此前的“建中靖国”年号表示皇帝所走的是一条温和的中间路线，那么这次改元则意味着年轻的徽宗皇帝将追随父兄，让熙宁新法再次回到帝国的政治舞台上。

随着政治气候的逐步转暖，我开始时来运转、步步高升。崇宁元年（公元 1102 年）二月，我被擢为端明殿学士，改知大名府（今河北大名）；三月，我重新回到朝廷，复任翰林学士承旨、仍兼修国史；五月，晋升为尚书左丞。与此同时，首席宰相韩忠彦与副相曾布在无休无止的斗争和倾轧中引起了徽宗深深的反感，最终两败俱伤，在这一年五月和六月双双被罢黜。我踌躇满志地看着那张空空荡荡的相位，相信它已经非我莫属。

七月，我如愿以偿地升任尚书右仆射兼中书侍郎，亦即副宰相。任命书下达的这一天，徽宗皇帝在延和殿赐坐。皇帝说："神宗创法立制，先帝继之，两遭变更，国是未定，欲上述父兄之志，卿何以教之？"

我立刻起身，伏地顿首，朗声道："臣一定鞠躬尽瘁、尽死效忠！"

那一刻，我听见自己豪迈的声音在空旷的大殿上久久回荡，预感到一个属于蔡京的时代即将来临。

八

我入相后所做的第一件事就是仿照熙宁年间王安石设置"条例司"一样，设立了一个"讲议司"，由我自任提举；凡是主要政务如宗室、国用、商旅、盐泽、赋调、尹牧等，全部划归讲议司掌管；同时我起用了吴居厚、王汉之等十几个心腹分管其事。我如此施设的直接目的就是把整个朝政大权紧紧抓在自己手中。当然，我表面上高举的是绍述神宗新法的旗帜，而且一切均以王安石当年的举措为指南，可说句老实话，熙宁新法是王安石的新法，崇宁新法却是我蔡京的新法，二者形同实异，实在不可同日而语。

原因其实很简单，王安石以天下为己任，兢兢业业、任劳任怨，可结果不但没有达到强国富民的目的，还搞得天怒人怨、众叛亲离，何苦呢？所以我一旦执政之后，绝不会再重蹈他的覆辙。

如果说王安石变法追求的是天下和百姓的利益，那么我所追求的只能是天子和我本人（包括以我为代表的集团）的利益。我也曾经渴望一生践履"修身齐家治国平天下"的儒家思想，为国家和百姓谋福利，可为什么到头来我放弃了这一切，甘心蜕变为一个唯利是图的现实主义者呢？除了我个人的原因，是否也应该追究一下客观原因？

从某种程度上说，我的整个仕宦生涯可以视为北宋末年官场政治的一个缩影。

我经历了一连串具有典型意义的党派斗争、个人倾轧、政局反复、仕途沉浮。我不知道你们对此作何感想，反正当我日后作为一个局外人回顾这一切的时候，我只有一种深深的无奈感。所有这一切纷纭乱相归结到最后，无非就是赤裸裸的利益争夺。每个人表面上都打着冠冕堂皇的旗号，骨子里都是一己利益在驱动。

至于说如何才能让人们的利益诉求“有序化”和“良性化”，对不起，我所学习的儒家思想没有告诉我，因此只能有待你们去寻找和建立。但是有一点我还想强调一下，所谓的“良性有序”也只能是程度上的，而不是根本性质上的。因为人性永远不可能得到真正的改造，只能尽最大努力进行疏导、制约和转化。而且哪怕仅仅是实现“良性有序”，很可能也是“路曼曼其修远兮”的，切勿操之过急，否则只会适得其反。

从崇宁元年（公元1102年）七月入相之后，我开始全方位推行“蔡京新法”。当然其中有一些也是对王安石变法的继承，比如这一年八月我就促使徽宗下诏全面罢除科举法，在天下各州县实施“太学三舍法”。也就是在各县设立“小学”，结业后经过考试升入“州学”，各州学三年一次考取京师的“太学”，将考生按成绩分成三等。上等升入太学的“上舍”，中等升入“次级上舍”，下等升入“内舍”，其余未入等的暂入“外舍”学习。太学三舍也是通过每年的公开考试按成绩逐级晋升，上舍生经过毕业考试产生的优等生可由中书省直接派官。

其实此法是很有现实意义的，说它对中国古代教育具有一种革命性的意义也不为过，其目的在于革除科举的弊端，真正培养“学以致用”的经世型人才。王安石认为，科举一味“以诗赋记诵求天下之士”，只是在“取士”而已，只有太学法才是在“养士”，也就是通过各级学校教育培养出真才实学的人。我这里可以引用一段他的原话：

> 今人材乏少，且其学术不一，具论纷纭，不能一道德故也。一道德则修学校，欲修学校，则贡举法不可不变……今以少壮时，正当讲求天下正理，乃闭门学作诗赋，及其入官，世事皆所不习，此乃科举法败坏人材，致不如古。
>
> 古之取士，皆本学校，道德一于上，习俗成于下，其人才皆足以有为于

世。今欲追复古制，则患于无渐。宜除去声韵对偶之文，使学者专意经术。则士皆务实用以为学，本义理以为文，而不为无益之空言矣！他日出而为国家用，其为补益，盖亦不小。

在教育改革方面，我对王安石的思想是甚为服膺的。“太学三舍法”基本上就是对王安石的全盘继承。所以你们也不宜将“蔡京新法”全盘抹杀。

当然，除了科举改革，我执政以后全力以赴在做的，主要还是党同伐异，对此我也不敢讳言。比如这一年九月，我就把司马光、文彦博、苏轼、秦观等一百一十七名元祐旧臣列为“奸党”，请徽宗御书刻石，树立于端礼门外，号曰“党人碑”。同时我又按照“同己为正，异己为邪”的标准把元符年间的大臣分成正、邪各三等，被我列入正三等的有邓洵武等四十一人，列为邪三等的有范柔中等三百一十二人。凡列入正等者一律表彰拔擢，列入邪等者一概降职贬谪，臣僚中有与奸党同名者并令改名。随后我又对帝国政坛进行了彻底清洗，把仍然在职的元祐党人全部罢黜流放殆尽。后世史家称这是继东汉之后历史上又一次大规模的党锢之祸。

我这么做固然有些变本加厉，可事实上这不过是元祐复辟以来一连串激烈党争的一个延续和深化而已。换句话说，我并不是始作俑者。

九

崇宁二年（公元1103年）正月底，我终于升任尚书左仆射兼门下侍郎，正式作为首席宰相登上了帝国政坛的最高峰。从这一年起，我开始全方位地推行经济和财政改革。当然，这些改革都无一例外地打上了“蔡京新法”的烙印。因为我的目的很明确，就是为天子和朝廷的利益服务。至于民间和百姓的利益，基本上不在我的考虑范围之内。后世史家据此抨击我“搜刮聚敛”，我承认他们说得没错。

这一年二月，我恢复了“榷茶法”，也就是茶叶的官方专卖制度。我奏请徽宗在荆、湖、江、淮、两浙和福建这七路产茶地设置茶场，由官府直接管理茶叶的生产销售，禁止民间私自交易。此法一行，当年就给朝廷增加了上百万缗的财政收入。

紧接着，我又对原有的盐业制度进行了重大改革，全面实行“盐钞法”。一方面是由中央及其派出机构直接管理盐业，把权力从地方收归中央，垄断盐业利润；另一方面规定，盐商必须向官府交钱购买盐钞，再到产盐地换购食盐，同时旧钞作废。法令颁布后，我就开始不断印制新盐钞以替换旧盐钞，让盐商加钱换钞；而新钞发行不久，马上宣布作废，又换新钞。通过这种手段促使旧钞贬值，将由此产生的差额利润源源不断地收归朝廷。第二年此项收入就刷新了历史纪录。唯一的副作用是，因此破产和自杀的盐商比比皆是。

可我只能对此视而不见。

此后我又在币制、赋税等多方面进行了改革，其最终目的只有一个——迅速增加中央的财政收入，让徽宗皇帝的腰包鼓起来，让他一边对我心怀感激一边随心所欲地花钱。

崇宁三年(公元1104年)正月，为了感谢我，天子赐予我的长子蔡攸进士出身，官拜秘书郎。此时国库的积累已经达五千万，我对徽宗说：“既然已经富足了，就应该大兴礼乐。”皇帝非常高兴，从此开始大兴土木、沉迷声色。

五月，我进位为司空，封嘉国公。六月，天子下诏以王安石配享孔庙。

与此同时，我继续不遗余力地打击元祐党人，不仅规定旧党子弟一律不准在京畿任职，而且禁止宗室子孙与旧党的子弟亲族通婚，此后又下令党人子弟无论有官无官一律不得在京居住，必须往各路迁移安置。到这一年六月止，我又把列入元祐党籍的人数由原来的一百一十七名扩大到三百零九名，甚至把新党领袖章惇、曾布、王珪等人也都圈了进去，并奏请徽宗下诏在全国各州县刻石立碑。

从我当上宰相的那一天起，在我眼中就没有新党旧党之分了，有的只是“顺我”和“逆我”之分。顺我者昌、逆我者亡，任何人也不例外。

包括我的弟弟蔡卞。

自从我入相之后，蔡卞心里就老大不乐意。他总觉得自己入朝在先，入相也应该在先，而今被我后来居上，嫉妒之情油然而生，于是在许多政务上便与我时有抵牾。崇宁四年（公元1105年）正月，我为了报答宦官童贯的荐引之情，就准备封他为陕西制置使，蔡卞却公然提出反对，认为不宜让宦官出任边境重地的军职，不然“必误边计”。我大为不悦，索性在天子面前参了他一本，几天后就把他贬出了朝廷，出知河南府。

我不允许任何人成为我的绊脚石——即便他是我的亲兄弟。

正应了章惇说过的那句话，我们这位“轻佻，不可以君天下”的徽宗皇帝即位数年后，对政治的兴趣始终不大，对艺术的追求却日益强烈。

我很高兴。我觉得自己跟当今天子不但极为投缘，而且简直称得上是绝配。我把政治视为一门艺术，而他则把艺术当成了政治。他不但对其投入了一个皇帝所能有的最大热情，而且不惜倾天下之力、竭天下之财以满足他的种种喜好。古往今来，还能找到第二对像我们这样的君相吗？

为了投天子之所好，我特意在朝廷设置了一个“造作局”，在苏州设立了相应的“应奉局”，由我的好友、苏州巨富朱冲、朱勔父子主持，专门负责在江南地区搜罗各种奇花异石进贡天子。由于这些花石贡品都是由运粮船（十船为一纲）装运，遂称“花石纲”。每当花石纲从江南起运，往往是千百艘船前后相接、绵延于淮河与汴河之上，其场面甚为壮观。朱冲、朱勔因“花石纲”之功而入仕，在地方上显赫无比，许多地方官纷纷投其门下，时人讽之为东南小朝廷。

连我手下的权势都如此炽盛，那我本人在其时的权势之隆更是不必多说。虽然称不上一手遮天，但起码也是呼风唤雨。可是，正当我陶醉于权力带来的巨大喜悦中时，又一个让人意想不到的变化突然降临。崇宁五年（公元1106年）正月初，京师的天空出现奇异的彗星，长长的彗尾扫过一整片天空。你们也知道，我们这个时代一直是把地上的人事和天上的星象紧密联系在一起的，所以异星一现，徽宗立刻惶惶不安，下诏让中外臣僚直言朝政缺失。几天前刚刚当上中书侍郎的刘逵当即上奏，称此乃党锢之祸所致，应毁元祐党人碑，解除对党人的一切禁制，才可消弭天灾。

这个刘逵不是别人，正是我多年来一力提拔的心腹。可他的这番言论直接把矛头对准了我。

这显然属于恩将仇报。之所以会有这种举动，我想原因也很简单——捞取他个人的政治资本，实现夺权的野心。就像当年吕惠卿对待王安石一样。

徽宗闻言，当天大半夜就命一帮宦官捣毁了端礼门前的党人碑，几天后大赦天下，解除一切党禁。二月初，我被罢去宰相之职，贬为开府仪同三司、中太一宫使。同日，另一个我曾经大力荐引而后来又与我反目的大臣赵挺之被擢为副相，代替我执政。

这就是善变的政治。

对这个突如其来的变化，尽管我觉得意外，但并不感到沮丧。因为我深知：政治就是变化的艺术。这一次变化表面上是因为偶然的星变，实际上真正的原因是：徽宗皇帝虽然对我颇为赏识和信任，可作为一个刚刚即位不过数年的年轻皇帝，面对一个大权独揽、政治经验丰富的宰相，他的内心深处肯定会感到强烈的不安，所以他必须借此机会挫挫我的锐气，让我不至于僭越犯上。

所以对于这次罢免，我一点也不悲观。我认为这充其量只是我宰相生涯中一个短短的间歇而已，它绝不是终点——因为热爱艺术的徽宗皇帝离不开我。非但如此，我还要感谢这次变化——因为它的出现使我那些潜在的对手自动暴露，正好可以让我在他们羽翼未丰之前把他们剪除，然后重组我在朝中的势力，起用一些真正对我忠心的人。

因此，我在罢相的那些日子里，一边冷冷地看着赵挺之、刘逵这帮人在舞台上尽情表演，一边掐着指头计算着天子召我复相的日子。

我一点也不着急。

十

赵挺之和刘逵当政的这一年，将我推行的那些改革举措一一罢废。赵挺之老谋深算，知道我蔡京很可能会东山再起，所以凡事都留了一手，每次奏请皇帝时都只是开了一个头，让急功近利的刘逵接着往下说。被强烈的权力欲烧坏了脑子的刘逵不但没有察觉这么做的危险，还自以为抢了头功，一副春风得意的样子。

对付刘逵这种浅薄狂妄的角色，根本就不需要我亲自出手。在这一年末，我估摸着天子开始想念我了，立即授意我的心腹大臣向皇帝进言：“京之改法度，皆禀上旨，非私为之。今一切皆罢，恐非绍述之意。”皇帝频频点头。我一看时机成熟，几天后便让御史余深和石公弼对刘逵发起弹劾，说他“专恣反复，尽废绍述良法，启用邪党”等。几天后徽宗就罢免了他的中书侍郎衔，让他出知亳州（今安徽亳州）。

要和我斗，刘逵还嫩了点。

第二年，也就是大观元年（公元 1107 年）正月初，我不出所料地回到了首席宰相的任上。距离我罢相的时间，还不到一年，就像是度了一个长假。

三月，赵挺之被罢为佑神观使，几天后就抑郁而终。赵挺之罢相当日，何执中被擢为门下侍郎，邓洵武为中书侍郎，梁子美为尚书左丞，朱谔为尚书右丞，郑居中为同知枢密院事。整个宰执班子清一色都换成了我的人。同一天，我的长子蔡攸升任龙图阁学士兼侍读。

是年底，我又进位太尉；第二年春，进位太师。

可是，我并不认为自己从此就会太平无事、安居相位。因为我早就说过，变化是永恒的法则。大观三年（公元 1109 年）六月，我二次被罢相。

原因与上次并无多大不同。

因为天空中永远都会有让世人乐于附会的种种“异象”。而每逢这样的时刻，便会有刘逵式的野心家试图踩在我的头上搏出位。这次利用星变攻击我的人是石公弼。就是那个在我复相时曾经出过力的御史。为了报答他，我复相后便将其擢升为御史中丞。可人心从来是不知足的，尽管有刘逵和赵挺之的前车之鉴，石公弼还是义无反顾地走上他们的老路。

事情的起因是天子宠幸的一个占星师郭天信，此人曾因准确预言“端王当有天下”而获得天子的青睐。这一年他眯着那双貌似能看穿一切的眼睛凝望着太阳，然后说了一句让皇帝胆战心惊的话。他说：“日中有黑子，陛下您看见了吗？”言下之意就是天子身边有小人。

而我们的徽宗皇帝只是一个艺术家，不是政治家。他在政治上历来毫无主见，上天的任何一种变异都会让他视为可怕的警告。就在皇帝吓得六神无主的时候，野心家们就意识到机会来了。石公弼立刻联合手下御史张克公，一连上了数十道弹劾我的奏疏。于是我们的艺术家天子就抱着“宁可信其有，不可信其无”的态度把我再一次罢免了。皇帝进封我为楚国公，让我以此爵位致仕，但仍留朝中负责编修《哲宗实录》。

虽然我不在相位上，但我在朝廷的影响力丝毫没有减弱。所以就在这一年，我的长子蔡攸又升任枢密直学士，我的次子蔡儵也入仕直秘阁。

石公弼担心我像上次那样卷土重来，不久后就上奏天子：“蔡京盘旋京师，余威震于群臣。愿持必断之决，以消后悔。”随后他的手下御史又接连上疏，目的就是想把我撵出京师，让我永世不得翻身。

可他们办不到。

原因我也说过，我们的天子根本离不开我——就像他根本离不开艺术和享乐一样。

大观四年（公元 1110 年）四月，又一颗彗星划过长空。我无奈地想，看来这一次假期要稍稍延长了。果然，几天后徽宗就赶紧让言官指陈缺失。御史张克公抓住机会又上了一道慷慨激昂的奏疏。由于此疏颇有文采，而且代表了当时舆论对我的普遍谴责，所以我特意将它收录在此，让我们奇文共欣赏：

> 蔡京顷居相位，擅作威福，权震中外。轻锡予以蠹国用，托爵禄以市私恩。谓财利为有余积，皆出诞谩；务夸大以兴事功，肆为搔扰。援引小人，以为朋党；假借姻娅，布满要途。以至交通豪民，兴置产业。役天子之将作，营葺居第；用县官之人夫，漕运花石。曾无尊主庇民之心，惟事丰己营私之计。若是之类，其事非一，已有臣僚论列，臣更不敢具陈……骇动远迩，闻者寒心，皆足以鼓惑天下，为害之大者也。

政和二年（公元 1112 年）二月，天子终于又想念我了，于是下了道诏书：“太子太师致仕蔡京，两居上宰，首建绍述，勤劳百为，降秩居外，洊历岁时。况元丰侍从被遇神考者，今则无几，而又累经恩霈，理宜优异。可特复太师，仍为楚国公，赐第京师。”

这是我第三次回到权力核心，但可惜的是，我头上的乌纱是“太师”。虽然我在朝中仍然拥有实权，但这个职位在整个有宋一朝都是个虚职，对此我很不满意。所以在这年九月，我开始改革官制：以太师、太傅、太保为三公，宣布三公乃真宰相；又立少师、少傅、少保为三孤，以三孤为副相；改侍中为左辅，中书令为右弼；尚书左仆射为太宰兼门下侍郎，右仆射为少宰兼中书侍郎。

相信你们都看得出来，我之所以会对官制作出这样的改变，目的就是恢复我自己的宰相职权。这一年十一月，天子又进封我为鲁国公。不久后我就随便找了一个借口，把石公弼逐出了朝廷，贬为秀州团练副使。

从这一年起，我为了迎合天子，开始下大力气兴建一系列大型的土木工程，目的就是打造一个“政通人和、四海升平”的盛世景象。我郑重其事地向徽宗提出了《周易》中“丰、亨、豫、大”的思想，意思是当今天下太平、国富民强，天子就应该安于享乐，不必担心臣民们说三道四。我儿子蔡攸更是对皇帝说：“人主当以四海为家、太平为娱，岁月能有几何，何必自寻烦恼！”

在整个政和年间，我和童贯等人先后为天子营造了景灵宫、延福宫、九成宫、元符殿、保和殿、福宁殿、明堂、曲江池和万岁山等多处宫殿苑囿，极尽奢华之能事。其中尤以政和七年（公元1117年）开始建造的“万岁山”耗资最巨大，规模最宏伟。此山方圆十余里，最高峰九十步，俯临芙蓉城、景龙江、曲江池等胜景。此山荟萃华夏名山大川之雄伟、险峻、奇秀、幽美等诸般特色，成为天下山水奇景的一个缩影。山中楼观台殿不可胜计，千岩万壑、奇花异石、小桥流水、麋鹿成群，宛如人间仙境。为了修建此山，“花石纲”的进贡达到了高潮。凡太湖、灵璧、慈溪、武康诸石；二浙之花竹、杂木、海错；福建之异花、荔枝、龙眼、橄榄；海南椰实；湖湘之木竹、文竹；江南诸果；登、莱、淄、沂之海错、文石；两广、四川之异花奇果等均在进贡之列。最后，朱勔又于太湖采一巨石，高广数丈，载以大舟，挽以千夫，凿河断桥，毁堰拆闸，数月方至京师；天子赐名为“昭功庆成神运石”；朱勔因功封节度使。

万岁山的营造和花石纲的进贡不免耗费了民间大量的人力、财力、物力，一时天下骚然、民怨沸腾。后世史家经常说此举间接导致了宣和年间的方腊之乱。

对此我也不敢否认。

此山历时六年竣工，徽宗皇帝喜不自胜，将其更名为“艮岳”，并御笔亲书《艮岳记》，以表达他的喜悦之情。

也是在政和年间，我的整个家族权势达到了顶点。天子曾轻车小辇、七次临幸我的府第，命坐、赐酒，席间都采用家人的礼节。我的三个儿子蔡攸、蔡儵、蔡翛和一个孙子蔡行，皆官至大学士，同朝秉政；另外还有一个儿子蔡鞗娶了一位公主。蔡攸深受天子赏识，经常接受召见；他的妻子宋氏也可以自由出入宫禁。

即便如此，我还是遭到了第三次被罢相的命运。

可这次不是因为天上的彗星，也不是因为太阳的黑子，而是因为又一个居心叵测之人的强势崛起。

这个人不是别人，正是我的长子蔡攸。

十一

蔡攸在政和年间，地位不断上升，天子宠幸日隆。于是他就像所有利欲熏心的人一样，开始觊觎我的宰相之位。我在朝中的一些政敌又从中挑拨离间，蔡攸遂自立门户，搬进了天子另外赐给他的宅第，与我形同楚越。

有一天，蔡攸假惺惺地来探望我，一进门就忙不迭地抓起我的手作听诊状，然后别有用心地说：“父亲大人脉势微弱，是不是身体有何不适？”

我冷冷地瞥了他一眼，说：“没有。”

等他一走，我一声长叹，对身边的人说：“此儿想以我生病为借口，让皇上罢免我。”

那一刻我无比伤感。

连亲生儿子都眼巴巴地盼着我早一天从宰相的位子上滚蛋，更何况天下人？

不过我转念一想，既然当初我为了个人的权力可以把亲弟弟蔡卞逐出朝廷，现在我儿子蔡攸凭什么就不能以其人之道还治其人之身？他凭什么就不能为了他的个人利益把亲生父亲搞下台？为了权力，兄弟可以反目，父子为什么不能操戈？

想到这里，我还能说什么？

我只能苦笑。

然而我又想，类似这种事情，古往今来也不见得只有我蔡京一例吧？

到最后，我也只能用这个想法安慰自己了。

宣和二年（公元 1120 年）六月，我以太师、鲁国公、神霄玉清万寿宫使等职衔致仕。

这一年我七十三岁。也许你们以为我的仕途将到此结束，可你们错了。四年之后，我将以七十七岁高龄第四次回到宰相任上，让天下人瞠目结舌，百思不解。

我说过，我是北宋政坛的不倒翁。

原因也很简单，我在天子心目中仍然占有一席之地，而且我在朝中的势力依然强大；再者，我的继任者王黼比我更为不堪。

王黼刚刚上任的时候，为了在天下人面前做个样子，就把我推行多年的政策一概罢废，一时间四方皆称其为贤相。可没过多久他就原形毕露了。他奏请徽宗设立了“应奉局”，自任提领。实际上搞的那一套都是跟我学的，而且更为变本加厉。他一边尽力搜刮民脂民膏以取悦天子，一边丧心病狂地将四方供奉的珍稀贡品和金玉财帛等据为己有。最后进献给皇帝的不足十分之一，其余绝大多数都落进了他的私囊。

权力导致腐败。绝对的权力导致绝对的腐败。

古往今来，有几个人逃脱得了这条政治学的铁律？

所以到宣和六年（公元 1124 年）十一月，我的儿子蔡攸、少宰李邦彦、御史中丞何栗等人就对王黼群起而攻，天子终于将他罢免。王黼下台后，白时中和李邦彦继任宰相，京师舆论一片哗然，都认为他们资历太浅，名望太轻，没有资格当宰相。就在这个时候，我多年来的心腹、其时正受徽宗宠幸的朱勔趁机劝皇帝再次起用我。

于是这一年岁末，我第四次担任宰相，重执朝柄。

可这次复相充其量也只是我一生仕途的最后一次回光返照罢了。

因为我已经老态龙钟，心有余而力不足了。我目不能视事，腿不能跪拜，一切经手的政务实际上都由我的小儿子蔡鯈在操持。年轻人骤然手握大权，难免就有些得意忘形。他先是把他的大舅子韩梠提拔为户部侍郎，然后二人沆瀣一气，独断专行，凡是攀附他们的便得到荐引，不附者便贬逐，致使朝野上下人人侧目。更有甚者，他们还继王黼之后，创立了“宣和库”“式贡司”，把库藏贡品分门别类，如泉货、币帛、服御、玉食、器用等，无非也是挂羊头卖狗肉，借天子之名行贪赃聚敛之实。其时的副相白时中和李邦彦慑于我的余威，敢怒不敢言，只是奉行文书而已。

如果不是我的长子蔡攸再一次同室操戈，我也许能够把我的宰相生涯一直延续到我的生命结束为止。倘若如此，那我的一生就非常圆满了。在帝国的权力顶峰上寿终正寝，这会是多么巨大的哀荣啊！

可惜蔡攸葬送了这一切。

从我再度执政的那天起，蔡攸心头的火焰就不可遏制地燃烧起来，再看见他那年轻的弟弟居然不费吹灰之力就窃夺了他梦寐以求的宰相大权，更是嫉妒得发狂，所以屡次奏请皇帝诛杀蔡鯈，皇帝不允，蔡攸便与副相白时中和李邦彦联手，揭露了蔡鯈的种种贪赃枉法之事。天子大怒，准备把他流放。在我一再恳求之下，天子才将蔡鯈罢为明道宫提举，并追夺了他的赐进士出身之敕，同时贬逐了韩梠。

然后蔡攸就和童贯一起来到我的府上，给我带来了天子让我主动致仕的最后通牒，事实上这也是蔡攸的最后通牒。

我置酒款待他们。那一刻蔡攸在我的眼中几乎就是一个陌生人。

他们默默地喝了几杯，然后留下天子为我准备的致仕表，匆忙起身告辞。那一刻我的眼泪忍不住夺眶而出，我对他们说：“皇上为何不能容我再留几年呢？一定是有人进了谗言。”

童贯尴尬地看了看蔡攸，又看看我，说：“这就不知道了。”

我说：“我蔡京虽已老迈不堪，但不忍遽去，只为了报答皇上隆恩，此区区寸心，二公所知也！”

此言一出，左右陪坐的人都忍不住笑出了声。

是啊，为了保住最后的权力，不得不把自己翻脸不认人的儿子尊称为“公”，此举活该是要让人窃笑的。可我还能怎么办呢？我多么希望能把宰相之职保留到我生命中的最后一刻啊！我多么希望我的仕途生涯能够这样善始善终，不要留下被贬谪的遗憾啊……

可我的亲生儿子蔡攸为什么就不能理解这一切呢？在权力斗争面前，父子亲情难道真的脆薄如纸，甚至于形同无物吗？

没有人回答我。

童贯沉默不语。而蔡攸一脸冰霜。

结束了。

我意识到一切只能到此为止了。

宣和七年（公元 1125 年）四月，最后一次复相仅仅半年之后，我就失去了和我生命一样宝贵的宰相之位。六月，蔡攸被擢升为三公之一的太保。

然而，一切并没有就此结束。

这一年十一月，金国的完颜宗翰与完颜宗望悍然发兵，大举南下。战争的阴云瞬间笼罩了整个大宋帝国。徽宗皇帝痛下罪己诏，并于这年十二月禅位于太子赵桓。随后我就携带家眷随同徽宗仓皇南逃，躲避战祸。

我刚刚离开京师，太学生陈东等人就联名上书，奏请钦宗将我、王黼、童贯、朱勔等人诛杀，说就是因为我们擅权乱政，才使得“天下危如丝发”。此后，随着战争形势的日益严峻，朝臣和御史又纷纷上疏对我们进行激烈的弹劾，同时把我儿子蔡攸也列入了打击范围。

靖康元年（公元 1126 年）四月，钦宗皇帝终于颁下一纸诏书：“蔡京、童贯、朱勔、蔡攸等，久稽典宪，众议不容。京可移韶州（今广东韶关），贯移英州（今广东英德）、勔移循州（今广东龙川），攸责授节度副使、永州（今湖南永州）安置。”

这一年初夏，我带着姬妾们黯然走上这条山长水远的贬谪之路。

我以为人生最不幸的事情莫过于此了——一生显赫，老来却要遭到流放。

可我断然没想到，这才只是厄运的开始。

当我和家眷们刚刚走到一半的时候，钦宗皇帝的圣旨就从后面追了上来。天子以一种略表遗憾的口吻说，金人点名索要我身边的三个爱妾：慕容氏、邢氏和武氏。

我这三个侍妾的美貌名满天下，我一直以此为骄傲，可我怎么会想到，在我最痛苦的时刻，老天竟然还要把她们从我身边夺走？！

我无能为力。我只能眼睁睁看着宫中的宦官把她们带上北上的马车。分手的那一刻，我为她们写了一首诀别诗：为爱桃花三树红，年年岁岁惹春风。如今去逐他人手，谁复尊前念老翁？

当她们乘坐的马车绝尘而去，我孑然一身站在南方炙热而明亮的阳光下，心中一片萧瑟凄凉。

接下来的这段漂泊之旅，我一路与自己的记忆紧紧依偎。当一世荣华恍如昨梦悄然远去，我所拥有的记忆就是我生命中最后的温暖。

潭州（今湖南长沙）的城门已经依稀可辨。

这座城市并不是我贬谪的终点。可我有一种预感，它即将成为我生命的终点。

即便几天前皇帝又下了一道诏书，宣布把我贬到更远的儋州（今海南儋县），可我知道，我无论如何也走不到那个天涯海角了。

我已经累了。

靖康元年（公元1126年）七月初的一天，我坐在潭州城内一所简陋的驿站内，从蛛网盘结的窗口最后遥望了一眼北方的天空，提笔写下了我一生中的最后一阕词，同时也留下了我一生中的最后一幅书法作品：八十一年往世，四千里外无家。如今流落向天涯，梦到瑶池阙下。玉殿五回命相，彤庭几度宣麻。只因贪恋此荣华，便有如今事也。

我死后，厄运并未就此终结。

潭州的地方官把我抛尸野外，以此表示对我的憎恨。后来还是那些负责押送我的差役用粗布把我裹了，草草埋在了潭州城郊的漏泽园（公共墓地）。

我死后，我的八个儿子和几十个孙子几乎都没有好下场——长子蔡攸和三子蔡翛被朝廷诛杀；小儿子蔡絛被流放白州后死去；其余的儿子和孙子全部被流放到边瘴之地；次子蔡儵早亡，另一个儿子蔡鞗娶了一位公主，才算侥幸躲过了这场劫难。

紧随着我的家族灾难之后，更大的灾难就接踵而至——短短五个月后，汴京被金兵攻破，北宋就此覆亡……

人们都说我是北宋亡国的罪魁祸首之一，说我是古往今来最可恶的大奸臣之一。

对此我不敢否认。

我说过，无论你们怎么骂我都可以，但我最后还想指出一点——唾骂奸臣之种种罪恶基本上对你们的实际生活没什么帮助。很多人在公开场合骂得最响亮，可一转身所干的事情都和奸臣如出一辙。

因此关键还是在于：如何铲除种种罪恶得以诞生的土壤。

第六章

秦桧

我的无间道

说起我，你们绝不陌生。

今天如果你们去杭州，还可以看见我赤着上身反剪双手长跪在岳武穆的墓前。从明朝正德年间第一次铸像到现在，我已经在那里跪了将近五百年，而且貌似要永远跪下去。

青山有幸埋忠骨，白铁无辜铸佞臣。

这是岳庙的一副对联。上联说的是岳飞，下联说的就是我。

我就这么跪成了一个大奸大恶的符号，连无辜的白铁都被我连累了。如果白铁有知，我真想对它说声抱歉。我就这么屈膝垂首于山一样伟岸的、大忠大善的岳飞英灵前，任千夫所指、兆民唾骂。如果把这五百年来唾骂我的口水汇聚起来，足以成为一片浩瀚的汪洋。

而称颂岳飞的口水则会组成另一片汪洋。

当然，如果纯粹用道德眼光来看，我也承认，岳飞是个难得的忠臣，而且的确死得冤。所以就算在他灵前再跪五千年，我也无话可说。可问题是，道德评价并不完全适用于历史。

有一点我务必事先声明，我对你们说这些，并不是替自己做翻案文章。都死了八百多年了，翻来翻去又有什么意思？暂且不说其他朝代，光是南宋一朝我就被翻了几次：

我死于宋高宗绍兴二十五年（公元1155年），皇帝赵构为我盖棺论定，赠“申王”、谥“忠献”。五十一年后，宋宁宗开禧二年（公元1206年），我被翻了过来，夺“申王”之爵、谥“谬丑”。才过了两年，亦即宁宗嘉定元年（公元1208年），当时的宰相史弥远又把我翻了过去，恢复原爵位和“忠献”谥号……

我觉得这些都是无聊的把戏。无论人们评价我的时候如何针锋相对，其实性质都是一样的。搞来搞去的真实目的无非还是为他们的自身利益服务。

所以，我极度讨厌所谓的“翻案”。我真正关心的是，在你们看来，除了道德论断这个传统角度，历史是否还可以从另外的侧面进出？

一

就像伟人降生总是被说成异香满室、神迹昭昭一样，人们似乎也倾向于认为奸臣打从出娘胎起就是一肚子坏水。

其实前者往往是谎言，而后者也多半是瞎掰。

人是善变的动物，而这个世界又是如此变幻莫测，就算你现在拍着胸脯说自己是天字第一号的大好人，又有谁敢保证明日的你必是今日的你呢？所以说，没有谁是天生的忠良，也没有谁是注定的恶棍。

就像我来讲，我既非从小就长得青面獠牙，也不是一落地就心怀大恶。相反，我青少年时代就读于太学时，还以乐于助人、关心集体、手脚勤快等优良品格著称。同窗们平常有些跑腿的小事总是喜欢找我帮忙，而我也总是干得不亦乐乎；要是碰上三月踏青、中秋赏月、重阳登高等集体活动，我都是主动请缨担任义务总办，不辞辛劳地跑前跑后，替大伙操办一切。所以同窗们就赠给我一个雅号——秦长脚。

当时的我并不知道，这双健步如飞的长脚日后将带我走上那条一去不回头的无间道。

学生时代，我不但人缘很好，而且学业优异，所以我在徽宗政和五年（公元1115年）、也就是二十五岁那一年考上了进士，授密州（今山东诸城）教授一职。年轻时候的我之所以表现得奋发有为，是因为我知道自己没有显赫的家世——我父亲秦敏学虽然也是从政之人，可一生中最大的官只当到县令，而且在我幼年即已去世，根本不可能对我的仕途有什么帮助。所以我很早就意识到：这一生能否出人头地，完全取决于我的个人努力！

当然，我后来的仕途发展，应该说还与我的妻子是有关系的。她是名臣后代，其祖父是北宋神宗朝的著名宰相王珪，如此显赫的门第自然会对我有所助益。我担任密州教授之后又继续深造，考中词学兼茂科，奉调为京师的太学学正，相当于最高国立大学的训导长，算是返校任教了。虽然是一个九品芝麻官，但总算是京城的官，比外放好多了。

日后我经常在想，如果不是靖康年间从天而降的那场国难，我这一生恐怕很难当上宰相，更别说要执掌帝国权柄前后共计十八年并最终晋位为太师。我很可能跟所有太平时代的官僚一样，以蜗牛的速度慢慢爬，到发白齿摇的时候混到一个尚书就算功德圆满了。

所以，靖康元年无疑是大宋王朝悲剧的开端，却是我个人平步青云的起点。

不过你们可别误会，以为我这么说足以证明我一开始就是一个汉奸、卖国贼。其实说起来你们可能不信，当穷凶极恶的金国军队兵临汴京城下、强迫大宋割地赔款的时候，我是朝中为数不多的坚定的主战派之一。

金人当时提出的城下之盟是：一、大宋一次性赔付金国黄金五百万两、白银五千万两、牛马万头、表缎百万匹；二、宋主尊金主为伯父；三、宋割让中山（今河北定州）、太原、河间三镇之地；四、以亲王宰相为人质。

是可忍，孰不可忍！我立刻上疏，向钦宗皇帝建言：一、金人贪得无厌，绝对不能割让作为汴京屏障的三镇，最多只能许以燕山（今北京）一路；因为金兵南下时，守将郭药师叛降，燕山所属州县已悉数为金所有；既已被占，不妨遂认可之。二、金人狡诈多端，即便议和，汴京的军事防御绝对不能松懈。三、召集百官廷议，集思广益，共商国是。四、金国的议和使臣只能驻留朝外，绝对不允许他们登上朝会大殿。

可是，当时的我人微言轻，奏书呈上如同泥牛入海，皇帝一点反应也没有。

几天后，我突然被擢升为职方员外郎。我大感振奋，以为主战派终于听到了我的声音。正当我挽起袖子准备报效国家的时候，朝廷却忽然命我去张邦昌的官署报到，听候差遣。你们也知道，这个张邦昌就是后来被金人扶植为“楚帝”、建立傀儡政权的家伙，是一个彻头彻尾的投降派。显然，这一纸任命状是主和派颁发的，目的是想收买我。

我义愤填膺，一连呈上三道辞职奏章，说的都是同一句话：“此项任命专为割地，与臣初议矛盾，失臣本心！”说白了就是——宁掉乌纱，决不卖国。

朝廷接受了我的辞职请求。

日后当我偶尔回想起年轻时代壮怀激烈的那一幕时，总有一种恍若隔世之感。我甚至很难想象靖康元年上疏辞官的秦桧和南宋初年奔走在无间道上的秦桧是同一个人。

当时的我是多么正气凛然啊！所秉持的从政理念又是那么单纯！我以为身为社稷之臣、民之父母，国难当头的时刻就应该把个人的得失荣辱置之度外；我以为只要大宋王朝上下一心、同仇敌忾，我们一定能够战胜凶残的胡虏，保卫美丽的家园；我以为天子和百官中的大多数人肯定也拥有和我相同的信念，大家在原则性的大是大非面前，应该没有根本的分歧……

可是我很快就发现，我错了。

世界并不那么美妙。美妙的只是我对世界的一厢情愿。

别人也不单纯。单纯的是我对别人的期许。

大宋王朝的官场，靖康元年的世事，国难当头的人心，瞬息万变的时局，一切的一切都在告诉我——如果我再一意孤行地单纯下去，不需要等到国破家亡，头一个毁灭的就是我。

为此，我愿意不惜篇幅地为你们描绘我当时所面对的世界。

我很愿意告诉你们，靖康年间的大宋帝国到底都发生了一些什么……

徽宗宣和七年（公元 1125 年）十一月，金国完颜宗翰与完颜宗望兵分两路，大举南下。其战略意图是以宗翰一军下太原，取洛阳，断绝宋朝的西路援军，并阻止宋天子西逃入蜀；以宗望一军下燕山，取真定（今河北正定），直逼东京汴梁（今河南开封）；两军最后对大宋都城实施包抄合围。

金人兵锋所向，宋军望风而降。短短二十天，宗翰的西路军就连克朔州（今山西朔县）、武州（今山西神池）、代州（今山西大同）、忻州（今山西忻县），进围太原；宗望的东路军连克檀州（今北京密云）、蓟州（今天津蓟县），不战而下燕山，并迅速包围中山府（今河北定州），距汴京仅十日路程。

消息传来，满朝震恐。徽宗皇帝仓皇失措，不得已而痛下罪己诏。给事中吴敏和太常少卿李纲察觉到徽宗已有卸责南逃之意，遂以血书谏请皇帝禅位于太子赵桓，以此收拾人心、号令天下。十二月二十三，太子即位，是为钦宗。六天之后，适逢新年，遂改元靖康。

钦宗召见李纲，李纲慷慨陈词："祖宗疆土，子孙当以死守，不得以尺寸与人！愿陛下留心于此，执之至坚，勿为浮议所摇，可无后患！"钦宗频频点头，即拜李纲为兵部侍郎，旋即又授参谋官，负责前线御敌。

如果你们以为钦宗赵桓听了李纲的一席话就坚定了抗金的决心，从此誓与江山社稷共存亡，那你们就和年轻时代的我犯了同样的错误——单纯。

世事如棋局。金人每落一子，皇帝每应一着，大宋朝的命运以及百官和军民的命运都随时在被改写。作为盘面上的一枚棋子，要想既不被金人吃掉，又不被皇帝当成“弃子”，就要尽早学会用一种复杂的眼光去勘破这盘棋——实际上就是勘破对弈双方的心态和隐藏在他们内心深处的真实想法。

尤其是大宋天子的想法。

二

靖康元年（公元 1126 年）正月初三，当汴京的臣民一边放着爆竹一边战战兢兢地引颈北望时，金人的虎狼之师已经悍然渡过黄河。他们只用很小的代价就跨越了天堑。因为宋军驻守在黄河北岸的梁方平部一见敌尘便望风而逃，驻守南岸的何灌部仓促之间烧断桥缆，淹没了几千个正在抢渡浮桥的金兵，但是宋军随后便哗然四散。金兵用船渡河时，遥见南岸竟无一兵一卒，遂大笑道：“南朝可谓无人，若以一两千人守河，我辈岂得渡哉？”渡河之后，金兵旋即不战而下滑州（今河南滑县）。

时为太上皇的徽宗连夜出逃镇江。宰相白时中与李邦彦等人纷纷劝说钦宗南逃襄（今湖北襄阳）、邓（今河南邓县），钦宗亦颇有此意。兵部侍郎李纲闻讯，不顾宰相议事、从官不得入殿的规矩，执意闯上廷殿，面奏皇帝：“风闻宰相们劝皇上南下，果真如此，宗庙社稷危在旦夕！上皇将社稷托付于陛下，陛下岂可委之而去？”

钦宗默然无语。

白时中说：“如今金人势锐，都城岂能守得住？”

李纲说：“天下城池，岂有如都城之坚固者？且宗庙、社稷、百官、万民皆在此，舍此何往？若能激励将士、慰安民心，岂有不可守之理？！”

钦宗无奈，只好环视众人说：“诸位有何良策？”

大臣们鸦雀无声。

李纲说："今日之计，只有集结军队，向金宣战，才能巩固人心，坚守城防，以待勤王之师。"

钦宗又问："谁可为将？"

大臣们依旧沉默。

李纲看了两个宰相一眼，说："朝廷平日以高官厚禄养着大臣，目的就是用于今日。白时中与李邦彦，虽书生未必知兵，然以其宰相之权威，亦足以号令将士上阵杀敌。况且，这也是他们的职责所在。"

白时中恼羞成怒，厉声道："难道你李纲就不能出战吗？"

李纲一看激将法成功，顺势向皇帝请命："陛下若不以臣为懦弱，赋予臣兵权，臣愿以死相报！"

钦宗遂任命李纲为尚书右丞、东京留守，兼亲征行营使，即日宣布京师戒严。

至此，如果李纲认为他已经成功说服了皇帝，那他就太乐观了。

钦宗皇帝一转眼就有个"一夕三变"在等着他。

李纲刚刚拜谢而出，皇帝马上召白时中等几个宰相一起用膳，膳毕又于福宁殿商谈多时。实际上，皇帝还是想跑。所以他给李纲的那顶"东京留守"的乌纱真可谓名副其实——留着主战派殿后，好让他和宰相们从容逃跑。

可李纲也不是一盏省油的灯。一听说皇帝还在计划逃跑，立刻又入宫死谏。他对皇帝说，您早上一走，晚上京师就得乱得一塌糊涂，就我们这几个留守也是于事无补，到时候宗庙朝廷尽成废墟，您三思吧！

皇帝顿时又有些犹豫。一旁的宦官低声对皇帝说："中宫和国公们都已经出发了，陛下岂能留此？"

皇帝忽然脸色一沉，像是下定了决心，从御榻上站起来，说："卿不要再坚持了，朕决意亲往陕西，起兵以援都城，决不留此！"

李纲声泪俱下，频频叩首，以死挽留皇帝。此时燕王与越王也相继入内，劝皇帝固守京师。皇帝不得已而再次转念。他手书"可回"二字，命内侍宦官把先行出逃的后宫嫔妃们和国公们追回来。然后盯着李纲说："朕可是为你而留的，如何治兵御寇，可全靠你了。”

要读懂大宋天子的内心，这里就是一个关键。

大敌当前，一个皇帝已经开溜了，另一个皇帝也随时想溜。就算最终勉强留下来，他说他也是因为大臣的坚持才留的，一副委屈勉强无可奈何之状。

我不知道你们对此作何感想。反正当我后来听说这件事的时候，内心就被投下了一道难以抹去的阴影。

由于答应得极端勉强，皇帝赵桓是夜辗转无眠。夜半时分，他急命宦官出宫去通知各位宰相做好准备，天明立刻出发。

这一夜，我估计李纲肯定也没睡好。

天色微明的时候，天子御驾已经准备就绪，禁卫军也已集合完毕。就在这节骨眼上，李纲又出现了。他厉声对士兵们喊道：“尔等是愿死守社稷，还是愿随天子巡幸？”众人皆呼愿以死守。李纲随即与殿前禁卫军将领一起入见皇帝，说：“陛下已经答应臣留下来，现在又想走，这是为何？六军之父母妻子，皆在都城，岂肯舍去？万一中途四散逃归，谁来保卫陛下？何况敌骑将至，若知陛下车驾未远，以快马疾追，何以御之？”

我想此刻的皇帝肯定懊丧到了极点，明明下定最后的决心要溜了，还被死缠烂打的李纲堵在了门口。日后当他和徽宗皇帝一起被囚禁在五国城黑暗的牢房中时，肯定在心里把李纲诅咒了无数遍。

正月初八，宗望的军队开始猛攻汴京。李纲身先士卒，登上城头率众力战。金兵连攻数日，在汴梁城下扔下数千具尸体，而汴京固若金汤。宗望见宋军士气高涨，深知他这回遇上了劲敌，眼前的这座大宋都城绝非轻易可下，遂停止进攻，遣使议和。

金人的城下之盟就是这个时候提出来的。

实际上此刻的整个战局并不见得对金人有利。因为完颜宗翰的西路军被太原知府张孝纯遏阻于太原，未能前进半步，无法实现他们预定的合围计划；而完颜宗望孤军深入，攻城战役又连连受挫，倘若不能速战速决，等到宋军勤王之师云集，他必成瓮中之鳖。所以他急于求和，无非是想尽快捞一些实惠然后脱离险境。

因此，此刻金人的谈判筹码其实是分量不足的。大宋天子若能意识到这一点，完全可以在议和谈判中摆出强硬姿态。

然而，我们的钦宗皇帝不这么想，我们的那些主和派大臣也不这么想。

金人的议和之论一出，他们立刻如逢大赦。在他们看来，只要和议能成、金兵能退、富贵能保，那么，其他的一切在所不惜——无论是割地还是赔款。

所以，钦宗特意派遣了性格懦弱的知枢密院事李棁前去议和。当李纲提出质疑并且请求由他取代李棁前往时，皇帝的一句话泄露了内心的秘密："卿性刚，不可以往。"

日后我从皇帝赵桓的这一句话中悟出了很多东西，其中最根本的一点就是——柔弱胜刚强。

李纲后来的一系列遭遇也足以证明这一点。

我深深地体会到，要在北宋末年和南宋初年的世界上生存下去，而且生存得好，必须按这个原则修炼自己——直到百炼钢成绕指柔，才算获得了那个时代的通行证。

此次顿悟让我感慨不已，而且受益终身。

三

李棁等人带回了那一纸丧权辱国的和约，朝廷迫不及待地表示同意。而此时国库枯竭，五百万两黄金和五千万两白银要从哪里来呢？

我们的皇帝自有办法。

他下了一道诏书，向京城的百姓"括借"！实际上就是强行搜刮；对所有风月场所实行"财产籍没"，这就是明抢；并宣布：胆敢私自藏匿转移财产者，皆以军法从事！

搜刮和抄没的结果，得金二十万两、银四百万两，仍然远远不能满足金人的要求。

然而，此时民间已为之一空了。

与此同时，中书省草拟了一道割地令，皇帝准于颁发："中山、太原、河间府并属县及以北州军，已于誓书议定交割；如有不肯听从之处，即将所毗州府令归金国。”

此令不但正式宣告割让北方三镇，而且对北地其他州府的军民发出了这样的恐吓——如果你们不听从朝廷命令，胆敢阻挠或反抗交割，那就连同你们一起割掉！

除了赔款和割地，金人还要宋廷以亲王和宰相为人质。

谁肯去呢？

关键时刻，我们日后的高宗皇帝、此时的康王赵构毅然挺身而出，说：“敌必欲亲王出质，臣为宗社大计，岂应辞避！”当议和大臣李棁面有窘色地安慰他说：“大金担心南朝失信，所以想让亲王送他们过河而已。”康王正色道：“国家有难，死亦何避！”

在场者无不悚然。

我们当然不会怀疑此刻康王的节操和勇气，在这样的时刻发出这样的豪言壮语很可能最后是要以生命为代价的。我当时风闻康王的表现时也为之激动了一阵子。然而当他日后坐上徽宗和钦宗曾经坐过的天子交椅、一切便开始发生微妙的变化时，我便猛然意识到——原来最终都是位子在决定脑子！

我之所以在后来的岁月里能够对高宗赵构的心态了如指掌，从而游刃有余地左右整个帝国政局，正是得益于靖康元年对时局的勘破和领悟。

换句话说，我一旦读懂了徽宗和钦宗，就自然可以读懂日后的高宗。

因为他们如出一辙。

朝廷的决议一出，李纲当廷与宰相们力争：“金人索要的金银，其数太多，虽竭天下之财且不足，更何况区区一座都城？中山、太原、河间三镇乃国之屏障，割之何以立国？”李纲随后提出当前的策略，应该就和议细节与金人反复磋商，故意拖延时日，以待勤王之师。若四方大兵云集，而金人以孤军深入重地，势不能久留，必求速归。在此前提下，大宋才能签下于己有利的盟约，使金人不敢轻视宋朝，借此方能确保长久和平。

可宰相们把李纲的话当耳旁风，不予理会。

李纲愤而提出辞职。

钦宗终于发话了。他说："卿尽可着力于军事、固守城防，此事当从长计议。"

李纲说："金人所须，宰相们欲一切许之。如此只能躲一时之祸，而非长久之计。愿陛下详加审议，不然日后恐怕追悔莫及！"

李纲说对了。我们的钦宗皇帝日后在五国城里就悔断了肠子。

可是，他究竟是后悔没有听从李纲的主战之策，还是后悔当初听从了李纲的挽留呢？

对此我们不得而知。我只能说，凭我对大宋天子的了解，钦宗所悔，多半还是后者。

皇帝最后还是全盘接受了金人的议和条款；同时遣康王赵构和副宰相张邦昌赴金营为质。李纲却扣下了割让三镇的诏书。

他坚信，一待勤王之师到，局面定然改观，而三镇必然可保。

靖康元年元月下旬，汴京军民望眼欲穿的勤王之师终于陆续抵达京师，兵力共达二十万，其中从关中赶来的老将种师道与另一名将军姚平仲所率之西北军更是以骁勇善战著称。完颜宗翰的西路军本来就是要阻挡宋朝的这支西北劲旅的，可他此刻还在太原城下鏖战。

金人的计划完全落空。现在这个局面是他们最不想看见的。

因为此刻汴梁城下的宗望人马只有六万。

以李纲为首的主战派欢呼雀跃，群情振奋。

二十余万对六万。双方力量对比之悬殊让他们有充分的理由相信，无论是战是和，形势必将朝大宋有利的方向发展。

可他们错了。

如此大好形势只不过是昙花一现。短短十一个月后，汴京城破，徽、钦二宗被俘，宫室被劫掠一空，金人另立伪朝之后呼啸北去，北宋宣告覆灭。

灾难并不是突如其来的。从大兵云集、敌弱我强到形势逆转、城破国亡之间还发生了太多事情。就是这些事情让我明白了许多道理，使我一改原初幼稚单纯的处世性格，并且为我最终面无愧色、心怀坦然地走上无间道提供了足够的精神资源。

如果你们仍然兴趣未减，那就听我接着讲述靖康元年这段不堪回首的家国往事……

四

从勤王之师到来的那一天起，李纲的缺点就逐一暴露出来了。

西北军一到，李纲立刻面奏皇帝："兵家忌分，非节制归一不能济，愿敕师道、平仲两将听臣节制。"从军事角度而言，他的话没错。大敌当前，号令不一乃兵家大忌。所以，我们并不能认为这是李纲的缺点。我们也应该相信李纲是出于战事的考虑，而不是在觊觎权力。

可问题是，天子并不这么想。

在看他来，这种独揽兵权的想法就是一个不可饶恕的缺点。

我不知道天子当时的表情如何。但李纲的话显然触犯了古往今来每一个皇帝都不可能没有的忌讳——把兵权都集中到你手上，万一赶跑了胡虏之后，你突然兴致一来想当皇帝，朕拿什么来防你？

所以皇帝一口回绝。他的理由是，种师道是一员久经沙场的老将，经验丰富，而且职位又不在你李纲之下。让他受你的节制，恐怕不合适。皇帝随即成立了一个与李纲的行营司平行的指挥机构宣抚司；任命种师道为宣抚使、姚平仲为都统制；还把原属李纲统辖的前军和后军划归宣抚司，并且宣布两司不得相互干涉。自此，兵权分散，两司各行其是。

皇帝还多次召见姚平仲，赏赐甚丰，勖勉有加，意在让他抢在李纲之前拔一个头筹。

二月初一深夜，姚平仲为抢头功，贸然率领一万名步骑兵突袭金营，想生擒宗望，劫回康王，不料反而中了埋伏，被金兵所败。一心想着议和的宰相和台省大臣们纷纷传言西北军和李纲的部队已经全部被敌人歼灭，无一幸存。皇帝大惊失色，未及证实便罢免了李纲的尚书右丞和亲征行营使之职，并废行营使司，以此向金人谢罪。

消息传出，太学生陈东等数百人跪伏在宣德门外，联名上疏，称颂李纲不计个人安危，以天下为己任，乃社稷之臣；大骂白时中、李邦彦、张邦昌等人"动以身谋、不恤国计，所谓社稷之贼也"！并请复用李纲，罢黜李邦彦等人。与此同时，城中军民群情激愤，数万人突然涌来声援太学生，为李纲请愿。

适逢李邦彦退朝出宫，群众蜂拥而上，破口大骂，纷纷挥拳要揍他。李邦彦反应敏捷、抱头鼠窜，才没被活活打死。皇帝令宦官传旨，表示同意太学生的请求。群众仍不散去，怕皇帝出尔反尔。皇帝再命吴敏宣旨，说："李纲用兵失利，不得已而罢之，等金人稍退，即令复职。"这么一说更是把众人激怒了，人群击鼓呐喊，响声惊天动地。开封尹王时雍匆忙赶到，摆出官架子说："怎么能胁迫天子呢？还不赶快散去？"太学生们大喊："天子被忠义胁迫，不是好过被奸臣胁迫吗！"随即冲上去要揍王时雍。王时雍慌忙逃窜。殿前禁卫军将领王宗濋恐生事变，劝皇帝先答应再说。皇帝无奈，只好命人宣李纲入宫。等到出外宣旨的宦官朱拱之等人回宫时，群众的情绪已经失控。有人拿刀把朱拱之杀死，并且剁成了肉酱，其他同行宦官数十人全部被杀。

李纲意识到事态严重，入宫觐见皇帝的时候满脸惶悚之情，泣拜请死。

皇帝用一种无力的口吻宣布恢复他的尚书右丞职务，并兼任京城守御使。李纲执意请辞，皇帝不许，令人出外宣旨，示威群众方才散去。

对天子而言，这是李纲身上又一个不可饶恕的缺点——

你李纲的声望太高了！京师的太学生、百姓、军队，到头来都只认你李纲一个人，把朝廷置于何地？把朕置于何地？！

半年多后李纲再度被罢黜，并且被流放充军，也许在此便已埋下伏笔。

从某种意义上说，日后高宗与岳飞的关系，正是此刻钦宗与李纲关系的翻版。

对高宗与钦宗来说，危急时刻必须有岳飞和李纲这种不怕死的人为他们冲上战场。可一旦天子意识到自身的危险已经解除，那么岳飞和李纲们的危险就来了。

这种人从一开始就被皇帝宣判了死刑。

而像我这种人，充其量不过是一个行刑手。

当然，有一点我还是不得不承认的，那就是在杀害岳飞的事情上，高宗和我都有罪——我们的不同只在于责任的大小，而不在于罪错的有无。

你们放心，这点自知之明我还是有的。

太学生请愿事件仅仅过去数日，朝廷就开始了秋后算账。皇帝下诏捕杀捅死宦官的首犯，宣布禁止在宫门前集会上疏。开封尹王时雍的手下四处出动，准备把参与上疏的太学生全部逮捕，一时间人心惶惶。

屯守坚城之下的完颜宗望此时退意已萌。其实他比任何人都清楚，以孤军深入腹地，又以六万对二十余万，相持下去必定凶多吉少。所以他来不及等宋廷凑足赔款数目，立即遣使表明退兵之意。钦宗和主和派大喜过望，忙不迭地将搜刮来的黄金二十万两、白银四百万两交付金人，而且逼迫李纲交出了割让三镇的诏书，同时打算另外选派人质作为"割地使"换回康王赵构和少宰张邦昌。

朝廷选中的人是肃王赵枢、著作佐郎沈晦等人，另外一个就是我——秦桧。

你们还记得不久前我上疏反对割地和辞官的事吧，如今朝廷居然让我冒充礼部侍郎去做"割地使"，你们说，这算不算命运跟我玩弄的黑色幽默?

如果在一个多月前，我肯定会誓死不从。不过现在我"从"了，而且从得心甘情愿。

因为天子、朝廷和百官的所作所为，已经让我明白了太多东西。

总之，从我担任"割地使"、迈入金营的那一刻起，我就确立了这一生的处世准则，那就是——在确保各方利益均衡的同时获取我的个人利益。

也许，这就是我后半生宰相生涯的唯一指南。或者说，这正是无间道的精髓。

五

完颜宗望得到了他想要的东西，迫不及待地引兵北去。

钦宗和主和派的大臣们如释重负，庆幸不已。他们相信汴京从此太平了。

老将种师道可不这么乐观，他极力要求率部尾随，在半道上对金人发动突然袭击。

皇帝不准。

种师道长叹："异日必为中国患！"

主战派大臣、御史中丞吕好问更不乐观。他对皇帝说："金人得志，更加轻视，秋冬之间必定倾巢出动，卷土重来，御敌备战之计，应迅速筹划！"

皇帝不听。

天子和主和派大臣都高兴得太早了。

东路的完颜宗望走了，西路的完颜宗翰还在。

宗翰听说宗望满载而归，又羡又妒，连忙遣使前来索要金银。宋廷拒绝，并扣押了使臣。宗翰大怒，分兵绕过太原，长驱南下，很快就攻陷隆德（今山西长治），进逼高平（今山西晋城）。

钦宗等人还没从宗望北撤的窃喜中回过神来，西面的战火便又熊熊燃起。

也许是金人的贪得无厌真的把我们的天子逼急了，或者是眼前的几十万勤王之师毕竟给了他底气，总之，当西线的加急战报传来时，我们的钦宗皇帝突然迸发出一生中唯一的血性，断然撕毁了割地盟约，狠狠颁下一道诏书：

今肃王渡河北去未还，宗翰深入南破隆德。未至三镇，先败原约。及所过，残破州县，杀掠士女。朕夙夜追咎，何痛如之！已诏原主和议李邦彦、奉使许地李棁、李邺、郑望之，悉行罢黜，又诏种师道、姚古、种师中往援三镇。朕唯祖宗之地，尺寸不可与人！且保塞陵寝所在，誓当固守。不忍陷三镇二十州之民，以偷顷刻之安！

与民同心，永保疆土；播告中外，使知朕意。

看上去天子真的要和金人拼了。

果不其然。他一抖擞起来，整个战局便为之一变。

皇帝罢免了主和派，然后命种师道为河北宣抚使，进驻滑州；命姚古为河北制置使，率兵援救高平、北上太原；命种师道的弟弟种师中为河北制置副使率兵追击宗望，增援三镇。于是姚古一路北进，收复隆德，挥师太原。宗翰怯战，留下围攻太原的余部，亲率主力北还。而宗望行至三镇准备接收时，也遭遇当地军民的顽强抵抗。种师中部又在其后紧追不舍，宗望腹背受敌，无奈之下放弃三镇，北走出境。

金兵两路皆退，失地纷纷收复。我们的徽宗上皇便在这微妙的时刻悄然回到了京师。

危险解除了，情急之下扔给儿子的那张龙椅，还能不能要回来呢？

太上皇回来得如此迫切而及时，不能说他心中毫无此意。

钦宗皇帝的一颗心提到了嗓子眼儿，以致太上皇御驾即将进入汴京的城门时，钦宗的心腹、时任尚书左丞的耿南仲忍不住提醒主子：“是不是先把太上皇的左右摒去，才让车驾进来？”时任知枢密院事的李纲一听这话又不乐意了，他慷慨陈词：“天下之理，诚与疑、明与暗而已。用诚明的目光看人，我们可以看见尧、舜；用阴暗心理看人，我们就会看见不计其数的毛病。耿南仲，你不以尧舜之道辅佐陛下，你这人有阴暗心理！”

以李纲之高论，只要我们掩起耳朵，钟声就不会响了；只要我们摘一枚叶子粘在睫前，森林就不存在了；只要我们心地光明，满大街就都是圣人了！

古往今来没有哪一个皇帝不愿意人家给他戴尧舜的帽子，可也没有任何一个皇帝希望它变成臣子嘴里的紧箍咒。钦宗皇帝对李纲的人生哲学不感兴趣，所以一声不吭。

耿南仲满脸讥嘲地看了看李纲，对皇帝说：“臣刚刚从御史台过来，左司谏陈公辅好像上了道折子，正为李纲勾结乱民宫门请愿一事，请求御史台启动弹劾程序……”

皇帝一脸愕然，想不到耿南仲的思维跳跃如此之快。

李纲急了：“臣与南仲所论，乃为国事，南仲何出此言？好，既然说陈公辅要弹劾臣，那臣就不当这个官了！”

皇帝眉头一皱。

又来了。动不动就以辞职相要挟。好像非如此不足以表明你李纲一心为公，从不计较个人得失！可朕老早就知道你的公心了，你何苦一再提醒甚至变成一种习惯？不，甚至变成一种要挟呢？！

皇帝闷闷地说了声：“不准。”

很显然，对天子来说，这是忠臣李纲又一个令人难以容忍的缺点。

靖康元年四月，我和几个冒充朝廷大员的“割地使”一起，从燕山风尘仆仆地回到了汴京。我们之所以能死里逃生，是因为金人对我们的真实身份心知肚明，所以一直看管得很松懈，我们因此得以在乱兵中趁隙逃生。而货真价实的肃王李枢则是金人紧密看守的对象，所以一路被他们掳掠而去，从此再也没有回到中原。

经此一番磨难，重新回到朝廷的我已与此前判若两人。我小心翼翼地周旋在战和两派之间，与他们保持着同等的友好关系。

从靖康元年五月开始，原本因钦宗猛然抖擞而有所改观的战局再度急转直下。完颜宗翰的余部猛攻太原不止。种师中与姚古两路并进援救太原，种师中一连收复寿阳、榆次等地，进至距太原百里的杀熊岭时遭遇金兵突袭，力战身亡。种师中素以老成持重著称，乃一时名将。他一战死，宋军士气大挫。金兵乘胜而进，又大败姚古于盘陀。姚古率残部退守隆德。而年事已高的种师道此时又因患病致仕。前线顿时陷入各自为战、群龙无首之局。

朝廷急命李纲为河北、河东路宣抚使，再援太原。

李纲向皇帝拜辞：“臣乃一介书生，实不知兵。在围城中，不得已而为陛下料理兵事。今使为大帅，恐误国事。”

皇帝不准。

李纲只好托病，坚决要求致仕，数日之内连上十几道辞官的奏章。

皇帝一律不准。

你李纲一直不都是最坚定的主战派吗？在这种危急时刻，你不上谁上？

什么叫责无旁贷？

这就叫责无旁贷！

有人私下对李纲说：“公知道这一次为何会被遣上战场吗？这根本不是出于战事，而是有人想趁此把您排挤出朝廷，又让汴京军民无话可说。您要是执意不去，天子一旦猜忌起来，恐有不测啊！”

这个人的一席话道破了真相。

李纲对此当然也是心中有数。可他万般无奈，只好受命。

八月，李纲率领宣抚司仅有的一万二千人进驻怀州，一边练兵备战一边招募各地义勇，准备等到大军会集再全面反攻。然而朝廷一纸令下，将他所募之兵全部遣散。李纲愤而上疏："河北、河东日日告急，至今未有一兵一骑以应战场之需。怎奈刚刚募集而来的军队又尽皆遣散。何况原以军法敕令各地起兵，而今却以寸纸罢之，臣恐日后有所号召，无复响应者。"

奏书呈上，朝廷悄无声息。很显然，这临阵罢兵的阴招是时任门下侍郎的耿南仲一伙人搞出来的，目的是陷李纲于必死之地，既公报私仇，又为他们一贯坚持的议和政策扫清障碍。退一步说，就算李纲不死，这仗也绝对打不赢。一旦战场失利，议和之端便可再开。

除了兵员不济、军需不足之外，李纲还面临着另一个重大困难。那就是前线的各路将领根本不把他和宣抚司放在眼里，基本上不受节制，唯独听命于远在后方的汴京朝廷和钦宗皇帝。

"将从中御"，这是大宋自开国以来相沿成习的祖宗家法。按照大宋的这种军事体制，不管前线的战局如何瞬息万变、千钧一发，原则上各路将领都要服从天子和中枢事先制订的作战计划，事实上就是接受遥控指挥。很显然，这是一个有百弊而无一利的陈规陋习。大宋王朝在与辽和西夏的多年战争中之所以屡屡落败，其症结之一就在此。

但是我们的钦宗皇帝可不这么认为。

无论在什么情况下，都把兵权牢牢掌握在自己手中，他才觉得安全。

李纲屡屡向朝廷要求节制之权，无一例外地遭到了拒绝。所以前线各部依然我行我素。金人抓住宋军的这一致命弱点，在八月间趁隙将宋军各个击破。一时间，黄河北岸诸府州的军民纷纷渡河南逃，州县为之一空。

六

靖康元年八月底，金国见宋军势颓，于是再遣宗翰发兵云中（今山西大同）、宗望发兵保州（今河北保定），仍分两道，卷土重来。

朝廷的议和之论再度甚嚣尘上。

耿南仲等人坚决主张割让三镇，他们抓住李纲前线战败的把柄，指责他“专主战议，丧师费财”，将其罢为扬州知府，不久又贬为保静军节度副使，放逐至建昌军（今江西南城）。

九月，坚守了整整二百六十日的太原城在内无粮草、外无援兵的情况下终于被宗翰攻破。城中军民阵亡饿死者十之八九，知府张孝纯被俘。太原既破，宗翰长驱南下，如入无人之境，于十月间连克汾州（今山西汾阳）、平阳（今山西临汾）、隆德（今山西长治）、泽州（今山西晋城），十一月初渡过黄河，不战而下西京洛阳，兵锋直指汴梁。与此同时，东路的宗望于十月间大败宋将种师闵于井陉（今河北井陉），并攻下坚守了四十余日的真定（今河北正定），十一月间渡过黄河，连陷临河县（今河南浚县东北）、德清军（今河南清丰）、开德府（今河南濮阳）。

靖康元年十一月底，金国两路大军相继兵临汴京城下，顺利完成首次南侵未遂的合围计划。

这一次，我们的大宋王朝在劫难逃了。

就在金人铁蹄汹汹南下、宋军望风披靡之时，大宋朝堂上的战和两派依然大打口水战，而钦宗皇帝始终左右摇摆，犹豫不决。时任尚书右丞兼中书侍郎的何栗上奏：“三镇，国之根本，奈何一旦弃之？何况金人变诈罔测，安能守信？割亦来，不割亦来！”钦宗若有所悟，一边命康王赵构远赴宗望军营议和，一边听从何栗建议，诏命胡直孺、王襄、赵野、张叔夜等四道总管率师勤王。

就在这一刻，我意识到自己应该站在副宰相何栗这边，也就是主战。倒不是说我又恢复了从前的单纯，而是我知道，钦宗皇帝现在的策略是以议和来讨好金人，而内心需要主战派来给他打气。所以我认为，现在主战对我更有利。

几天后，朝廷召集文武百官就战和问题投票表决。表决结果，以何栗、吕好问为首的主战派三十六人，其中就有我一个。而以宰相唐恪为首的议和派虽然取得了压倒性的七十票，可我知道，随着战况的逐步恶化，皇帝会越来越依赖像何栗和我这样的主战派。

果不其然，当金兵包围汴京之后，皇帝被迫发出了“今当死守社稷”的豪言壮语，并罢免了唐恪，拜何栗为相。

与此同时，我也如愿以偿地升任御史中丞。

虽然这次的政治队列我选择得很正确，可是，当如蝗似蚁的金兵开始一次又一次地猛攻汴梁、令人恐惧的战火在帝都的四方城门上相继燃起时，我也不免为帝国和自己的前程感到悲哀和茫然……

不过我依然相信，无论在什么情况下，我业已掌握的这套成熟而稳健的处世原则一定能使我不断地趋福避祸、转危为安。

我日后的种种人生遭遇和命运转折，将屡屡证明这一点。

从靖康元年闰十一月初三开始，金人昼夜不断地向汴京发动凌厉的攻势。其时雨雪交加，天气极为恶劣，城中仅有的七万守军在刺骨的严寒中浴血奋战，伤亡冻毙者不计其数。南道总管张叔夜率三万人马入京勤王，数战皆捷，士气稍振。数日后，东道总管胡直孺亦挥师来援，在拱州（今河南睢县）遭遇金兵阻击，兵败被俘。金人将其绑于汴京城下示众，城中军民大为恐慌。

连日鏖战，宋军伤亡惨重，而四方勤王师再无一兵一卒前来。至闰十一月下旬，守城士兵仅剩三万人，而且大半负伤。形势万分危急。钦宗命死士持诏突围，拜时在相州（今河南安阳）的康王赵构为河北兵马大元帅，命其火速率兵来援。

天气一天比一天寒冷，士兵们冻得连武器都拿不住了，纷纷倒毙。

钦宗皇帝光着脚站在宫中面朝苍天，祈求老天爷垂悯放晴。

然而，苍天无动于衷。

二十二日，守将范琼率千人出战，渡河时遭遇冰裂，溺水而亡者五百余人，于是士气更挫。

二十三日，北风疯狂地席卷而来，漫天的大雪整整下了一天一夜，地上积雪厚达数尺。

我无比伤感地凝望着这一副凄凉景象，预感到汴京的末日已经到来。

康王赵构在相州组建大元帅府，以宗泽和汪伯彦为副元帅，募兵一万多人南下勤王。宗泽亲率两千人连破金兵三十余寨，一时群情振奋。宗泽力主乘胜而进，入援京师。可赵构和汪伯彦却畏缩不前，游移观望。直至最终汴京城破，二宗被俘，康王赵构仍未派出一兵一卒进至汴梁城下。

其实从这个时候起，赵构的自私与怯懦便已暴露无遗了。

所以我一再强调，从徽宗、钦宗到日后的高宗，历任大宋天子在这一点上都是一脉相承、毫无二致的。

就在汴京军民近乎绝望的时刻，一个名叫郭京的术士忽然站了出来，声称他有神奇的“六甲之法”，只要用七千七百七十七人便可生擒金之二将。

我相信你们对这一幕并不陌生。

直至七百多年后，这可悲又可笑的一幕还将在我们这片土地上重演。

当郭京自告奋勇地站出来时，我们的当朝太宰何栗便迫不及待地把大宋帝国的最后命运托付给了这个“神人”。他即刻任命郭京为“成忠郎”，紧急招募了一帮市井游民，号称“六甲神兵”。何栗一再敦促“神人”赶紧率“神兵”出战。

神人双目微闭，说：“非至危急，吾师不出！”

七

靖康元年（公元 1126 年）闰十一月二十五日的早晨。

一个天崩地裂的日子。

郭京命令城上的守御士兵下城，不得偷窥他作法。然后猛然打开宣化门，命他的“神兵”出战。郭京和张叔夜端坐城楼，准备一睹神兵大破金人的胜利景象。

金兵汹涌而来，神兵一触即溃，大半掉进护城河淹死。城门紧急关闭。郭京一看情形不妙，连忙说：“我必须亲自下去作法。”趁乱率余众亡命而逃。金兵顺势攻上城楼，占领宣化门。一时间城垣上的守军纷纷溃逃，金兵渐次从各个城门突入。

大宋臣民们各自迎来了他们的最终命运。统制官姚友仲死于乱兵；四壁守御使刘延庆夺门出奔，被金军追骑所杀；宦官黄经投火自尽；统制官何庆言、陈克礼、中书舍人高振拼死抵抗，连同家人一起被杀；张叔夜身负数创，率众力战……

然而败局已无法挽回。

金兵像洪水一样漫进了汴梁城……

宗翰和宗望登上汴京城楼，遥望笼罩在雨雪和战火中的大宋皇宫，相视一笑。

金人占领汴京外城后，再次抛出议和的橄榄枝。

钦宗命何栗出面谈判。在这一刻，我们这位坚定的主战派领袖、当朝首辅大臣却恐惧战栗，彷徨无措，良久不敢答应。吏部侍郎李若水破口大骂："致国家如此，皆尔辈误事！今社稷倾危，尔辈万死何足塞责？！"何栗不得已而上马欲行。由于浑身不停颤抖，几次跨不上马鞍。左右扶着他上去，才走到朱雀门，手上的马鞭就抖落了三次。

一路筛糠的何栗好不容易进入金营，宗翰和宗望笑着告诉他："自古以来有南就有北，二者都不可或缺嘛！今之所议，无他，割地而已！"并强调必须由徽宗上皇亲自出城请降。

何栗回报，钦宗闻言后决定亲往。何栗自以为不辱使命，庆幸不已，回城后呼朋引辈，设宴饮酒，终日笑逐颜开。

我们几乎不敢相信，眼前这个胆小如鼠、举止乖张的何栗就是短短二十多天前大义凛然的那个抗金斗士何栗。

在如此诡谲的世事和如此善变的人心面前，我们除了唏嘘之外，是否还应有所彻悟？！

不知你们作何感想，反正我算是忽然明白了——原来所谓的忠与奸、善与恶并不如我们所想象的那样泾渭分明、针锋相对，而是经常毗邻而居、有往有来；更有甚者，它们很可能同时居住在我们的内心。什么时候挂什么面孔，既取决于我们的良知，更取决于外在的时势；进而言之，我们在什么时候成为什么人，既取决于我们的道德感，更取决于我们的利益心。

后者往往比前者更强大。

换句话说，很多时候我们没有成为恶人，并不是我们内心的恶念不够多，而是因为外在的诱惑不够大。

当然，来自外在的不仅仅是利益和诱惑，经常也会有危险和逼迫。

何栗显然就是一个对外界可能具有的危险和逼迫估计不足的人，所以一旦面对，他那纸糊的大忠大善形象便摧枯拉朽，原形毕露。

依此类推，我们很多时候能成为善人，也并非因为我们的善念足够强大，而是外在的逼迫暂时还过于弱小。

你们说呢？

闰十一月三十日，钦宗皇帝带着何栗等人来到金营，在金人胁迫下拟就了一份降表，并北面向金称臣。金人张开了狮子口——除割让两河之地外，还须缴纳黄金一千万锭、白银两千万锭、帛一千万匹。钦宗黯然回城时，看见伫立在风雪中等他归来的百姓，忽然掩面痛哭，失声喊道："宰相误我父子啊！"

钦宗一边遣使赴河东河北交割土地，一边下令搜刮金银。可此时的汴京无论皇宫还是民间都早已财力枯竭。相关官员只好无所不用其极，上至皇亲国戚，下至福田院里的孤寡老人，一概不放过。百姓纷纷被逼自尽。即便如此，搜刮之数仍不及金人索要数之万一。此外，金人还索要少女一千五百人。很多少女不堪屈辱，纷纷投河自尽。人数不够，钦宗皇帝只好以自己后宫的嫔妃充抵。

赔款迟迟不能凑足，金人命钦宗再赴金营。

靖康二年（公元1127年）正月初十，钦宗赵桓进入金营。从这一天起，赵桓便从大宋的九五之尊沦为金人的阶下之囚。金人扣留钦宗后，宣布金银不足就不放人。至正月下旬，开封府费尽心机搜刮到金十六万两、银两百万两、衣缎一百万匹，仍然远远满足不了金人的要求。二月初六，金主下诏废钦、徽二宗为庶人，并强迫徽宗、太后、皇后、太子、诸王、王妃、公主、驸马等宗室之人全部进入金营。太子被掳时在车上哭喊："百姓救我！"吏部侍郎李若水与钦宗一起被囚禁，终日骂不绝口，被裂颈断舌而死，金人叹道："辽国之亡，死义者十数人，南朝唯李侍郎一人而已！"

由于连日的战乱、劫掠和搜刮，再加上持续不停的雨雪，以及突然暴发的疫病，汴京百姓无以为食，饿死、冻死、病死的人不计其数。

大宋的帝都中，到处都是冻得跟石头一样僵硬的尸体……

这就是"靖康之耻"。

这就是刻在每一个大宋臣民心头上的至深至痛的创伤。

从那个天崩地裂的早晨开始，这一幕王朝覆灭的惨剧便紧紧缠绕在我一生的记忆中。

北宋因何而亡？

是亡于君，还是亡于臣？

是亡于战，还是亡于和？

我不知道……

当我踯躅于靖康二年冬天那些奇寒的早晨中，看见天下最繁华的这座城市转眼沦为人间地狱，我的大脑和心灵便已僵硬得无法思考。

我张开迷蒙的双眼，看见这一季的冰霜正铺满在我一生的道路上。

我知道，未来的我每走一步，都将踩到靖康二年。直到有一天我能对自己说——瞧，北宋乃是因此而亡！

可究竟要到哪一天，我才能给自己答案？

八

靖康二年三月，金人终于图穷匕见，决意颠覆赵宋王朝。

最后的那几天里，金人一边在城中大肆劫掠，一边授意翰林承旨吴幵、留守王时雍等人集合百官推立张邦昌为帝。劫后余生的文武百官个个面无人色，一声也不敢吭。王时雍遂拟就一道议状，强令百官签署。张叔夜、孙傅等人拒不署名，立刻被押往金营。前宰相唐恪被迫签名之后，含恨自尽。

最后议状递到了我的手上。

我把目光落在赵宋王朝这一纸脆薄而沉重的死亡判决书上。我看了很久，始终没有接过王时雍手上的那管狼毫。

最后我抬头瞥了一眼王时雍那张表情复杂的脸，蓦然转身离去。

我手下的御史们纷纷跟在我身后，走进了御史台。

众人坐定之后，我许久不发一言。

监察御史马伸最终打破了沉默。他说：“吾曹职为诤臣，岂容坐视、不吐一词？！当共入议状，乞存赵氏！”

众人不约而同地把目光聚焦在我身上。

此时此刻，我的内心仿佛塞了一团杂草，又仿佛空无一物。

这场空前未有的剧变已经剥夺了我的思考力。可我的直觉告诉我，在这个大宋王朝的历史转捩点上，我既不能当李若水，也不能当王时雍。

一腔忠义的李若水，除了逞一时口舌之快，留下一个忠肝义胆的烈士之名外，对时局可有一丝一毫的助益？！

没有。

为虎作伥的王时雍，国难当头之际却甘当金人的奴才和帮凶，把屠刀架在自己的同僚和同胞身上，这种人非但为国人所不齿，而且一旦失去利用价值，最终也会被金人兔死狗烹。我能当这样的人吗？！

不能。

所以，我必须走第三条道路，发出我秦桧自己的声音。就在所有御史台官员的期许和注目下，我洋洋洒洒地写下了一封致金人和国人的公开信：

桧荷国厚恩，甚愧无报！今金人拥重兵，临已拔之城，操生杀之柄，必欲易姓，桧尽死以辨！非特忠于主也，且明两国之利害尔。赵氏自祖宗以至嗣君，百七十余载。顷缘奸臣败盟，结怨邻国，谋臣失计，误主丧师，遂致生灵被祸，京都失守，主上出郊，求和军前。两元帅既允其议，布闻中外矣；且空竭帑藏，追取服御所用，割两河地，恭为臣子。今乃变易前议，人臣安忍畏死不论哉？！

宋于中国，号令一统，绵地万里，德泽加于百姓，前古未有。虽兴亡之命在天有数，焉可以一城决废立哉？昔西汉绝于新室，光武以兴；东汉绝于曹氏，刘备帝蜀；唐为朱温篡夺，李克用犹推其世序而继之。盖基广则难倾，根深则难拔！

张邦昌在上皇时，附会权幸，共为蠹国之政。社稷倾危，生民涂炭，固非一人所致，亦邦昌为之也。天下方疾之如仇雠，若付以土地，使主人民，四方豪杰必共起而诛之，终不足为大金屏翰。必立邦昌，则京师之民可服，天下之民不可服；京师之宗子可灭，天下之宗子不可灭！桧不顾斧钺之诛，言两朝之利害，愿复嗣君位以安四方，非特大宋蒙福，亦大金万世利也！

此信一出，大宋臣民立刻称颂我为“赵宋忠臣”。

就是这封信，连同以前坚持主战的言行，最终为我博得了美好的声誉和必要的政治资本，使我日后从金国回到南宋时一下子就有了坚实的政治根基。

可我心里很清楚，我在这封信中所表达的观点和立场，绝非出于什么君臣大义，而是出于我现在所秉承的务实而稳健的处世原则。换句话说，我只是向天下人表明一个事实，那就是赵宋的都城虽丧，但是民心未亡。在此情况下，金人无论指定谁来组建傀儡政权势必都不能长久，到头来根本得不到任何利益。所以，与其扶持一个毫无根基的小朝廷来刺激抗金的情绪和行动，还不如仍然保留一个臣服于金的赵宋王朝，这样反而能获得实实在在的利益。我实际上向金人传达了这样一个信息：在金与宋之间，并非只有你死我亡这一种选择。也就是说，双方完全可以在适当妥协的基础上取得一种微妙的利益均衡。

日后我在想，金人正是从这封非同寻常的公开信中，看出了我与宋廷衮衮诸公的区别。正是这封信让他们逐渐意识到，也许在对宋的军事和外交政策上，这个叫秦桧的人能帮他们开辟一条崭新的途径，从而寻求一系列务实稳健而又切实可行的新政策。

所以，从某种意义上来说，这封信既为我自己最终成为“赵宋忠臣”画下了完美句号，也促使金人为我铺设一条无间道提供了理论蓝图。

它就像是一座里程碑。

当然，你们也可以称其为耻辱柱。

但是所有这些事情都是后来慢慢发生的。

当金人的前方二帅乍一看见这封信时，他们是不可能去想那么多的。他们当时的第一反应就是把我当成抗金派，不由分说地抓进了金营。

于是，继钦、徽二宗，所有宗室成员和一帮大臣之后，我也成了金人的阶下之囚。说实话，直到我枷锁披身、被金人掳掠着一路北上的那些日子里，我才真正体验到了一个亡国奴的痛苦、耻辱和辛酸。

如果说汴京陷落、家国覆灭留给我的只是凄楚的记忆，那么离乡去国、任人宰割的囚徒生涯就是我这一生中最为可怕的梦魇。

我对自己说——秦桧，你必须找到一条逃离梦魇的道路！你的一生不能就这么完了！

所以，无论当我日后走上无间道有多少复杂的动因，但是求生本能肯定是其中最不可忽略的一条——因为在那样的时刻，无间道就是我生命的出口，是我逃离绝望的唯一道路。

九

靖康二年三月底到四月初，我们这些被俘的赵宋君臣、宗室后妃，连同宦官宫女、倡优工匠等不下十万人，先后分成七批被押解北上。一路上遭受的凌辱折磨一言难尽。很多人死在了半道上，其中就有饿死的燕王赵俣、绝食而死的将军张叔夜，以及投水自尽的钦宗皇后朱氏。我随钦、徽二宗先是被押到燕京（今北京）、后又迁徙中京（今内蒙古宁城），并于第二年八月被迁至上京（今内蒙古巴林左旗南）。金太宗把徽宗封为昏德侯，把钦宗封为重昏侯，以此羞辱赵宋皇帝。

那些日子里，我们与故国音讯阻隔，根本不知道傀儡张邦昌只当了三十三天皇帝就迫于朝野压力自动下台了，而康王赵构也已于靖康二年的五月初一在应天府（今河南商丘）即位，并改元建炎。直到一个极其偶然的机会，徽宗从一张包茴香的黄纸上看见了“建炎”的南宋年号，才知道自己的第九子赵构已经成了新的大宋天子。徽宗悲喜交加、激动不已。他不但相信儿子赵构能够重整大宋河山，也相信自己最终能够回归故国。

因为“茴香”就是“回乡”，他觉得这是天意。

可是，这个天意到头来也只是徽宗的美妙幻想。

因为我们的高宗皇帝赵构自从登上宝座后，唯一盘算的就是如何与金人妥协议和从而保住自己的天子富贵，而不是光复河山、迎回父亲和兄长。

可对徽宗来说，大宋国祚的延续无疑为绝境中的他带来了一线希望。他以为大宋已经有了和金国重新谈判的筹码，遂草拟了一份新的和约，并命我加以修改润饰。

那一刻，我蓦然看见有一道微光从我那幽暗无望的囚徒生涯中闪过。

就是这道微光照亮了我生命的出口。

我紧紧抓住这个机会，在徽宗原意的基础上，对和约大加修改和润饰。于是在最终的定稿中便出现了一个事关宋金两国关系的全新提法——南自南，北自北。

这个提法所传达出的与众不同的立场和理念立即引起了金国高层的兴趣和关注。

完颜宗翰看完之后，结合当初的那封公开信，终于意识到这个秦桧绝非庸才。他预感到在未来的两国博弈中，这个秦桧很可能会派上大用场。宗翰立即召见了我，大表赏识之后，赐我钱万贯、绢万匹，并引荐我觐见了金太宗。

金太宗也对我表现出了非同一般的青睐。一番客套和勖勉之后，又把我介绍给他的弟弟完颜昌，让我在他的帐下供职。我知道，这是金国皇帝要对我进行观察和考验，以备必要之时委以大任。所以我拿出了比当初在宋廷时更为巨大的热情和敬业精神走上了新的工作岗位……

似乎要到好些日子之后，我才会在夜半梦醒的时候突然间心惊不已、汗流满面。

至今我犹然记得那些夜晚，我蓦然翻身坐起，长久地凝视着床前那一地惨白的月光，恍惚不知自己是谁、此地何乡、今夕何夕？

我不停地问自己——我怎么突然就走到了这一步？

一种典型的背叛家国的行径为何竟被我自己解读成了“新的工作岗位”？

从一个“赵宋忠臣”到一个金国鹰犬的角色转变，为何会如此不着痕迹、轻松自如？

这一切为什么发生得如此自然，以致连我自己都毫无察觉？

想象中的那些彷徨、犹豫、痛苦、挣扎、焦灼不安、自我分裂为什么居然都没有发生？！

我为自己的悄然蜕变而悚然心惊，并且百思不得其解。

终于有那么一天，仿佛是电光石火的一刹那，我恍然大悟——原来这一切早就发生了！

我不得不承认，我对自己的了解事实上远远滞后于我对自己的颠覆。

也许就在完颜宗望第一次兵临汴京城下，而我一边看着首鼠两端的钦宗皇帝一边心寒不已的时候，这一切就已经注定了？

或者稍晚一点，随着忠臣李纲一次次遭到掣肘、排挤和陷害，而我对时局的勘破也日渐透彻的时候？

抑或再晚一点，当汴京在金人的蹂躏下变成一座地狱，而我则痛切地发现世上没有任何一种东西比和平更为宝贵的时候？

还是一直到我成为金人的俘虏，失去了一个人最起码的自由与尊严，我只好告诉自己要不惜代价自我拯救的时候？

……

无论如何，可以肯定的一点就是既然世界早已不是当初的世界，那我当然也早已不是原来的我。

从建炎元年（公元 1127 年）十二月开始到建炎四年（公元 1130 年）之间，金人对南宋发动了全面战争，试图趁赵构即位之初、立足未稳而一举将南宋吞并。金军数度大举出征，长驱南下。兵锋所及之处，北自黄河南至江淮、东起齐鲁西至陕西的南宋大片国土纷纷沦陷。金人甚至一度深入江西、浙江等地。高宗赵构在金兵的追击下一路仓皇南逃，先后从扬州逃到镇江、江宁（今江苏南京）、杭州、越州（今浙江绍兴）、明州（今浙江鄞县），最后又东逃入海。金国四太子完颜宗弼以锐不可当之势在其后穷追不舍，甚至以舟师入海追击了三百里。但是宗弼孤军深入，而且暑热将至，终究不敢恋战，遂于建炎四年三月撤军北还。

与此同时，进攻中原的其他各路金兵虽然攻城略地、所向披靡，但是也遭到以宗泽、韩世忠、岳飞等将领为首的南宋军民的顽强抵抗。金军战线过长、兵力分散，不但其强大的攻势不能持久，而且无法在其所占领的城邑长期立足。金廷很快便发现，这广袤的占领区和众多城邑逐渐变成了他们的负担。他们付出了很大的代价，所收获的利益却根本达不到他们的预期。金人终于意识到，要单纯依靠战争手段在短期内灭亡南宋几乎是不可能的。

于是他们不得不谋求新的对宋战略。

首先他们再度采用了“以汉制汉”的策略，就跟当初扶持张邦昌建立“大楚”政权一样，于建炎四年九月扶立原宋朝济南知府刘豫在河北大名府重建了一个傀儡政权“大齐”，以此统御山东、中原和陕西等地，消灭两河一带的抗金力量，并进而威胁南宋。

走完了这一步，金人接下来要实施的，就是“以和议佐攻战”的对宋新战略。

而我秦桧则当之无愧地成了他们这一战略的最佳执行人。

于是，自靖康二年到建炎四年，从大宋政治舞台上消失了三年多的我——就在这微妙的历史时刻重新粉墨登场了。

建炎四年夏，我以军事参谋兼随军转运使的身份随同完颜昌南下围攻楚州（今江苏淮安）。这一次南下，我已经肩负了一项特殊而重大的秘密使命。

换句话说，从跟随完颜昌的大军开出上京的这一刻起，我便正式走上了一条从金国朝廷直通南宋朝廷的无间道。

金国高层决意将我作为一枚钉子，悄悄钉在南宋王朝的心脏上。

我的使命便是利用此次随军南下的机会，以一个掩人耳目的办法脱身，然后潜回宋廷，并尽可能打入南宋的权力中枢，最终全力以赴配合金国“以和议佐攻战”的新战略。

当然，我并不完全是金人手中的提线木偶。我之所以接受这项使命，固然有一些迫不得已的因素，但是最主要的是这项使命与我“南自南，北自北”的想法完全一致。所谓“南自南，北自北”，顾名思义，就是南方归于南宋，北方归于金国。也就是南宋承认中原地区业已沦陷的既成事实，以退守半壁江山为代价，换取宝贵的和平与休养生息的机会；而金国则放弃以武力征服南宋的企图，换取宋廷向其纳贡称臣的实惠和利益。

当然，如果有机会的话，南宋还是要尽可能通过外交手段收回中原的失地。

我这个南北分治的主张之所以能成为此后宋金两国和议的理论基础，而且成了日后我与高宗默契于心的一贯政策，正是因为它符合各方的利益。我不敢夸口说宋金两国从此便能“化干戈为玉帛”，但最起码，未来的南宋因此而获得了二十余年的短暂和平。

当然，我并不能因此否认我变节投敌的事实。

十

建炎四年九月底，完颜昌攻破了楚州。

在一片兵荒马乱之中，我携家眷和手下，带上金银细软，按照预定计划“悄悄”摆脱了金人，“夺取”了一条船，从水路出发急速向南而行。

十月初二，我们的船出现在距楚州六十余里的南宋涟水军驻地孙村。宋军水兵发现了来历不明的五男二女。那就是我和妻子王氏、一仆一婢，还有一直跟随我的两个老部下翁顺和高益恭，另外一个就是船夫孙静。

我向他们表明了身份。我说我就是前御史中丞秦桧，自汴京陷落后为金人所掳，此番被迫随金军南下，趁乱杀了看守而逃亡归来。水军都是当地乡民，根本不知道秦桧是谁。他们满腹狐疑，只好把我们一行人带到水寨统制丁禩的帐下。这丁禩也对我们疑心重重，他的部下刘靖甚至觊觎我随身携带的财物，想杀了我。所幸丁禩的幕僚王安道和冯安义了解我过去的身份，因而力保。丁禩思前想后，最后决定由王、冯二人陪同我前往越州的天子行在，由朝廷定夺。

一个从绝境中走出来的人，还有什么是不能面对的？

建炎四年十一月初五，我们由海道顺利抵达其时已升格为“绍兴府”的越州。我向朝廷重述了我的逃亡经过。

不出所料，相当一部分朝臣对此颇为怀疑。

他们的理由是一、当初与秦桧一同被俘的大臣还有何栗、孙傅、司马仆等人，为何只有他一人脱身？二、从燕京至楚州长达二千八百里，逾河越海，一路上岂无盘问之人？秦桧如何能轻易杀掉看守而从容脱逃？三、就算如秦桧自己所言，他是被迫充任随军转运使的伪职才得以南下，但是金人若无纵归之意，必将其家属扣为人质，岂能容他偕家同归？四、若秦桧等人是趁乱南逃，那么仓促之间，怎么可能从容携带金银财物？

应该说，朝臣们的怀疑是很有道理的，若真正追究起来，我也很难自圆其说。

可我仍然信心十足。首先因为我相信，我在靖康年间的主战言行仍然为多数朝臣所记忆犹新，更重要的是，我在城破国亡的时刻不顾个人安危极力坚持保存赵宋，这在任何时候都是我的光环和护身符。其次，时任宰相的范宗尹和知枢密院事李回虽然一贯是主和派，但我一直和他们保持着相当友善的关系。关键时刻，我知道他们会替我说话。最后，也是让我胸有成竹的一点就是此时的高宗皇帝需要我。

凭我对钦、徽二宗的了解，我就能对赵构目前的心态了如指掌。

我知道，我们的皇帝赵构现在谈“金”色变，一心只想着议和。他目前急需有一个人来替他铺设一条宋金和议的桥梁。

而这个人就是我。

就像我说的那样，范、李二人非常欢迎我的归来，他们制止了朝臣们对我的猜测和议论，于十一月初六让我到政事堂会见了其他几位当朝大员。经过一番沟通，他们终于打消了疑虑，并且安排我次日觐见天子。

建炎四年十一月初七，我生命中最重要的一个日子。从这一天开始，我前半生所有的困厄、梗阻、曲折、沉浮至此宣告终结，而后半生的仕途辉煌就此开场。

我踌躇满志地来到天子行宫，看见一个时代的大门正为我訇然洞开。

几年不见，当年的康王赵构、此刻的大宋天子仍然是一副清癯白皙的书生之相。连年的颠沛流离和忧愁恐惧显然没有在他脸上刻下多少痕迹。

可我知道，这些东西全刻在他的心上。

短暂的寒暄之后，皇帝赵构立刻直奔主题，问我对时局的看法。

我微笑地迎着天子企盼的目光，说——如欲天下无事，须得南自南、北自北。

我还需要说得更多吗？

不需要。

因为从天子赵构的目光中，我已经读出了一份发自内心的赞赏与共鸣。

第二天皇帝就对宰相说：“秦桧朴忠过人，朕得之喜而不寐！既得到了二帝和母后的消息，又得到了一位贤士！”

我早就说过，皇帝需要我。

几天后皇帝就给了我一个“试礼部尚书”的职位。宰相范宗尹本来还有些顾虑，皇帝却非常爽快。除此之外，随我南归的两个部下、送我回朝的涟水军统制丁禩、其幕僚王安道和冯安义等人都被授予了京官，甚至连船夫孙静都被封为“承信郎”。由此可见，皇帝赵构对我的归来是何等地高兴和重视。

我上书请辞，声明自己回来只是为了奏报两宫安好的消息而已，如今心愿已了，再无他求，愿以原职致仕。可皇帝不准。

他当然不会准。

做梦都盼着我这种人的出现，他怎么舍得放我走？

我回到南宋朝廷的三个月后，即绍兴元年（公元 1131 年）二月，高宗擢升我为参知政事，让我进入了朝廷的权力中枢。对于朝中百官而言，我这个过了气的前朝御史中丞突然蹿得这么高，简直令他们有些匪夷所思。

不过对我来说，这还远远不够。

要实现我的使命，我必须攀上那个最高的职位——宰相。

可范宗尹如果不下来，我就上不去。

我焦急地等待着机会。

这年夏天，范宗尹突然向皇上提出，要检讨徽宗崇宁、大观年间蔡京当国时的滥赏问题。我本来也附和范宗尹。可我很快就发现天子根本无意于去翻这些陈年旧账，对范宗尹的提议显得很不耐烦。我终于知道机会来了，于是转而在天子面前暗示范宗尹已经年老昏聩，实在难以担当宰执之责。天子闻言，亦深有同感。

七月，皇帝果然罢免了范宗尹。此后一个月的时间里，相位空无一人。

我知道，那个位子非我莫属。我当即迫不及待地放出了一个耸人听闻的言论。

我逢人便说：“我有二策，可耸动天下！”

听者问我：“何以不言？”

我说：“方今朝廷无相，不可行也。”

绍兴元年八月二十三，天子终于下定决心，拜我为尚书右仆射、同中书门下平章事兼知枢密院事，与吕颐浩同时入相。

我如愿以偿地笑了。

可出乎意料的是，这吕颐浩竟然是个强硬角色，而且还倾向于主战，与范宗尹根本不可同日而语。从我们同登相位的那一天开始，我和他之间的明争暗斗便一刻也没有停止过。

仅仅一年之后，我们便决出了胜负。

我断然没有想到——输的竟然是我。

十一

我拜相后立即抛出了“耸动天下”的二策——南人归南，北人归北。具体言之，就是原籍在北地的南渡之人就回到中原地区去，而在北方的南人也应回到原籍。乍一看，这似乎是“南自南、北自北”的老调重弹。实际上没这么简单。因为前者只是一个笼统的纲领，而后者则是具体的执行政策；前者只是消极被动地承认沦陷的现状，而后者则是积极主动地贯彻南北分治的国策。换句话说，南北之人各回原籍之后，就从根本上杜绝了南人北伐、收复河山的意图，也能消除金人南侵的借口，从而消弭战端，确保宋金之间相安无事，最终促成和平的实现。

然而这是一个不合时宜的政策。

事后我反省自己落败的原因，四个字——操之过急。它表现在以下三个方面。

其一，我既然反对用军事手段收复失地，那就应利用外交手段去收复。可我刚登相位、立足未稳，宋金局势又还没发展到那一步，我还施展不开手脚。在此情况下抛出这个政策，就会严重打击主战派光复河山的斗志，因此必然招致人们的反对。

其二，我的实力远逊于对手。吕颐浩在朝中有着根深蒂固的势力，而我刚刚回朝根基不稳。所以吕颐浩紧紧抓住我这个不合时宜的政策，对我发起了致命一击。他授意殿中侍御史黄龟年弹劾我专主和议，阻挠和打击宋人光复河山的决心和士气，而且植党擅权；他们甚至在奏书中把我比作王莽和董卓。

其三，我忽略了一个重要的事实，那就是——此刻朝堂上绝大多数都是南渡的北人。在中原收复之前，我的政策显然极大地伤害了人们的感情。而头一个被我伤害的就是大宋天子赵构。

当然，我落败的另一个重要原因是天子也跟我一样——犯了操之过急的毛病。他求和心切，恨不得一天之间就与金人达成永久的和平。可事情又不像他所想的那么简单。我需要等待各种条件成熟，才可能启动和议。可天子等不了。

就在将我罢相的前一天，高宗赵构忍不住对直学士綦密礼说出了心里话："秦桧言'南人归南，北人归北'，朕就是北人，要归往何处？秦桧又言'为相数月，可耸动天下'，如今究竟哪里耸动了？"

绍兴二年八月二十七，我第一次的宰相生涯以一年零四天而告终。皇帝把我贬为观文殿学士、江州太平观提举。皇帝还让綦密礼把他说的那些话记录下来，在朝堂上张榜公布，表示永不复用的意思。

可我并不感到沮丧。

因为我知道——我会回来的。

以宋之国力，绝对不可能在对金战争中取得最终胜利；而皇帝赵构又随时随刻盼望着坐到议和的谈判桌前——在此情况下，南宋的朝廷和天子怎么离得开我呢？

所以，我在赋闲的那几年里一直显得从容不迫，而且意兴悠然。我一边观望着战局的发展和时局的演变，一边胸有成竹地等待着那一纸复相诏书的到来。

我相信，那一天不会太远。

从建炎年间到绍兴八年（公元 1138 年）我复相为止，整个天下的战局错综复杂，形势瞬息万变。总共有三个政权和四种军事力量一直处于混战和拉锯状态中。除了宋、金和伪齐这三个政权外，中原地区又民变四起、盗寇蜂拥。南宋军队要同时与女真、刘豫和群盗这三方敌人作战，其艰难情状可想而知。

在其时的中原主战场上，有四位将帅相继成为南宋前线的中流砥柱，他们是岳飞、韩世忠、张浚和刘光世。其中尤以岳飞的战功最为卓著。第一阶段战役，岳飞等人先后平定了李成、张用、孔彦舟、范汝为、曹成、刘忠、杨么等大股盗寇，至绍兴四年（公元 1134 年）基本上荡平了内乱。岳飞等人遂请旨北伐中原、收复失地。自绍兴四年起，赵鼎、张浚入相，二人都是主战派，高宗赵构在朝野的一致影响下遂决意讨伐伪齐，与刘豫和金人展开第二阶段的中原大决战。

绍兴四年十月，韩世忠在大仪（今江苏仪征东北）大破金兵。十二月，完颜昌与完颜宗弼两路大军与韩世忠在泗州（今江苏泗洪东南）一线对峙。眼看大战一触即发，金军却在一个风雪之夜悄然引兵北还。刘豫的两个儿子亦随之仓皇北撤。原来此时的金太宗吴乞买已经病危，所以完颜昌与完颜宗弼都急于回国参与政权交接。次年正月，金太宗卒，由金太祖之孙完颜亶继位，是为金熙宗。此后的金朝发生了一连串的权力斗争，无暇南征。

绍兴五年（公元 1135 年），南宋一边与刘豫对峙于淮水，一边趁此时机积极部署。绍兴六年（公元 1136 年）夏，岳飞屯兵襄阳，韩世忠屯兵楚州（今江苏淮安），张俊屯兵盱眙，刘光世屯兵庐州。岳飞自襄阳进兵收复了蔡州（今河南汝南），随后又数战皆捷。高宗赵构在众将陈请下亲临平江（今江苏苏州）以励士气。刘豫惶恐，急向金熙宗求援。而此时金朝的权力格局已非同往日。刘豫本由完颜昌扶立，其后却极力攀附权倾一时的完颜宗翰，完颜昌对此怀恨在心。金熙宗即位后担心宗翰擅权，便与完颜昌、完颜宗磐、完颜宗弼等人联手将他逼死。宗翰一死，刘豫就失去了在金廷的保护伞。所以当金熙宗向时任宰相的完颜昌与完颜宗磐询问是否出兵援助刘豫时，完颜昌极力指责刘豫，毫不掩饰他的厌恶之情，而完颜宗磐也说："当年之所以册立刘豫，是为了利用他来牵制南宋，我们便能按兵息民，而今他进不能攻、退不能守，反而兵连祸结，已经成了我们的负担，要他又有何用？"

于是金朝决定作壁上观，只派遣完颜宗弼领兵进驻黎阳（今河南浚县西南），做出声援之势，实际上是在观望。刘豫无奈，只好倾巢出动，于绍兴六年十月发兵三十万，分三路进攻宋军。结果三路皆败，伤亡惨重。刘豫再度求援。金主大怒，于绍兴七年（公元 1137 年）闰十月命完颜昌与完颜宗弼率兵直扑汴京，废黜了刘豫，另于汴京设立行台尚书省，事实上就是取消了伪齐政权，将其降格为金朝辖下的一个行政区。

刘豫一废，岳飞和韩世忠立刻上疏朝廷，请旨北伐、光复中原。

然而，此时此刻我们的高宗皇帝已经再次把目光转向了议和。

因为金廷终于向赵构抛出了他多年来梦寐以求的橄榄枝。

数年来，高宗赵构从未中断向金国派遣议和使臣，可让他失望不已的是，大多数使臣基本上有去无回，通通被金人扣留。金人偶尔也会放回一两个，并派出一些谈判使节至宋，但是高宗始终犹豫不决。因为金人的议和条件相当苛刻，而南宋军队在战场上也逐渐扭转了劣势，所以朝中反对议和的声音也越来越强，致使和谈一再搁置。

然而这一回不同了。

高宗于绍兴七年三月派出的使臣王伦在这一年十二月带回了一个令他振奋不已的消息——金人愿意奉还梓宫、太后和原属刘豫的河南之地。

所谓“梓宫”，指的是已卒于五国城（今黑龙江依兰）的徽宗之灵柩，而“太后”便是高宗赵构即位后将其遥尊为“皇太后”的生母韦贤妃。王伦还向高宗转达了完颜昌亲口说的话：“自今以后道路再无壅阻，和议可以平达了！”高宗闻言大喜，说：“若金人能从朕所求，其余一切非所较也！”

而这个时候，我也早已随着高宗和朝廷议和倾向的重新抬头而成了枢密使。

我相信，随着和谈局势的发展，我很快便能重返相位。

十二

绍兴八年（公元 1138 年）三月，不出我所料，高宗下诏让我再度出任宰相，与赵鼎同列。

五月，金廷的议和使臣乌陵思谋等人来到临安（今浙江杭州）。我在高宗的授意下，对他们礼遇甚隆，并准备从朝臣中选派几位代表随同我与他们进行秘密磋商。我点名让吏部侍郎魏矼参与。魏矼却说：“我过去当御史时就反对议和，而今不能在谈判桌上面对他们。”我问他为什么反对议和，魏矼侃侃而谈，分析了一大通“敌情”给我听，实际上都是一些老生常谈，并没有什么新鲜见解。我忍不住笑着对他说：“公以智料敌，桧以诚待敌。”

没想到魏矼硬生生顶了我一句：“在下是担心敌人不以诚待相公啊！”

我笑而不语，随即取消了他的代表资格。

六月，乌陵思谋入朝与我举行了多次磋商，达成了一些初步共识。高宗心中甚喜。可此次和谈遭到了赵鼎、王庶和张九成等多位大臣的强烈反对。于是高宗找了个机会，当着宰执们的面，面露忧色地感叹道：“先帝的灵柩如果能归来，就算再等两三年也无不可。只是太后年事已高，朕一天到晚思念她，总想早一天见到她。这就是我不怕委屈自己，也希望和议能迅速达成的原因啊！”

我看见赵鼎等人面无表情，不置一词，连忙说：“屈己议和，这是人主之孝；见主卑屈，义愤难平，这是人臣之忠！”

高宗瞥了宰执们一眼，说：“虽然如此，可有备才能无患。和议固然要促成，可边备也不得松弛。”

我频频点头称是。

自始至终，赵鼎等人都不发一言。

可高宗和我都觉得无所谓。本来我们唱这出双簧，就是跟他们打声招呼而已。现在目的达到了，他们保持沉默更好。

绍兴八年七月，高宗和我再遣王伦使金，带去了宋廷的和谈决议。

十月，金廷任命张通古和萧哲为“江南招谕使”，作为正式谈判代表与王伦一起南下，准备开启宋金两国的正式和谈。在金使到达之前，我郑重其事地对高宗说：“群臣畏首畏尾，多持两端，此不足与断大事。若陛下决欲讲和，乞请由臣专主其议，群臣一律不得干预！”高宗马上说：“朕专委卿。”

我略微沉吟，说：“陛下若恐不便，可更思三日，容臣再奏。”

三天后，我再问高宗的意思，他还是表现得既坚决又迫切。可我不急，我还是那句话，让他再考虑三天。

又过了三天，我看见皇帝几乎是死心塌地了，才正式呈上由我专主和议的奏章。

十月二十一日，眼见和议已成定局的赵鼎无奈地向高宗请求致仕，黯然离开了相位。

赵鼎一走，我顿觉浑身清爽。

另外还有几根刺，我也认为有必要一一拔除。可我还是给了他们最后的机会。我对礼部侍郎兼代理尚书张九成说：“且与桧同成此事，如何？”张九成说：“事若可行，九成毫无异议！只是不愿苟且偷安而已。”

我笑笑，说：“人立于朝，大抵须优游委曲，乃能有济。”

这句话绝对是我的肺腑之言。

早在靖康年间我就已经明白了，富有弹性的柔弱，远比一意孤行的刚强更适合在南宋的朝堂上立足，也更适合在这个险恶的世界上生存。

张九成说：“未有枉已而能正人者！”

我心里苦笑，像他们这样简单的大脑显然理解不了我的处世哲学。

几天后，我就把张九成撸了。同盟者都出局了，枢密副使王庶不免唇亡齿寒，几天后也主动请辞，称疾而去。我随后便援引了赞成和议的孙近为参知政事。

随着和谈日期的临近，朝野上下按捺已久的反和情绪突然爆发。臣民们风闻大宋天子此次和谈必须向金使跪受诏书，痛感奇耻大辱，猛然掀起了巨大的抗议浪潮。首先帝国的几大军事统帅就发出了强烈的反应。其时已官拜太尉、驻兵鄂州（今湖北武昌）的岳飞上疏高宗，说：“金人不可信，和议不足恃！相臣谋国不臧，恐贻后世之讥！”时任京淮宣抚使的韩世忠也连上四疏，称“金人把我们当成了刘豫”；并表示若战端复开，军事重责可由他“亲身当之”。人在永州（今湖南零陵）的张浚更是上疏十余次，极力反对。

与此同时，朝臣们也是一片愤慨之声。其中尤以枢密院编修官胡铨所上的奏疏措辞最为激烈，矛头虽直指王伦、孙近和我，实则亦在抨击高宗：

> ……夫三尺童子，至无知也，指仇敌而使之拜，则怫然怒；堂堂大国，相率而拜仇敌，曾无童稚之羞，而陛下忍为之耶？伦之议乃曰：“我一屈膝，则梓宫可还，太后可复，渊圣（钦宗）可归，中原可得。”呜呼！自变故以来，主和议者，谁不以此说啖陛下哉？然而卒无一验，则敌之情伪已可知矣。陛下尚不觉悟，竭民膏血而不恤，忘国大仇而不报，含垢忍耻，举天下而臣之甘心焉。就令敌决可和，尽如伦议，天下后世谓陛下何如主也？况敌人变诈百出，而伦又以奸邪济之，则梓宫决不可还，太后决不可复，渊圣决不可归，中原决不可得！而此膝一屈，不可复伸；国势凌夷，不可复振。可为恸哭流涕长太息者矣！……臣窃谓不斩王伦，国之存亡未可知也。虽然，伦不足道也，秦桧以心腹大臣而亦然。陛下有尧、舜之资，桧不能致陛下如唐、虞，而欲

导陛下为石晋……顷者孙近附会桧议，遂得参知政事。天下望治有如饥渴，而近伴食中书，谩不敢可否一事，桧曰："敌可讲和。"近亦曰："可和。"桧曰："天子当拜。"近亦曰："当拜。"

臣备员枢属，义不与桧等共戴天日，区区之心，愿断三人头，竿之藁街！然后羁留敌使，责以无礼，徐兴问罪之师；则三军之士，不战而气自倍。不然，臣有赴东海而死，宁能处小朝廷求活耶？

这篇奏疏写得慷慨激昂，可谓难得一见之雄文，连我看了都不免悚然动容。然而，意气风发就能富国强兵吗？文采斐然就能拯民于水火吗？搞政治需要的是头脑和策略，不是热情和空言。胡铨的文采即便能著称于后世，可他的仕途恐怕要终止于当下了。

我立刻上奏皇帝，说："臣闻胡铨上疏，极尽诋毁之能，这恐怕是臣等识浅望轻，无以取信于人之故，伏望陛下早赐诛责，以孚众听。"我做出了请罪的姿态。高宗连忙下诏安抚："卿等所陈之论，并无过谬。朕志坚定，宜择其可行者行之。朝野难免会犹疑，而道听途说者更未能详于本末，致使小吏诋毁大臣。此事久将自明，卿等何罪之有？！"

几天后，胡铨以"狂妄上疏，语言凶悖"的罪名被高宗和我撵出朝廷，永不叙用。

可我没想到，一个胡铨刚走，更多的胡铨又站了出来。司勋员外郎朱松等六人又联名上疏对我发出弹劾：

金人以和之一字，得志于我者十有二年，以覆我王室，以弛我边备，以竭我国力，以懈缓我不共戴天之仇，以绝望我中国讴吟思汉之赤子，以"诏谕江南"为名，要陛下以稽首之礼。自公卿大夫至六军万姓，莫不扼腕愤怒，岂肯听陛下北面为仇敌之臣哉？天下将有仗大义、问相公之罪者！

看到奏疏，我苦笑不已。

所谓"诏谕江南"，意思就是由金人下诏册封赵构为帝，所以需要高宗赵构行人臣之礼跪地接诏，这当然是令人无法容忍的。事实上自从宋使王伦陪同金使南下的那一刻起，我就已经在考虑如何应对这个问题了，并不需要等到大宋臣民们的口水把我淹没才唤醒我的思考。我真正想达到的目的是既迎回梓宫和太后，又不费一兵一卒收回河南与陕西失地，并且又不让高宗皇帝向金使跪地接诏、屈节称臣。

这才是我的艰难所在。

绍兴八年岁末的这些日子，我在举国上下的口诛笔伐中艰难地思考着。

此时此刻，与其说我是得意扬扬地行进在无间道上，还不如说我是战战兢兢地在高空中走索。

金使抵达临安的前几天，我向高宗提出，金廷所封的使节名称问题很大，应该与他们磋商，把“江南”改为“宋”，把“诏谕”改为“国信”，即国与国之间的平等文书，并且不让天子出面接受他们的册封。所有这些，都应在和约签署前对他们事先声明。高宗满意地点头，说：“朕受祖宗二百年基业，为臣民推戴，已逾十年，岂肯受其封册？”

不受金人封册，在天子是一句话的事，可在我就是头痛的大问题了。

我到底该怎么走过这条艰难的高空之索？

十三

绍兴八年十二月二十四日，金使抵达临安，下榻于左仆射府邸。

和谈在即，已经没有多少时间让我反复斟酌了。

我的思考进入最后的倒计时。

把“江南”改为“宋”，把“诏谕”改为“国信”，在我看来问题不大。毕竟金使张通古和萧哲自进入宋境以来，也切身感受到了南宋军民对他们的愤慨和仇视，在此情况下他们不能不担心自己的生命安全，如果他们一味坚持强硬态度，导致和谈破裂，首先南宋军民就会把他们生吞活剥了，所以这一步容易实现。

真正棘手的问题是接下来，要由谁去拜受国书？

如果不让天子出面，那么这个拜受国书的人只能是我。

我倒不会吝啬自己的这一跪。很久以来我就不太看重这种所谓的“荣辱”了，我更关心的是如何不择手段地达成和平。为了宝贵的和平，我完全可以牺牲自己膝下的黄金。真正让人绞尽脑汁的问题在于：要以什么样的借口迫使金人在这一关键点上妥协？

这必须是一个既让金使无力反驳，又让他们回国后可以交差的借口，那么，这样的借口在哪儿呢？

有一天我与给事中楼炤闲谈，说着说着他无意中蹦出一句话，让我突然间豁然开朗。

他说的是《尚书》和《论语》中的一句话："高宗谅阴，三年不言。"

在那电光石火的一瞬间，笼罩在我心头多日的阴霾顿时一扫而空。

所谓"高宗"指的是殷商国王武丁，"谅阴"指的是武丁为父王小乙守丧时居住的"凶庐"。这个典故的意思是说，嗣君武丁为先王小乙守丧三年，其间不问朝政，百官全部听命于宰相。而我们的先王徽宗虽然早已于绍兴五年病逝于五国城，但是高宗赵构听到父丧的消息也不过才数月，此时我们的高宗虽不必像商朝的高宗那样守丧三年，但守几个月总是合情合理的吧？

还有什么比这更为绝妙、更有说服力的借口呢？

我即刻授意王伦代表我和朝廷与金使谈判，以上述借口迫使他们让步。我特意向王伦强调的一点是，关键时刻就以大宋臣民对他们的敌意进行威胁，必要的话就恐吓一下。王伦心领神会。果不其然，虽然金使张通古和萧哲听完后颇不情愿，但是一想到自己身陷险境，只好妥协。

为了争回一点面子，他们强调拜受国书时必须由宰相领着所有当朝大员前往。

这个条件我欣表同意。

这还不简单？

找一群八、九品的小吏披上一、二品的朝服，不都成"大员"了吗？

早在靖康年间我们就这么干过了，何妨再来一回！

绍兴八年十二月二十八日，离新年只剩下短短的几天。我以暂摄国政、总领百官的冢宰身份，率领一大批文武"大臣"前往左仆射府邸，正式跪受金使的国书。

当我双膝一软伏地而拜的那一刻，我知道历史将把这一幕永远定格。

我预感到无论时光如何流转，世事如何变幻，我在后人的心目中将再也不能直起腰身。

可我认为这绝对值得。

因为很久以来我就已经是一个务实的人。

当我接过国书、重新抬起头来的时候，我看见新年的第一缕阳光即将从浓厚的云层中穿射而出。

我企盼它从此能普照命运多舛的大宋王朝。

然而，和平只维持了短短的一年多，墨迹未干的盟约便被幡然撕破，金人铁蹄再度南下，战争和死亡的阴云重新笼罩在人们头上……

这是我万万没有料到的。

绍兴九年（公元 1139 年）正月，宋金和议突破重重阻力终于圆满达成。和议约定，宋朝每年向金输送“银五十万两、绢五十万匹”的岁贡；而金国则奉还河南、陕西之地，并送回徽宗灵柩、钦宗和韦太后。天子欣喜万分，下诏布告中外，大赦天下，并再遣王伦为“迎奉梓宫、奉还两宫、交割地界使”，以蓝公佐为副使，负责北上落实盟约。

至是年三月，东京汴梁、西京洛阳、南京应天（今河南商丘）等中原失地相继交割完毕，南宋任命的军政官员亦先后到任，一系列重建家园的工作也开始启动。河南故地的百姓纷纷喜极而泣。在这片土地上燃烧多年的兵燹战火，似乎就此熄灭了。

所有人都祈求它永远熄灭。

然而，世事难料。

这一年七月，金国高层突然爆发了一场流血政变。原本力主和议的宰相完颜昌与完颜宗磐遭鹰派人物完颜宗弼等人陷害，以“叛国谋反、擅议割地”的罪名被先后诛杀。此后宗弼迅速上位，以右副元帅晋位为都元帅，并进封越国王，总揽了金国的军事大权。

实际上这只是金国内部的一场权力斗争。可问题是“宋金和议”不幸成为鹰派人物对付政敌、急于搏出位的把柄和借口。

所以，当第二年金人败盟、大兵压境的消息传到临安，我只能面朝苍天，良久无语。

历尽艰辛重新获得的失地与和平就这样在一夜之间付诸东流、化为乌有。

我只能说——这是天意。

除此之外，我还能说什么？

绍兴十年（公元1140年）五月，完颜宗弼悍然撕毁盟约，兵分四路呼啸南下，一路进攻陕西，一路进攻山东，一路进攻河南，宗弼亲率精锐骑兵直扑汴京。转眼之间，东京、西京、南京等河南故地再度沦陷。

南宋帝国重新进入了艰难的抗战时期。

被后人称颂为民族英雄的岳飞——就是通过这场战争达到了他军事生涯的辉煌顶峰，从而成为一个民族的精神象征永远镌刻于青史之中。

然而，他太过伟大了。

一个过于伟大的人只适合活在纯粹而永恒的历史中，不适合活在复杂而现实的世界里。因为很多人不堪忍受他那刺目的光芒。他的光芒只适合让后人透过岁月的烟尘遥遥仰望，而不适合同时代的人近距离地正视。

尤其无法让一个皇帝正视……

十四

绍兴十年六月，完颜宗弼占领汴京后迅速南下，大军前锋直抵顺昌（今安徽阜阳）。其时屯兵顺昌的西北名将刘锜亲率敢死队五百人击退金兵前锋，并向宗弼下了一道战书。宗弼大怒道："以我兵力，击破顺昌如以靴尖踢倒耳！"数日后双方在顺昌城下展开激战。

就是这一战，让不可一世的完颜宗弼遭遇了自与宋朝开战以来的第一次惨重失败。

刘锜大破金兵，砍杀数万人，宗弼的精锐丧失十之七八，只好退守汴京。

与此同时，岳飞挥师北上，其帐下将领牛皋与孙显二部首战告捷，分别于汴京西面和陈、蔡州界大败金兵。

闰六月，张宪部克复蔡州（今河南汝南）、颍昌（今河南许昌），随后与牛皋会师克复陈州（今河南淮阳）；王贵部收复郑州；此外，梁兴奉岳飞之命联络河南各地义兵，亦占领多处州县。岳家军所到之处，连战皆捷，一时中原大振。

七月，岳飞亲率骑兵进驻郾城。宗弼闻讯，急率主力进逼郾城，准备集中优势兵力与岳飞进行决战。岳飞命其子岳云率骑兵冲锋，并下死命令："不胜，先斩汝！"岳云身先士卒冲入敌阵，斩杀甚众。宗弼打出王牌，命劲旅"铁浮图"一万五千骑投入战斗。所谓"铁浮图"，即士兵皆头戴铁盔、身披重铠；亦称"拐子马"，即三骑相连贯以铁索，战时齐头并进，其势锐不可当。岳飞命步兵以长柄麻扎刀入阵，下令："不许仰视，但斫马足！"

战无不胜的宗弼王牌军此次终于遭遇克星。"拐子马"一马被砍倒，三马不能行，金兵顿时崩溃。宗弼仓皇掉头北逃，大恸说："自从起兵以来，皆以此马获胜，而今算是完了！"

这一战，名为"郾城之捷"。

宗弼一路向汴京败退。岳飞穷追不舍，于七月中旬进抵距汴京仅四十五里的朱仙镇，与宗弼两军对垒，岳飞遣五百名精锐骑兵大破宗弼军，宗弼撤入汴京。一时间，磁州、相州、开州、德州、泽州等各地豪杰义士纷纷拉起"岳家军"的旗帜；河南一带的父老百姓箪食壶浆以迎王师；金军中的许多汉人将领亦纷纷率部反正。岳飞大喜，对部将说："直抵黄龙府，与诸君痛饮耳！"

至此，一贯骄狂的完颜宗弼终于领略到金兵中盛传已久的那句评价绝非虚誉。

金兵们说："撼山易，撼岳家军难！"

宗弼想在汴京周围抓一些壮丁以补充兵力，可却抓不到一兵一卒，他仰天长叹："自我起兵以来，从未有如今日之失意者！"

就在完颜宗弼打算放弃中原引兵北还的时候，一个汴京的书生有一天忽然拦在他的马前，说了一句话。

他说："太子不要走，岳少保很快就会退兵。"

宗弼满脸狐疑："岳飞以五百骑破吾十万，我如何能守？"

书生答："自古以来未有权臣在内而大将能立功于外者！岳少保自身尚且不保，岂能有所作为？"

宗弼恍然大悟，遂按兵不动。

我不得不说，这个书生的书没有白读。

因为他读懂了政治，也读懂了高宗和我的心。

就在前线捷报频传的同时，高宗和我都不免犯了嘀咕。准确地说，对于战场上的节节胜利，我们都喜忧参半。

喜的是这南宋的半壁江山，终于解除了覆亡的危险。忧的是这场卫国战争虽然取得了暂时性的胜利，可岳飞绝不满足于此。他要乘胜北进收复所有失地，继而挥师北上，对金国发动一场规模浩大的反击战。

所以他才把那句激动人心的口号喊得响彻云霄并且妇孺皆知——直捣黄龙，迎回二圣！

如果直捣黄龙，那将是一场旷日持久、代价高昂的全面战争。

这些年来灾难频仍元气大伤的大宋王朝——打得起这样的仗吗？

答案是否定的。

因为打仗绝不仅仅是两军对垒、你杀我砍那么简单。除了打战斗力、打士气、打兵法、打运气之外，更要打兵员、打军械、打物资、打粮草……归根结底一句话——打的是国力。

岳飞或许有这种必胜的信念和把信念付诸实现的能力。

可是，南宋有这种必胜的国力吗？

没有。

这是高宗和我犯的嘀咕之一。

还有，岳飞自起兵以来，表现得太过神勇了。换句话说，他的锋芒太过于耀眼了。高宗皇帝不可能不感到深深的忧惧——

你岳飞再神勇，你也是赵宋的臣子吧？你的部队再能打，也是大宋的军队吧？可如今你的士兵都姓"岳"了，连同中原地区雨后春笋般冒出来的义军都姓"岳"了，试问，你把朝廷置于何地？中原百姓都只认你岳飞一人，试问，你把天子赵构置于何地？

再者，倘若你真的“直捣黄龙，迎回二圣”，那么到时候天下是由嫡长的钦宗赵桓来坐，还是由庶出的高宗赵构来坐？就算钦宗已经没有了复位的野心，可天知道名满天下、功盖八荒的岳飞你……有没有当皇帝的野心？

大宋开国皇帝赵匡胤就是因为战功显赫、兵权在握，才轻而易举地攫取了柴荣的天下。天知道大英雄岳飞你凯旋的时候，会不会也来上演一出“陈桥兵变、黄袍加身”，如法炮制地攫取赵宋的天下？

你如果真的直捣黄龙，灭了金邦，那真是一件让人感到很恐怖的事情——连如狼似虎的女真人都不是你的对手了，天下还有谁是你的对手？到时候你心血来潮想做点出格的事，我们的皇帝拿什么来防你？

事实上，岳飞也已经做过极其出格的事了。绍兴五年，他曾越职言事，入朝奏请高宗立太祖后人为嗣君。虽说高宗的嫡子早夭，且此后再无生育，但此事也万万轮不到你一个拥兵在外的大将来指手画脚啊！高宗当时就产生了很大的疑惧，特意命岳飞帐下的随军转运使薛弼回去告诫岳飞：“大将总兵在外，岂可干预朝廷大事？宁不避嫌？公归语幕中，毋令作此态，非保全功名终始之理！”

如此种种，都是高宗和我犯的嘀咕之二。

最后，高宗和我之所以一直以来都把“议和”作为既定的国策，其中的主观原因和客观原因是什么，你岳飞也必须搞清楚！主观上，高宗是为了保住他自己的天子富贵，而我秦桧也是为了长期独掌相权；可客观上，这也是为了让南宋百姓们过几天太平日子。而你岳飞却自始至终一意主战，这足以说明你没搞清楚状况。你不但触犯了高宗和我的个人利益，你也违背了南宋的根本国策。你一旦开启了对金的全面战争，那么和谈的基础就会被你全盘破坏。你打了胜仗，皇帝就在你的股掌之中，结局比半壁江山还惨；你打了败仗，皇帝就在金人的股掌之中，有什么资格和金人谈判？

这是高宗和我犯的嘀咕之三。

综上所述，岳飞固然是一个军事天才、一个杰出的将领、一个神话般的英雄，可他并不是一个合格的从政者。

他的政治头脑，甚至远远不及汴京城里拦在宗弼马前的那个无名书生。

所以，为了把上述种种问题和危险扼杀在萌芽状态，高宗和我做出了一个决定——命令前线几大将领脱离中原战场，撤兵回防，然后与金人重启和谈。

朝廷下达了撤兵诏书，岳飞抗命，回奏说："金人锐气已沮，将弃辎重渡河，而我豪杰向风，士卒用命，时不再来，机难再失！"

诚然，纯粹从军事角度而言，宋军此刻应该一鼓作气、乘胜北伐。可我已经说过了，在"政治"这盘大棋局中，"军事"只是其中一角。很多时候主动"弃子"，并不是懦弱和无能的表现，而是着眼于全局的一种高明下法。

可岳飞显然是一颗不听调遣的棋子，更不是一个纵观全局的棋手。

面对岳飞的抗命不遵，我想了一个办法，就是把协同作战的刘锜、张俊、杨沂中、刘光世等部先后调回，给岳飞制造了一个孤军深入、两翼空虚的态势，然后让高宗再度下诏：飞孤军，不可久留，请令班师！

为了落实这道诏书，高宗和我一日之间发出了十二道金牌，逼令其班师。岳飞如果再不奉诏，那无异于抗旨谋反。他扼腕泣下，说："十年之功，废于一旦！"

岳飞班师那天，郾城百姓堵在他的马前，痛哭跪求："我等顶香盆，运粮草，以迎官兵，金人皆知之，相公今去，我等灾难临头矣！"岳飞亦泣，取出诏书对百姓说："我奉旨，不得擅留。"

郾城郊外，一时哭声震野。

岳飞不忍，遂让郾城百姓随其南渡，奏请朝廷以汉上六郡的闲田安置他们。

绍兴十年七月下旬，岳飞退防鄂州（今湖北武昌），所复失地旋即被完颜宗弼重占。八月，韩世忠亦还镇。至此，所有前线将领全部撤回原防。

高宗和我朝思暮想的和谈，终于可以重启了。

十五

诸将班师后，完颜宗弼越过淮水，企图进一步南侵，均被宋军击败，不得不退回淮北。与此同时，陕西战场上的金军也屡屡败于西北名将吴璘之手。从绍兴十年八月到十一年三月之间，金人在东西两线的战事均遭挫折，宋金进入了对峙相持的阶段。宗弼意识到这场战争再打下去，很可能会使他泥足深陷，搞不好他的军事前途和政治生命都要葬送于此。

于是他不得不停止了进攻的步伐，开始把目光转向和议。

绍兴十一年（公元 1141 年）四月，战场上的硝烟逐渐散去，而高宗和我也开始了内部整顿的行动。朝廷把韩世忠、张俊和岳飞召回，任命韩、张为枢密使、岳飞为副使。

明眼人都知道，这叫明升暗降；也叫外示尊宠，内夺兵权。

熟悉中国历史的人也都知道，这是历朝历代每一个军事强人的必然归宿。

而大宋犹然。本朝太祖赵匡胤“杯酒释兵权”的典故人们耳熟能详。自开国以来，这便是每一任赵宋天子的独传心法和祖宗家法。这几年来，韩、张、岳三帅通过战争所建立的功勋和威望，已经使高宗赵构不止一次地回想起唐末五代之弱干强枝、骄兵悍将的历史教训。韩、张、岳三帅虽还没有像唐末五代的军人那样跋扈，但是难以驾驭的趋势已经非常明显地表现了出来。

尤其是岳飞。

说实话，当初用十二道金牌把他追回来的时候，高宗和我都捏了一把汗。

万一他坚决抗旨，索性拉起反旗，建立宋金之间的第三个政权，高宗和我根本是拿他没办法的。到时候外患未平、内乱又起，南宋便会重蹈唐末五代之覆辙。

所幸岳飞没反，他还是乖乖回来了。

高宗和我都长长地松了一口气。你们说，在这种情况下，高宗和我能轻易地纵虎归山吗？

当然不能。

十一年六月，高宗又进封我为庆国公兼任枢密使，并让宣抚司军隶属于枢密院。实际上就是把三大帅和他们手中的兵权牢牢把握在朝廷手中。至此，高宗和我都感到时机已经成熟。与此同时，我又收到完颜宗弼发给我的一封密函。他说：“你朝夕都在企请议和，可岳飞至今仍想恢复河北，所以，必须杀掉岳飞，才可启动和谈。”

于是，高宗和我决定收网。

这一年七月，我授意谏议大夫万俟卨、御史中丞何铸、殿中侍御史罗汝楫连续向岳飞发起弹劾，说他“爵高禄厚、志满意得”“妄自尊大、肆无忌惮”，而金人进攻淮西时，岳飞“欲弃山阳而不守”，等等。八月，朝廷罢免了岳飞的枢密副使之职，并缴还镇节，充万寿观使。

九月，完颜宗弼终于犹犹豫豫地向南宋伸出了橄榄枝，把两名被俘的南宋军官莫将和韩恕放还，并让他们带回和谈的意向。

十月，本来就嫉妒岳飞的张俊主动向我靠拢，我便授意他状告岳飞部将张宪与岳飞长子岳云串通谋反。于是高宗下诏将岳飞、岳云和张宪全部逮捕，关进大理寺狱，命御史中丞何铸负责审理。岳飞被捕时仰天长笑，说：“皇天后土，可表此心！”在狱中，何铸逼问其反状时，岳飞解开衣裳，露出后背的四个刺字——尽忠报国。

何铸不忍逼供，遂奏称岳飞无罪。

可是，开弓还有回头箭吗？

无论从天子希望社稷安定的角度出发，还是从金人必欲除之而后快的角度出发，岳飞都只有一个结局——死。

我立刻改派与岳飞素有私怨且手段强硬的万俟卨重新审理。万俟卨遂称，张宪与岳云之间有谋反的书信往来，但皆已被他们焚毁。

虽说自古以来，政治上的狱案都是欲加之罪、何患无辞，然而岳飞之狱还是引起了朝野的愤慨，许多朝臣和百姓纷纷替岳飞鸣冤。高宗和我虽然极力弹压，贬谪了一帮人，但在毫无证据和舆论纷起的情况下，要如何将岳飞定罪，仍然是个棘手的问题。

我思前想后，最后不得不横下一条心——既然不能公开定罪，那就只好派人暗杀。

我下手之前，韩世忠亲自来找我，质问我岳飞的罪证在哪儿，我说：“飞子云与张宪书虽不明，其事体莫须有。”

韩世忠一声长叹：“‘莫须有’三字，何以服天下？”

绍兴十一年十二月二十九日，又是一个新年来临之际。

我给大理寺狱的主管官员递了张条子。

当天，岳飞的死讯就传遍了临安城。

同一天，岳云和张宪被斩首。岳飞的家产被抄没，家属均流放岭南。

十六

岳飞死了，时年三十九岁。

我承认，他纯粹是死于一场冤狱——死于一场彻头彻尾的政治谋杀。

我就是凶手，而皇帝赵构就是主谋。

用你们的话来说，我们都是民族的罪人，历史的罪人。对此我没有异议，也不敢辩解。

岳飞之死的原因我似乎都跟你们讲过了，什么妨碍和议啦，功高震主啦，政治上不成熟啦，等等。然而，今天我想对你们说的是：这并不是全部的原因，甚至不是真正的原因。

就像你们所知道的那样，八百多年来，我的白铁之身长跪在岳飞陵前，被千夫所指、万民唾骂，而我的灵魂也从无间道直接堕入了刀山火海的无间地狱。我在那里经受着无穷无尽的精神折磨……然而，忽然有那么一天，我在无望无涯的煎熬中豁然开朗。

我终于找到了岳飞之死的真正凶手和真正主谋。那就是——

规则。

游戏规则。

对统治者来讲，当公共利益和个人利益冲突的时候，无论公共利益牺牲再大，他也只不过失去了一点点；而只要他的个人利益牺牲一点点，那对他就是一种莫大的损失。因为一旦政权被别人“私有”了，那么到时候的公共利益就已经跟别人的私有利益捆绑为一体，跟他又有什么关系？

不过在这方面中国古代的统治者也许并不寂寞，在我身后三百多年，西方一个叫马基雅维里的人就公然说过这么一段话：“君王必须有足够的明智远见，善于深谋远虑，知道怎样避免那些使自己亡国的邪恶行径的发生，并且如果可能的话，不妨保留某些不致使自己亡国的恶行；如果没有那些恶行，就难以挽救自己国家的话，那么他也不必因为人们对这些恶行的责备而感到不安。假如我们对每一件事情都进行一番细细推敲，就会察觉某些事情表面上看来好像是好事，可是如果君王照着办就等于自掘坟墓；而另一些事情表面上看来是恶行，但是如果君王照办了，却会给他乃至国家带来莫大的安全与福祉。”（《君王论》）

马基雅维里所说的“表面上看来好像是好事”，指的就是与统治者个人利益相冲突的公共利益，而“另一些表面上看来是恶行的事情”指的就是统治者为了维护个人利益，必要时可以牺牲公共利益。

我记得我和你们说过，当岳飞在战场上节节胜利的时候，高宗和我在朝中却不免战战兢兢。你们想过没有，这是为什么?

难道高宗和我天生就喜欢打败仗、喜欢自毁长城、喜欢当亡国奴?

难道高宗和我居然笨到不知道飞鸟未尽、良弓就不能藏，敌国未破、谋臣就不能亡的道理？！

不。是因为规则。是因为上面我们所说的这一切。当家国社稷和天子富贵都面临覆灭危险的时候，南宋的公共利益和赵构的个人利益就是高度一致的，这时候岳飞抗金就会赢得高宗和我的褒赏；而当金人势蹙、岳飞反而坐大，致使高宗和我都意识到统治利益遭受威胁的时候，我们就只能先把公共利益撇在一边，对岳飞痛下杀手。

赵构要做稳一个皇帝，规则告诉他必须这么做。

我要做稳一个权臣，规则也告诉我必须这么做。

在我们这个时代之前，中国历史上发生过的类似事件还少吗？在我们之后，这种事件就会绝迹吗?

不。只要规则存在一天，悲剧便会一再重演。

说到底，是规则主宰了这一切，导演了这一切。

因为规则是一只看不见的手，一只无形的黑手。

可那只无形黑手，千百年来却一次又一次逃脱了历史的审判。

今天，我在这里向你们认罪和忏悔。同时，也在这里向你们举证和控诉。

我控诉几千年来中国政治的潜规则，我控诉幕后的那只无形黑手。

除非哪一天，你们把它押上审判台，历数罪恶，明正典刑，那么岳飞的冤案才算真正得到了昭雪。否则，无论你们在我的白铁之身上啐下多少愤怒的口水，这个岳飞还是死得冤，其他无数的岳飞也还会死不瞑目！

如果这只黑手依然游荡在人间，一旦时机成熟，它还是会让这一切卷土重来。

十七

与发起岳飞狱案几乎同时，宋金和议再度展开。

自绍兴十一年九月莫将和韩恕回到临安，向高宗和我转达了完颜宗弼的和谈意向后，我便先后派遣刘光远、魏良臣等议和使臣前往金朝。十一月，完颜宗弼派遣萧毅、邢具瞻为审议使，与魏良臣一起来到临安，谒见高宗，正式提出和议条款，并议定盟誓。十二月，我又任命何铸为“金国报谢进誓表使”，前往汴京与完颜宗弼会晤，又至上京会宁（今黑龙江阿城南）谒见了金熙宗。

绍兴十一年十二月底，第二次宋金和议正式达成。史称“绍兴和议”。和约的主要内容是宋金两国东以淮水、西以大散关（今陕西宝鸡西南）为界；宋朝割让京西的唐州（今河南泌阳）、邓州（今河南邓州）与陕西大部予金；宋向金称臣，金主册封宋主为帝；宋朝每年向金朝缴纳金银二十五万两、绢二十五万匹；每年金主生辰及正旦，宋遣使致贺；金归还徽宗梓宫和太后。

很显然，与绍兴九年的第一次和议相比，此次和议南宋付出了相当高昂的代价，不但向金称臣纳贡，接受册封，而且丧失了淮北、中原和陕西的大片国土，而换回的仅仅是徽宗灵柩和高宗母后。

毋庸讳言，从表面上看，这是一纸丧权辱国的和约。

然而，就像我说过的那样，南宋也借此保全了东南半壁，并换取了二十年的和平。

其中得失该如何定论？

对于这段历史，历代史家多数破口大骂，但也不乏持中之论，宋、明、清都有。其中清朝赵翼的说法最有代表性。他在《二十二史札记》中说，南宋主战派所持的是“义理之说”，而主和派所持的是“时势之论”，二者其实都无可厚非，但必将相互抵触。他说：

> 义理之说与时势之论往往不能相符，则有不可全执义理者，盖义理必参之以时势，乃为真义理也……高宗利害切己，量度时势，有不得不出于此者。厥后半壁粗安，母后得返，不可谓非和之效也。自胡铨一疏，以屈己求和为大辱，其议论既恺切动人，其文字又愤激作气，天下之谈义理者遂群相附和，万口一词，牢不可破矣！然试令铨身任国事，能必成恢复之功乎？不能也。即专任韩、岳诸人，能必成恢复之功乎？亦未能也。故知，身在局外者易为空言，身在局中者难措实事！秦桧谓："诸君争取大名以去，如桧，但欲了国事耳！"斯言也，正不能以人而废言也……是宋之为国，始终以和而存，不和议而亡……以和保邦，犹不失为图全之善策。而耳食者徒以和议为辱，妄肆诋毁，真所谓知义理而不知时势！听其言则是，而究其实，则不可行者也。

当然，即便如此，我还是可以预料到，当八百多年后的你们回顾这段历史的时候，仍然会充满不平和愤懑，仍然会对我和高宗发出强烈的诅咒。

我承认，"绍兴和议"之所以能达成，很大一部分是居于高宗和我的私心。

"绍兴和议"之所以能圆满达成，最根本的原因还是在于高宗赵构。当使臣何铸北上之前，赵构就一再强调："朕北望庭帷，逾十五年，几于无泪可挥。所以频遣使指，又屈己奉币者，皆以此也。窃计天亦默相之。"说罢，高宗潸然泪下，左右之人皆掩面而泣。高宗又说："汝见金主，以朕意与之言曰：'唯亲若族，久赖安存，朕知之矣。然阅岁滋久，为人之子，深不自安。且慈亲之在上国，一寻常老人耳，在本国则所系甚重。'往用此意，以天性至诚说之，彼亦当感动也。"

我们的高宗皇帝自始至终打的都是这张"孝"字牌。

事实证明他的做法很高明。

当这面"人君之孝"的光辉旗帜被皇帝挥舞得虎虎生风的时候，主战派们除了以沉默来表示"人臣之忠"外，他们还能做什么呢？

岳飞系狱之后，和约又签署在即，坚定的主战分子韩世忠不免唇亡齿寒而心灰意懒，几次谏议不果，遂上表请求致仕。如此正中高宗和我的下怀，遂罢其为醴泉观使，封福国公。韩世忠从此闭门谢客，绝口不谈战事，终日跨驴携酒，与一两个仆从遨游于西湖之畔，连他那些老部下都难得见上他一面。

金国如约放还了徽宗灵柩和韦太后。

绍兴十二年（公元1142年）八月二十三，高宗皇帝赵构终于在临平镇（今浙江余杭）等到了阔别十五年的母亲。

母子相见的这一幕委实令所有在场的人感动不已。

高宗皇帝的所有心愿终于在这一天全部达成。

可千里归来的老人说了一句话，却在天子笑逐颜开的脸上迅速投下了一道阴霾。老人说她归来前，钦宗赵桓涕泗横流地拉着她的衣袖说："寄语九哥，吾若南归，但为太乙宫主足矣！其他不敢望于九哥。"

高宗赵构听完后一句话也没有说。

一直到绍兴二十六年（公元1156年），五十七岁的钦宗皇帝病卒于五国城的时候，我们的高宗皇帝也没有动过一毫恻隐之心。

高宗当然不会没有一点手足之情，可问题在于——龙椅只有一张。

无论钦宗赵桓做出什么样的保证，高宗赵构都不可能不把他的归来视为一种威胁。

这也是游戏规则所决定的。

绍兴和议的直接结果便是宋金两国对峙之局的形成。南宋的半壁河山下辖两浙、两淮、两江、两湖、京西、福建、成都、潼川、夔州、利州、两广共十六路；府、州、军、监共一百九十，县七百零三。

十八

绍兴十二年（公元1142年）九月，我因和议之功进位太师，封魏国公。十月，又晋封为秦、魏两国公。我因为这两个爵位碰巧和蔡京、童贯名号相同，觉得不太光彩，于是就推辞了，请求高宗转封我母亲为秦、魏国夫人。

从这一年开始直到我生命的终点，是我一生中最辉煌的时光。

在这十三年里，不但朝廷百官对我俯首帖耳，连高宗赵构也对我言听计从。我完全获得了人臣所能享有的极致，甚至在某种程度上架空了天子。

这一切如此美妙，可以说是我当初被迫走上无间道时所不敢想象的。

回想起靖康年间一腔正气极力主战的秦桧以及建炎年间卑躬屈膝叛国求荣的秦桧，再到绍兴年间位极人臣备享尊荣的秦桧，我的心中真是感慨万千。

我发现这个世界很善变。而人也很善变。你甚至说不清什么时候的你才是真正的你。

不过这又有什么关系呢？

一生只秉持一种信念的人，如果不是故意跟这个世界过不去，就是故意跟自己过不去。只有在适当的时刻选择适当的信念，一个人才不会被这个疯狂变化的世界所抛弃。

不要停下脚步说你看不明白。如果这个世界变化太快，那你就要比它更快！

不过我还是要承认，当我抱着上述种种想法走进我生命中最辉煌的十三年时，我的道德人格也走进了生命中最不堪的十三年。

说实话，在这十三年里我只干了两件事：一是粉饰太平，二是打压异己。

如果你们要诅咒秦桧，实在应该诅咒这个时期的秦桧。因为他当初走在无间道上时，客观上还是为南宋的和平略尽了绵薄之力，而当他从无间道迈上权力的顶峰后，他的所作所为便都是围绕着一己之私在打转了。

人性就是这样子。一旦没有任何制约，潘多拉的盒子就会悄然打开。

如果你们还有足够的耐心，那就陪我回去看看。

看看人性的暗盒一旦打开，会飞出多少面目狰狞的东西……

就在“绍兴和议”刚刚达成的这一年冬天，我的养子秦熺应试进士，立刻金榜题名、高中状元。就连我的门客何溥参加礼部考试，亦如愿夺魁、名列第一。

是他们特别有本事吗？

显然不是。

是他们的主考官特别有“眼光”。因为考官们分明已经看见，即将到来的这个时代上空正赫然高悬着一个金光闪闪的“秦”字。

这年冬天朝廷还有一个小小的人事变动。

那就是时任太傅兼枢密使的张俊被我逐出了权力中枢，充任地方节度使和醴泉观使。

这个张俊就是和我联手发起岳飞狱案的那个家伙。当初他主动投靠我的时候，为了充分发挥他的作用，我就向他许诺：一旦诸将皆罢并且搞定岳飞，就让他独掌兵权。张俊乐不可支，随后便不遗余力地陷害岳飞、排挤韩世忠。最后尘埃落定，我就信守诺言，让他当了枢密使。其实也就是让他过过瘾而已。

没想到这家伙在最高军事统帅的位子上一坐一年多，还越坐越来劲，丝毫没有急流勇退的意思。我就授意御史江邈对他发出弹劾，说他不但将寺院占为宅基，而且长子握兵于朝、次子又拥兵在外，他日变生，祸不可测。可高宗皇帝似乎想留着他来制约我，就说：“俊有复辟功，无谋反之事。”让江邈不可再奏。

我对江邈说，不用担心皇上怎么说，你尽管给我奏。于是江邈便弹劾不止。

这下张俊终于清醒了。他发现连天子可能都保不住他。摆在他面前只有两条路，要么像韩世忠那样当个逍遥派，要么步岳飞之后尘。张俊越想越怕，终于主动请辞。

张俊被贬不久，江邈就被我提拔为吏部侍郎兼代理尚书。

这次人事变动，仅仅是我对朝臣们实施党同伐异的一个前奏，同时也是我与天子暗中角力的一次尝试。

我发现自己赢了，而且赢得轻而易举，不费吹灰之力。

从此以后，我再也无所顾忌。

绍兴十三年（公元 1143 年）正月，临安下了一场很大的雪。我即刻上表庆贺瑞雪。此后我又不断上表庆贺不见了日食。总之我一意要把绍兴年间打造成一个太平盛世。

可该死的日食还是每隔一阵就来一次。

不过没关系，朝廷主管天文和修史的官员们都很知趣，从我上表之后，凡是出现日食他们都当成没看见，也不记载。所以倘若你们日后翻阅《宋史·天文志》，发现这段时期都没有日食，请不要奇怪。

日食是有，可都被我秦桧挡住了。

那段时间彗星还挺多，让我颇为懊恼。一个叫康倬的候补官员赶紧上疏说，彗星并不代表什么，不足畏。我觉得这家伙挺识相，就任命他当了京官。

这一年，楚州又上报说海水都变清了。我连忙请求高宗庆贺一番。高宗却没有准许。我知道，虽然兵戈已息、和议已成，可他心中仍然有一丝不安。毕竟这个太平天子当得有点儿窘迫，甚至有点儿不光彩。

可我一直很坦然。就算高宗把自己当成半壁天子，我也不认为自己就是半壁宰相。

因为家国虽然残破，可我手中的权力很完整。

所以不管天子乐不乐意，我一直不遗余力地为半壁大宋涂脂抹粉。不久虔州知府薛弼便又上表，说剖开一棵树干，里面发现有“天下太平年”五个字。高宗也终于动心了，下诏让史官加以记载。于是史官们便将此事大书特书，其文用尽了人间最美妙的词汇。

此后，朝廷每天都会收到各地关于各种祥瑞的奏章。

我很欣慰。天下如此祥和，不是太平盛世是什么？

我尤其忌讳人们提起“绍兴和议”之前的一切，无论是涉及家仇国恨，还是涉及我个人。

一个叫洪皓的朝臣曾经于建炎三年出使金国被扣，一直坚贞不屈，不任伪职，被时人誉为“宋之苏武”。他在绍兴和议后回到临安，仗着高宗对他的信任和自己的忠贞名节，居然斗胆揭了我的疮疤，说我当年随完颜昌南下围攻楚州时曾替金人写劝降书。此事虽然属实，但朝中无人知晓，如今被他揭破，我顿时怒不可遏，当即命人弹劾他。高宗本欲重用他，碍着我的面子，只好给了他一个徽猷阁直学士、提举万寿观的闲职。

此后又有多名朝臣和士人讥评时政，可他们就没有洪皓这么幸运了。

从绍兴十三年到十四年，因触怒我而先后获罪的有：胡舜陟、张九成、僧宗杲、张邵、黄龟年、白锷、张伯麟、解潜、辛永宗。这些人的结局不外乎贬谪、流放、充军、下狱。总之，没一个有好下场。

绍兴十四年（公元 1144 年），我让儿子秦熺担任秘书少监，专门监修国史。不久秦熺便呈上自建炎元年至绍兴十二年的《日历》五百九十卷。其中凡有涉及我第一次罢相之后的诏书、奏章而言辞又对我不利者，皆删改、丢弃，或干脆焚毁。秦熺还用了两千多字的篇幅专门歌颂我对太后归来所做的贡献。

绍兴十五年（公元 1145 年），我又让秦熺升任翰林学士兼侍读。四月，高宗皇帝赐给我上等豪宅。六月，皇帝亲临我的府邸，对我的妻子、儿媳、子孙皆大加赏赐。十月，皇帝又御笔亲书“一德格天”的四字匾额，赐给我悬于楼阁。

从这一年开始，我下令禁止民间写史。

因为我知道，虽然我可以通过秦熺之笔在官史里保持光辉形象，可在野史里必定会被描得漆黑一团。

这是我绝对不能允许的。

禁令一下，朝野一片惶恐。司马光的曾孙司马伋第一个站出来，矢口否认《涑水记闻》是他曾祖父的作品；随后，曾被我一贬再贬的大臣李光的家人也赶紧把李光的一万卷藏书付之一炬。连朝臣都吓成这样，百姓们就可想而知了。

看着临安城中争相焚书的阵阵火光，我心满意足地笑了。

十九

绍兴十六年（公元 1146 年），我兴建了家庙。高宗皇帝赐给祭器。据说将相的家庙被赐给祭器就是从我开始的。我没有去考证，不知是真是假。如果是真的，那我感到很荣幸。

绍兴十七年（公元 1147 年），高宗又封我为益国公。

绍兴十八年（公元 1148 年），我把儿子秦熺擢升为知枢密院事。

绍兴十九年（公元 1149 年），高宗命宫廷画师为我画像，并亲自撰写了“像赞”。

这一年，湖、广、江西、建康各府均奏报上天降下甘露；不久，各郡又报无人犯法、监狱为之一空。

……

请原谅我在这里记录了一段流水账。

因为在这几年里，每一天我都过得极其幸福也极其相似。我觉得这几年上下晏然、中外和谐，天下人同心同德，三五年恍如一天，所以可资讲述的东西实在不多。另外，我也不敢向你们过多描绘我个人的幸福生活，因为那只会招致你们更深的不齿和憎恨。

日子飞快地来到了绍兴二十年（公元 1150 年）的正月。

我的生命进入了某个春寒料峭的早晨。

这个早晨和其他早晨并没有什么不同，只不过多出了一把斩马刀。

这把刀突如其来地划破了我幸福而宁静的生活，让我满怀震惊的同时猛然醒悟——原来危险从来没有消失。

它只是蛰伏在某个角落里冷冷地窥视着我，而我毫无察觉。

我根本不知道它什么时候会向我射出一支冷箭，或扔出一把寒光闪闪的斩马刀……

那天我去上早朝，我的轿子跟往常一样行进到了望仙桥。凛冽的晨风从轿帘的空隙中吹进来，让我不禁打了一个寒战。就在此刻，我蓦然听见一声刺耳的呼啸撕破了望仙桥上的宁静。伴随着呼啸声的，是某种利器划破空气发出的锐响。

我屏住呼吸，感觉轿子猛然一震。接着轿外便响起嘈杂的咒骂和搏斗声。

不知道过了多久，我颤抖着掀开轿帘，看见我右前方那根粗大的轿杆已经被砍成两截，一个壮汉被卫兵们死死地按倒在地，口中兀自詈骂不止。

壮汉身边的地上，躺着一把锋利的斩马刀。

我知道你们肯定会对此扼腕不已。

八百多年来无数的人们肯定都思考过一个同样的问题——为什么斩马刀砍断的竟然是秦桧的轿杆，而不是秦桧的脖子？为什么罪大恶极的秦桧没有遭到应有的报应？

对此我只能表示遗憾。在这桩刺杀未遂事件之后，我又完好无损地多活了五年。看来老天爷并不像人们所想象的那么富有正义感。如果老天长眼，那一刀真应该劈在我的脖子上。

可惜没有。

事后我亲自审理这桩案件。经查，刺客名叫施全，是殿前司后军的一名小校。当我厉声质问他为何要杀我时，施全怒目圆睁地喊道："举天下之人，皆欲杀虏人，汝独不肯，我故欲杀汝！"

施全随后便被磔杀于市，而我从此也变得战战兢兢。

在我生命的最后五年中，我的眼前随时晃动着一把寒光凛冽的斩马刀。所以每次出行，我必定要配备五十名卫士。

我承认我非常害怕。我害怕失去生命，害怕失去我费尽心机换来的这一切。

二十

自绍兴二十年起，我身体的每个部位都开始不听使唤了。我发现它们就像秋冬时节的枯木一样正在一段一段地朽坏。我上朝的时候已经无法独自行走，皇帝特别准许我的两个孙子搀着我上殿，而且不用跪拜。

我感到无奈。我有能力对付现实中的各种威胁，可我没有能力对付衰老和死亡。

我更感到愤怒。我觉得自己的幸福生活刚刚开始，可它为什么一下子就到头了？

我开始发泄我的愤怒。

自绍兴二十年起，我变本加厉地制造了一桩又一桩狱案，借此获得心理平衡，同时继续攫取家族的功名富贵，并且不择手段地美化我的个人历史……

这一年春，李光的儿子李孟坚被指控私藏其父所著的私史并加以校注。我才发现原来他们焚书万卷纯粹是假象，于是奏请皇帝下诏将李孟坚编配峡州，而早已被流放的李光也永不荐拔。这年五月，秘书少监汤思退又上奏，请将我当年力主保存赵宋的事件本末交付史馆、加以编纂。六月，我儿子秦熺被加封为少保。这年岁末，右迪功郎安诚、平民汪大圭因文字狱被发配；平民惠俊、进义副尉刘允中，僧人清言因文字狱被斩。

绍兴二十一年（公元 1151 年），朝散郎王扬英上书推荐我儿子秦熺为宰相，我随后便任命王扬英为泰州知府。

绍兴二十二年（公元 1152 年），我又发起了四大狱案。获罪的是王庶的两个儿子王之奇和王之荀，以及朝臣叶三省、杨炜、袁敏求。

绍兴二十三年（公元 1153 年），进士黄友龙获罪，被刺字发配岭南；内侍宦官裴咏获罪，被编配琼州。

绍兴二十四年（公元 1154 年）年三月，我的孙子秦埙参加进士考，省试、殿试均为第一。同时我的侄子秦焞、秦焴，姻亲周夤、沈兴杰也都金榜题名。士子们一片哗然，都认为这是考官作弊。而此时的考官魏师逊、汤思退等人正在相互庆贺，说："吾曹可以富贵矣！"

当然，如果我的孙子继儿子之后再度成为状元，那他们的富贵便是立等可取的。

我却没有料到，秦埙已经到手的状元被撸了。

是高宗赵构亲手把他撸了，然后把第三名张孝祥点为状元。

我终于意识到——我秦桧已经是强弩之末了。

对于一个一手遮天的权相，天子赵构或许也已忍耐很久了吧。

我回想起不久前发生的两件事。我尤其记忆犹新的，是当时天子阴郁的眼神。

有一天左右无人的时候，天子以一副漫不经心的神态对我说："最近不知怎么回事，百官轮流入对、单独奏事的规矩好像有点儿废弛了，凡是轮到入对的人都以请假避免。朕原本想借此听一听不知道的事，可现在倒好，什么都听不着了……这件事，爱卿是否应当管管了？"我口中唯唯，抬头一看，天子的眼中阴云密布。

另一件事是关于前不久衢州的民变。当时我并没有将此事上报高宗，而是派遣殿前司将领辛立率禁军前去平定叛乱。晋安郡王马上将此事奏报高宗。天子一脸愕然地质问我。我坦然自若地说："这是小事，不足以让圣上忧虑，一旦叛乱平定，臣自然会奏。"那一刻高宗的眼神与上一次如出一辙。

我知道，高宗赵构对我长期以来阻塞言路、独揽朝政已经产生了极大的不满。

可我不会就此罢手。

南宋之所以得享半壁太平，你赵构之所以能做稳半壁天子，还不是多亏了我？！所以，我绝对有理由和你分享这块蛋糕。你做你的太平天子，我做我的全能宰相，有哪里不妥吗？

我不觉得。

几天后我就找了个借口缩减了晋安郡王的月俸。不多，每月才扣二百缗。这只是给他一个小小的警告，让他管好自己的舌头。别以为他是亲王我就不敢动他。他要是再敢乱嚼舌头，那就不是扣点钱那么简单了。

天子对此也没有办法，只好拿出大内库房的钱给他补上。

所以这次高宗断然摘掉了秦埙的状元帽子，就是对我的报复。

我已经风烛残年、病入膏肓了，我知道高宗正盼着我早一天死。

可我不想放弃这一切，我还想得到更多。

我知道这不太现实。可不知为什么，我控制不住自己。

死亡越逼近我，我越想拥有更多。

那些日子我缠绵在病榻上，感觉到自己的身体内部有某个地方正在塌陷、塌陷、剧烈地塌陷……直到塌陷成一个巨大的空洞。

我为此痛苦不已。我已经攫取了世界上这么多的东西，为什么到头来还是如此匮乏？是不是我攫取得还不够？

二十一

绍兴二十五年（公元 1155 年）春天。

我当然不知道这是我生命中的最后一个春天。所以我还是授意手下奏请皇帝加我“九锡”。古来权臣皆赐“九锡”，我当然也想要。

加了九锡，能不能填满我内心那个巨大的空洞?

我不知道。

我只知道世界上还有一些我未曾占有的东西，所以我还想要……

别人的老来心境如何，我不得而知。我只是发现自己越到最后的时刻，记忆中的仇恨就越是沉渣泛起。

我念念不忘那些阻挠过我的人——包括当年我走在无间道上所碰到的那些拦路石，也包括我迈上权力顶峰后仍然在作梗的人。

他们是赵鼎、胡铨、李光等。我把为首这三个人的名字写在了“一德格天”的楼阁上。在我死前，我一定要让他们先走一步……

其时被贬谪到潮州的赵鼎或许有了某种预感，所以给他儿子赵汾写了一封信，说：“秦桧必欲杀我。我死，汝等无患；不死，则祸及于家！”随后他便绝食而死了。

消息传来。我发出一声冷笑，你死了，你的家人就无患了吗?

我决定用我最后的力量发起我一生中最大的一次狱案。

到这一年秋天，狱案终于办成，总共定罪了五十三人。其中包括赵鼎的儿子赵汾，我的老对手、其时被贬永州的张浚，等等。

然而，当狱案敲定的那一天，我就已经病得不行了。

我甚至已经拿不动一管紫毫。

绍兴二十五年十月二十一日。

我感觉体内的黑洞正在以前所未有的速度扩大，一直扩大得无边无际。给我整个世界，我也填不满它了……

高宗赵构亲自驾临宰相府来探望我。我看见了他那一如既往的阴郁的眼神。

我很伤心。所以我一句话都没说，只能任凭泪水爬满我的脸。

皇帝的慰问之词简短而空洞。我看见皇帝冷冷的瞳仁里，映现着一个骨瘦如柴、老泪纵横的濒死之人。

那就是我吗？

我快要死了。难道秦氏家族的辉煌即将就此终结？

不。我的儿子秦熺不是正当盛年吗？我死后，难道他就不能继任宰相？

我让秦熺带着我的临终意愿去见高宗。皇帝瞥了他一眼，只给了六个字："此事卿不当与！"

秦熺无奈，拜辞而出。他前脚刚迈出殿门，皇帝后脚就命人草拟诏书，内容是命令我们父子一同致仕。

这天晚上，我再命儿子秦熺和孙子秦埙去找我在御史台的心腹官员，让他们次日奏请秦熺为宰相。

然而，这一切终归只是幻想和徒劳。

绍兴二十五年十月二十二日，我生命中最后的一个日子。

我盼来的一纸诏书不是封秦熺为相，而是将我们父子双双罢免。皇帝让我以建康郡王之爵、秦熺以少师之衔，一同致仕。我孙子秦埙和秦堪也一起被贬为江州太平兴国宫提举——一个聊胜于无的闲职。

我在一瞬间失去了我用六十六年所攫取的一切。

那五十三个已经被我钉上铁板的政治犯明天将遭遇大赦、官复原职，并且为我的下场而拊掌相庆。

他们都获得重生，唯我一人茕然赴死。

这是为什么？

这天晚上，寒风呜咽，形同鬼哭。

我在病榻上疯狂挥舞着瘦骨嶙峋的双手。

我发现自己正在以可怕的速度朝那个无底的黑洞急速坠落、坠落……

让我抓住点什么吧，哪怕是一根稻草。

我不想要任何东西了，只想要一根稻草。

我在最后的时刻厉声嘶喊，可整个世界都保持沉默。

当眼前最后一缕光明消失，黑暗就把我彻底吞没了。

我死后，高宗赵构长长地吁了一口气。他说："朕今日始免靴中置刀矣！"

这句话多么精辟啊！

它把我们二人的关系揭示得淋漓尽致。我的确是皇帝手中的一把刀，皇帝既用它切除了岳飞这样的威胁，又用它收割了"绍兴和议"的果实。可这把刀用完后他却不敢扔。因为金人的战争威胁始终存在，所以专主议和的秦桧便不可或缺。皇帝只好把我置于靴中，为了应对随时可能出现的危机，他只好忍受了十多年的大权旁落之痛。

这就是赵构的软肋。

这就是我们皇帝的阿喀琉斯之踵。

我紧紧抓住他的软肋和脚踵，从而分享了他的蛋糕，换取了前后两次共计十九年的宰相大权，以及整个家族的功名富贵。

这就是利益的均衡法则。

皇帝不敢打破这种均衡。他只能隐忍，等待那把靴中之刀的自然朽坏。

终于挨到绍兴二十五年十月二十二日，皇帝看见一个令他既爱且恨的旧时代落下了帷幕。从这一天起他的步伐轻快了不少，他的睡眠也安恬了许多。

因为靴子总算合脚了。

而卧榻之旁也再无他人的鼾声。

结束了。

八百多年来我唯一想做的事情终于做完了。对于我的自述，你们作何感想?

或许诚实的告白只能招致你们更为深切的诅咒，或许从中裸露出的人性之恶只能引起你们更为强烈的道德愤慨。

八百多年来，秦桧早已不是一个人，而是耻辱与罪恶的代名词。

我已经不复存在，而你们仍然活着。

《我的无间道》至此终结，可历史仍将延续。

所以，答案只能由你们去寻找。也许这篇文字结束的地方，能成为你们思考的起点。

对此我心怀祈望。尽管我说的是——

也许。

第七章

贾似道

有人的地方就有江湖

有人的地方就有江湖。

这句话绝对是至理名言。

比如这几十年来，蒙古人和南宋人之间就是一个最大的江湖。而眼下，郑虎臣和我就是一个小小的江湖。

凡江湖者，必有是非恩怨，必有弱肉强食，亦必有斗争杀戮。我觉得从离开临安的那一天起，负责押送我的郑虎臣似乎就有意要在我的贬谪之路上把这一切都尽情地演绎一番。比如刚刚走出临安不久，他就恶狠狠地驱散了随我南下的几十个侍妾；赶走她们之前，郑虎臣还把她们身上佩戴的金簪玉饰通通扒下来据为己有；随后他又故意掀掉我头上的轿盖，让我暴晒在南方七月的骄阳下，而且一路上他还让轿夫反复不停地唱一首杭州俚曲：**去年秋，今年秋，湖上人家乐复忧，西湖依旧流；吴循州，贾循州，十五年间一转头，人生放下休。**吴循州指的是多年前被我排挤到循州的丞相吴潜，而贾循州指的就是我，因为我此次的贬所恰好也是循州（今广东龙川）。

上个月我们路过一座古寺，墙壁上又有吴潜的题字，郑虎臣就乐不可支地把我叫过去，指着那些字阴阳怪气地说："贾团练，吴丞相何以至此啊？"

几天前我们乘船经过南剑州（今福建南平）的黯淡滩，郑虎臣又说："这溪水如此清澈，贾团练，你为何不死在此处啊？"

我说："太皇太后许我不死。一旦有诏，我就死。"

郑虎臣冷笑了几声。

从他的笑声中，我听见了隐隐的杀机。

宋恭帝德祐元年（公元 1275 年）九月的一个黄昏，我们走到福建路漳州城南二十里的"木棉庵"，郑虎臣让轿夫在庵外歇脚，然后不由分说地把我拉了进去。

站在小庵窄窄的庭院里，郑虎臣和我四目相对。就在这一刻，我从他眼中看到了一团火焰——一团业已燃烧多年的复仇的火焰。

多年前那个名叫郑埙的越州（今浙江绍兴）同知被我流放的时候，也曾经用这样的一双眸子看过我，不过几年后他便死在了贬所。没想到今天我竟然落到了他儿子的手上……

这真是天道循环，冥冥中一切自有定数！

我苦笑着把目光从郑虎臣的脸上移开，回头遥望了一眼西天凄艳的晚霞——我看见夕阳正在以一种绝美的姿势坠落，而我将再也看不见它重新升起。从某种意义上说，我们的帝国也正在以同样的姿势坠落，而偌大的天下，又有谁能让它再度升起？

没有了。

我贾似道曾经努力过，可是我没有成功。我后来放弃了努力，于是人们就把我曾经做过的一切一笔勾销。所以我知道，此刻郑虎臣眼中所燃烧的，除了家仇，还有国恨。

所以这个秋天的黄昏，在漳州这座小小的木棉庵里，在落日沉静而凄美的余晖中，会稽县尉郑虎臣就注定会喊出这么一句义愤填膺、气壮山河的话——吾为天下杀似道，虽死何憾！

和话音一同落下的是一把刀。

和刀一同落下的是我一生的记忆。

从手起到刀落只有一瞬。

可当我闭上眼睛的时候，却看见中间隔着我的整整一生……

一

我出生于台州（今浙江临海）的一个官宦世家。我祖父贾伟是绍兴年间进士，曾任开江（今四川开县）和汉州（今四川广汉）的地方官。我父亲贾涉官至淮东制置使，在嘉定年间的宋金战争和招抚义军过程中功勋卓著；由于多年主持边务，积劳成疾，于嘉定十六年（公元 1223 年）病逝，年仅四十五岁。数年后我以父荫被朝廷授予嘉兴司仓之职。绍定四年（公元 1231 年），我姐姐被选入宫中封为才人。由于多出了这层裙带关系，我被调入京师临安（今浙江杭州）担任太常寺籍田令。

那一年我十八岁。对于一个血气方刚的年轻人来说，这座繁华艳丽的帝都不啻为一座欲望的天堂。我毫不犹豫地投入了这个新世界的怀抱，尽情欢享各种生命的盛宴……

正是从这个时候起，后世史家开始不遗余力地塑造我大奸大恶的形象。他们似乎以为，要让我坐实奸臣之名，就必须从年轻时代起就找出我道德败坏的证据。为此他们异口同声地指责年轻时代的我轻薄浪荡、饮酒赌博、狎妓宴游、纵欲无度，等等。总之，在他们眼中，贾似道这个人刚一浮出历史水面就是一副彻头彻尾的流氓嘴脸，所以日后才水到渠成地成了一个祸国殃民的大奸臣！

对此我不禁哑然失笑。

有些人的逻辑总是这么简单。一个人只要被认定为“坏人”，他一生中的所作所为就都会被打上“坏人”的烙印。人们会竭尽全力遮蔽他的优点，放大他的缺点，再把那些中性的东西尽力往坏的方面解释。而对待“好人”，人们的做法完全相反，然而性质完全相同。中国人总是看不见复杂的、多面的、矛盾的、立体的人。他们只要把一个人定了性，就会抓住一点，不计其余。除了他们希望突出的那一点外，这个人生命中的不同侧面就会被抹平，这个人思想性格中的多种因素就会被消除，这个人一生中的其他阶段就会被遗忘，最终只剩下一张扁平的单纯的、非黑即白的脸谱。

这是一种典型的“选择性失明”。

后世史家也是用这一套对付我的。他们极力要把我年轻时代的一些私行与我日后的“奸臣”行径挂上钩，这让我觉得实在有点荒谬。暂且不说那些年少习气是否够得上道德败坏，就算是，这些道德污点和“奸臣”就有必然联系了吗？

好了，扯得有些远，还是回头继续说我自己吧。

嘉熙二年（公元 1238 年），我金榜题名，考中进士，随即被擢升为太常丞、军器监。那一年我二十五岁。少年得志，我更不会辜负青春韶华，于是经常与一些歌伎泛舟于西湖之上，终日饮酒赋诗，有时候甚至玩到深夜。如果人们据此说我私行不检，我承认。可要凭这点就说我道德败坏，我觉得这是刻意对我的缺点进行放大。用你们今天一句时髦的话来说，这叫作“妖魔化”。

谁没有年少轻狂的时候呢？

在这点上，我觉得当时的京兆尹史岩之就替我说了一句公道话。

有一天夜里理宗皇帝登高远眺，看见西湖上灯火通明，就对侍从说：“此必似道也。”次日一问果然是我，于是皇帝就让史岩之对我进行批评教育。史岩之回奏皇帝说：“似道虽有少年习气，然其材可大用也！”

史岩之作为一个朝廷高官，如果不是真正看出了我的能力，他绝不敢在皇帝面前夸下如此海口。当然，你们也可以认为他是看在我姐姐贾贵妃的面子上对我进行袒护，可是，无论他的评价是否公允，就从我日后在帝国政坛上的种种作为和表现来看，他所说的话也并不算言过其实。

我登第这一年，朝廷让我出任澧州（今湖南澧县）知州。我辉煌的仕途生涯自此展开。淳祐元年（公元 1241 年）四月，我被擢升为太府少卿、湖广总领。在此任上，我对湖广财政进行了大力整顿，成功解决了辖区内货币贬值和物价飞涨的问题，获得了天子和朝廷的嘉奖。

从此我开始青云直上。

淳祐三年（公元 1243 年），朝廷加封我为户部侍郎。

淳祐五年（公元 1245 年），我以宝章阁直学士出任沿江制置副使、并知江州（今江西九江）、兼江西路安抚使。第二年，我在原来的职务上又兼任京湖制置使、知江陵（今湖北江陵），并被朝廷授予“调度赏罚，得以便宜施行”的专断之权。这一年我刚刚三十二岁，但已经成为帝国最年轻的封疆大吏之一。

淳祐九年（公元 1249 年），我又升任宝文阁学士、京湖安抚制置大使。第二年二月，又以端明殿学士出任两淮制置大使、淮东安抚使、知扬州；九月，又兼淮西安抚使。

宝祐二年（公元 1254 年），我被擢升为同知枢密院事，并封临海郡开国公，进入了帝国的权力中枢。

对于我在这十几年里的快速升迁，后世史家为我作传的时候再一次“选择性失明”。他们宣称我在仕途上所获得的巨大成功同样是得益于我姐姐的裙带关系。

这种说法简直让我啼笑皆非。

如果说对于我年轻时在私生活方面的种种缺点，后世史家基本上还算遵循事实，只不过是做了放大的话，那么他们后来的这种说法则无异于诬蔑。首先，一个最简单的事实是：早在淳祐七年（公元 1247 年）二月，我姐姐贾贵妃便已病逝；两年后理宗皇帝便转而宠幸一个姓阎的贵妃。如果事实真的像后世史家说的，我在淳祐七年之前的仕途发展必须归功于我姐姐的话，那么从淳祐七年到宝祐二年（公元1254年）的七年间，我在大树已倒的情况下，不但荣宠不衰、继续稳步高升，而且最终还跻身于权力中枢，试问这该作何解释？如果没有我本人的从政能力和显著政绩做后盾，在我姐姐死后，理宗皇帝还会乐此不疲地把一顶比一顶更大的乌纱赏赐给一个只会靠裙带关系往上爬的"前国舅爷"吗？更何况，在这十几年里，蒙古人对南宋发动了越来越猛烈的进攻，帝国的军事形势日益严峻，在此情况下，理宗皇帝就算再昏庸，也不至于把帝国的边防事务和军政大权交给一个无能之辈吧？

实际上，从淳祐五年到宝祐二年的十年间，我作为军政大员在"沿江""京湖"和"两淮"等地区一直干得有声有色。我发动军民开荒、屯田、修筑城防，不仅解决了驻地军队的粮饷和修筑城防的费用问题，而且还在一定程度上支援了周边地区，可以说对帝国的边防和军备事务做出了不小的贡献。为此理宗皇帝特意下诏对我进行表彰："乘边给饷，服勤八稔，凡备御修筑之费，自为调度，稍有余蓄，殊可加奖！"

正因为我是凭实力而不是靠裙带上位的，所以我在政坛上一直表现得很强势。比如我回朝担任同知枢密院事之后，御史台的官员曾经想弹劾我的两个忠实部下，我立即向朝廷提交了辞呈，以此表明我的立场和态度，此事后来就不了了之。还有一次，朝廷要任命一个叫孙子秀的大臣为淮东总领。不知何故，朝野纷纷传言我贾似道反对这项任命。其实此事纯属子虚乌有，可时任丞相的董槐慑于我在朝中的威信，赶紧询问理宗皇帝，皇帝告诉他没有这回事，可他依然疑虑重重，最后居然抱着宁可信其有、不可信其无的态度把孙子秀拉了下来，改任我的一个好友陆壑。

这件事把我搞得哭笑不得。

可我内心有一丝窃喜——连丞相都对我敬畏如此，足以表明我在帝国政坛的影响力已经无人能及。

宝祐四年（公元1256年），我被擢升为参知政事；宝祐五年（公元1257年）又加知枢密院事，从此正式进入帝国高层的宰执班子。

二

就在这一年，让天子和大宋臣民最恐惧的事情来临了。

宝祐五年九月，元宪宗蒙哥命其弟阿里不哥留守和林（今蒙古哈尔和林），然后御驾亲征，兵分三路大举攻宋。他本人亲率大军进攻四川，于宝祐六年（公元1258年）七月经由六盘山攻入大散关；另一路由其弟忽必烈、将军张柔率领，自河南南下进攻鄂州（今湖北武昌），兵锋直指大宋都城临安；第三路由元帅兀良哈台从云南进攻邕州（今广西南宁），企图迂回攻取潭州（今湖南长沙），再由湖南北上与忽必烈会师，最终对临安实施包抄合围。

这一回蒙古皇帝倾尽全力，准备毕其功于一役，将南宋一举消灭。这一年十一月，理宗皇帝任命我为枢密使兼两淮宣抚大使，开始指挥前线作战。第二年，即开庆元年（公元1259年）正月，天子又加封我为京西、湖南、湖北、四川宣抚大使，督江西、二广人马，实际上就是把三个战场的军事重任和指挥大权全部交给了我。

蒙哥大军一开始势如破竹，自宝祐六年九月攻入汉中（今四川汉中）后，十月连下剑门关和苦竹隘，十一月又破鹅顶堡，十二月攻克阆州（今四川阆中），顺嘉陵江而下，进围合州（今重庆合川区）。然而元宪宗蒙哥做梦也不会想到，他所向披靡的蒙古铁骑在此却遭遇了自攻宋以来最顽强的抵抗，甚至最终连他本人都命丧合州城下。

合州城是西南抗蒙名将余玠生前苦心经营的一座军事重镇，修筑于钓鱼山，所以又称为钓鱼城；此城地势险峻、工事牢固、易守难攻，乃兵家必争之地，其时守将为王坚。蒙哥大军将合州团团围困后，遣使招王坚投降，王坚不从，并斩杀来使，蒙哥大怒，遂决定不惜一切代价拿下这个重要的军事据点。可是，从开庆元年（公元1259年）二月一直打到七月，元军日夜猛攻、伤亡惨重，合州城却依然固若金汤。元军前锋将领汪德臣于深夜指挥敢死队攻城，王坚身先士卒，登城力战。汪德臣单骑在城下大喊：“王坚，我来活汝一城军民，宜早降！”话音未落，便被飞石击中而死。其时正逢天降大雨，元军的云梯纷纷折断，攻城行动再度受挫。元宪宗蒙哥一怒之下，亲临阵前督师，不料被流箭射中，于七月末暴卒于军营中。

九月，忽必烈兵至长江北面的黄陂（今湖北黄陂），正欲渡江，亲王穆哥从合州遣使带来了蒙哥的死讯，并敦请他立刻北还以维系朝野人心。忽必烈说："吾奉命南来，岂可无功遽还？"遂下令渡江，次日便进围鄂州，开始对鄂州发起猛烈的进攻。

战报传至临安，朝廷震恐。鄂州是长江防线上的军事重镇，更是临安的门户，鄂州的存亡就关系着大宋的存亡。天子立刻传诏，于军中任命我为右丞相兼枢密使、其余一切职务依旧，让我火速进驻汉阳（今湖北汉阳）、驰援鄂州。十月，我进入危城督师，亲自指挥鄂州保卫战。

这一战打得艰苦卓绝。

元军依恃其强大的战斗力，在第一阶段战役中采用常规战略，从正面向鄂州城发起凌厉的攻势，虽然连攻半个多月，元军付出了惨重的代价，鄂州城却纹丝不动。忽必烈见久攻不克，便改变战略，命令张柔的部将何伯祥挖掘地道，准备内外夹击，出奇制胜拿下鄂州。可这一招早就在我的意料之中。我下令士兵修筑木栅栏，一夜之间就沿着外城墙筑起了一座"夹城"。元军从地道潜入，可冲上地面的时候发现他们被困于外城与夹城之间，而四周都是早已埋伏好的宋军弓箭手。进入城中的元军就这样成了瓮中之鳖，全部被歼。忽必烈闻报，仰天长叹："吾安得如似道者用之！"

元军"地道战"计策失败，遂加大攻城力度。守城的宋军都统张胜战死。元军命勇将张禧率领敢死队猛攻鄂州城的东南角，准备从这里撕开一个口子。继张胜之后负责城墙防御的高达率众力战，多次击退元军，张禧身负重伤，撤下战场。张柔再募勇士，在炮矢的掩护下持续进攻，终于将东南角炸塌，元军从缺口蜂拥而入。高达一边拼死抗击，一边组织力量修补城墙。随后城墙又多次被攻破，但旋即又被宋军筑起，元军终不能踏进鄂州城半步。

这场战役打到十一月，鄂州守军的伤亡已经超过一万三千人。而元军也在鄂州城外抛下了不计其数的尸体。忽必烈身边的将领纷纷发牢骚，说这都是因为听从士人的建议，禁止对攻陷的城池进行屠城，才使宋人敢于顽强抵抗。忽必烈闻言大怒，说："彼守城者只一士人贾制置，汝十万众不能胜，杀人数月不能拔，汝辈之罪也，岂士人之罪乎？"

蒙哥死后，进攻四川的元军已经撤兵，原驻防四川的守将吕文德等部相继回援鄂州，缓解了鄂州的严峻形势。而南路的元军兀良哈台则于十一月中旬进抵湖南，开始猛攻潭州，从南面对临安造成了新的威胁。朝廷急命我前往黄州（今湖北黄州）组织南面战场的防御。

与此同时，我接到合州王坚遣使送来的蒙哥死讯。一接到这个消息，我立刻意识到结束这场战争的机会来了。因为在此情况下忽必烈不可能令汗位久悬，必不欲与南宋打持久战，但若不给他提供一个撤兵的借口，恐怕他也是骑虎难下，于是我便秘密派遣使者宋京前往元军大营，在口头上承诺，以南宋向蒙元"岁奉银、绢各二十万"的条件让忽必烈退兵。事有凑巧，同一天忽必烈也接到了他妃子的急信，称留守和林的阿里不哥已经采取了一连串行动，事实上已经夺取了对朝廷的控制权，随时有可能继承汗位。忽必烈召集谋臣商讨对策，谋士郝经力主撤兵北还，他说："阿里不哥已行敕令，令脱里赤为断事官、行尚书省，据燕都，按图籍，号令诸道，行皇帝事矣！虽大王素有人望，且握重兵，独不见金世宗海陵之事乎？若彼果决，称受遗诏，便正位号，下诏中原，行赦江上，欲归得乎……只有许和而归耳，断然班师，亟定大计，销祸于未然！"谋士廉希宪也说："神器无主，愿速还京，正大位以安天下！"

忽必烈遂决定撤兵，一边派遣部将张杰、阎旺前往潭州接应兀良哈台北归，一边派遣使臣赵璧入鄂州与宋京进一步谈判。由于担心汗位被其弟夺取，忽必烈归心似箭，所以告诉赵璧说："汝登城，必视吾旗，旗动，速归可也。"

赵璧登城后，急欲见到我，希望能迫使我答应更为苛刻的议和条件，诸如"称臣"和"割江为界"等，但其时我人已在黄州，赵璧仅与宋京交谈几句后便发现元军旗动、即将拔营，遂无奈地扔下一句："俟它日复议之。"然后匆匆随军北还。

至此，鄂州与潭州相继解围，历时一百余日的"鄂州保卫战"以蒙元撤军、南宋坚守阵地而结束。我当即向朝廷上表："诸路大捷，鄂围始解，江汉肃清。宗社危而复安，实万世无疆之休！"理宗皇帝大喜过望，立刻宣旨命我以少傅、右丞相的职衔回朝接受嘉奖。

第二年，亦即景定元年（公元1260年）三月，我回到临安，天子命百官郊迎犒劳，备极荣宠，并且赏赐给我大量金帛。其余有功将士亦皆论功行赏。对于天子给予的封赏和殊荣，我觉得自己是当之无愧的。在整个“鄂州保卫战”中，我以宰辅之身深入一线战场，自始至终与鄂州军民一起浴血奋战，我认为自己已经尽了人臣应尽的职责，也表现出了一个主帅应该具有的勇气、智谋和才干。对此，作为敌军主帅的忽必烈所发出的那两句由衷的赞叹之言便是最好的证明。

然而这场战争的尾声却有一个小小的瑕疵，那就是和议。

众所周知，“鄂州保卫战”后，我向朝廷奏捷的时候没有提及“和议”之事。也许人们就是在这里打了一个问号，为何我对此只字不提？

原因很简单，我认为这本来就不是一份真正意义上的和议，充其量只是宋元双方仓促之间的一个口头约定而已，对宋方根本不具备约束力。它既没有像正常和议那样经过反复谈判，也没有形成一份正式的文件，说白了，它纯粹是一个权宜之计——是我跟蒙古人耍的一个计谋。以我的政治经验来判断，当时忽必烈在蒙哥猝死、汗位空虚的情况下肯定是急于回朝争夺汗位的，他之所以没有主动退兵，是因为以十万之众、历时数月不能下一城而心有不甘，倘若就此退却只会让他颜面扫地。换句话说，他当时亟须一个借口——一个能让他堂而皇之撤兵北还的借口，而我在这个关键时刻提出议和恰恰能满足他的愿望，同时也能满足我们双方的愿望。我急于使孤城鄂州解围，而他则急于回朝争夺汗位，所以这份口头约定实际上就是我们双方利益交换的产物。对此忽必烈和我都心照不宣。

既然这个所谓的“和议”只是双方在特定条件下各取所需的副产品，那它当然就没有任何实际效力。所以我认为：在蒙元退兵、鄂州围解的目的达到之后，此前的口头约定就变成了不值一提的东西，是没有人愿意在事后真正去履行的东西。既然如此，我何必煞有介事地去向朝廷提起呢？

诚然，我当时在口头上的确承诺要向蒙古“岁奉银、绢各二十万”，可这同样是不得已而为之的权宜之计——既然由我提出议和，我就不能不在口头上许诺给对方一些好处。然而我所承诺的也仅此而已，绝对不包括后来蒙方所宣称的“称臣”和“割江为界”等。况且，就算仅有的这项“岁奉”我也并不打算履行。你们可以据此说我出尔反尔、言而无信、狡猾奸诈，就是不能说我卖国。

而且我要说——这叫“兵不厌诈”。

正因为这份口头约定实际上是无效的，而且我一开始就不打算履行，所以当景定元年七月、忽必烈派遣使臣郝经前来要求我兑现承诺时，我当即把他扣留在真州（今江苏仪征）的忠勇军营中，并且封锁了与此有关的一切消息。我不仅把他们后来增加的“称臣”和“割江为界”等无理条款视为无稽之谈，而且也否认了之前口头承诺的“岁奉”。总而言之，我认为宋元之间一直以来就不存在正常邦交，说白了，双方只是在以江湖规则斗智、斗勇、斗狠而已，所以根本犯不着把战场上仓促达成的口头协议当成一回事。因此就算后来郝经被拘的消息走漏，理宗皇帝向我问起蒙古使臣的事情时，我还是坦然自若地回答说：“和出彼谋，岂容一切轻徇？倘以交邻国之道来，当令入见。”

三

理宗皇帝对我在这场抗蒙战争中的表现非常满意，相形之下，左丞相吴潜的表现就让他非常恼火。早在元军大举入侵的战报刚刚传到临安时，皇帝问策于吴潜，吴潜就惊慌失措地建议皇帝迁都。皇帝问他：“卿往何处？”吴潜说：“臣当守此。”

皇帝闻此貌似忠勇、实则别有用心之言时，不禁泣下：“卿欲为张邦昌乎？”

吴潜顿时惶悚不敢言。

直至蒙元退兵，皇帝颇为感慨地对群臣说：“若从吴潜迁幸之议，几误朕！”

理宗皇帝无嗣，很早就属意于他的侄儿、亦即荣王赵与芮的儿子忠王赵禥，准备立他为太子，没想到吴潜却说：“臣无弥远之才，忠王无陛下之福。”吴潜所说的史弥远乃前朝宁宗后期至理宗前期的大权臣，曾擅行废立，将当年的太子济王赵竑逼迫致死，拥立理宗成为一个傀儡天子，至其死后理宗皇帝才得以亲政。吴潜此言不但公然反对天子的决定，而且揭了天子的旧疮疤，令理宗皇帝怒不可遏。

眼看首席宰相已经彻底失去了天子的信任，我当然不会放过这个取而代之的机会。我随后授意御史沈炎弹劾吴潜，说他与朝臣章汝均勾结，准备拥立当年的济王赵竑之后。我让沈炎在奏章中说："忠王之立，人心所属，潜独不然，章汝均对馆职策，乞为济王立后；潜乐闻其论，授汝均正字，奸谋叵测。请速召贾似道正位鼎轴。"

这一年四月，吴潜被罢去左丞相之职，不久后贬往循州（今广东龙川）。数日后，天子擢升我为少师、封卫国公。随后下诏对我进行褒扬："贾似道为吾股肱之臣，任此旬宣之寄，隐然殄敌，奋不顾身，吾民赖之而更生，王室有同于再造！"

虽然还没有首席宰相之名，但是从这一年开始，我实际上已经拥有了一人之下、万人之上的地位。日后人们纷纷谴责我陷害吴潜，其实这么说是有失偏颇的。吴潜被罢职固然和我从中排挤有关，但主要原因还是他得罪了天子，基本上可以说是咎由自取。我只不过是在一堵即将倒塌的墙上轻轻推了一把而已。当然，我急于取代他执掌朝政，这也是毋庸讳言的事实。

我执掌宰相大权后所做的第一件事就是整顿朝纲。

由于理宗在位日久，他宠幸的那些近侍宦官董宋臣、卢允升等人便经常以天子之名行贪赃聚敛之实，并且收受贿赂、卖官鬻爵，奔走其门者纷纷被安插在朝廷的显要位置上。此外，他们又与外戚相互勾结，任命了许多不学无术的外戚子弟为监司和郡守。尽管董宋臣等人已经被逐出了朝廷，可他们的狐朋狗党连同一帮外戚却仍然盘踞，我一上任便将他们全部罢黜，并下令严禁外戚担任监司和郡守。

我这么做的目的首先是出于公心——杜绝宦官和外戚干预朝政，这不但是有宋一朝的祖宗家法，也是历史上每一位宰相必须要做的事。其次我也想通过对这些当朝显贵的打击，牢固树立起我在朝廷中的威信。

景定二年（公元 1261 年），我开始下手清除军队中的异己势力，如高达、向士璧、曹世雄等人。这些人不但一贯自恃勇武、轻视文官，而且在鄂州之战中不服从我的节制调遣，屡屡言语冒犯、自行其是；通过此战建立军功后，这些人更加显露出不服节制、拥兵自重的苗头。我觉得长此以往，无论是对朝廷还是对我个人都将成为一种威胁和隐患，所以就在这一年把他们一一剪除。

可现在，当我和你们一样站在局外人的角度重新回顾这段历史的时候，我不禁愧悔难当。我觉得当时的那些做法无异于是在自毁长城。我一旦大权独揽，就不由自主地把目光局限在南宋这个小江湖的是非恩怨上，而把来自蒙古人的更大的江湖威胁抛诸脑后。这么做其实既危险又愚蠢。因为这些人身上虽然有不少毛病，可他们无论如何都是沙场上的猛将，关键时刻必须依靠他们来保卫帝国的江山社稷，我却出于一己之私将他们铲除殆尽，这显然是不可饶恕的。倘若单纯从这个角度来看，我觉得我对南宋后来的亡国的确应该负相当一部分责任。

清除将领的直接恶果是导致军队战斗力的削弱。比如我清除的人中就包括在合州之战中功勋卓著的王坚，为了防止他拥兵独大，我先把他调回朝中担任侍卫步军司都指挥使，实际上就是解除了他的兵权，随后又让他出知和州（今安徽和县），彻底把他逐出了军队。王坚三年后便抑郁而终，这对南宋的军心和士气实在是一个极大的打击。

而间接恶果则是迫使部分高级将领转而投靠蒙古人。比如在景定二年六月，驻守泸州（今四川泸州）的潼川安抚副使刘整便投降蒙元。而这个刘整在后来的侵宋战争中则成了蒙古军队的急先锋，这种事情真的令人扼腕浩叹。

凡此种种，皆是我对国家和民族所犯下的严重罪错。用当时接受刘整投降的蒙古将领刘元振的话来说就是："宋权臣当国，赏罚无章，有功者往往以计除之，是以将士离心！"

此言可谓确论。

四

景定三年（公元1262年）一开春，天子又下了一道褒赏我的诏书："在昔赵普有翼戴之元勋，则赐宅第；文彦博有弼亮之伟绩，则赐家庙。今丞相贾似道，身任安危，再造王室，其元勋伟绩，不在普、彦博下；宜赐第宅、家庙。"随后又赐给我缗钱百万，建立宅第于集芳园，并置家庙。

景定四年（公元1263年）二月，我开始推行"公田法"。

所谓"公田法"，就是将那些被官僚地主阶层大量兼并的田地以低成本收归国有。可想而知，此举势必严重侵害权势阶层的利益，所以一经推行便遭到强烈的反对和普遍的责难。正是这项改革使我成为南宋末年所有既得利益者共同的敌人，也使得后世史家多出了一个抨击我的有力借口。

我之所以会进行这项改革，实在是因为其时南宋帝国的经济和财政问题极其严重，几乎已经濒临崩溃的边缘，不改革就根本没有出路。而问题的根源就在于国家长期以来的财政亏空和官僚地主阶层对土地的兼并。南宋朝廷自南渡以来就一直没有摆脱财政赤字，至理宗时期，每年的财政收入一亿二千多万贯，支出却达二亿五千多万贯。而朝廷解决财政困难的唯一办法就是不断增量印行纸币，这叫作“造楮”。可依靠造楮缓解财政困难无异于饮鸩止渴。因为增量印行纸币的直接结果就是导致货币贬值和物价飞涨。例如：南宋初年一石米仅售钱 3 缗，可到了我所处的南宋末年，一石米已经卖到了 1000 缗，货币贬值超过了 300 倍。而货币越贬值物价就越上涨，朝廷就越是加大纸币的发行量，最终构成了一个难以摆脱的恶性循环。并且，由于大量土地掌握在权势阶层手中，他们往往又倚仗权势逃避赋税，因此军队的粮饷严重不足，所以朝廷就继续增发纸币，向地主富户强行摊派、征购粮食，以充军队粮饷，这叫作“和籴”；即所谓“国用边饷，皆仰和籴”。可是，“和籴”依赖的仍然是不断“造楮”，所以它不但使得物价持续上涨，而且无法从根本上解决军需不足的问题。

对于上述种种经济和财政困境，我将其概括为一句话，就是“国计困于造楮，富民困于和籴”。

在此严重危机下，如果再不进行改革，南宋帝国不需要等到蒙元入侵，自身就会先行崩溃。所以我在执掌朝政的第三年初，便迫不及待地授意临安知府刘良贵、浙西转运使吴势卿及御史言官们联名上疏，呼吁实行“公田法”：

> 三边屯列，非食不饱，诸路和籴，非楮不行。既未免于廪兵，则和籴所宜广图；既不免于和籴，则楮币未容缩造。为今日计，欲便国便民而办军食、重楮价者，莫若行祖宗限田之制。以官品计顷，以品级计数，下两浙、江东、江西和籴去处，先行归并诡析，后将官户田产逾限之数抽三分之一，回买以充公田。但得一千万亩之田，则每岁可收六七百万石之米，其于军饷沛然有

馀，可免和籴，可以饷军，可以杜造楮币，可平物价，可平富室，一事行而五利兴矣。

此法具体言之就是：按各级官员的品秩高低规定其所能占有的田地限额，超限部分必须拨出三分之一由朝廷买回，再作为公田出租，以此项收入充作军队粮饷。举例而言，如果某个官员按规定所享的田地限额为200亩，而他实际田产为800亩，那他必须拿出600亩的三分之一即200亩作为公田卖给朝廷。

如同上述，若通过此法买回公田1000万亩，一年可收租米六七百万石，既可充军饷，又可免和籴，又能杜绝滥发纸币，还能平抑物价、防止富豪兼并，可谓一举五得。为了让公田法能够顺利实施，我以身作则地拿出了自己的田产一万亩充为公田，并且迫使其时田产最多的宗室亲王赵与芮也拨出了一部分田产。

我知道此举得罪了赵与芮，可没想到自己日后竟然因此而遭杀身之祸。

“公田法”选择在平江、江阴、安吉、嘉兴、常州、镇江这浙江最富庶的六郡实施。朝廷设立“官田所”，以临安知府刘良贵为提领，推行一年后立即产生了显著成效，朝廷买回约一千万亩的公田，当年收租米六百多万石，足够应付军队一年的粮饷，达到了预期目的。

然而，这一千万亩公田与其说是用“买”的，还不如说是一种变相的没收。因为我的本意就是要以最低成本乃至以零成本收回那些被权势阶层过度兼并的土地。为此我采取了三种办法：首先是以超低价格强行收购，如年租值一石（面积相当于一亩五分）的田产仅支付第十八界会子（朝廷发行的第十八期纸币）四十贯，而当时的十八界会子已经严重贬值，二百贯还买不起一双草鞋，所以说这四十贯只能算聊胜于无；其次，若田产数额巨大，则一半付现钱，一半以布帛充抵；最后，也是用得最多的无成本方式，就是以度牒（出家的官方凭证，可免税也可转卖）及官诰（荣誉官职的凭证）折价换购田产，如“校尉”折价一万贯，“承信郎”一万五千贯，“承节郎”二万贯；官妇的封诰，“孺人”二千贯，“安人”四千贯，等等。

我的手段虽然有些阴险和强横，可当初这些富豪们从贫农那里兼并土地的时候，其手段又何尝不是巧取豪夺！其实质又何尝不是弱肉强食！

所以我觉得自己这么做很公平——当初他们用什么手段从别人那里抢走的，今天我就用什么手段从他们手里抢回来。

我的本意是针对上层富豪，可一旦具体实施，许多官吏要么急功近利，要么操之过急，要么与富豪勾结，最终也不免引发种种弊端，成了扰民之举。如刚开始时都是从田产最多的富户买起，可渐渐发展到二百亩以上都必须"投买"（申请卖田），最后连"百亩之家"的小地主也无以幸免，致使"浙中大扰"，"民破产失业者甚众"。

所以此举既遭到权势阶层的极力反对和阻挠，也遭到了平民阶层的普遍诟病。

可我必须指出，伤害中下层的利益并非出自我的本意。

景定五年（公元1264年）七月的一天，天空中突然出现一颗彗星，光芒烛天，彗尾之长实属罕见，而且从四更起出现于东方，至日中始灭。理宗皇帝急忙下诏让朝野指陈朝政缺失，一时间朝中官吏和民间富户纷纷上书，"皆以为公田不便，民间愁怨所致"。我上书力辩，最后干脆递交了辞呈。皇帝连忙召见我，语重心长地说："言事易，任事难，自古然也。使公田之说不可，则卿建议之始，朕已沮之矣。惟其公私兼济，所以决意行之。今业已成矣，一岁之军饷，仰赖于此，若遽因人言罢之，虽可快一时之异议，如国计何？卿既任事，亦当任怨，何恤人言！卿宜安心，勿辜负朕倚畀之意！"

理宗皇帝并不糊涂，总算替我说了几句公道话。

随后又有太学生叶李、萧规等人上书，说我专权、误国害民，以致上干天谴。我勃然大怒，当即命临安知府刘良贵随便给他们栽了一个罪名，然后施以黥刑、发配边地。

五

景定五年十月，理宗皇帝驾崩，皇太子赵禥即位，是为宋度宗；以皇后谢氏为皇太后。十二月，下诏第二年改元咸淳。

咸淳元年（公元1265年）四月，度宗皇帝加我为太师、封魏国公。这一来总算使我的宰相之权名副其实了。度宗因我当年拥立他为储君、有定策之功，所以对我感恩戴德、异常尊崇。每次我上朝向他行礼的时候，他必定起身答拜，而且不敢直呼我的名字，而是称“师臣”。天子都对我敬畏如此，群臣自不待言，都毕恭毕敬地尊称我为“周公”。

我不禁有些飘飘然了。

人是很容易自我膨胀的动物。当他置身于权力的巅峰，眼前再没有强劲的对手，耳旁只剩下一片阿谀谄媚之声，他就会目空一切、忘乎所以。我承认，从咸淳元年开始，我生命中的最后十年基本上可以用“骄奢淫逸”四个字来概括。整个帝国自上而下的人都对我俯首帖耳，言听计从，甚至连年轻的度宗皇帝也被我玩弄于股掌之中。

换句话说，天子只不过是一个傀儡，我才是真正的老大。

为了证实自己在新皇帝心目中的分量，我故意跟他玩了一个小小的把戏。我主持完理宗的葬礼后便悄无声息地挂冠而去，同时授意我的心腹将领吕文德向朝廷谎报军情，声称蒙古军队正在猛攻下沱（今湖北宜都东南）。朝廷震恐，谢太后和年轻的天子更是吓得六神无主，慌忙下诏让我回朝主持大局。

我心满意足地回到临安，知道自己已经成为任何人都无法替代的朝廷的主心骨。

此后的几年中，我还将不断地故技重演，让皇帝和满朝文武时刻牢记我的重要性。后世史家经常说我这是以流氓手段在要挟朝廷和天子。对此我倒不会否认。因为我早就说过，这个世界本来就是一个江湖，而每个人都是江湖中人。既然如此，你就很难保证自己在竞名逐利的过程中始终光明磊落。除非你宁愿一辈子与世无争、默默无闻，否则你就不能不要一些小手腕、玩一些小聪明，是不是？虽然这种做法上不了台面，可它们通常都很实用、很有效。

咸淳三年（公元 1267 年）二月，我再次向度宗提出告老还乡，皇帝赶紧让大臣和他的近侍宦官一天四五趟传旨挽留，并且赏赐不断，甚至让宦官整夜守在我的府邸外，以防我偷偷还乡；最后还下诏加封我为“平章军国重事”，允许我一月三赴经筵，三日一朝，并在西湖的葛岭上赐给我一座豪宅。

从此我就在这片令人心醉神迷的湖光山色中遥控着整个帝国。

朝廷官吏每天都要抱着一大堆文书来到我的府中呈报，大小政务都先经过我的幕僚廖莹中和翁应龙处理，随后再由我决断。朝中的一帮宰执大臣都成了摆设，只是在我审阅批准过的文书后面署名而已。朝野上下向我献媚求官的人络绎不绝地在我的葛岭豪宅中出入穿梭。当时民间流传着这么一句话："朝中无宰相，湖上有平章。"

咸淳四年（公元 1268 年）正月，被我几度要挟的度宗皇帝终于忍不住发了几句牢骚，下诏说："近年来一些大臣动不动就请辞，似乎以此为清高，俨然已经形成一种风气。朕于诸贤，应该说并无亏待，若众人均以此为尚，难免让人疑心是诸贤辜负了朕啊！"

我一听这话味道不对，几个月后再次称疾求去。度宗皇帝傻了眼，涕泗横流地苦苦挽留，并且许我一月两赴经筵，六日一朝，我才做出一副勉强的样子留了下来。

从这一年开始，帝国的末日就开始降临了。

然而我就像一个被上天宠坏的孩子一样，龟缩在由所有人的敬畏和尊崇所编织成的安乐窝中，忘乎所以地品尝着权力的美味，根本无视那已经近在咫尺的身死国灭的灾难。

当一个人被欲望和享乐俘虏的时候，他就会沉浸在虚假而脆弱的梦境中不愿醒来，直到灾难之刃一举刺穿他的梦境，他才会在一瞬间发现——原来致命的危险从来不曾消失，只不过被他有意无意地遗忘罢了。

可当他醒来的时候，一切都已经太迟了。

咸淳三年（公元 1267 年）年末，蒙古大军再度南下，进抵南宋江汉防线的一座军事重镇——襄阳（今湖北襄阳）。此次的南侵主帅是蒙古人阿术，而副帅就是七年前那个降蒙的南宋将领刘整。

我数年前所犯下的那个错误终于结出了恶果——因为刘整对南宋的整个战略部署了如指掌。这次南侵计划就是他向忽必烈献计的结果。咸淳三年十一月，时任蒙元南京宣慰使的刘整就对元世祖忽必烈说："攻宋方略，宜先从事襄阳。若复襄阳，浮汉入江，则宋可平也。"随后忽必烈便下诏征发诸路兵马，由阿术和刘整为统帅大举南征。

兵临襄阳城下后，刘整对阿术说："我精兵突骑，所当者破，惟水战不如宋耳。夺彼所长，造战舰，习水兵，则事济矣。"随后元军便大力建造兵舰、训练水师。而在此之前，富有军事才能的主帅阿术在侦察襄阳地形时便发现，南宋后方支援襄阳的粮道就是汉水，于是断然在白河口和鹿门山修筑了两座城堡，并在汉水的河道中筑台，与夹江而筑的两座堡垒遥相呼应，一举掐断了襄阳的补给线。

时任襄阳知府的吕文焕见状大为恐慌，立刻修书飞报他的兄长吕文德。可当年的沙场老将吕文德经过多年的养尊处优之后，显然也和我一样，丧失了应有的警惕性和军事判断力，把此次蒙古人志在灭宋的侵略战争误作边境地区经常有的军事骚扰，不但不以为意，还对吕文焕的信使破口大骂："汝等妄言邀功！倘若真有此事，也不过是假城而已。襄、樊（襄阳位于汉水南岸，樊城位于北岸，两城唇齿相依、协同作战，故合称"襄、樊"）的军需储备可支十年！回去告诉吕六（吕文焕），只需固守。若刘整胆敢轻举妄动，待春汛一到，我亲自出征，恐怕到时候他们就要闻风而逃了。"

吕文德的率意轻敌和盲目自信除了遭人耻笑和贻误战机之外，对于岌岌可危的襄阳实在没有一丝一毫的帮助。咸淳四年（公元 1268 年）十一月，襄阳守军为了摆脱被动局面，主动向沿江的元军山寨发动数次进攻，却被严阵以待的元军一一击败，付出了重大的伤亡。

咸淳五年（公元 1269 年）三月，阿术率部围攻樊城，南宋京湖都统制张世杰出兵拒敌，在赤滩浦与元军激战，却再度失利。战报传至临安，群臣惶恐，纷纷建议起用高达救援襄阳。可当御史李旺代表众人前来征求我的意见时，我却仍然把心思放在南宋这个小江湖的内部斗争上，而对即将到来的灭顶之灾估计不足。我听完李旺的奏报后，只冷冷地丢给他一句话："我若让高达出援，那要把襄阳守将吕文焕置于何地？"

李旺退出后无奈地长叹一声："吕氏安，则赵氏危矣！"

朝臣们建议起用高达的消息传至襄阳后，吕文焕的思维方式竟然和我如出一辙，并不把高达入援视为雪中送炭，反而认为是对他个人地位的一种威胁，故而怏怏不乐。其幕僚见状，便献计说："这事好办。如今朝廷认为襄阳危急，故有起用高达之言，倘若我们向朝廷报捷，高达自然就不会来了。”吕文焕大喜，随后俘虏了几名元军的哨探，就向朝廷谎奏大捷，复用高达之议遂就此不了了之。

虽然我出于个人恩怨没有让高达去援救襄阳，但作为一个帝国的宰相，我对于襄阳之围也不可能完全无动于衷。这一年春汛到来后，我便命沿江制置副使夏贵乘春水高涨之际押运粮草援助襄、樊。七月，襄、樊地区秋雨不断，汉水暴涨，我抓住时机再命夏贵率部突袭元军城堡。夏贵采用声东击西之计，分遣舟师在东岸的林谷间出没，试图吸引蒙军的注意力，然后出其不意地攻击元军筑于西岸的城堡。此计却被阿术识破，他下令元军舟师集结于虎尾洲，为准备偷袭的宋军张开了一个口袋。次日，夏贵的主力果然进入了元军的埋伏圈，结果被打得大败，有五十多艘战舰沉毁，溺毙者不计其数。

我闻讯后急命我的女婿范文虎率部驰援夏贵，不料在灌子滩再度遭到元军伏击，宋军战败，范文虎仅以轻舟遁去。

这一年十二月，吕文德病死于鄂州，临终前不停哀叹：“误国家者我也！”

夏贵、范文虎相继大败，而鄂州守将吕文德又卒，到了咸淳六年（公元 1270 年），前线的形势已经异常严峻，我不得不暂时撇开个人恩怨，于这一年正月起用高达为湖北安抚使，出知鄂州；起用孙虎臣为淮东安抚副使，出知淮安（今江苏淮安）；并以李庭芝为京湖制置大使，督师救援襄、樊。范文虎担心被李庭芝抢了头功，马上给我写了一封信，说：“若让我领数万兵马入援襄阳，必一战可平。但求不受他人节制，事成之后，自然应归功于恩相。”

女婿的功劳就是我的功劳，我当然也不愿看到李庭芝压过他一头，所以当即任命范文虎为福州观察使，让他对李庭芝进行牵制。随后李庭芝屡次相约范文虎出兵，范文虎便以朝廷旨意未至为借口，故意迁延，准备寻找机会独自出兵以建奇功。

时隔五年之后，当我一无所有地站在漳州城南这座小小的木棉庵里，透过往事烟云，我看到咸淳年间的那个贾似道的确是令人不齿的，说那个时候的他完全是一副祸国殃民的奸臣嘴脸也并不为过。曾经在“鄂州保卫战”中为帝国立下汗马功劳的那个贾似道早已经死了；此后为了挽救国家经济而不惜触犯众怒力推公田法的那个贾似道也死了；最后剩下来的这个贾似道只是一具活在私欲和享乐之中的行尸走肉而已。宗庙社稷的安危存亡早已被他抛到脑后，他唯一关心的只有自己——自己的富贵、自己的名利、自己的权势、自己的嗜欲……

当襄、樊的将士在前线浴血奋战、捐躯沙场，咸淳六年的贾似道却逍遥自在地徜徉在西湖的美景中、沉醉于葛岭的温柔乡里。他在豪宅中大兴土木、修筑楼阁亭榭，还造了一座美轮美奂的“半闲堂”，将自己的塑像置于其中，与一群美姬宠妾日夜淫乐。他酷爱“斗蟋蟀”，经常与众妾席地而坐、以此为乐，有熟客来，不禁笑言：“此军国重事邪？”

客人说得没错。这就是我当时的“军国重事”！我痴迷于蟋蟀罐里的厮杀恶斗，却遗忘了蒙宋之间的你死我亡。

除此之外，咸淳六年的贾似道还酷嗜古董珍玩，为此特地修建了一座“多宝阁”，一日一登，流连忘返。他听说西南名将余玠的殉葬品中有一条珍贵的玉带，便不惜掘墓开棺，将其据为己有。凡是让他看上的奇珍异宝，无论主人是谁，都必须乖乖地贡献出来，否则就吃不了兜着走。

咸淳六年的贾似道还享受到来自度宗皇帝的最高礼遇，不但可以累月不朝，而且还能入朝不拜。就算偶尔入朝，退朝时度宗皇帝也要起身避席，目送他离开殿庭才敢坐下。而他本人不但绝口不提襄、樊战事，也不许任何人言及。有一次度宗皇帝忍不住问他：“襄阳围已三年，奈何？”他竟然不动声色地反问：“北兵已退，陛下何从得此言？”

皇帝吞吞吐吐地说：“适才有女嫔言之。”

几天后这个多嘴的嫔妃就被赐死了。

从此边事日急，然而朝野上下，再无人敢多说一句。

六

咸淳六年（公元1270年）十二月，元军的一名将领张弘范忽然发现，原来襄阳久困不下的原因是它的粮道并未被真正堵死，宋军还时常通过后方的江陵（今湖北江陵）与归州（今湖北秭归）断断续续地运送补给。张弘范遂献策：“若筑万山以断其西，立栅灌子滩以绝其东，则速毙之道也！”

元军统帅采纳了张弘范的建议。自此，襄、樊的补给线被彻底切断，形势更加危急。

咸淳七年（公元1271年）四月，范文虎进兵湍滩，与阿术展开遭遇战，兵败，统制朱胜等百余人被元军俘虏。

这一年五月，忽必烈加大了侵宋的力度，调集重兵对四川发起进攻，借以牵制南宋的西线兵力，使其无力东援襄阳。六月，范文虎率两淮舟师共计十万人进至鹿门，其时正逢汉水大涨，宋军逆流而上，被阿术所率领的元军东西夹击，溃不成军，丢弃战船和甲仗无数，连夜败逃。

最后一次重兵援救的行动宣告失败，襄、樊的陷落基本上已成定局。

形势已经万分危急，令人无从回避，我不得不做出姿态，屡次上书皇帝，请求亲自领兵出援，同时私下授意御史台的官员上章挽留。度宗皇帝本来就离不开我，一看台谏劝阻，当然就没有同意让我出征。

咸淳八年（公元1272年）三月，元军突破樊城外城，守城的荆湖都统制范天顺及部将牛富坚闭内城做最后的抵抗。

咸淳九年（公元1273年）正月，被围困达六年之久的樊城终于失守，范天顺自缢身亡，临死前高喊：“生为宋臣，死为宋鬼！”部将牛富率领最后的一百多名战士与元军展开巷战，杀死杀伤无数元兵，最终赴火而死。副将王福仰天长叹：“将军死于国事，吾岂宜独生！”随后亦投火自尽。

樊城既破，我再度上表请求出征。其实这一次上表我已经或多或少是出于真心了，可早已习惯跟我一起唱双簧的御史们还是坚持说：“师臣若出，顾襄未必能及淮，顾淮未必能及襄，不若居中以运天下。”度宗皇帝觉得他们说得很有道理，遂再次否决了我的请求。

二月，眼见樊城陷落的襄阳统帅吕文焕顿觉唇亡齿寒，遂斗志尽丧，开门出降。

襄、樊皆陷的消息传回临安，我真的有所震动了。我对皇帝说：“臣屡请行边，陛下不许之，向使早听臣出，当不至此。”虽然我这么说有点推卸责任的意味，但那一刻我的心里难免还是有些愧疚的。所以一个月后我再度上书，下决心准备上阵御敌了。我说：“事势如此，非臣上下驱驰、联络气势，将有大可虑者！”

可是，如果说这么些年来我就像一个被上天宠坏的孩子，那度宗皇帝显然就是一个还没有断奶的婴儿。他一看我想离朝亲征，马上紧张万状地说："师相岂可一日离左右？"

你们看，这就是我们的大宋天子。

咸淳十年（公元 1274 年），大宋帝国的丧钟敲响了。

这一年六月，元世祖忽必烈发兵十万、与前线共计二十万大军，以伯颜为统帅，至九月在襄阳完成集结，随后分东西两路大举南征。东路军由博罗懽和刘整率领，出淮南、取扬州；西路军由伯颜、阿术和吕文焕率领，顺汉水而下，直逼郢州（今湖北钟祥）。吕文焕其时已被忽必烈任命为侍卫亲军都指挥使兼襄阳大都督，并在入朝晋见忽必烈的时候主动献上了攻宋之策，自请为先锋。

也许真的是天要灭宋，这一年七月，年仅三十四岁的度宗赵禥突然扔下这个风雨飘摇的帝国撒手而去。虽说赵禥登基十年来始终是一个傀儡天子，但就在这个最为紧要的关头突然驾崩，则不免使得这个早已人心惶惶的江山更加暴露出分崩离析的征兆。

我拥立了年仅三岁的嘉国公赵显即位，是为宋恭帝；尊皇太后谢氏为太皇太后，临朝听政。

九月，伯颜大军猛攻汉水北岸的郢州，守将张世杰奋力死战，元军未能攻克，只好绕过郢州，于十月攻陷汉水南岸的新郢（郢州有新旧两城，旧郢在北岸，新郢在南岸），守将边居谊力战不敌，投火自尽。十一月，复州（今湖北沔阳）知州翟贵出降。十二月，元军又于青山矶（今武汉东北长江南岸）大败夏贵水师，旋即攻下长江要塞阳逻堡（今武汉汉阳东），进围鄂州。是月底，汉阳守将王仪降，鄂州守将张晏然降。

至此，南宋在江汉防线上的重镇全部沦陷，临安的门户訇然洞开。伯颜大军顺江东下，沿途宋军在吕文焕的招抚之下全部望风而降，其中就包括我的女婿范文虎。

大宋帝国无以挽回地走到了灭亡的边缘……

七

德祐元年（公元 1275 年）正月，最后的时刻终于到来。

我带着三分无奈三分忐忑三分愧悔和最后一丝挣扎，抽调十三万精兵走上了战场。

这十三万人是大宋帝国最后的血本，而我只能孤注一掷。

会有几分胜算？

我不知道。

我只知道我的脸上挂着苦笑，内心装着茫然。

那些日子有一句老生常谈的话始终在我耳边盘旋——早知今日，何必当初！

然而，一切都已无法重来。

二月，我率军进抵芜湖后，首先想起的就是十六年前所做过的那件事情——议和。

十六年前是天佑大宋，让蒙哥暴卒于战场，迫使忽必烈回朝夺位，所以我可以通过与忽必烈的利益交换获取宝贵的和平。可如今呢？

一切都已非同往日了。如今的蒙元帝国是一只生气勃勃的庞然巨兽，不把南宋一口吞下它是不会善罢甘休的。

在如今的蒙宋江湖上，南宋还有博弈的资本吗？

没有了。

我知道已经没有了。可我只能侥幸一试。于是我仍旧派遣当年的那个使臣宋京向伯颜送去了我的提议——称臣、奉岁币。

我在一种近乎绝望的不安中盼来了回信。伯颜说："未渡江时，议和入贡则可。今沿江州郡皆已内附，欲和则当来面议。"

我就在那一刻彻底绝望了。

是啊，"沿江州郡皆已内附"！南宋已经丧失了和蒙元讨价还价的资格，而我贾似道也已完全丧失了与人进行利益交换的任何可能。让我去"面议"？这不是让我去自投罗网吗！

没办法了。只剩下最后一条路了——打！

我命令孙虎臣率领七万精锐扼守池州（今安徽贵池）附近的丁家州，命夏贵以战舰两千五百艘横亘于长江江面上，我率后军屯驻于鲁港。

可我无论如何也没有想到，我心目中这十三万帝国勇士竟然是十三万个可耻的逃兵。

当战鼓喧天、旌旗蔽日的伯颜大军刚刚向宋军水师前锋发起攻击的时候，孙虎臣就迫不及待地跳到了他姬妾的那条船上。本来就无心恋战的士兵们趁机大哗，纷纷喊叫："步帅遁矣！"一时阵形大乱。在此千钧一发之际，夏贵又不战而走。当他乘坐的轻舟飞速掠过我的帅舰时，我听见夏贵远远地扔过来一句话："彼众我寡，势不支矣！"

此时此刻，我除了愤怒、恐惧和绝望，还能有什么想法？！

我只好传令鸣金收兵。

十三万大军顷刻间炸开了锅。人人争相逃窜，几千艘战舰像一群无头苍蝇一样互相乱撞，元军趁势疯狂砍杀，宋军被杀和溺毙者不可胜计，所有的军资器械全部被元军缴获。

当天夜里，我疲惫不堪地逃回后方的金沙，召孙虎臣和夏贵前来问话。孙虎臣一进来就痛哭流涕，一边抹眼泪一边说："吾兵无一人用命者！"

而带头逃跑的夏贵看着孙虎臣的那副窝囊样，居然咧嘴一笑，然后大言不惭地说："吾尝血战当之矣！"

在这种时候，我也无力去计较谁是谁非了，只能想想下一步该怎么办。我默默地看了看他们，有气无力地说："计将安出？"

夏贵说："诸军俱胆落，吾何以战？！师相唯有入扬州招溃兵，迎圣驾于海上，吾当死守淮西耳！"

我想了想，也只能如此了。

次日，我本欲召集前线溃逃下来的残兵游勇前往扬州重新集结，不料让传令兵在岸上挥了半天旗子，蔽江而下的逃兵们居然没有一人响应，有人甚至还指着

他意识到报仇的机会来了，就暗中招募能在半道上把我干掉的人充任监押官。

而会稽县尉郑虎臣就在此刻当仁不让地站了出来。

郑虎臣本人就是浙中的大地主。他的父亲曾经被我贬逐，而他们家的田产也曾经因公田法而被朝廷变相没收。

所以，为了这个报仇雪恨的时刻，郑虎臣已经等待很多年了。

而今他岂能错过？

此时此刻，我很能理解人们对我的怨恨和仇视之情。

无论我早年做过多少有利于家国社稷的事情，单从我晚年的所作所为来看，也足以令世人对我恨之入骨了。

所以，当这个秋天的黄昏，当我看见郑虎臣眼中向我喷射出家仇国恨的火焰时，我知道自己马上就会焚毁在这团烈火之中。

我无话可说——只能说自己死有余辜。

第八章

死神的33557个吻

刘瑾

死神来了。

在我毫无防备的时刻，以我始料未及的方式来了。

这是正德五年(公元1510年)的八月二十五。一个与平常并无不同的秋日早晨。我看见头上的天空依旧纯净而蔚蓝，和五十多年前我初入宫的时候一模一样。

时间过得真快，就这么一眨眼，也就是一生了。

你们都知道，我是一个太监。你们或许还知道，我是一个与众不同的太监。坊间的百姓都说，现如今的北京城有两个皇帝：一个是金銮殿上的“坐”皇帝朱厚照，也叫“朱”皇帝；另一个是司礼监的掌印太监“站”皇帝，也叫“刘”皇帝。

后者说的就是我：刘瑾。

按理说，一个太监能混到这份上就该知足了，也该死而无憾了。

是的。其实我也是这么想的。

今年我已经六十了。虚岁刚满六十。说长不长，说短也不短了。所以我并不怎么遗憾，也并不怎么惧怕死亡。人生一世，草木一秋，只要活得痛快，就算死了也痛快。可让我万万没有料到的是，他们居然给我选择了这样一种死亡的方式——磔刑。

我原以为脑袋掉了不过是碗大的疤。可我错了。他们不想让我死得那么痛快。说得更准确点：他们是想让我死得很痛，却不想让我死得很快！

所以他们给我判了寸磔之刑。寸磔又称“凌迟”，从“陵迟”而来。语出《荀子·宥坐篇》：“百仞之山，任负车登焉。何则？陵迟故。”原意指山陵的坡度由高而低地缓慢降下，用作刑罚之名时，意指将受刑者身上的肉一寸一寸地削下来，所以此刑的俗名又称为“剐”——千刀万剐的“剐”。

你们说，这样的死法能不让人恐惧吗？

剐刑有八刀、十刀、百刀、千刀不等。听说他们足足给我定了三千三百五十七刀。行刑的时间是三天。

天知道这是哪个变态的浑蛋凭着哪条该死的律法定下的刀数，居然准确到了个位数！

我只能苦笑。

我只能在极度的恐惧和愤怒中无奈地苦笑。

大明帝国的士大夫们不希望死神把我一口吞没，而是渴望它吐出冰凉又锋利的舌头——三千三百五十七次地吻遍我的全身！而他们则站在一旁，悠然地欣赏我的痛苦，仔细地玩味我的恐惧。

他们知道我绝不可能撑到最后一刀。

不过他们不关心这个。

他们只想享受过程——享受一个曾经骑在他们头上作威作福的太监终于被他们千刀万剐的妙不可言的过程。

在自命清高的帝国士大夫的眼中，太监只能算是下等人。而像我这种下等人五年来居然一手把持了帝国朝政，而且还把他们玩弄于股掌之中，这对他们而言不啻奇耻大辱。如今既然栽到了他们手里，怎么可能不让我加倍偿还？！尤其是当他们从我家里抄出那一笔令人难以置信的巨额财产时，那种强烈的震惊和嫉妒更是让他们近乎疯狂。不用说别人，年轻的正德皇帝朱厚照第一个就傻眼了。

如果你们有兴趣，我可以给你们开列一张我被朝廷抄没的财产清单——

金二十四万锭又五万七千八百两，银五百万锭又一百五十八万三千六百两；宝石二斗，金甲二，金钩三千，玉带四千一百六十二束，狮蛮带二束，金汤盒五百；除了金银珠宝之外，还有一些违禁的御用物品及兵器甲仗，如蟒衣四百七十袭，牙牌两匮，穿宫牌五百，金牌三，衮袍八，爪金龙四，玉琴一，玉瑶印一，盔甲三千，冬月团扇（扇中置刀二），衣甲千余，弓弩五百。

天子本来还不欲置我于死地，只想把我贬谪到凤阳（今安徽凤阳）去看守陵寝，一听说抄出了这么多东西，顿时咆哮如雷：“奴才果然反了！”于是断然决定将我诛杀。

年轻的天子固然是因为抄出了一些有关我谋反的证据而愤怒。可这还不是最主要的。促使他下定决心的关键因素，我想就是那座让他触目惊心的金山银山。

简单来说，抛开那些珍宝和违禁品不算，我的财产光黄金就是一千二百多万两，白银是二亿五千多万两。如果把黄金都换算成白银，按我们这个时代的正常比价一比五来算，我的财产总额为三亿一千多万两白银。

这是多大的一笔财产？

给你们两个参考数字。一个是正德元年（公元 1506 年）朝廷的财政收入：白银二百万两；和这个数字比，我的财产相当于帝国一百五十多年的财政收入。另一个数字是七十多年后那个叫张居正的帝国大佬通过十年改革为明帝国积攒下的国库存银：一千二百五十万两；和这个数字比，我的财产是它的二十五倍。

如果你们对这种银两的数字还是缺乏概念，那我可以将其换算成你们那个时代的人民币。按一两白银大约折合人民币四百元来算，我的财产是一千二百多亿人民币。所以你们那个时代的什么《亚洲华尔街日报》才会把我评为一千年来全世界最富有的五十个人之一，同时也是上榜的六名中国人之一。

在这样的一些事实面前，你们说，上至天子，下至群臣百姓，甚至包括你们，是不是都会觉得我死有余辜，而且千刀万剐也不足以解恨？

你们是不是会感到无比惊奇——一个人如何能在短短的五年内聚敛如此巨大的财富？一个人的贪婪和占有欲为什么会发展到如此可怕的地步？

趁着刽子手还在磨刀，死神还没有伸出它冰冷的舌头，我很愿意和你们说说心里话。

我很愿意在刽子手剖开我的胸膛之前，主动向你们裸露我的灵魂，同时向你们敞开我的一生……

一

我原本姓谈，老家在偏远穷困的陕西兴平。我已经不记得我是哪年净的身了，只记得是在代宗景泰年间（公元 1450—1457 年）进的宫。我生于景泰二年（公元 1451 年），可见入宫的时候顶多也就五六岁的光景。是一个姓刘的老太监把我领进宫的，从此我就跟了他的姓。

至今我依然清晰地记得入宫那一天的情景。

那是一个早晨。天很高、很蓝，阳光很耀眼。

刘太监走得很快。我几乎是一路小跑着才能跟上他。他一言不发，只是死命地拽着我的手，头也不回地往前走。我就这么气喘吁吁地跟着他走进了这座巨大而森严的紫禁城，同时也战战兢兢地走进了我的宿命。

皇城中的一切都令我感到恐惧。

无论是垂宇重檐的宫殿，还是凶神恶煞的禁军士兵，乃至丹墀上张牙舞爪的飞龙、殿庭前面目狰狞的青铜狮子，都会让我心跳加速、手脚打战。

那一刻我绝对没有想到，若干年后这一切都将匍匐在我的脚下，因我手中的权力而战栗和摇晃。

然而，无论日后的我如何飞黄腾达、权势熏天，景泰年间那个早晨的仓皇和恐惧，都在我心头打上了永远的烙印——就像无论我日后如何富可敌国，幼年时代那种刻骨铭心的贫穷，永远都是我生命的底色一样。

事实上，我一生中从来没有摆脱过恐惧，也从来不曾摆脱过贫穷。就算在我生命最辉煌的四年间，我也是大明帝国最有威严的恐惧症患者，同时也是大明帝国最富有的穷人。

你们是否觉得奇怪？

其实并不奇怪。

因为我是一个太监。我是一个下等人。

从五十多年前那把锋利的牛角刀向我的下体狠狠挥落的那一刻起，我的人格、我的尊严、我本应享有的正常人的全部幸福和梦想，就都随着那血肉模糊的一小块肉，被彻底地割落了。

与其说那一刀造成的是生理的残缺，还不如说它造成的是心理的残缺、人格的残缺、生命的残缺。

从那一刻起，我的内心世界就再也没有摆脱自卑、恐惧和匮乏。所以我比任何人都渴望权力、安全感和财富。

这是一种极度的渴望——世界上任何东西都不能完全满足的渴望。它让我的生命坍陷成了一个巨大的空洞——一个比世界更大的空洞。

“站皇帝”填满得了它吗？

不能。

三亿一千多万两白银填满得了它吗？

不能。

有什么东西可以填满它？

我不知道。

也许你们可以告诉我，我真的很想知道答案……

如果你们反问我，为什么当年会去当太监？

我可以不假思索地告诉你，一个字——穷。

穷得上不起学，穷得穿不起衣裳，穷得吃不上饭。而只要当上太监，就有机会识文断字，不论寒暑都有衣服穿，每天还能吃上三顿饭。要是在宫里混得好，老家还能盖上瓦房，兄弟还能娶上媳妇，父母还能在村里人面前扬眉吐气、脸上有光……

况且，如果一不留神混成一个大太监，那更是比状元郎和驸马爷还神气，不但能光宗耀祖，还能让所有亲朋故旧一块跟着鸡犬升天。

所以，就算有机会让我重新选择，就算明知道挨上一刀就成了下等人、人格残缺者，就算明知道生命中只会剩下自卑、恐惧和匮乏，就算明知道辛苦一生最后还要挨上三千三百五十七刀，我还是会毫不犹豫地选择——当太监。

首先是为了生存，其次是赌——赌一个光宗耀祖、鸡犬升天的机会。

我相信，只要太监这个行当在世界上存在一天，天下所有活不下去的穷人就都有可能像我这么想，都有可能像我这么做。

在我得势的那几年里，每当我伸手接过一笔贿赂，就会对自己说：我又远离贫穷一步了；每当有一个大臣在我面前卑躬屈膝，我就会对自己说：我又远离自卑一步了；每当我收拾掉一个对手，也会对自己说：我又远离恐惧一步了。

可事实上，我一生都在与贫穷、自卑和恐惧纠缠，而从来没有真正拥有过财富、权力和安全感。

没有，哪怕一刻也没有。

你们能告诉我，这是为什么吗？

二

人的一生其实是很短暂的。可不同的人对此有全然不同的感受。如果说富人的人生是一趟短暂却不失精彩的旅行，那么对于穷人来说，生命就是一场怎么望也望不到头的苦役。从入宫的那一天起，我就成了一名低贱的杂役。我的整个童年、少年和青年时代都是在洒扫、值更和伺候大太监的日子中度过的。我甚至连伺候皇帝、后妃和太子的资格都没有，遑论出人头地的机会！虽然粗衣粗食是不用愁了，斗大的字也识了一箧了，可老家始终没有盖起瓦房，兄弟们始终没有等到我寄去的老婆本，日渐衰老的父母亲也还是没能扬眉吐气、脸上有光。

在我的印象中，第一次入宫看见的那片蔚蓝色天空似乎再也没有出现过，笼罩在我的头顶和紫禁城之上的，永远是一片铅灰色的阴霾密布的苍穹。金銮殿上的皇帝换了一个又一个——代宗朱祁钰、英宗朱祁镇、宪宗朱见深……可我的生命依然困顿而无望。

宪宗成化末年，凭着入宫将近三十年的资历，我终于摆脱了低贱的杂役生涯，被任命为教坊司使，掌管宫廷伎乐。虽然地位有所上升，可不过是一个正九品的芝麻官，而且薪俸少得可怜，根本满足不了我对权力和财富的渴望。那些日子里，我每天都在幻想着平步青云的时刻，幻想着有朝一日成为正统年间（公元 1436—1449 年）王振那样权倾中外的大太监。可我断然没有想到，没过多久，无情的现实就粉碎了我的梦想，并且让我再度落入暗无天日的困境。

那是在弘治元年（公元 1488 年），也就是孝宗朱祐樘刚刚即位的那一年，新天子举行了祭祀社稷的大典，典礼结束大宴群臣。为了讨新天子的欢心，我特意在宴会上安排了一场伎乐表演作为献礼。

没想到此举竟然弄巧成拙，并且差点招来了杀身之祸。

那天，乐工刚开始演奏，一群浓妆艳抹的舞女刚刚迈着曼妙的舞步出现在天子面前，都御史马文升立刻站起来，指着她们当庭怒斥：“新天子当知稼穑艰难，岂能以此渎乱圣聪？”

于是宴会就在这种尴尬的气氛中不欢而散。

本来这也不是什么大不了的事，不让演就算了，顶多也就是让我拍不着皇上的马屁而已。没想到马文升却抓住我的小辫子不放，还上纲上线，以什么“渎乱圣聪”的罪名对我发起了弹劾。马文升是都察院的头头，刚上台的皇帝不可能不重视他的意见。况且，新朝新气象，上自天子下至百官，都想利用这个事件树立一个寡欲俭朴的新政风。而我就这么撞在了风口浪尖上，不幸被抓了一个典型。

他们先是把我判了死刑，后来为了体现宽仁的政风，又赦免了我的死罪，但是撤掉了我的教坊司使之职，把我贬为茂陵司香，也就是去给宪宗朱见深守陵。

那一刻我近乎绝望。

我的一生是不是就这么完了？

弘治十一年（公元1498年），整整守了十年的陵墓之后，我总算盼来了一个咸鱼翻身的机会。这一年，七岁的太子朱厚照出阁就学。孝宗皇帝命徐溥、刘健、李东阳、谢迁等几大阁老担任太子的老师，同时精选东宫官属，包括增选近侍宦官。我紧紧抓住这个机会，拿出大半生的积蓄贿赂管事的太监，终于被选入东宫侍奉太子。

这一年，我已经将近五十岁了。

入宫四十余年，我终于得到了一个伺候“主子”的机会。

太子就是未来的皇帝，况且朱厚照又是孝宗皇帝的独苗，日后入继大统绝对没有半点悬念，搞定他就等于搞定了后半辈子的荣华富贵。问题在于：朱厚照是一个什么样的主子？如何才能搞定他？

当我带着一半希冀一半忐忑进入东宫，生平第一次看见朱厚照的眼神时，我笑了。

我完全释然了。

这是一个“顽主”的眼神，这是一种与他那温文尔雅的父亲截然不同的眼神。

那一刻，我看见朱厚照晶亮灵动的眸光中映现着一个未来的刘瑾——一个终将否极泰来、风生水起的刘瑾。

这世上没有任何一种现象是孤立的。

倘若没有自幼贪玩好动的太子朱厚照，就没有日后呼风唤雨的大太监刘瑾。

倘若没有处心积虑搏出位的太监刘瑾，也就没有日后骄奢淫逸的皇帝朱厚照。

所以我一直认为我与朱厚照的相遇是命中注定。是老天爷把我们捆绑在一起的——一如老天爷一直把皇帝制度与太监制度同中国人的命运紧紧捆绑在一起一样。

我进了东宫就像鱼儿游进了水。而朱厚照遇见我，就像春天里疯狂生长的藤蔓遇见了充足的水分和阳光。

我们相互需要，我们一拍即合。无论我们即将联袂出演的是一场皆大欢喜的情景剧，还是一部乐极生悲的灾难片，我们谁也绕不开命运，我们谁也绕不开对方。

那些道貌岸然一本正经的阁老们希望把朱厚照塑造成一个文质彬彬满腹经纶的皇帝，可他们这是瞎子点灯——白费蜡。从见到朱厚照的第一眼起我就知道，这是一个游戏人间的主儿。

江山是他的桎梏，皇冠是他的枷锁。除非它们能为他提供一切好玩的东西并且丝毫不能约束和妨碍他，否则他宁可不要它们。

这就是我们未来的正德皇帝朱厚照。

碰上这样的主子是大臣和百姓的不幸，却是宦官奴才们之大幸——是年近半百的我、刘瑾刘太监之大幸。

从进入东宫的那一天起，我就无所不用其极地诱发并且满足朱厚照的玩性。什么射箭、骑马、踢球、摔跤、打猎、斗鸡、遛鹰、驯豹等，把能够想到的好玩的东西都玩了个遍，最后还玩起了打仗。我经常召集成百上千个宦官，让小太子率领大队人马在东宫里“大动干戈”，每每打得人仰马翻、鸡飞狗跳。为了让太子能够按照我给他浇铸的模子成长，我就必须让他远离那些满嘴仁义道德的儒臣，为此我便怂恿他逃学。朱厚照本来就视读书为畏途，对老夫子们向他灌输的那一套修身治国的大道理厌恶已极，每每在讲席上如坐针毡，要不就打瞌睡。我的建议正中朱厚照的下怀，于是他屡屡找借口推掉了阁老们给他的例行讲读。朝臣最后忍无可忍，一纸奏疏告到了皇帝那里，说：“东宫讲学，寒暑风雨则止，朔望令节则止；一年不过数月，一月不过数日，一日不过数刻；进讲之时少，辍讲之时多，岂容复以他事妨之？”

孝宗皇帝刚开始还干涉了几次，后来他自己沉湎于宴饮伎乐和斋醮祈福，也就疏于对太子的管教。我和朱厚照趁机通宵达旦、变本加厉地游戏玩乐，以至于终孝宗一朝，也就是朱厚照登基前读书就学的七年间，一部《论语》都没有读完，更不用说什么《尚书》和《大学衍义》之类的。

所以朱厚照即位之后能够重用我和宦官们，并且一直与那帮迂腐的文人儒臣格格不入，也就不足为奇了。

弘治十八年（公元 1505 年），体质一向欠佳的孝宗皇帝朱祐樘尽管长年累月地进行斋醮祈寿，却仍然没有挽回他早逝的命运，于这一年五月驾崩于乾清宫，年仅三十六岁。临终前朱祐樘执着刘健等阁老的手说："卿辈辅导良苦，朕备知之。东宫年幼，好逸乐，卿等当教之读书，辅导成德。"

数日后，太子朱厚照即位，是为明武宗，以第二年为正德元年。

朱厚照登基这一年，虚岁才十五，无疑还是个孩子。

当金銮殿上那张宽大的龙椅坐上的是一个小皇帝的时候，通常也就是一些名不见经传的人物赫然登上帝国政坛和历史舞台的时候，也是枯燥沉闷的史册突然楔入一段精彩故事的时候。

这在中国几千年的历史上屡见不鲜。

而这次闪亮登场、摩拳擦掌地准备来演绎这份精彩的人就是我——太监刘瑾。

为了这一刻，我已经等待了五十年。我还有另一个五十年吗？没有了。所以，为了我渴望的权力、财富、安全感，为了五十年来梦寐以求的一切，我必须全力以赴、只争朝夕。

一切都被禁锢得太久，一切都被压抑得太久。所以，一旦轮到我上场，就必然会有一场淋漓尽致的人性的演绎，也必然会有一次厚积薄发的欲望的井喷……

三

朱厚照登基后，马上任命我为钟鼓司的掌印太监。所谓"钟鼓司"，即掌管朝会的钟、鼓及大内伎乐，虽然不是什么要害部门，但我很清楚，此举显然是出于小皇帝对我的需要和信任。换句话说，小皇帝希望我一如既往地给他提供各种娱乐节目。

这很好。这说明我们的“顽主”依然保持着太子本色。

我相信，只要把小皇帝的业余文化生活继续搞得丰富多彩，我很快就能获得满意的升迁。接下来的日子里，除了让他沉湎于歌舞伎乐、射猎宴饮、飞鹰走马之外，我又诱导他微服出行。皇宫外的广阔天地让小皇帝大开眼界，每次出游都乐得屁颠屁颠的，东游西荡、流连忘返。

皇帝一爽，我的好日子就来了。数月后，我被擢升为内官监的掌印太监。内官监在大内宦官机构“二十四衙门”中的地位仅次于司礼监，其主要职责是掌管皇家宫室、陵寝及各种器物的营造。

可想而知，这是一个肥得流油的衙门。

正是从这个地方、这个时候起，我开始走上那条金光闪闪的千年富豪之路。

小皇帝和我们宦官打得火热，自然会引起大臣们的不满。他们把以我为首的八个受宠的原东宫宦官命名为“八党”，又称“八虎”。那就是我、马永成、谷大用、魏彬、张永、邱聚、高凤和罗祥。

文臣与太监自古以来就是一对冤家对头。尤其是当幼主临朝的时候，二者更会为了争夺对小皇帝的控制权而势同水火、不共戴天。

而我在通往权力的道路中，也注定要与文臣展开你死我亡的斗争和较量。

朱厚照五月登基，从六月开始京师上空就阴雨连绵，一直持续到八月。大学士刘健等人趁机抓住此事大做文章，称这是“阴阳失调”，原因是皇帝没有遵循先帝遗诏，该裁汰的冗员没有裁汰，该节约的开支没有节约，等等。而刘健所谓的“冗员”，主要就是指几年来人员和编制迅速膨胀的各“监局、仓库、城门及四方守备内臣”。简言之，就是把主要矛头对准了我们宦官。

小皇帝跟这帮老家伙打哈哈，一边下诏温言慰勉，一边我行我素，不但没有裁撤半个宦官，反而使“内府诸监局”的编制和人员又“骤益数倍”，把那帮阁老气得吹胡子瞪眼。

小皇帝纵情享乐，而且频频出宫游玩，难免就有些囊中羞涩。我跟他说，有个办法可以搞到银子，而且长期不愁钱花。小皇帝听得眼冒绿光，连连叫我快说快说。我说，大臣们不是一直嚷嚷着要裁汰内臣，而您一直都没做吗？可见圣上英明。如此浩荡皇恩，奴才们自然应该要有所表示。依奴才之见，应该让各地的镇守太监每人纳贡白银万两，皇上一来可以作为零用，二来还可以拿出一部分在京畿附近购置田庄，委派内臣监管，收取田租。若恐廷臣非议，名义上就说是奉顺慈闱、孝养两宫皇太后。如此不但有孝亲之名，皇上以后也都不用愁银子了，岂不甚好？

小皇帝呵呵直笑，连呼甚好甚好。随后依言而行，在京畿周围购置了三百多所田庄。不久朝臣们就议论汹汹，纷纷谏言内臣管庄扰民，要求革除田庄，召回管事太监。小皇帝根本不把他们当一回事，用我教他的那套口吻说："卿等为国为民，意良厚。但朕奉顺慈闱，事非得已。"一句话把他们都挡了回去。

大学士刘健等人只好退了一步，说："皇庄既以进奉两宫，自宜委悉有司，不当仍主以私人，反失朝廷尊亲之意。"这帮阁老很清楚，所谓的"奉顺慈闱"不过是挂羊头卖狗肉，所以他们就想将计就计，把田庄的利润纳入"有司"，亦即收归国有，取消皇帝的小金库。

小皇帝正因生财有道而偷着乐，当然不肯让步，遂对刘健的谏言置若罔闻，理都不理。

正德元年（公元1506年）六月，小皇帝又让我兼任"十二团营提督"，亦即京城禁军总领。

谁都知道，禁军是京畿最重要的武装力量，若非皇帝最宠幸的人，绝对不可能掌握它。尤其在非常情况下，这支力量足以左右帝国政局。

从这个意义上说，谁掌控了它，谁就扼住了帝国政治的咽喉。

所以，这项任命无疑是一个重大的信号，预示着刘瑾的时代即将到来。

朱厚照对以我为首的"八虎"眷宠日隆，并且时常因耽于逸乐而旷废"经筵"（阁臣为皇帝开讲经义）和早朝，朝臣、言官和阁老们无不充满了强烈的忧患和危机感，于是不断上疏劝谏皇帝，一再弹劾我们宦官败坏朝纲，请皇帝将我们诛除。

对于所有谏言，小皇帝一概如风过耳；表面上虚心接受，背地里坚决不改。有一次又因暗中指使宦官敛财一事被阁老们从中梗阻，朱厚照终于火起，当面指着刘健等人的鼻子骂："天下事岂皆内官所坏？朝臣坏事者十常六七，先生辈亦自知之！"把阁老们搞得灰头土脸。

户部尚书、老臣韩文每每退朝与属下言及朝政，便会情不自禁地落下两行悲天悯人的老泪。户部郎中李梦阳对韩文说："大人徒泣何益？如今谏官们交章弹劾诸阉，只要大人出面，趁此时机率朝臣们力争死谏，要除掉他们也不是什么难事！"被手下人这么一激，韩文顿然抖擞起来，一捋须、一昂首，毅然决然地说："好！纵使大事不成，吾年足死矣！不死不足以报国！"

随着户部尚书韩文的率先发难，正德元年冬天，一场文臣与太监之间注定无法避免的生死对决就这样爆发了。

正是这场突如其来的 PK，使我一跃成为司礼监的掌印太监，迅速跻身大明帝国的权力中枢；而大臣和阁老们则是罢黜的罢黜、致仕的致仕，落了个一败涂地的下场。

其实这样的结局并不让人意外。

因为，当偌大一个天下落在一个只有十几岁的孩子手中的时候，他难免会让自己和整个江山都摇摇晃晃，而且难免会失手打碎一些东西。

诸如所谓的正义和公理，诸如所谓的悲悯和良知。

所以，要怪也不能怪我们宦官。

在一个政治与正义毫不相关的社会中，在一个权力与良知恰成反比的年代里，所谓的君子道消、小人道长实在不足为奇，所谓的人心失衡、道德沦丧也就应运而生。

所以，要怪也不能怪我们的小皇帝朱厚照。

我想，要怪只能怪天意——几千年来牢牢束缚所有中国人的无形无相却又无所不在的天意。

用我们的话来说，只能叫它天意。

用你们的话来说，应该叫它什么？是不是应该叫制度？

四

韩文决意向我们宣战后，于次日早朝秘问阁臣，三位阁老当即首肯；他又向朝臣倡议，群臣皆表示支持，韩文遂成竹在胸，命李梦阳草拟奏疏，并叮嘱他说：“措辞不能太雅，否则皇上看不懂；也不宜太长，太长皇帝不耐烦。”

奏疏拟就，韩文便召集九卿和诸大臣联合署名，随后上呈皇帝。

由于这道奏疏挺能代表他们文臣对我们太监的看法，所以我把它收录在此，供你们一阅：

> 臣等待罪股肱之列，值主少国疑之秋……伏睹近日朝政日非，号令失当，中外皆言太监刘瑾、马永成、谷大用、张永、罗祥、魏彬、邱聚、高凤等，造作巧伪，淫荡上心，击球走马，放鹰逐犬，俳优杂剧，错陈于前。至导万乘与外人交易，狎昵媟亵，无复礼体，日游不足，夜以继之，劳耗精神，亏损志德……此辈细人，惟知蛊惑君上，自便其私，而不思皇天眷命，祖宗大业，皆在陛下一身。万一游宴损神，起居失节，虽齑粉若辈，何补于事？窃观前古阉宦误国，为祸尤烈。汉十常侍，唐甘露之变，其明验也。今刘瑾、永成等罪恶彰彰，若纵而不治，将来益无忌惮，必患在社稷。伏望陛下奋乾纲，割私爱，上告两宫，下谕百僚，明正典刑，潜消祸乱之阶，永保灵长之祚！

奏疏呈上，朱厚照傻眼了。

这个成天只知道嬉戏玩乐优哉游哉的小皇帝终于意识到了事态的严重性，也终于意识到原来屁股下面这张舒服的龙椅也会把人逼入如此身不由己、左右为难的窘境。

一边是帮他统治天下打理朝政的文臣，他一天也离不开他们。

一边是让他的人生充满快乐和阳光的宦官，他一刻也离不开他们。

而眼下他们却要拼个你死我活。

他们要迫使他作出抉择——要文臣，还是要太监？要逍遥自在，还是要社稷江山？

这样的抉择真让人痛苦。

怎么办？

在阳光下快乐成长了十五年的小皇帝一连数日茶饭不思。

最后他哭了。他生平第一次感到了孤独和彷徨。

朱厚照最后选择了妥协。

他不得不妥协。

没有这帮文臣阁老，他一天也开不动大明帝国这部庞大的政治机器。

然而，他选择了有条件的妥协——把以我为首的八名宦官遣往南京安置。

这是缓兵之计。皇帝想等这阵风头过了，再让我们悄悄回来。

可阁老们不干。当皇帝命司礼太监李荣和王岳去内阁跟他们协商时，阁臣谢迁和刘健都坚持原议。他们声色俱厉地说，如果不将“八虎”诛杀，这事儿就不算完。刘健甚至拍案恸哭道：“先帝临崩，执老臣手，付以大事。今陵土未干，使若辈败坏至此，臣死，有何面目见先帝！”他这是在以顾命大臣的身份向皇帝施压。

三位阁臣中，只有李东阳在表态的时候言语闪烁、模棱两可。

此举大出刘健和谢迁的意料。他们没想到铁打的阵营在此紧要关头却出现了微妙的罅隙。

很显然，李东阳是在给自己留退路。

可更为微妙且更让人出乎意料的是，本属太监阵营的王岳却倒向了他们一边。阁臣们表完态后，王岳瞥了李东阳一眼，把目光转向刘健和谢迁，一脸正色地说：“两位大人所议是！”

司礼太监王岳之所以临阵倒戈，绝不是出于什么正义感，而是担心日渐受宠的我有朝一日抢了他司礼太监的头把交椅。

所以他要借刀杀人。

从李东阳和王岳身上，我们足以见出，这世上从来没有什么铁打的阵营，有的只是铁打的私欲。

王岳回奏天子的时候，把刘健和谢迁的话原封不动地搬了一遍。

朱厚照愁得不知如何是好。

眼看小皇帝快要撑不住了，我们八人遂紧急磋商，一致认为只有扳倒内贼王岳，取代他的司礼太监之位，才可能化被动为主动，进而对阁臣实施反击。

而他们一致推举取代王岳的人就是我。

与此同时，素来与我交好的吏部尚书焦芳命人紧急送来了一个口信，说刘健等阁老已与户部尚书韩文及九卿约定，准备率诸大臣于明日早朝向天子“伏阙面争”，以王岳为内应，一同迫使天子对我们八人下手。

形势万分危急。当天夜里，我们八人环跪在小皇帝的身边痛哭流涕。我趴在地上频频叩首，声泪俱下地说：“要不是皇上恩典，奴才们早就被人杀掉喂狗了。”

小皇帝悚然动容，陪我们唉声叹气。

我接着说：“害奴才们的不是别人，正是司礼太监王岳啊！”

小皇帝一脸诧异：“王岳何故这么做？”

我说：“王岳勾结阁臣，目的就是要限制皇上您的自由，所以想找借口先除掉我们，才会说什么‘放鹰逐犬’会贻害皇上的话。其实这些东西他王岳又何尝没有献过？为何单单归咎于我们？”

小皇帝咬牙切齿地说：“狗奴才王岳，朕把他收了！”

我说：“放鹰逐犬，小道而已，何能损万机？眼下廷臣之所以敢哗言无忌，正因为司礼监是他们的人；倘若司礼监和皇上您一条心，就算您为所欲为，看谁敢信口雌黄？”

朱厚照一怒之下，连夜搜捕了王岳和他的心腹太监范亨、徐智等人，并且在当天夜里就任命我为司礼监提督、马永成为东厂提督、谷大用为西厂提督，张永等人也全部分据要津。

一夜之间，形势完全逆转。

我们“八虎”因祸得福，不但避免了被诛杀或放逐的命运，反而以闪电速度获取了前所未有的巨大权力。

而我则一举成为大内宦官的头号人物。

司礼监是大内的最高权力机构，负责管理皇城内的一切礼仪、刑名，下辖

“十二监”“四司”“八局”等“二十四衙门”；除此之外，它还为皇帝管理奏章和文书；其中最重要的一个权限是：内阁大学士的“票拟”必须经由司礼太监的“批硃”才能生效。从这个意义上说，掌管司礼监就相当于拥有了宰相的权力——尤其是当金銮殿上坐着小皇帝的时候，司礼太监更有可能成为这个帝国实质上的最高主宰者。

所以，正德元年冬天的这个深夜，毫无疑问地成为我生命中最重要的一个时刻。

当我们八个人怀着胜利的喜悦步出乾清宫的时候，我看见浓墨般的夜色中正孕育着一个新时代的曙光。

这个时代的名字，就叫刘瑾。

对于这个深夜发生的一切，阁老和大臣们全都一无所知。

他们或许正在做一场好梦。

梦见八虎脑袋落地，梦见天下人在拊掌相庆，梦见大明帝国终成一派朗朗乾坤。

很可惜，你们是在做梦。都几千年了，你们一直在做梦。

我在黑暗中低声地说。

五

翌日清晨，还没等阁老和大臣们“伏阙面争”，朱厚照就命李荣传召诸大臣。众人齐集在左顺门听旨，刘健依然胸有成竹地对韩文说：“事情就要成功了，诸位大人一定要坚持下去！”

话音刚落，李荣就带着天子旨意来了。他对群臣说：“有旨：诸大臣爱君忧国，言良是！然而奴才们侍上已久，不忍遽置于法，请诸大臣稍为宽限，容皇上自处。”

皇上自处?

昨天还在就“八虎”生杀去留的问题诚恳地征求阁臣的意见，一夕之间就这么“自处”了?

阁老和大臣们面面相觑、百思不解。除了刘健和韩文几个领头的一脸困惑和愤怒外，绝大多数朝臣都面无表情，缄口不语。

他们很清楚，昨天晚上一定发生了什么。而不管是什么，都意味着这场大张旗鼓、兴师动众的“谏争运动”已经悄然失败了。所以他们现在最好的策略就是一言不发、装聋作哑。

惹不起还躲得起。

只有这场运动的第一发起人韩文是无论如何也躲不起的。他只能硬着头皮做最后的抗争。韩文义愤填膺地说：“今海内民穷盗起，天变日增，群小则导上宴游无度，荒弃万机。文等备员卿佐，何忍无言？！”

群臣中只有吏部侍郎王鏊一个人站出来帮韩文说话:“八人不去,乱本难除！”

李荣说：“皇上并非不知，只不过是从宽处置罢了。”

王鏊紧咬不放：“如果皇上不处置，怎么办？”

李荣知道自己再说下去就没词了，弄不好还引火烧身，只好没头没脑地嘟囔了一句：“我李荣的脑袋又不是铁做的，怎么敢坏国事？！”说完匆匆掉头离去。

自始至终，阁臣刘健和谢迁都铁青着脸不说话。

他们看透了。

所以心死了。

他们知道，小皇帝宁可荒废朝政，也不肯牺牲享乐；宁可与文臣死磕，也不愿同太监决裂。所以，那一天刘健和谢迁不约而同地感到——再觍着老脸当这个内阁大学士也没多大意思了，说难听点这就叫“尸位素餐”。堂堂帝国首辅，使出这么大力气，闹出这么大动静，最后居然摆不平几个小小的太监！这不是尸位素餐是什么？

当天，刘健和谢迁就双双上书请求致仕。朱厚照当即准奏，巴不得他们立刻从眼前消失。

最后一个阁臣李东阳也赶紧作出姿态要求致仕。

皇帝没准。

他当然不会准。阁老们要是走光了，谁来帮他治理天下？

况且，我也不会让他走。因为他是一个榜样——一个让群臣知道不与宦官为敌就可长保富贵的榜样。

刘健和谢迁离京的那天，李东阳尴尴尬尬地去给他们送行，落下了几滴应景的眼泪。

刘健说："哭什么？若当日你多出一语，今日就与我辈同去了。"

李东阳看着刘健，僵硬地咧了一下嘴，权充笑脸。

数日后王岳被贬谪到南京大内充当杂役。我派人在半道上追上了他，终究没让他活着走到南京……

出来混就是这样。要么赢掉别人的脑袋，要么输掉自己的脑袋。没有中途撤手的可能，更没有全身而退的道理。

随后，吏部尚书焦芳在我的干预下进入内阁。朝臣们担心内阁全是我的人，就经由廷议一致推举刚直敢言的吏部侍郎王鏊随同入阁。我迫于公论，只好点头同意。

虽然如此，内阁还是确凿无疑地落入了我的掌心。说好听点，他们从此就成了小皇帝（实际上是我）的一个秘书班子。说难听点，他们不过是点缀朝堂的政治花瓶。

而我——大太监刘瑾，才是未来的大明帝国真正的幕后推手。

当上司礼太监的次月、亦即正德元年（公元 1506 年）十一月，我开始着手实施政治清洗。首要目标就是这场谏争的始作俑者——户部尚书韩文。

当然，要扳倒一个素有清望的当朝二品大员不能没有适当的借口。我派遣耳目千方百计地寻找他的破绽，最后终于抓住了一根小辫子：在户部所辖的"内库"中发现有伪造的银子。虽然数目不是很大，但是只要一两，韩文就难逃失职之罪了。几天后朝廷就以降一级官秩的处罚勒令韩文致仕。

这么轻的处罚让我很不满意。碰巧随后他的属下、给事中徐昂上疏替他鸣冤叫屈，我趁势以"结党营私、互相袒护"之名迫使朝廷革除了韩文的致仕官衔，贬其为庶民，同时把徐昂、户部郎中陈仁、还有当初负责起草奏疏的李梦阳全部罢黜，狠狠地出了一口恶气。

由于刘健是四朝元老、谢迁是三朝重臣，他们的被迫离职必然会引起朝臣们的强烈不满。为了防止他们串联生事，我以皇帝的名义下旨，命吏、户、礼、兵、刑、工的六科给事中皆不得擅离职守，每日酉时（下午五至七时）之前均不得离开各自的衙门一步，同时命锦衣卫监视，并且不时点名，违者张榜公布、严惩不贷。

被我罩下这张无形的巨网后，北京的朝堂顿时鸦雀无声。

可南京那头掀起了轩然大波。他们群情激愤、议论汹汹，以给事中戴铣、御史薄彦徽为首的二十多名南京官员纷纷上疏反对刘健和谢迁的离任。

如果他们以为我刘瑾对远在南京的他们鞭长莫及，那他们就错了。

自从当上这个司礼太监后，我一直想试试手中的“鞭子”到底能伸多长。他们急不可耐地跳出来恰好给了我一个机会。

我当即出手。

结果不言而喻。我不但将戴铣和薄彦徽等二十多人全都施以廷杖之责，而且还把南京的头头脑脑全给揪了出来。他们是守备南京的武靖伯赵承庆、南京府尹陆珩和尚书林瀚。我给他们安的罪名是替属下传递奏疏、纵容属下妄议朝政。随后，陆珩和林瀚被勒令致仕，赵承庆被削减一半俸禄，戴铣等二十多人全被贬为庶民。

戴铣不久之后就因廷仗的伤势过重而死。

南京的官员们不服，副都御史陈寿、御史陈琳、王良臣、兵部主事王守仁等人再度抗章论救。然而，等待他们的仍然是廷杖、罢黜和贬谪。

日后名扬天下、彪炳史册的这个思想巨匠、心学大师王守仁就是在这次事件中被我廷杖四十，并且贬到边瘴之地（贵州万山的龙场驿）当了一个小小的驿丞。要是我当初下手再狠一点，武宗一朝很可能多出一个屈死的小吏，而中国思想史无疑就少了一个学术大师。

通过对文臣的打击，我迅速建立了巨大的权威。为了扩大并巩固到手的权力，我决定把小皇帝彻底架空。我一边频繁进献各种新鲜好玩的东西让他沉迷，一边总是趁他在兴头上的时候抱着一摞一摞的奏章去请他审决。小皇帝每每怒目圆睁，冲我喊道：“朕要你干什么用？怎么老是拿这些东西来烦朕？”

我赶紧趴在地上磕头谢罪，可心里乐开了花。

入宫五十年了，我等的就是这句话。

有了大明天子这句话，我就可以堂而皇之地把整个帝国捏在自己的手掌心里。

正德二年（公元 1507 年）三月，为了证实我刘瑾已经成为朱厚照的全权代理人，同时也为了进一步肃清政敌、震慑百官，我以天子名义下诏，将刘健、谢迁、韩文、林瀚、李梦阳、戴铣、王守仁、陈琳、王良臣、蒋钦等五十三个朝臣列为“奸党”，榜示朝堂；同日，我命令全体朝臣罢朝之后跪于金水桥南，听受鸿胪寺官员宣读敕书、引以为戒。

看着这群原本高高在上的帝国大佬如今齐刷刷地跪伏在我的面前，想起从前那些抑郁屈辱任人摆布的日子，我顿时有种恍如隔世之感。

我来到这个世界已经整整五十六年了。

五十六年来，这个世界亏欠我的已经太多太多。

从今往后，我要让它加倍偿还，谁也别拦着我！

遭到一连串的打击和恫吓后，百官噤若寒蝉，纷纷夹起尾巴做人，只有个别朝臣不识时务，硬是要一条道走到黑。

南京御史蒋钦就是其中最典型的一个。

他是率先站出来弹劾我的言官之一，先是被我拿下诏狱、遭受廷杖，后来又被我列入奸党、贬为庶民。可刚出狱三天，他马上又上了道奏疏，说：“刘瑾小竖耳，陛下乃以心腹股肱耳目视之，不知瑾悖逆之徒、蠹国之贼也！臣等目击时弊，有不忍不言者。昨瑾索要天下三司官贿每人千金、甚有至五千金者，不与则贬斥，与之则迁擢。通国寒心，而陛下置之左右，是不知左右有贼，而以贼为腹心也……一贼弄权，万民失望……亟诛瑾以谢天下，然后杀臣以谢瑾！”

这个蒋钦想用他的一条命换我的一条命。

笑话。这简直是天大的笑话！现如今大太监刘瑾的命与他小御史蒋钦的命岂能等值！

我就想不明白，难道所谓的忠义和气节真的比性命还重要吗？命要是没了，这些虚无缥缈的东西要在何处安放？

我是无论如何也理解不了这些文人的思维逻辑的。在我看来，生存是第一位的。而为了生存，实力是第一位的。没有实力，所谓的精神啦、节操啦、道义啦、理想啦统统是瞎扯淡！

蒋钦二度上疏的结果可想而知。

那就是再次系狱、再杖三十。

三日后，蒋钦三度上疏："臣与贼瑾，势不两立……臣昨再疏受杖，血肉淋漓，伏枕狱中，终难自默……陛下不杀此贼，当先杀臣。臣诚不愿与此贼并生！"

疏上，又杖三十。杖后三日，蒋钦死于狱中。

这是他自己的选择，怨不得我。

六

正德二年（公元 1507 年）夏天，我步入了生命中的巅峰阶段。

仿佛就在一夜之间，我发现整个帝国都匍匐在我的脚下，并且围绕着我旋转。

这种滋味真是妙不可言。

无论是皇亲国戚还是当朝显贵，全都对我大献殷勤；朝廷六部的科道官们也都争先恐后地来到我的府上拜谒，对我行跪拜之礼；凡内外所进奏章必先具红向我呈报，称为"红本"，经我审阅之后才呈给通政司，称为"白本"。虽然我识字不多，可这丝毫妨碍不了我处理政务。因为我一概是在私第里批答奏章。其间一般是由我的妹夫、礼部司务孙聪和我的门人张文冕一同参决，随后由我的心腹阁臣焦芳予以润色。而另外两个阁臣李东阳和王鏊基本上被我撂在一边，充其量只是两具会点头的木偶而已。

我还定下了一条不成文的规矩：所有呈给我的奏章都不能直呼我的名字，而要尊称"刘太监"。有一次都察院上的奏折一不留神写了"刘瑾"，令我勃然大怒。都察院长官屠滽吓坏了，慌忙率领十三道御史跪在我府门前的台阶下集体谢罪。我站在台阶上把他们一顿臭骂。屠滽和御史们伏在地上频频叩首，没有一个人敢抬头看我。

权力真是一个好东西。

我在那一刻由衷地发出这样的感叹。

也是在那一刻，我发现这个弱肉强食而又欺软怕硬的的世界从我身上剥夺的尊严终于在五十年后连本带利地还给了我。

可我知道，这一切才只是刚刚开始。

因为这个世界欠我的东西绝不仅仅是尊严。

权力与财富从来都是一对孪生子。

从我登上权力顶峰的这年夏天开始，大明帝国的财富就有了两个流向。

一个是国库，另一个就是我刘瑾的腰包。

当然，刚开始的流量很小。因为我不懂行情。每个官员只需花几百两银子就能和我建立特殊的友情。直到有一天，一个叫刘宇的朝臣一出手就是一万两，我才恍然大悟：原来行情这么好！

一万两相当于你们今天的四百万人民币。所以那天我特别激动地对刘宇说了一句很不内行的话。我说：刘先生何厚我！

话一出口我就后悔了。

因为这是露拙——这是表明我刘瑾虽然在大明官场混了五十年但事实上在权力寻租的潜规则面前还是一只懵懂无知的菜鸟。

也就是说，我虽然早已领略权力的价值，可我还是严重低估了权力的价格。

不过这没关系。什么都有第一次。千年巨富绝不是一夜练成的。

日后看来，刘宇当初那一万两银子就像是威力无穷的炸药，一下子就把我在财富面前仅存的最后一点羞涩和矜持轰毁无遗。从此，涌向我刘瑾腰包的财富之流不再是细如白练的涓涓小溪，而是汹涌澎湃的滔滔巨浪……

这世上每一种行业都有祖师爷。

我们太监这一行当然也不会例外。

比如唐朝末年文、武两朝的权宦仇士良，在我看来就是我们这一行当之无愧的祖师爷。因为他留下了一段至理名言，让后世的无数宦官太监们受益匪浅。

那是在唐武宗会昌三年（公元 843 年），仇士良从权力的巅峰上全身而退的时候，语重心长地给徒子徒孙们讲了一段话。他说：“天子不可令其闲暇，当诱以球猎声色奢靡之乐，我们便可从容得志。断不可令其读书知理，接见儒生。一旦他了解了前代兴亡之道，我等便被疏斥了！”

这话讲得多好啊！真可谓是宦官从政的不二法门！

所以我一直把这段金玉良言奉为圭臬。

正德二年（公元 1507 年）八月，我特意在西华门外为天子朱厚照精心修建了一座偏殿——实际上就是一处高级娱乐场所，名曰“豹房”。宫殿的两厢设计了两排鳞次栉比的密室，里面都是娈童歌伎、教坊优伶以及种种声色犬马之物。自豹房竣工之日起，每天从宫外召进来的乐工舞伎等数以百计。

天子从此就乐在其中、乐不思蜀了。

除此之外，我还在宫内为天子开辟了一座“自由贸易市场”，让宫女和小太监们扮成各行各业的商贩在里面摆摊设点，开门做生意，然后再让天子以一身商人打扮进入市场做买卖，并且一手拿着账簿、一手拿着银钱，煞有介事地和“商贩们”讨价还价，玩得不亦乐乎。

既然是市场，当然就要有酒楼，更要有风月场所。

于是我就让太监和宫女们在永巷开设酒肆。天子玩累了，就来到永巷，然后一帮打扮得花枝招展的莺莺燕燕就会从里面迤逦而出，把我们这位“大官人”迎入酒肆，好酒好菜伺候。天子酒足饭饱后，往往就会醉卧其中。

至于说哪一间酒肆的哪一位宫女能获得天子临幸，不，能抢到这单“大生意”，那就要看她的本事和造化了。

对于我所做的一切，大明朝的文武百官全都保持缄默，连声屁都不敢放。可到了这一年的冬天，一个小小的钦天监监正杨源居然借着星变而大放厥词，斗胆把矛头对准了我，不禁让我怒不可遏。

他说的星变是指“荧惑”（火星）靠近了“太微垣”（象征政府和百官的星座群）和帝星“紫微”（北斗星），因此上奏说：“此众邪之气，阴冒于阳，臣欺于君，小人擅权，下将叛上！”

这纯粹就是扯淡！是妖言惑众、危言耸听！我当即以天子名义将他杖打三十，以示惩戒。

没想到这小子不知好歹，几天后又上疏说："占得火星入太微帝座前，或东或西，往来不一，乞收揽政柄，思患预防。"

我忍无可忍，命人把他抓到我面前，指着他的鼻子厉声说："你是什么芝麻官，也想学人家当忠臣？"

你们猜猜杨源这小子怎么说？他居然用比我更高的声调喊着说："官大小异，忠则一也！"

这小子简直就是在找死！我再次命人将其杖打六十，随后发配肃州（今甘肃酒泉市）充军。

说起这"廷杖"，其实里头是颇有学问的。同样是那些次数，杖重杖轻的结果却大相径庭。关键看执行者的下手轻重。杖得轻的话就算一百下也不过是挠痒痒，顶多伤及皮肉；可要是下重手，别说六十杖，十杖就足以置人于死地。

前提当然是每一杖的力道都要深入骨髓。

一般而言，监刑的人通常是司礼太监和锦衣卫指挥使。只要这两人的脚尖向外张开，呈八字形，杖下之人便可活命；反之要是脚尖向内，那此人必死无疑。

那天我就对执行杖刑的锦衣卫作出了某种暗示。当然，我不会让人在众目睽睽之下把杨源当庭打死，而是让他们拿捏了一个恰到好处的力道。

其结果是——杨源活着走出了紫禁城，却死在了充军的半路上。

七

到了正德三年（公元 1508 年）夏天，我已经在朝野上下建立起了无与伦比的巨大权威。在我的威慑力面前，满朝文武只有两条路可以走：一是向我靠拢，二是被我摆平。

二者必居其一。

如果有人不愿忍受廷杖、下狱、流放的痛苦和耻辱，那他就只能选择主动消失——从这个世界上消失。

第一个选择主动消失的人是工科给事中许天锡。

这个许天锡说起来也不是一般角色。从孝宗一朝起他就是出了名的忠直敢言之人，与何天衢、倪天明等朝臣一起被时人誉为“台省三天”。这一年六月初，几年前奉命出使安南（今越南）的许天锡回朝，蓦然发现帝国政坛已经面目全非——当今天子整天躲在“豹房”里寻欢作乐，而大明的金銮殿上却赫然多出了一个权势熏天的“站皇帝”。与此同时，满朝文武敢说话的人也都已被贬逐殆尽。目睹此情此景，昔日的“台省之天”大感悲愤。

几天后，许天锡恰巧奉诏清核内库，发现了数十桩与我有关的灰色账目。许天锡顿时陷入两难之境。据实上报吧，他必然大祸临头；隐匿不奏吧，他又怕昧了自己良心。许天锡痛苦万端，最后竟然想出了一个没有办法的办法——尸谏。

他留下一纸揭发我贪墨公款的指控状，叮嘱家人递奏，随后自杀身亡。

许天锡自以为这是个两全之策。

可他错了。除了白白搭上一条性命之外，他什么也做不了。

因为他的家人既比他胆小，也比他聪明。许天锡一咽气，他们就迫不及待地把那一纸控状毁了。

许天锡自杀后，紧步其后尘的人是兵科给事中周钥。

自从我掌权之后，朝中就形成了一条不成文的规矩：凡是出京办差的朝臣回京后都必须向我缴纳一笔数目不菲的“孝敬”。像周钥这一类京官，虽然官秩低、俸禄少，但是手中的权力不小。尤其是奉旨下到地方的时候，他们通常可以从地方官那里捞些油水。不久前周钥出使淮安，开口向当地知府赵俊“借”一千两银子，目的就是回朝孝敬我。赵俊当时满口答应，可后来又反悔。周钥本人相对清廉，家无余财，所以在回京路上一直惶惶不安，船行至桃源时，突然挥刀自刎。随从慌忙抢救，可周钥已口不能言，只拿笔写了一行字——“赵知府误我。”

周钥死后，我立即命人把赵俊逮捕到京师治罪。

原因很简单——他明知道周钥拿这笔钱是要孝敬我的，却又言而无信、出尔反尔。他这么做什么意思？仅仅是在为难周钥吗？他这么做显然是看不起我刘瑾嘛！

所以，赵俊这是罪有应得。

杨源的“星变”奈何不了我，许天锡的“尸谏”又不能得逞，于是对我素怀怨怼的人便处心积虑地使出了一个阴招——匿名诉状。

这一年六月下旬的一天中午，百官刚刚散朝离殿，却赫然看见殿前御道上扔着一封匿名信，里面历数了我的种种罪状。我勃然大怒，当即以天子名义传旨，命文武百官全部跪于奉天门外听候处理，一个也不准走。

片刻之后，我怒气冲天地来到奉天门，看见百官们跪伏于地，垂首噤声，连大气都不敢出。许久，御史宁杲才战战兢兢地说："我等御史素知法度，岂敢做这种事？恐怕是新近登科的进士所为。"

我一声冷笑："与新进士何干？就是你们这帮人败坏朝政，我出手整治，才会招致你们的怨恨！"

宁杲赶紧把头埋了下去，一个字也不敢再说。

时值酷暑，又是中午时分，热辣辣的太阳当空高悬，我看见百官的全身上下都已被汗水浸透，豆大的汗珠顺着他们低垂的脸庞啪嗒啪嗒地往下掉。可我内心不但没有一丝怜悯，反而涌起了一股施虐的快感。

我不知道我的快感从何而来。可是我想，也许任何一个当了四十多年奴才的人一朝得势，都不免会跟我一样渴望这种快感吧！反正，只要那个写匿名信的人一刻不站出来，这些人就一个也别想逃离这烈日的暴晒。

我转过身拂袖而去，径直回宫用膳和午休。

我倒要看看，这帮文弱书生到底能在这灼人的热浪中撑多久！

我离开后，太监李荣起了恻隐之心，叫百官们都站起来，而且拿出冰镇的西瓜给他们去暑。等我回来的时候，李荣远远瞥见我的身影，才慌忙对他们说："来了来了，快跪下！"

可这一幕已经映入了我的眼帘。这时，另一个太监黄伟忽然厉声对百官说："这封信所言皆为利国利民之事，倘若挺身自承，虽死不失为一条好汉，奈何连累他人？"

我一听这话味道不对，就盯着黄伟说："写匿名诉状，罪已当死，何况还敢扔在宫廷的御道上，这种人还说是好汉？"

当天，李荣和黄伟就为他们的错误言行付出了代价。李荣被勒令回私宅闲居，黄伟被贬逐到南京。

百官们一直在奉天门外跪到了太阳下山，仍旧无人招供。那一刻我已经意识到：这件事情很可能不是外廷的朝臣干的，而是大内的人干的。

准确地说，这个人很可能就是我身边的宦官。

但是事情闹到了这一步，我不可能就此收场，因为这无异于自掌嘴巴。所以我就命人将这三百多名朝臣全部关进了锦衣卫监狱。次日，大学士李东阳来向我求情，说："匿名文字出于一人之阴谋，诸臣在朝，仓促拜起，岂能知之？何况近日天气炎热，狱气熏蒸，数日之间，人命将不保啊！"

有了阁老出面求情，我就有了一个台阶下，于是将他们全部释放。可已经有三个朝臣因中暑而死，他们是刑部主事何钺、顺天推官周臣、礼部进士陆伸。而没死的也大多中暑患病。

这件无头公案虽就此不了了之，但从中已经透露出了一个信息，那就是：无论明里暗里，朝臣中胆敢与我为敌的人几乎已经没有了。我眼下以及未来的敌人，很可能就隐藏在我的身边——是宦官中的某一个或某几个。

他（他们）到底是谁？！

其实，如果我从这年夏天的这个"匿名状"事件后能够居安思危、未雨绸缪，及时把隐藏在我身边的敌人挖出来，那我很可能会避免两年后身败名裂的命运。

但令人遗憾的是，我没有这么做。

因为我麻痹了。

我在权力的塔尖上为所欲为、忘乎所以，基本上无视那正在朝我悄悄袭来的危险。

我自以为只要把无知的少年天子伺候得舒舒服服、摆布得服服帖帖，我就能永远高踞大明帝国的权力巅峰，把每个人捏在掌中或者踩在脚下……

可我错了。

我毕竟只是一个"站皇帝"、一个偶然得势的奴才，不是大明王朝真正的主人。只要天子朱厚照哪一天心血来潮把权力收回去，我就会被打回原形、一无所有，甚至比一无所有还惨……

八

这一年秋天，为了进一步巩固权力、打击异己，我别出心裁地搞了两项政治发明。

第一项是创立“内厂”。

众所周知，东厂、西厂、锦衣卫等“厂卫制度”是本朝的一大特色，后世之人称其为“特务政治”。顾名思义，就是在朝廷的日常行政和司法机构之外另置一个直属于皇帝的特殊权力机构，其职能是刺探官民隐情、专典重大刑狱，目的在于加强皇权、维护统治。其中，“锦衣卫”是由本朝太祖朱元璋亲手创立的，起初也不过是禁军中的一卫，后来职能提升，逐渐拥有缉捕、刑讯和处决钦犯的职权；“东厂”则是明成祖朱棣所创，因设于东安门北侧（今王府井大街北面）的东厂胡同而得名，这是一个由宦官掌控的特务机构，比锦衣卫更能直接效命于皇帝，其职权范围和地位逐渐居于锦衣卫之上；“西厂”则创于宪宗成化年间，由当时的大宦官汪直统领。

武宗朱厚照即位不久，我掌管了司礼监，马永成掌管了东厂，谷大用掌管了西厂。按理说他们都是听命于我的，可自从“匿名状”事件之后，我就感觉到这些人隐隐有与我分庭抗礼的苗头，而我对东西厂的掌控力也已经越来越弱。在此情况下，我不得不创立一个直接效忠于我的特务机构。

“内厂”就此应运而生。

可想而知，内厂创立之后，其职权范围迅速覆盖并超越了东西厂和锦衣卫，其侦缉对象不但包括百官和万民，甚至把东西厂和锦衣卫本身也囊括在内。从此，内厂缇骑四处、朝野人心惶惶。后世的史书称：时东、西二厂横甚，道路以目。瑾犹复立内厂，自领之。尤为酷烈，中人以微法，无得全者。凡所逮捕，一家有犯，邻里皆坐；或瞰河居者，以河外居民坐之。屡起大狱，冤号相属……

在世人眼中，这是一种典型的“恐怖政治”。

可是，如果不让世人普遍觉得恐怖，我又如何获得安全感呢？

我的第二项创举是“罚米法”。

所谓罚米法，就是凡有官吏失职或犯法者，皆“以米赎罪”，而且必须在指定期限内自费把米运到指定的边镇，数目从一百石到二千石不等。我之所以有这项创设，其目的有三：一、充实早已空虚的边镇粮储，缓解日益严重的财政危机；二、借此机会进一步打击政敌；三、迫使更多的人为了免罪而向我行贿。所以，此举可谓一石三鸟、公私兼顾。

这一年八月，我首先把矛头指向了前户部尚书韩文，就是三年前召集阁臣和百官想整死我的那个老家伙。虽然他早已被我贬为庶民，但是我的这口恶气并没有全消，三年来我一直在想方设法把他彻底整垮。不久前户部不慎丢失了几本旧档案，我马上授意现任户部尚书顾佐上奏其事，把这事栽在韩文头上，追究他的责任。不料顾佐却不肯听从，我一怒之下将顾佐罚俸三月，同时把韩文和现任户部侍郎张缙一起关进了锦衣卫狱。随后又迫使顾佐主动致仕，并三次罚米，自输塞上，前后总数达一千余石。顾佐家无余财，只好四处告贷。

韩文和张缙被我关了几个月后，也坐罪罚米。韩文罚一千石，自输大同；张缙罚五百石，自输宣府。此后，我又找了其他借口又罚了韩文几次，直到把他搞得倾家荡产才罢手。

罚米法于八月创设，到九月下旬就有两次大规模的集体罚米。第一次有一百四十余名官员被罚，数量从二百石到五百石不等。第二次被罚的全国各级官吏总数达八百九十九人，全部自费输边。众多官吏为了逃避或减轻罪罚，纷纷向我行贿；甚至有不少平日以清廉著称的官员也不得不加入了“孝敬”我的行列。

从此，我的财源愈加广阔。

自从正德二年（公元 1507 年）夏天，那个名叫刘宇的官员用一万两白银告诉我大明权力寻租业的行情之后，我就成了这个领域的行家里手，到了正德四年（公元 1509 年），我更是成了大明权力寻租业的行业标准的缔造者。朝中各部司以及全国各省官员给我的“进贡”，基本上都有相应的标准，并形成了一套惯例。

比如各省长官入京朝觐，在拜见皇帝之前一律要先拜见我，而见面礼通常是每人二万余两白银，也就是相当于你们今天的一千万人民币。这样一笔巨款即便对那些官场的“老油条”来讲都是一个不小的负担，更不用说那些一贯自诩清廉的官员了，所以他们在见我之前，通常都要跟京城的富豪告贷，回任后再努力搜刮，然后连本带利地还债。这就是当时朝野上下尽人皆知的所谓“京债”。

形成了惯例之后，人们也就习以为常、见怪不怪了。至于我本人，当然更是对此安之若素。直到这一年正月的一天，我的心腹、吏部侍郎张彩悄悄跟我说了一番话，我才猛然意识到——这种敛财手法实在是过于粗放、也过于招摇了。

张彩说：“公亦知贿入所自乎？非盗官帑、即剥小民！彼借公名自厚，入公者未十之一，而怨悉归公，何以谢天下？”

那一刻我悚然一惊。

是啊，大明的官员们都打着孝敬我的幌子大肆贪墨，最终进到我腰包的银子十不及一，可天下的怨谤却全部集中到我一人身上，这种买卖不合算啊！

于是这一年春天，便有一则出人意料的重大新闻从京城传出，并迅速传遍了整个大明帝国。那就是——刘瑾拒贿。

首先被我拒贿并治罪的官员是监察御史欧阳云和工科给事中吴仪。也怪他们运气不好，就在张彩一语惊醒梦中人的几天之后，奉旨出京的欧阳云和吴仪刚好办完差事回京复命，并按惯例向我呈上了“孝敬”。于是他们就这样被我抓了典型，很快就以贪渎和行贿的罪名被贬为庶民。随后又有一大批来不及刹车的大大小小官员被我告发，轻则掉了乌纱、重则锒铛入狱。

刘瑾拒贿！这对于天下人来讲实在算得上是一桩奇闻，令他们百思不得其解。

其实明眼人都知道：并不是刘瑾不爱财了，而是取之更“有道”了——更为隐蔽而巧妙了。

换句话说，要孝敬刘瑾可以，但是绝不允许任何人再明火执仗地打着刘瑾的招牌。

不过事后来看，我这么做还是有点自欺欺人。

因为已经太迟了。就算我在表面上立了几块牌坊，在名义上堵住了悠悠众口，可到底谁会相信，这个一贯嗜财如命的刘瑾刘大太监、这个欲望无止境的“站皇帝”，果真会在一夕之间金盆洗手、弃恶从善了呢？

恐怕没有人会相信，甚至连我自己都不信。

所以，不管我如何藻饰、如何作态，其实我在天下人心目中早已被定位为一个“擅权揽政、贪赃枉法、迫害忠良、祸国殃民”的权佞了。正因为如此，一年后那个封藩宁夏的安化王朱寘𫔎起兵叛乱，才会扯出“讨伐刘瑾”这面大旗；也正因如此，那个后来得势的“八虎”之一的太监张永，才有可能在几句话之间就把我这个“站皇帝”彻底扳倒、并一举把我送上了剐刑台……

尽管心腹张彩的一席话已经让我幡然醒悟，让我意识到成为天下众矢之的是一件多么危险的事情，但是当我意识到这点的时候，一切都已经太晚了。

是的，太晚了。

九

其实我对张永这个人早有警觉。

武宗即位后他掌管禁军神机营，虽然职位不高，但几年来他和天子走得很近。到正德五年（公元1510年）二月，我感到此人已经对我构成了重大威胁，于是随便找了个借口，要求天子将其贬黜南京。张永得到消息后，立即跑到天子面前告状，说我存心构陷他。

这一年天子朱厚照已经二十岁了，对于我的专权，天子内心业已生出了一些不满，所以有意起用张永，准备对我进行制衡。

对于我们二人之间的争执，天子表面上主持公道，命我们当庭对质，实则内心已经对张永有所偏袒。所以对质的那天张永有恃无恐，刚和我吵了几句便挥拳相向，天子命谷大用等人把我们劝开，过后又摆设酒宴命我们和解。

将张永贬黜南京的事情就此不了了之。我内心极为愤恨，准备另找机会将此人摆平。可我断然没有想到，我再也没有机会了。

这一年四月，安化王朱寘𫔎的叛乱爆发。天子急命右都御史杨一清总制宁夏、延绥、甘凉军务，以张永为监军、提督宁夏军务，一同出征，讨伐朱寘𫔎。天子一身戎装亲临东华门为他们送行，宠遇甚隆。

那一刻，我多么希望朱寘𫔎能在战场上把张永干掉啊！

可让我大失所望、也让所有人出乎意料的是，他们刚刚走到半路，游击将军仇钺就已经将叛乱平定了。这场叛乱前后历时仅十九天。天子遂命杨一清和张永前往宁夏安抚，并将朱寘鐇及一干乱党押解回京。

就是这次出征，让杨一清和张永缔结成了一个政治同盟，并迅速把矛头对准了我。

杨一清知道张永与我势同水火，而且是新近天子眼前的红人，于是一路上就刻意结纳他。到了宁夏后，二人相交甚欢，已经无话不谈。杨一清自觉时机成熟，有一天忽然愤愤然地对张永说："赖公之力，平定反侧，但是外贼易除，朝廷之内乱难平，奈何！"言毕在掌心比画了一个"瑾"字。

张永会意，但却面露难色："刘瑾日夜在皇上左右，皇上一日不见他便闷闷不乐。今其羽翼已丰、耳目甚广，且奈之何？"

杨一清不以为然地说："公亦是天子信臣，今讨贼不付他人而付公，上意可知。何不趁此功成奏捷、班师回朝之时，请言宁夏军务，借机揭发刘瑾之奸，极陈海内愁怨，提醒皇上，恐变乱起于心腹！皇上英明神武，必能听公之言诛杀刘瑾。刘瑾既诛，公必掌权柄，届时悉数革除弊政、安定天下人心，此千载之业也！"

张永仍然在踌躇："如果事情不济，怎么办？"

杨一清说："若他人言，济不济未可知；若言出于公，必济！皇上若不信，公顿首请死，愿死于皇上之前，以表明心迹，皇上必为公所动。若皇上首肯，须立即行事，切勿迟缓！一旦事机泄露，祸不旋踵！"

经此一番游说，张永终于拍案而起，说："老奴何惜余年，不以报主哉？"

就在杨、张二人出征宁夏的同时，我也已经预感到了危险的来临，于是一个大胆的设想浮出了我的脑海。

有一天我神情戚然地对张彩说："想当初，张永和谷大用这帮人想对付朝臣，就把我推上了首位。这几年来我以一人敌天下，所打击的文臣多得不可胜数。而今天下之怨皆集于我一身，张永这帮人却坐享其成，我不知道自己会死于何所啊！"说完涕泪沾襟。

张彩听出了我的言下之意，料定我必然会有非常举动，随即屏退左右、压低嗓门，凑在我耳边说："如今圣上还未生子，公办完大事后只能立宗室子。届时若立长而贤者，公必受祸，不如拥立幼而弱者，公可长保富贵无忧也！”

我听完非常满意，不住地点头称善。

可几天后我就变卦了。我在想——既然我愿意冒着杀头族诛的危险颠覆皇位，我为何就不能顺势自立、也过一回当皇帝的瘾呢？！

于是我再次对张彩说：“没必要立宗室子了，我自立好了。”张彩闻言大惊失色，连连摆手大呼不可。

无胆鼠辈！那一刻我突然对张彩厌恶已极，顺手拿起桌上的一个茶盘往他头上砸了过去。

张彩这才噤声不语。

这一年八月，我在朝中担任都督同知的兄长刘景祥病卒，我决定于八月十五发丧，趁百官莅临送葬时将他们劫持，发动政变。恰在此时，张永从宁夏发回奏报，称不日将回朝献俘。我立即奏请天子推迟他回朝的日期，准备发动政变后再回头收拾张永。不料消息突然走漏，有人立刻飞报张永。张永遂押着朱寘鐇等人昼夜兼程地赶回京城，于八月十一日抵达。

天子亲出东华门，并举办了一场盛大的献俘礼，同时设宴犒劳张永，命我和马永成等人陪坐。那天在酒席上，我和张永一直在用目光进行无声的对峙。

由于心情恶劣，宴席未完我便拂袖而去。

可我绝然没有想到，这场酒宴一结束，我的灭顶之灾就随之降临了。

我刚走，张永立刻向天子当面密奏我的反状，并从袖中拿出早已拟好的奏章，上面罗列了我的十七项罪状。当时天子朱厚照已经喝得醉醺醺了，斜乜了张永一眼，说：“别说了！喝酒吧。”

张永大恐，不住叩首说：“离此一步，臣不复见陛下也！”

天子问：“刘瑾想干什么？”

“取天下！”张永说。

“天下？！”天子一边打着酒嗝，一边笑着说，“天下……任他取好了。”

张永抬起头来，盯着天子的眼睛，一字一顿地说：“若此，将置陛下于何地？”

天子一怔。

他想了好一会儿，才从嘴里缓缓地吐出三个字："奴、负、我。"

张永脸上掠过一阵狂喜。他再次伏首说："此不可缓！缓则奴辈成齑粉，陛下亦将不知所归！"

此时，马永成等人也在一旁拼命附和。最后天子终于颁下一道口谕——缉拿刘瑾。

我的末日就这么降临了。

正德五年（公元 1510 年）八月十一日夜，大约三更时分，我在熟睡中被一阵杂沓的脚步声惊醒。凭直觉我就能判断出——来的是禁军。

转瞬之间，一队全副武装的禁军士兵已经破门而入，团团围在我的床前。

我问："圣上在哪儿？"

回答说："在豹房。"

我披衣而起，对家人说："大事不好了。"

我入狱后，天子朱厚照本来还不想杀我，只下旨把我贬到凤阳去看护太祖陵寝。我接旨后笑着对自己说："这样也不失为一个富太监呀。"

我相信天子对我还是有感情的。为了证实这一点，我特意在狱中呈上了一个帖子，说："奴才就缚时，赤身无一衣，乞赐一二敝衣遮体。"果然不出我所料，天子见信后，立即命人将我原来的百余件衣物送入狱中。

我笑了。只此一点，便足以证明我还有机会东山再起。

与此同时，张永和阁臣李东阳均担心我被复用，于是一再奏请武宗抄没我的家产。他们料定，只要我的财产被公诸天下，我绝对难逃一死。随后朝廷果然搜出了我五年来苦心经营的那座金山、银山，以及一大堆证实我谋反的违禁物品。天子终于勃然大怒，命三法司、锦衣卫会同百官，在午门外对我进行公审。

八月十三日公审那天，我依旧用一种傲慢的眼神环视着这帮准备审讯我的文武百官，忽然笑道："公卿多出我门，谁敢审我？！"

不久前刚刚被我提拔为刑部尚书的刘璟赶紧把头垂了下去，其余百官也纷纷躲闪着我的目光。驸马都尉蔡震见状，站出来说："我是国戚，并非出自你的门下，该有资格审你了吧？"随即命人左右开弓地扇我的耳光，同时厉声说："公卿皆为朝廷所用，还敢说是你的人？说，你为何私藏盔甲和弓弩？”

我坦然自若地说：“为保护皇上。”

蔡震冷笑：“若为保护皇上，为何藏在密室？”

我顿时语塞。

当天，我的谋反之罪定谳，奏疏中罗列了我的十九项罪名。天子在奏章上批示：“毋须复奏，即依凌迟律磔之，枭首三日，狱词供状及处决情形榜示于天下！”依大明律，凡死刑案皆须由法司三复奏，得旨后才可行刑。但武宗这次把这些法律程序都跳了过去，可见他已经对我痛恨到了什么程度。

数日后，我的心腹党羽焦芳、刘宇、张彩、刘璟等六十余人全部被捕，其中内阁大学士三人，北京及南京六部尚书九人、侍郎十二人，都察院十九人，大理寺四人，翰林院四人，通政司三人，太常寺二人，尚宝司二人，等等。朝堂几乎为之一空。这些人或诛杀、或下狱、或贬谪、或罢黜，几天内便被清除殆尽。同时，我的家人共有十五人被斩首，妇女皆发配浣衣局。

一个轰轰烈烈的刘瑾时代就此落下了帷幕。

在这个与平常并无不同的秋日早晨，在这片与我初入宫时一样纯净而蔚蓝的天空下，我的凌迟之刑终于开始了。

3357 刀，死神的 3357 个吻。

这个过程整整持续了三天。

我看见无数的百姓拥挤在刑场周围，争先恐后地哄抢从我身上被割下来的肉——那一片片带血的肉。

准确地说，不是哄抢，而是抢购。

是的，抢购。一片肉卖一钱。生意异常火爆，我的肉供不应求。

我亲眼看见很多人当场就把我的肉扔进了嘴里，并且一边和我对视，一边很耐心、很仔细地咀嚼。

我看见我的鲜血同时从两个地方流淌了下来。

一个是从我的身体，一个是从他们的嘴角。

我知道这样的场面实在过于血腥而残忍，我知道我的描述极有可能让你们的胃部和心灵分别产生一定程度的不适。

但是我没有办法，因为这一切都是事实。

一个人究竟可以被恨到什么程度？

我想，发生在我身上的事实足以给这个问题提供一个最生动的答案。

无论历史上其他的弄权太监是否曾经受到过历史的审判和应有的惩罚，反正我自己是罪有应得，没什么好辩解的。我的意思仅仅是：不管这些争先恐后买我肉吃的人是否真的直接或间接遭受过我的迫害，反正他们这么做除了发泄道德义愤、满足嗜血的快感之外，毫无任何意义。

所以，我真正想说的是：与其吃我的肉，还不如剖析我的灵魂！

因为肉可以被剐完、吃光，灵魂却可以一而再，再而三地转世投胎、生生不息……从某种意义上说，秦朝的赵高之流，东汉的十常侍之流，中晚唐的李辅国、仇士良之流，本朝稍早的王振、汪直之流，难道不是我的前生吗？还有，本朝一百年后即将闪亮登场的那个九千岁魏忠贤，难道不是我的后世吗？

所以，我真正想问的是——中国的老百姓除了在大多数时候乖乖被吃、再偶尔凶狠地吃一回别人之外，他们思考过我们这群人灵魂不死、阴魂不散的原因吗？

好了，不说了。三千三百五十七刀已经剐完了。我的肉也差不多被吃光了。

我可以走了。

相信我，如果你们永远学不会剖析人的灵魂、永远不懂得思考阴魂不散的背后原因，那么——我就会再来。

我会一而再，再而三地转世投胎，永远生生不息……

第九章

严嵩

世界是一个巨大的坟墓

我从没想过自己会如此长寿。

我也从来没有想象过，我的世界会变得如此寂寥而凄凉。

一间四壁漏风的破茅屋就是我的府邸；周围这片野草没膝的乱葬岗就是我的花园；别人坟头上零零星星的供品和祭物就是我的美食盛宴；至于那恍如呜咽的风鸣、枯树上三两只乌鸦的聒噪以及夜深人静时形同鬼哭的声声狼嚎，就是我风烛残年的生命中最后的丝竹管弦……

八十八岁的我，就在这样一个被人遗忘的世界里日复一日地独自生活。

有时候我经常在想——这样的生活和死亡有什么分别吗？

恐怕没有。

自从两年前拖着这具老病的躯壳流落到老家附近的这片坟场，我在世人的眼中就已经死了。充其量我就是一个“活死人”，我的世界不过是一个巨大的坟墓。老天爷之所以把我留在这个“大坟墓”里苟延残喘，无非就是想对我进行惩罚。

是的，惩罚。对于像我这样一个曾经富贵绝顶、权倾天下，而今身败名裂、一无所有的老人而言，这样的长寿绝对是比死亡更严厉的惩罚！

刚来到这片坟场的时候，我没有一天不在思念自己的亲人——那些或已死去或被流放的亲人，我也没有一天不在想念过去的生活——那种位极人臣、富贵荣华的生活，我更是一刻也没有停止过仇恨——对那些把我扳倒的对手的刻骨仇恨。然而，越是这样子，过去的回忆就越是像一把锋利的刀子深深地刺痛我的心灵。后来我终于学会了放弃——放弃思念、放弃回忆、放弃仇恨、放弃八十多载人生所遭遇的种种离合悲欢、放弃六十余年官场生涯所经历的一切恩怨沉浮……最终，我获得了坦然。

于是我终于知道，“学会放弃”是一种多么可贵的人生智慧、也是一种多么高明的生活艺术啊，为什么我会活到年近九旬、落到这步田地才懂得这一点呢？为什么我一生都在拼命攫取和占有，从来没想过要及时放手呢？

也许你们会说：人性就是这样子——不到黄河心不死，不见棺材不掉泪！你是因为现在什么都没有了才讲这种大话，要是让你年轻几十岁，让你有机会东山再起，你还是会毫不犹豫地攫取和占有，绝对不可能放弃！

是的，我承认你们说的没错。人生在世，尤其是一个男人，要生存、要发展，要建功立业、扬名立万，当然不能过早地侈谈“放弃”。那是不现实的，也是不应该的，更不是我要表达的意思。

我想说的只是：应该追求利益，但不应该让欲望过度地占据你的心灵。

一个人的幸福固然需要由一定的物质利益来支撑和建构，但同时也需要由一颗健全的心灵去体验和评估。你们说是吗？

换句话说，幸福其实不是一种物质结果，而是一种心灵能力。

所以说——要给心灵留一点空间。

所谓的“放弃”，实际上就是把占据心灵的过多东西放掉，然后你的心灵才有足够的空间去“贮存幸福”，同时你的心灵也才有健全的知觉去体验幸福。

你们说是吗？

当然了，我不敢说我目前的这种生活可以算得上“幸福”，但最起码，我现在的心灵已经变得比以往任何时候都更加平静。对于像我这样一个万里投荒无家可归的孤寡老人而言，还有什么比平静更重要的吗？

没有了。

所以现在，我坦然地把我寄食栖身的这片坟场当成了自己的家园，我也把这些躺在我附近的有姓氏或者没姓氏的男男女女统统当成了我的老友。

从此我就有了归宿。

从此我也不再孤独。

每天一大清早，只要是天气晴朗的日子，我就会离开我的“府邸”，在这片空气清新的“大花园”里散步，同时“挨家挨户”地慢慢转悠，坐在我那些老友的坟头上陪他（她）们聊天，有一搭没一搭地扯闲篇，一直到夕阳西下、夜幕降临，我才会和他们一一道别，然后带着舒畅的心情打道回府。

这些日子以来，我和我的这些老友相互都已经逐渐熟悉。我知道他们有的富裕，有的贫穷；有的年老，有的年少；有的和我一样曾经当过大官，坟冢修得比任何人都气派，墓志铭写得洋洋洒洒、得意非凡；有的可能只是贩夫走卒，住的地方不过是黄土一堆，家门口连块“门牌”都没有，也不知道他们是何方人氏、姓甚名谁……

不过这一切都已经不再重要。

是的，不再重要。因为在这里，老天爷已经把各色人等的差别一笔勾销。所谓的权力、财富、身份、地位、学识、荣誉等，都只是生命的外衣，到这里都会被一一剥离。说到底，它们只是人生这场大戏的服装和道具。无论你生前披挂着什么，对不起，锣鼓一歇，戏装一卸，谁和谁都没有分别。

所以，每当想起自己这辈子对世间种种功名利禄的强烈执着和恋恋不舍，现在的我都不禁会哑然失笑。

也许你们会说，我现在的所谓“平静”只不过是一种无奈而虚幻的自我安慰，我所谓的“坦然”也只不过是一个濒临死亡的老人近乎绝望的一种心理反应。

是的，也许你们是对的。但不管对我的心境作何理解，反正每当我坐在老友的坟头跟他们聊起我自己的时候，都仿佛是在述说另一个人的故事。

我总是用一种平静得出奇的语调，既不隐恶也不溢美地跟他们谈起一个名叫严嵩的人。

谈他八十八载的浮沉岁月，谈他幸与不幸交织的一生……

今天又是一个晴朗的日子，阳光一视同仁地在这一座坟与那一座坟之间静静流淌。

天空就像一个老人敞开的心灵，我看见往事如同白云苍狗一样在他的胸膛间漂流变幻。

百年似乎眨眼而过。

一瞬足以诉尽沧桑。

好了。我已时日无多。我们开始吧……

一

我于成化十六年（公元 1480 年）出生在江西分宜一个名叫界桥的小山村，祖上也曾功名显赫。我的先祖严孟衡是本朝永乐年间进士，官至浙江按察副使，我的高祖父也曾经当过四川的布政使，可谓历代官宦、世世书香，只可惜后来家道中落，到我父亲严淮这一代，已经沦落为无权无势的穷秀才。我父亲虽然满腹诗书，但终其一生都未能考取更大的功名，因此便把全部希望寄托在我身上，五岁起便让我入塾就学。所幸我没有让父亲失望。小时候的我不但聪慧灵敏，而且很早就擅长诗联应对，被乡里誉为“神童”。

七岁那一年，我就已经在诗文中吐露了日后要成为朝堂阁老的远大志向。我有一个叔父跟我父亲一样，最大的功名只考到秀才，但平日甚为自负。有一天他想考我，就语带讥讽地吟出一句上联：七岁儿童，未老先称阁老。我一听，立即不假思索地对出下联：三旬叔父，无才却作秀才。当即把我这个自负才学的叔父羞得满脸通红并且哑口无言。还有一年冬天，我父亲凝视着窗外的雪景，忽然吟出一句：肃指寒梅一枝，漏破春消息。

我沉吟片刻之后，朗声道：喜攀丹桂十年，成就我功名！

那一刻，我看见父亲的脸上忽然绽放出一个无比欣慰的笑容。

弘治十一年（公元1498年）秋天，我赴南昌参加乡试中举，随即在我的家乡引起轰动。我返乡之日，当时的分宜县令还专门设宴为我庆祝。弘治十八年（公元1505年）春天，二十六岁的我进京会试，高中二甲第二名，获赐进士出身；旋即又通过吏部朝考，被选为庶吉士，授翰林编修。

自本朝洪武年间的黄子澄、刘仲质之后，我是江西分宜第三个入选翰林的人，而且是一百二十年来的第一个。这项殊荣无疑让我那一生不得志的父亲扬眉吐气、倍感自豪，也使我从此成为家乡人的骄傲。

按说少年得志的我理应就此大展宏图，但是天有不测风云，就在我刚刚走上仕途不久，年仅三十六岁的孝宗皇帝朱祐樘便龙驭宾天。随后继位登基的武宗朱厚照还只是一个十五岁的孩子，根本不问朝政，唯喜声色犬马。司礼太监刘瑾趁机架空皇帝、大权独揽，并且接二连三地发起狱案，对文臣集团实施了大规模的政治清洗。一转眼帝国政坛便已面目全非，朝臣们人人自危，陷入了空前的恐怖之中。

面对如此不堪的政治局面，位卑言轻的我自然是心灰意懒，感到前途渺茫，遂萌生去意。适逢我祖父和母亲相继去世，我顺势按制丁忧，回乡住了两年多。守孝期满，我无意复出，便以养病为由留在家乡，开始了长达十年的“钤山隐读”生涯。

事后来看，正是这远离朝堂、韬光养晦的十年，使我的文学造诣和诗文水平达到了一个令时人瞩目的高度；同时，我这种归隐田园、淡泊沉潜、不慕利禄、不恋荣华的道德姿态也让我获取了宝贵的“时望”和“清誉”。这一切共同为我日后的飞黄腾达打下了坚实的基础。正因如此，后世便有人据此声称我这是“以退为进”“沽名钓誉”，目的是为日后的复出积累政治资本。其实这么说不太准确，也有失公允。我承认，我选择隐居并不意味着我从此就不再进入政坛；我也承认，在这寄情山水、吟诗作文的十年中，我无时无刻不在关注大明官场的政治动向和局势演变。但这并不表示我一开始就是有预谋地要把自己十年的宝贵光阴当成一支钓竿去钓取“清誉”，或作为一种赌注去赢得更高的身价。倘若我人生中的这个“黄金十年”果真具有如此的表演和作秀性质，那我的个人修为和诗文造诣势必不能得到真正的提高，我这十年肯定也会过得异常焦灼不安。

如果人们真是这样认为，那显然是极大地低估了我的境界，也侮辱了我的智慧。

事实上，一个只懂得活给别人看的人是绝对不可能活得精彩的。这个道理我懂。所以说白了，我这“钤山隐读”的十年无非就是在自我完善、自我充电，为自己的生命积蓄能量而已。

因为我始终认定：一个人的能量如果足够强大，就无须担心老天爷不给他机会。

机会迟早是有的，关键看你的能量是否能与之匹配。

所以说，我的十年“钤山隐读”并非一开始就抱有一个明确的政治目的。用你们今天经济学的语言来讲，我也是需要承担“机会成本”的。也就是说，我并不能断定“隐居”就是我诸多人生选择中最好的一种，我也不能断定别人在仕途上种种锐意进取的选择就比我更糟。我唯一能断定的是——只要我在自己生命的空杯上不断地注水，总有一天，它就会盛满，并且自然而然地流溢而出。

从某种意义上说，日后我为热衷于斋醮的嘉靖皇帝朱厚熜所撰写的那一篇篇青词之所以能一再获得天子的激赏，正是我那充溢满盈的生命之水自然流淌的表现。换言之，我日后所获得的成功不可能是早有预谋的结果。道理很简单：当年在那穷乡僻壤中苦心钻研诗文之道的时候，我怎么可能预见未来的天子会是朱厚熜呢？我又如何预见朱厚熜会那么迷恋斋醮、那么需要青词呢？我又怎么知道我在诗文上取得的精深造诣竟然会成为我青云直上并最终位极人臣的最重要原因呢？

很显然，这一切都是不可能预谋的。

所以，如果你今天极度渴望成功，却又始终缺乏机会，请你一定要记住——先给自己的空杯加水。

不懈地加水。

相信我，很快你就能看到生命之杯充溢满盈的那一刻。

正德十二年（公元1517年），我告别家乡的青山秀水，重新步入仕途，在南京当了四年多的低级官吏；正德十六年（公元1521年）秋天，我进入南京翰林院担任侍讲。这一年我已经四十二岁了。我不知道真正的荣华富贵距离我还有多远，但我始终不急不躁。在南京翰林侍讲的任上又待了四年、亦即嘉靖四年（公元1525年）五月，我终于升任国子祭酒，回到了阔别将近二十年的北京。

就是从这个时候起，我的仕途开始进入一条上升通道。

嘉靖七年（公元1528年），我升任礼部右侍郎，次年又擢为左侍郎；嘉靖十年（公元1531年）十月，迁吏部左侍郎；是年年底，升任南京礼部尚书、稍后迁吏部尚书。这最后一项调往南京的任命，在官秩上是升了，从正三品升为正二品，但实际上是明升暗降。因为南京朝廷属于有名无实的机构，并没有真正的职权。

我意识到自己遭到了其他朝臣的排挤。要想重新回到天子脚下，必须寻找一个强有力的政治靠山。

为此我锁定了一个江西同乡——夏言。

夏言是江西贵溪人，小我两岁，晚我十二年中进士，资历比我浅得多。他的仕途本来并不比我顺畅，入仕后曾经当了好多年的低级官吏，可因为他也写得一手好文章，所撰青词博得了嘉靖的欢心，于是从嘉靖九年（公元1530年）起便陡然间官运亨通，从一个小小的吏科都给事中（正七品），历翰林侍读、吏部少詹事、翰林学士、礼部左侍郎掌院（正三品），到嘉靖十年年底一跃而为礼部尚书（正二品），成了我的顶头上司。短短一年多连升五级，简直令人匪夷所思。

可我知道，他仕途飞升的秘诀无非就仗着两个字——青词。

这个发现无疑对我日后的仕途发展起了决定性的作用。

从嘉靖十年起我便开始刻意交结夏言。虽然我长他两岁，资格又比他老，但我在他面前执晚辈礼，对他恭敬有加。然而，夏言为人一贯恃才傲物、孤介清高，根本没把我放在眼里。有一次我从南京回朝，特意在家中摆酒设宴，并写了一封情真意切的邀请函命人送到他的府上，没想到竟然被他一口回绝。我只好亲自登门邀请，以表诚意，可夏言依然拒绝，甚至都不肯出来见我一面。那天我索性在他府邸的台阶下长跪不起，并手捧请柬，逐字逐句地朗诵，丝毫不在意路人诧异的目光和夏府下人困惑而鄙夷的眼神。

当时的我虽然任职南京，手无实权，但毕竟是堂堂的当朝二品大员。我相信，那天我长跪夏府阶前的行为，没有几个人敢做、也没有几个人愿意做。

但是我做了。

我严嵩毫不犹豫地做了。

如果说我严嵩日后所取得的成功是世人难以企及的，那么其中一个很重要的原因就是——我愿意为我的成功付出代价，哪怕是在必要的时候牺牲尊严。

我知道，很多人做不到这一点，他们会说我这么做是“丢份儿”“没面子”“低三下四”，甚至会说我斯文扫地、厚颜无耻、阴险狡诈、不择手段等。

我承认这些人的看法有他们的道理，“面子”和“尊严”的确很重要，尤其对一个男人而言。所谓的“男儿膝下有黄金”“士可杀，不可辱”等，说的都是这个道理。可问题在于：这只是普通人的逻辑，不是成功者的逻辑。

我的做法用佛教语言来讲可以称为“忍辱”。我相信这是古往今来任何一个成功者必备的素质。历史上所谓的“胯下之辱”“唾面自干”等，皆与我的做法异曲同工——正是在必要的时候忍受别人不能忍的耻辱，才会让一个人最终达至别人不可能达到的高贵。

我相信这是千古不易的真理。

说白了，等到你功成名就的那一天，还怕捞不回“面子”吗？再大的“面子”和“尊严”你都能捞回来。

那天夏言终于被我那异乎寻常的真诚和谦恭所感动，不但出来相见，而且与我一同回府赴宴。从那一天起，我逐渐取得了夏言的信任和赏识。嘉靖十五年（公元 1536 年），夏言以武英殿大学士入阁，同年十二月，我在夏言的援引下回京担任礼部尚书兼翰林学士。

二

执掌礼部大权的这一年，我已经五十七岁了。

大半生的光阴都已流逝，我的手中才算握住了一点实实在在的权力。

我觉得该是我往回捞的时候了。

是的。跟我同年或者比我晚入仕的那些人早已捞得钵满盆满，是该轮到我了。

也许你们觉得我用“捞”这个字眼显得不太文雅，不过事实就是如此。“权力”这个东西在你们那个时代的政治学辞典里可能意味着“服务”和“责任”，可在我们这个时代，或者说在几千年的中国历史上，“权力”却一直是一种稀缺资源——一种相对于人口数量来说显得极为稀缺的生存资源。

古人所谓的“书中自有颜如玉、书中自有黄金屋”，在我看来说的就是这么一个意思。

十年寒窗为的是什么？无非就是为了当官、当大官！

当大官为了什么？无非就是为了“颜如玉”（色）、为了“黄金屋”（财）！

你们瞧，古人早已把这一切说得如此形象而透彻！

虽然有人可能会说，古人的本意是指书本里有着比财和色更美妙的东西，那就是学问和智慧。可说老实话，几千年来的中国人有几个是按照古人的本意去理解的？有多少人皓首穷经真的是为了求学问求智慧的？

太少了。人们埋头苦读不为了别的，到头来都是为了当官，为了占有稀缺的生存资源！

或许到了你们那个时代，这种情况已经有所改善。或许“权力”已经回归它的本来面目，也就是从一种“被个人占有的生存资源”转变成“属于整个社会和全体公民的公共资源”。不过我想知道的是：你们那个时代的官员，会不会还是把“权力”这种原本属于社会的公共资源占为己有，然后不择手段地实现个人利益的最大化？

好了。言归正传。俗话说“靠山吃山，靠水吃水”，我既然当了礼部的一把手，当然要向那些想进礼部当差的老老少少的士子生员们开出价码。这些价码其实在我之前就有了，不过我出于一种时不我待的紧迫感，就把那些价码往上提了一档。

不知道是不是有人对我凭空“涨价”感到不满就把我告发了，反正不久便有御史在皇帝面前狠狠参了我一本，我赶紧上疏自辩，内心极度不安——难道别人吃拿卡要这么多年都安然无事，而我刚一伸手就会被抓个现行？

让我又惊又喜的是，嘉靖皇帝看过我的奏疏后，居然勉励我说：“贤卿疏中所云：‘为人臣于今日，若皆观望祸福，必使人主孤立自劳’，此言甚慰朕心。今后当尽心尽力辅翼朕躬，不必再说什么！”

我从天子的这番话中读出了一个十分重要的消息，那就是——他更关心臣子是否忠诚，而并不在意臣子是否贪贿。换言之，作为他的臣子，“忠顺”比“廉洁”更重要！

有了这个重大发现之后，我对自己未来的仕途发展顿时充满了信心。也就是说，只要对皇帝一人负责，我的官就能越当越大；只要讨得天子一人欢心，这天底下就没有什么事情是不能干的！

嘉靖十八年（公元 1539 年）春，北京城上空忽然连续多日出现绚丽的云彩，我当即禀报天子，称其为“景云”，乃是不可多得的祥瑞，并奏请天子举办典礼、接受百官朝贺。盛大的典礼结束之后，我又拿出看家本领，毕恭毕敬地撰写了一篇《庆云赋》和一篇《大礼告成颂》进呈天子。这两篇赋文辞藻华丽、文风优美，极尽歌功颂德之能事，天子龙颜大悦，下诏将这两篇赋文交付史官。

这一年，天子南巡，命我陪驾，一路上给我的赏赐异常优渥，根本不亚于阁臣。我知道自己已经取得了天子的欢心，再往前迈一小步，我就能实现儿时的梦想——进入内阁了。

但是有个人一直挡在我前面，明里暗里地阻挠我入阁。

他就是夏言。

虽然夏言曾经是我仕途上的贵人，可现在他已经变成了一颗拦路石。所以，我必须毫不犹豫地把他除掉。

而此刻的夏言也已经意识到：今日的严嵩再也不是当年跪在他家门口低三下四求他赴宴的那个严嵩了。我在天子面前迅速蹿红，已经对他构成了严重的威胁，所以夏言频频授意手下的谏官对我发起弹劾。

可耿介孤傲的夏言从来没有发现我谦恭柔顺的外表下所隐藏的力量。

那是一种以柔克刚的力量。

夏言绝对想不到，这种力量不但很快就会把他扳倒，而且还将在今后的几十年中让每一个反对严嵩的人都死无葬身之地。

因为我在天子心目中的地位早已超过了他，所以他越是攻击我，我就在天子面前越发表现得谦恭柔顺，天子就愈加宠幸我。如此一来，夏言非但奈何我不得，反而把他自身的地位搞得岌岌可危。

嘉靖二十一年（公元 1542 年）夏天，一个偶然事件让我和夏言最终决出了胜负。

众所周知，嘉靖皇帝朱厚熜极度崇信道教，不久前他就摘掉了本朝历任天子所戴的“翼善冠”，改戴道教的“香叶冠”，到了这一年夏天，他又突发奇想，命人制作了“沉水香冠”五顶，自己戴一顶，其他四顶分送我和夏言等人。夏言一向自命清高，这一次也不例外。他一口回绝了皇帝，说：“此非人臣法服，不敢当！”把天子气得七窍生烟。

而轮到我上殿入对的日子，我特意戴上天子所赐的道冠，并且在外面罩上一层薄纱，以示尊重和珍惜。天子一见，顿时心花怒放，留我说了好长时间的话。我一见时机成熟，便向天子诉苦，把夏言如何排挤我的事情绘声绘色地描述了一番。

看着天子越来越黑的脸色，我料定夏言这回在劫难逃。

第二天，天子果然颁下一道诏书，罢免了夏言的阁臣之职；同时，那些依附夏言的科、道谏官也纷纷被调职、贬谪或罢黜，总共有七十三人被逐出了朝廷。

同年八月，我取代夏言继任武英殿大学士，入阁参与机务，仍掌礼部事。

这一年我六十三岁。

在世人眼中，这或许已经是告老还乡的年龄。可对我来说，生命中的“黄金之门”才刚刚开启。

三

入阁为相的这年秋天，我年逾六旬的生命仿佛枯木逢春一样忽然绽放出巨大的生机。我目光矍铄、脸色红润、步履轻盈、浑身上下充满活力，仿佛一下子年轻了二十岁。我不但每天早出晚归地在西苑朝房当值，从不休假归沐，而且还不遗余力地为嘉靖皇帝撰写青词。

所谓“青词”，即天子斋醮祭祀时呈奏上天的一种祷文，由于要用朱墨写在一种特制的青藤纸上，故有此名。青词必须用骈文的形式撰写，要求对仗工整、辞藻华丽，而且又必须把握道家宗旨，准确传达天子心声，所以没有相当高的文学造诣者不能胜任。在我之前，只有夏言所撰能满足皇帝的要求，夏言被罢黜之后，我严嵩就成了天子眼中独一无二的青词高手。

随着一篇篇文采风流惊才绝艳的青词像一只只乘风而去的仙鹤一样从人间抵达天庭，我在天子心目中的地位越来越高，而一帮同情夏言的谏官们也越发对我恨之入骨。他们很快又上疏弹劾，说我和儿子严世藩“同恶相济”、收受贿赂，而且“动以千百计”。我知道此刻的天子朱厚熜已经离不开我了，所以故意上表请求致仕，天子赶紧下诏慰勉。此外为了表示对我的器重和垂青，天子还御笔亲书，赐给我一块“忠勤敏达”的银印，同时更赐大量的墨宝和匾额，很快便挂满了我的府邸。诸如正堂上高悬一匾，上书“忠弼”两个大字；藏书楼则挂着“琼翰流辉”；内堂上则书“延恩堂”；等等。可谓极尽荣宠，一时无匹。

这年冬天，给事中童汉臣和御史谢瑜等一帮不识时务的言官又向我发起攻击，我照例不争辩，还是上表请辞。天子再度劝慰挽留，随即找了个借口把童汉臣和谢瑜贬出了朝廷。

我虽然已经入阁，且已成为天子跟前的红人，但班位仍在首辅翟銮之下，所以我入阁后便与翟銮展开了明争暗斗，并逐渐将其架空。其后百官奏事皆要准备两份奏章，一份正本，一份副本。须先呈上副本，由我审阅通过后，才能按正常程序呈上正本。翟銮对此愤愤不平，遂于嘉靖二十二年（公元1543年）四月授意给事中周怡，上疏对我大肆攻击，说我窃弄权柄、专擅威福、卖官鬻爵等。

我不禁苦笑。

我笑这些人太不自量，而且整人的手段也太过拙劣和陈旧。明知道上疏弹劾根本奈何不了我，也知道天子对我的贪墨之事从来不以为意，还这样一而再，再而三地上疏……他们怎么就不会想一招新鲜的呢？这么做何异于蚍蜉撼树，不，何异于飞蛾扑火呢？

奏疏呈上没几天，周怡这只“小飞蛾”就被我扔进了监狱。

这一年科考，翟銮的两个儿子同登进士第。这件科场盛事立刻在朝野上下传为美谈。我看见翟銮的脸上终日笑逐颜开。

看他笑得那么开心，我也情不自禁地跟着他笑了。

而且似乎笑得比他更开心！

不过你们可别误会。我这可不是在替他们高兴，而是在为我自己高兴。

因为我终于等到了一个整垮翟銮的机会。

就在翟銮的两个儿子金榜题名数日之后，翟府上下还沉浸在一片喜庆中的时候，一道出乎所有人意料的圣旨就突然降临了——翟銮被削去官职，贬为庶民；其二子翟汝俭、翟汝孝一并削去功名。

跪地接旨的那一刻，翟銮犹如五雷轰顶。

他根本不知道自己犯了什么罪，也根本不知道我到底用什么手段一下就把他收拾了。

其实我的手段很简单。

朝廷张榜后，我立即授意手下谏官上疏天子，提请天子注意这样一个事实——当朝首辅的两位公子同榜登科，这意味着什么？

我的结论是——这意味着科场舞弊。也就是说，这件所谓的科场盛事不过是主考官为了讨好翟銮而暗箱操作的结果！

天子勃然大怒，不待细查就颁下了那道圣旨。

堂堂当朝首辅翟銮就这样不明不白地丢了官，然后以一个平民的身份黯然踏上了返乡之路。

不知道他会不会在一路上苦苦思考他落败的原因，不知道他会不会从这次失败的教训中领悟到一些整人的技巧！

不过就算他领悟了也没用。

因为他再也没机会跟我过招了。

翟銮一走，我就顺理成章地成了首辅。嘉靖二十三年（公元 1544 年）八月，吏部尚书许赞和礼部尚书张璧入阁，可只不过是挂个虚名，内阁的票拟批答之权全在我一人手里。许赞对此颇有微词，对天子发牢骚说：“嵩老成练达，可以独相，无烦臣伴食。”我连忙一边向天子告白“臣子比肩事主，当协恭同心，不宜有此嫌异”，一边加紧排挤许赞。嘉靖二十四年（公元 1545 年）十一月，许赞终于以老病为由被逐出了朝廷。结局和翟銮一样——削职为民。不久后另一个阁臣张璧也郁郁而终。我旋即被擢为吏部尚书、谨身殿大学士、少傅兼太子太师。

就在我得意扬扬地认为自己从此就能在帝国政坛上一人独大、一手遮天的时候，一个我最不想看见的人却又悄悄回到了内阁，并且被加了少师之衔，班位一下就在我之上。

他就是夏言。

这可真叫冤家路窄！

看来天子朱厚熜要比我想象的聪明得多——这绝对不仅仅是一个只会斋醮祈福、纵情声色的皇帝！

无论是在斋醮仪式上双目微闭喃喃自语的时候，还是在后宫的温柔乡里缠绵悱恻、流连忘返的时候，事实上他的眼睛始终没有离开过朝堂。所以这一年冬天，当阁臣许赞再次被我淘汰出局后，朱厚熜便断然起用夏言，目的就是对我进行制衡，防止我独霸朝纲。

夏言一复出，便将依附于我的朝臣尽数驱逐，并且总揽政务，一切批答全出己意，完全把我晾在了一边。同时天子似乎也开始有意疏远我了。

我知道，夏言接下来还有更狠的招数。

果不其然，很快我就得到消息：夏言已经掌握了我的儿子尚宝司少卿严世蕃贪污受贿的确切证据，随时有可能在天子面前一状把我们父子告倒。虽然天子在这方面一直对我睁一只眼闭一只眼，但是现在的形势已经非同往日，而且是由夏言亲自出面指控，再加上证据确凿，天子很可能不会再保我。

怎么办？

危险已经迫在眉睫，容不得我再多作迟疑了。

我决定立刻采取行动。

那一天我叫上儿子严世蕃，让他跟我走一趟。世蕃战战兢兢地问我要去哪里，我说："夏府。"世蕃问："干什么？"我说："谢罪！"

世蕃站在原地愣了很久，直到看我头也不回地走远了，才硬着头皮追了上来。

生死关头，我只能再次采用当年的那个办法——在夏言面前低头下跪。

我别无选择。

也许你们和严世蕃的想法一样，都认为这是个下下策。

也许你们会认为夏言无论如何不可能再被我表面的谦恭柔顺所迷惑，不可能被同一块石头绊倒两次。

可你们错了。

后来的事实表明，夏言的确再度被我感动了，从而打消了告御状的念头，并且几年后最终死在了我的手上。

下面就让我们一起来看看，夏言是如何被同一块石头绊倒两次的。

那天我们父子来到夏府时，迎面就吃了个闭门羹。夏府的司阍（看门人）用一种不屑一顾的口吻下达了逐客令："少师身体不适，不便见客。"

我笑着对门人说："烦请再为通报，我父子专为探病而来，并无他事。"说话的时候，我已经从袖中摸出了一锭银子。司阍立刻两眼放光，并且笑得比我更加灿烂，嘴里却说："严相有命，不敢不遵，但恐主人诘责，奈何？"我说："我去见少师自有话说，请放心，包管与你无涉。"司阍揣下银子，随即一路领着我们走向书房。夏言远远瞥见我们，慌忙避入内室，躺在榻上，蹙眉抚胸做不适状。我拉着严世蕃的手径直走到夏言榻前，低声问："少师贵体欠安吗？"夏言闭着眼睛装作没听见。

我连问数声，他才半眯着眼问来人是谁。我说："在下严嵩。"夏言这才睁眼，佯装惊讶地说："是室狭陋，奈何亵慢严相！"说着就作势要坐起，我连忙按住他，说："嵩与少师同乡，素蒙汲引，感德不浅，即使命嵩执鞭，亦所甘心，少师尚视嵩作外人吗？请少师不必劳动，只管安睡。”

夏言也不客气，依旧躺下，说：“老朽多病，才令家人挡驾，可恨家人失礼，无端简慢严相，老朽甚感难以为情啊！”

“嵩闻少师欠安，不遑奉命，急欲入候，少师责我便是，休责贵府家人。但少师昨尚康健，今乃违和，莫非偶感风寒吗？”我用一种关切的眼神看着夏言说。

夏言盯着我的眼睛看了一会儿，忽然长叹一声，说：“元气已虚，又遇群邪，群邪一日不去，元气一日不复，我正拟下药攻邪啊！”说完斜斜地瞥了我一眼，嘴角挂着一丝不易觉察的讪笑。

终于摊牌了！

我心头一震，立刻抓住世蕃的手扑通一声双双跪地。夏言故作惊愕，忙说：“这……这是为何？快快请起！”

我知道，该是我使出撒手锏的时候了。

我一声不响，两行清亮的老泪夺眶而出。世蕃也赶紧跟着我呜呜地哭了起来。气氛骤然变得无比伤感。夏言再三请起，可我执意不从，趴在地上说：“少师若肯恕罪，我父子方可起来，否则必长跪此地！”

夏言明知故问地说：“严相何罪之有？”我连忙道明来意，世蕃也不住磕头哀求，痛悔其过。夏言朗声大笑，说：“此事定是误传了，我并无参劾之意，请贤桥梓尽管放心！”那一刻我偷偷瞄了夏言一眼。就是那一眼，让压在我心头的千钧之石瞬间落地。

我知道，我已经点到夏言的死穴了。

孤傲清高之人，最不怕别人来硬的，但最怕别人认错服软。此外，这种人很容易高估自己、低估别人，也很容易陶醉于眼前的胜利、忽视潜在的危险。

这一切共同构成了夏言身上的致命弱点。

就在夏言那志得意满的笑声响起之时，我就知道我们父子已经逃过一劫了。为了证实我的想法，我又对夏言说：“少师不可欺人。”

夏言大声说：“大丈夫一言既出、驷马难追，尽管放心起来，不要折煞我罢！”

我们父子称谢而起，又略微叙谈后，方才告辞而出。夏言只说了“恕送”二字，仍旧卧于榻上。走出夏府的那一刻，我终于长长地吁了一口气。

这一劫总算是有惊无险地躲过去了。但是夏言不除，我们父子势必永无宁日。

不是你死，就是我亡！

我在心里对夏言说。

四

一向自负的夏言一旦重掌大权，其盛气凌人之状便表露无遗，与一贯表现得谦恭柔顺的我恰成鲜明对照。我决定好好利用这一点，重新拾回天子对我的宠幸。嘉靖二十五年（公元1546年）、亦即夏言和我共同执掌内阁的这一年，经常有天子左右的侍从太监来到我们当值的西苑，名义上是奉旨前来慰勉，实际上是在窥探和监视我们。

我觉得这是我尽情表现的绝佳机会，可是夏言不这么认为。桀骜不驯的夏言打心眼里瞧不起天子身边的这些奴才，所以总是在他们面前摆出一副臭架子，经常不给他们好脸色看，甚至干脆置之不理。而我则和夏言恰恰相反。每当这些宦官来到我当值的朝房，我总是热情洋溢地握着他们的手，毕恭毕敬地请他们入座，将其奉为上宾，并悄悄把一些黄白之物塞入他们袖中。

除了大白天公开命太监来查探之外，天子还时常让他们在夜里到我们值宿的地方窥伺。夏言对此一无所知，所以太监每次来都会看到他呼呼大睡。而我则对此心知肚明，每当轮到我入朝值宿，我总是在夜阑人静时仍然孜孜不倦地秉烛撰文。所撰之文不是别的，正是青词草稿。

可想而知，这些太监回去禀报天子的时候，对我们二者的评价会是怎样的天壤之别。

夏言回朝后，天子斋醮所需的青词就由我们二人同时撰写。

很显然，这对我们来讲无异于一场生死攸关的PK。谁在这场青词大赛中落败，谁就会失去天子的宠幸，失去手中的权力，并最终失去一切。

而让我不住窃喜的是——夏言照旧没把它当回事。

夏言虽然比我年轻两岁，可这一年也已经六十五了，文思早已不如当年敏捷；加之要独掌内阁大权，整天被繁忙的政务搞得焦头烂额，所以每次所撰的青词都是硬着头皮敷衍了事，甚至经常叫手下人捉刀代笔。而我虽然也已年迈，但我对待青词的态度比他端正得多，再加上我的儿子严世蕃也是出手不凡的笔杆子，所以在我的把关和润色之下，我们父子所撰的青词每每能博得天子欢心。据我在宫中的眼线透露，嘉靖皇帝对夏言所进的青词极度不满，每每弃掷于地，而对我所撰的青词，天子几乎篇篇爱不释手，甚至每字每句都赞不绝口。

重获天子宠幸之后，我儿子世蕃就好了伤疤忘了疼，愈加肆无忌惮地大行贪墨之事，对此我深感忧虑。虽说我本人也并不认为当官的人就必须“一身正气，两袖清风”，正所谓“人无外财不富，马无夜草不肥”，这个道理我懂，可问题是凡事总要有个度，不能过于明目张胆、贪得无厌。所以我屡屡劝诫儿子，让他收敛一点。没想到世蕃却置若罔闻，依旧我行我素。我忍无可忍，觉得这么下去迟早有一天会给家族带来灭门之灾，遂于嘉靖二十六年（公元 1547 年）七月上疏天子，要求将世蕃罢官，遣返原籍。

可谁也没有料到，奏疏呈上之后，天子不但没有罢免世蕃，反而将他擢为太常寺少卿，仍掌尚宝司事。

有了天子撑腰，世蕃从此更是有恃无恐、变本加厉。

对此我也只能苦笑。

摊上这样一个宝贝儿子和这样一个宝贝天子，我还能怎么办呢？

嘉靖二十七年（公元 1548 年），我和夏言的这场巅峰对决终于尘埃落定。

夏言最终的失败源于“河套之议”。

所谓“河套”，指的是黄河的“几”字形凸出部及其周边流域。这个地区具有较好的自然条件，历代均以水草丰美著称，故民谚有云：“黄河百害，唯富一套。”然而自从孝宗时代起，河套地区便被鞑靼（后元）的中兴之主巴图蒙克（自称“大元可汗”，《明史》称“达延汗”）及其子孙所占据，到了嘉靖一朝，达延汗老死，他的两个孙子吉囊和俺答兄弟盘踞河套内外，连年入寇，成为本朝一大边患。

嘉靖二十一年（公元 1542 年），吉囊病死，所部尽归俺答。此后，俺答更是年年进犯，大明百姓饱受蹂躏，戍边将士大多战死。

嘉靖二十五年（公元 1546 年），时任总督陕西三边军务的兵部侍郎曾铣提出了收复河套之议。奏疏呈上，嘉靖皇帝命兵部复议。兵部认为明军主动出击的时机并不成熟。我的意见也与兵部一致。但是，当时主政的夏言却赞成曾铣之议，力主出兵收复河套。最后天子支持夏、曾之议，让兵部发银三十万两，命曾铣"修边饷兵，便宜调度"。

曾铣得到天子和朝廷的支持，开始募集士卒，修筑堡垒，并瞅准时机督兵出塞，对鞑靼的游部实施了一次突击，斩首数十人，缴获牛马骆驼九百余、兵仗器械八百余件，旋即上表向朝廷奏捷。天子大喜，当即论功行赏。曾铣大为振奋，很快便会同陕西、延绥、宁夏三省巡抚及三镇总兵再次呈上"复套方略"十八项。兵部尚书王义旗等人也见风使舵，转而支持复套之议。

然而，在我看来，夏、曾等人和天子都有些盲目乐观了。这次小小的胜利具有很强的偶然性，实在不足以作为收复河套的坚实理由。以当时明军的战斗力而言，守则有余，攻则不足；况且鞑靼之患由来已久，规复河套绝非一朝一夕之功。正所谓"欲速则不达"，其时朝廷的边策应该要"戒急用忍"，边镇守军的当务之急也应是练兵筑垒、巩固边防，断不可贪功冒进、轻启战端。其实，当时很多朝臣和边帅都和我一样持反对意见，尤其是边防经验极为丰富的宣化总督翁万达就认为：绝对不可向鞑靼挑衅，否则后果将不堪设想。

当然，我反对复套也不完全是出于公心。

因为力主复套的人是夏言。倘若河套真的收复，夏言就成了大功臣，他的地位势必无人可以撼动，到时候我严嵩就要一辈子看他的脸色行事，永无出头之日。

所以，无论在公在私，我都不会支持"复套之议"。但是他们有嘉靖皇帝撑腰，我就一点办法也没有。

就在曾铣秣马厉兵、积极备战之际，亦即嘉靖二十六年（公元1547年）十一月的某个深夜，皇宫大内突然发生了一场重大火灾——坤宁宫被夷为平地，方皇后葬身火海。

这场火灾的后果极为严重，整个情形也相当诡异，不明真相的人都认为这是某种意义上的天谴。但是少数了解内情的人、包括我严嵩在内，都知道这不是一场偶然降临的天灾，而是一场早有预谋的人祸。

准确地说——是有人故意纵火，谋杀了方皇后。

其实，幕后黑手不是别人，正是嘉靖皇帝朱厚熜！

因为在火灾发生时，天子朱厚熜的表现极为反常，令人疑窦丛生。坤宁宫刚刚起火的时候，天子正在坤宁宫左侧的永寿宫里，当时宫监们都急着要去救火，可天子却慢条斯理地说："让它烧吧，烧掉了朕再盖一座新的。"众人只好眼睁睁地看着坤宁宫化为一片焦土，而可怜的方皇后就这样被活活烧死，天子却自始至终不发一言。

这是后世史家判定朱厚熜为纵火主谋的证据之一。至于天子的动机，则要追溯到五年前那起震惊内外的"壬寅宫变"。

嘉靖二十一年（公元1542年）、即农历壬寅年十月的一个夜晚，天子朱厚熜夜宿宠妃曹氏（端妃）的宫中。趁皇帝熟睡之际，以杨金英为首的十多名宫女忽然用绳子勒住了皇帝的脖子。可由于宫女们紧张过度，仓促间把绳子打成了死结，无法勒紧。皇帝昏死过去之后，其中一名宫女又悔又怕，偷偷溜出去报告了方皇后。方皇后随即命人将十几名宫女悉数逮捕，严刑拷打后很快查出了事变的主谋宁嫔王氏。王氏对此供认不讳，但出于对端妃的嫉妒，遂诬指端妃为弑逆同谋。

事变发生后，嘉靖皇帝一直处于昏迷状态，宫中事务皆由方皇后做主。方皇后对端妃的受宠本已怀恨在心，加上王氏的指控，遂下令将端妃、王宁嫔、杨金英等二十余人全部处以凌迟之刑。据说临刑那天，端妃苦苦喊冤，其声凄厉。王宁嫔盯着她冷冷地说："当初你在皇帝面前凌辱我，今天你也得了报应。我总算出了口气，让你不得好死！"

一个月后，嘉靖皇帝醒来，才知道他最宠爱的端妃已经被诬至死，而且听说了她临死前的种种惨状。天子伤心欲绝，知道这是方皇后出于嫉妒而下的毒手，故对其恨之入骨。但方皇后有救驾之功，所以天子表面上还是对她敬重有加，封其父为平安伯，暗地里则一直想替端妃报仇，置方皇后于死地。可几年来方皇后始终没有什么明显的过失，嘉靖皇帝抓不住把柄，也就没有办法光明正大地废黜或除掉她。最后天子不得不出此下策，在嘉靖二十六年的冬夜自编自导了失火的一幕。

可想而知，天子朱厚熜最希望人们把这场火灾解读成“天谴”，这样才能掩盖整个事件的真相。所以他在事变后故意表现出了极大的戒惧，不但赦免了一批政治犯，而且诏命臣工直言朝政。

对我来讲，这无异于天赐良机。

我顺水推舟地把这场“天灾”的原因推到了夏言和曾铣的头上。我上疏说：“灾异原因，实由曾铣开边启衅、误国大计所致。而夏言与曾铣互为表里，淆乱国事，亦同加罪惩处。”与此同时，我又授意那些依附我的朝臣纷纷上疏归咎于夏、曾。在这种情况下，一心想要掩人耳目的天子自然是把“规复河套”抛到了九霄云外，于是即刻下谕推翻前议。他说：“逐贼河套，果真师出有名否？纵使兵饷粮草有余，成功可必否？一曾铣原不足惜，倘或兵连祸结、涂炭生灵，试问何人负责？”

嘉靖二十七年（公元 1548 年）正月，夏言被罢免。稍后，曾铣被捕，兵部尚书王义旗被逐出朝廷，所有支持复套的官员全部遭到不同程度的处罚。为了把夏、曾二人彻底置于死地，我又找到了原镇守甘肃的咸宁侯仇鸾，让他出面指控曾铣克扣兵饷、行贿夏言等罪状。仇鸾一直是我的心腹，不久前因贪渎之罪被曾铣弹劾下狱，对曾铣恨之入骨，所以对曾铣发出指控。同时，我又授意刑部侍郎詹瀚、左都御史屠侨、锦衣卫都督陆炳等一干心腹出面证实夏言受贿之事。

三月，曾铣依照“交结近侍”律被斩于西市，妻儿皆流放边地。

曾铣既死，夏言就在劫难逃了。刑部尚书喻茂坚同情夏言，奏请为他酌情减罪。天子愤然道：“他早就该死了！朕赐他香叶冠，他居然不奉旨，可谓目无君上，亵慢神明。今日又有此罪，如何饶恕？！”就在这节骨眼上，俺答又率军入寇居庸关，我紧紧抓住这个时机，上奏天子，称皆因夏言主张复套，才导致俺答入寇，实属罪不可赦。

这一年十月，夏言被斩于西市；其妻张氏流放广西，子孙多人皆罢官削籍。

两年前，当我和儿子严世蕃一同在他面前卑躬屈膝、痛哭流涕的时候，夏言绝对想不到会有今天。

一世清高的夏言终于为自己的清高付出了代价——惨重的代价。

夏言一死，内阁大权尽归我手。虽说不久后便有南京吏部尚书张治与国子祭酒李本相继入阁，但此二人的资历和声望都甚为浅薄，在我面前也只有唯唯诺诺而已。

从此，我真正成了大明帝国一人之下、万人之上的人物，而且一直把这个巨大的权势保持了十余年之久。

五

嘉靖二十八年（公元 1549 年），俺答再度入寇，经大同进犯怀来，明军指挥使江翰、董旸出兵御敌，先后战死。宣化总督翁万达与大同总兵周尚文督师截击，奋力将俺答击退。不久周尚文病殁，朝廷命张达继任大同总兵、林椿任副总兵。嘉靖二十九年（公元 1550 年）六月，俺答闻明朝边将易人，遂再次发兵进攻大同，张达、林椿皆战败身亡。我立即奏请天子，推荐我的心腹仇鸾为大同总兵。

仇鸾到任后，马上用金帛贿赂俺答，劝其移寇他塞，勿犯大同。俺答遂移师东去，于这一年八月进抵古北口，将驻守此地的都御史王汝孝部击溃，随后长驱直入，大掠密云、怀柔、三河、顺义等地及昌平的诸帝陵寝，并迅速兵临北京城下，大肆烧杀掳掠。北京城外顿时浓烟蔽日、火光冲天。

京师陷入一片惊惶之中。可此时的嘉靖皇帝仍在西苑潜修，礼部尚书徐阶三番五次奏请，天子才召集文武百官在奉天殿议事。但是廷议也没能拿出什么有效的御敌之策，最后只能一边下令严拒京城九门，一边飞檄各镇火速勤王。数日后，大同总兵仇銮与保定都御史杨守谦率部驰援京师。天子大喜，即命仇鸾为大将军，节制各路兵马；以杨守谦为兵部侍郎，提督军务；并责成兵部尚书丁汝夔保卫京畿。

丁汝夔未得只言片语的圣谕，顿时没了主张，只好私下向我请教战守之计。我笑着对他说："塞上失利，尚可掩饰；都下丧师，谁人不晓？所以你当谨慎行事。穷寇若得饱掠，自然远去，何必轻战！"丁汝夔闻言茅塞顿开，随即将我的话奉为圭臬。其后兵部一再晓谕各部不得轻战，诸将原本人人怯战，一得此令更是各自按兵不动。

屯兵城外的鞑靼人顿时如入无人之境，连日大掠之余又给明廷递了一封书信。此信言辞傲慢，大意是要求与明朝"互市通贡"，文末还有"如不见从，休要后悔"等恐吓之语。天子见信，彷徨无计，急召我和徐阶入西苑问对。

天子手上拿着鞑靼人的恐吓信，首先问我说："卿以为何如？"

我看了看天子，略微沉吟之后，说："此乃穷寇乞食耳，本不足为虑！但'互市通贡'之事关系礼部，臣不便多言，请陛下详问礼部。"

徐阶一听就皱起了眉头。

他知道，我这是怕担责任，所以一下就把这烫手山芋扔给了他。徐阶暗暗瞪了我一眼，我把目光移开，假装没看见。徐阶踌躇半晌，只好开口道："求贡之事虽属臣部掌管，但兹事体大，仍须仰禀圣裁！"

好家伙！这老小子也不是盏省油的灯，居然把皮球又踢给了皇帝。

天子闷声不响，过了好一会儿才慢慢地说："此事的确干系重大，所以诸贤卿还是要好好计议计议啊！"

很好，皇上又把球给踢回来了！我在心中暗笑，看徐阶这回如何接招。徐阶知道自己躲不掉了，只好硬着头皮说："现在寇患已深，震惊陵庙；我却战守两难，不便轻举。以微臣愚见，似应权且应允，以解燃眉。"

天子道："俺答若肯退去，金帛珠玉在所不惜。"

徐阶说："若只耗费金帛珠玉，有何不可？但恐他得寸进尺、贪求无厌，为之奈何？"

"卿可谓远虑了。"天子蹙着眉头说，"唯目前寇在近郊，如何令退？"

"臣倒有一计！"徐阶说，"俺答来书，统是汉文，我只说他汉文难信，且无城下逼贡之理，今宜退出边外，别遣使者进呈番文，由大同守臣代奏，才可允行。他若肯退去，我则趁机速调援兵，齐集京畿，届时可许则许，不可许则与之战，断不会为其所窘。"

天子闻言，连连称善，命徐阶照此计行事。

徐阶此计虽然头头是道，可俺答不是笨蛋。他不但坚持原议，拒绝退兵，而且扬言若不照准，必再增兵，誓破北京。徐阶召集群臣商议，百官瞠目结舌，无人敢发一言，唯独国子司业赵贞吉极力主战。天子随即召他入对，赵贞吉侃侃而谈，一副志在必得之状。天子嘉许，立刻擢其为左谕德兼河南道监察御史，并命户部发银五万两，由赵贞吉宣谕行营将士。

赵贞吉此人历来与我不睦，此番在天子面前出了风头，不禁抖擞起来，出宫就直奔我的府邸，可能是想跟我炫耀一下。我让司阍将其拒之门外，赵贞吉恼羞成怒，就在府门前和我的下人吵了起来。适逢我的义子、通政使赵文华来访，就笑着对他说："足下这是干什么？军国重事，自当从长计议。"赵贞吉冷冷瞥了赵文华一眼，说："似你这等权门走狗，也晓得什么军国大事！"言毕拂袖而去。

赵文华进府后便把刚才赵贞吉说的那句话告诉了我。

我一言不发，冷笑数声。

像赵贞吉这种不知天高地厚的人，很快就会为他的狂悖付出代价。

就在朝廷自上而下都在为是战是守犹豫不决的时候，鞑靼人却忽然主动退兵了。

此举出乎所有人的意料。

但是却在我的意料之中。

我早就说过——穷寇若得饱掠，自然远去！

鞑靼人本来就无大志，他们根本就不想花巨大的代价占领大明京城。说到底，他们所做的一切无非就是为了财和色而已。如今他们已经在城外大掠了八天，京畿一带的美女财帛早已被他们劫掠一空，久踞城下对他们毫无意义。况且，如果四方勤王之师云集，明军坚决出战，他们很有可能得不偿失。

俺答一撤军，仇銮立即出兵尾随，准备捡一回便宜。不料鞑靼人忽然回兵反击，仇鸾仓促退却，部众被斩杀一千余人。等到鞑靼人扬长而去，仇鸾才胡乱砍下战场上的尸首八十余级，然后回京报捷邀功。天子信以为真，当即优诏慰劳，厚赐金帛，并加仇鸾太保之衔。

敌寇既退，朝廷就开始秋后算账了。

堂堂大明的京畿重地被鞑靼人围困和洗劫了八天，自始至终明军竟无一兵一卒敢于出城应战，这无论如何都是大明的一个耻辱！

所以，注定要有人来担这个责任、背这个黑锅。

而且鞑靼人围困京城期间曾四处纵火，许多内臣建在京郊西北的别墅庄园皆被焚毁。遭受损失的内臣纷纷把矛头指向丁汝夔和杨守谦，说他们牵制将帅、禁止出战，才导致烽火满郊、惊动圣上，请天子将二人治罪。天子正愁找不到替罪羊，于是立刻传旨，将丁、杨二人逮捕下狱。丁汝夔大恐，急忙嘱咐家人向我求救。我为了安抚丁汝夔，不让他把当初我教他不必出战的事情泄露出去，就用一种若无其事的口吻对来人说："老夫尚在，必不令丁公屈死。"

丁汝夔以为我定会保他，所以就没有上疏自辩，一心在监狱里等待官复原职的那一天。

然而，我保不了他。

因为当我入宫向天子试探的时候，天子一脸恶狠狠地说："汝夔负朕太甚，不杀汝夔，无以谢臣民！"所以我一句话也不敢再说。

丁汝夔和杨守谦就这样被绑赴法场，斩首弃市。临刑前丁汝夔仰天大呼："老贼严嵩误我！老贼严嵩误我啊！"

丁汝夔被斩的第二天，那个出言狂傲的左谕德赵贞吉就被捕下狱了，随即被廷杖，发配岭南。

嘉靖三十年（公元 1551 年）春，一个名叫沈炼的锦衣卫经历又上疏对我进行弹劾，在奏疏中历数了我的"十大罪"，最后说："明知臣言一出，结怨权奸，必无幸事，但与其纵奸误国，毋宁效死全忠。今日诛嵩以谢天下，明日戮臣以谢嵩，臣虽死无余恨矣！"

一个小小的锦衣卫经历，竟想和我这个堂堂的当朝首辅一命换一命，这不是天大的笑话吗！

奏疏呈上，根本无须我作出反应，嘉靖皇帝就以"诋诬大臣"的罪名将沈炼施以廷杖之刑，贬出朝廷。随后的一两年里，又有刑部郎中徐学诗、御史王宗茂、巡按御史赵锦等人相继参劾我，却都无一例外地遭到了贬谪、罢黜和削籍的命运。

这就叫螳臂挡车、蚍蜉撼树！结果当然是自取灭亡。

六

仇鸾自从冒功奏捷后便获取了嘉靖皇帝的眷宠，以大将军领京师三大营；其后嘉靖皇帝创设"戎政府"，又以仇鸾为总督。仇鸾从此总揽大明兵权。不久边境又传来鞑靼入寇的消息，仇鸾故技重演，又命人携重金贿赂俺答义子脱脱，并许诺互市通贡。俺答遂致书明朝，要求开设“马市”。嘉靖三十年（公元 1551 年）春夏之交，明朝与鞑靼经过一番交涉后，定于每年春秋两次在大同和宣化设立马市。

此议朝野上下皆无异议，唯独兵部员外郎杨继盛断然上疏强烈反对，他在奏疏中列举了与鞑靼人互市的“十不可”和“五谬”，最后说：“公卿大夫，知而不言，盖恐身任其责而自蹈危机也。陛下宜振独断、发明诏，悉按言开市者。然后选将练兵，声罪致讨。不出十年，臣请得为陛下勒燕然之绩，悬俺答之首于藁街，以示天下后世！”天子阅毕，不免又为互市之事犯了踌躇，于是下内阁及诸大臣集议。

我知道这件事情责任重大，所以保持缄默，不置可否。只有仇鸾暴跳如雷，大骂杨继盛“竖子不识兵，乃说得这般容易”，并向天子呈上密奏，痛诋杨继盛。天子遂下定决心，将杨继盛拿下锦衣卫狱，随后贬谪出朝。

马市一开，一系列弊端随即暴露。

鞑靼人刚开始还能讲一点信用，可很快就原形毕露，互市时往往以羸马搪塞，并强行索要厚值；同时并不因马市既开而停止寇扰，经常是大同开市便转寇宣府，宣府开市又转寇大同；到最后甚至朝市暮寇，连刚刚卖出的物非所值的羸马也一并掠去，令明朝损失惨重。于是大同巡按御史李逢时频频上奏：“俺答屡次入寇，与通市情实相悖。今日要策，唯有大集兵马，一意讨伐，请饬京营大将军仇鸾专事征讨，并命边臣合兵会剿，勿得隐忍顾忌，酿成大患！”

嘉靖皇帝得知互市真相，勃然大怒，于嘉靖三十一年（公元 1552 年）下诏罢废马市。这年秋天，断了财源的俺答再次率兵进犯边塞。天子遂令仇鸾督兵出塞，迎击俺答。

仇鸾一下子就慌了手脚。

这个所谓的“大将军”、所谓的“戎政府总督”，这些年来除了贿赂鞑靼人、贿赂我们严氏父子，除了冒功邀赏、取悦皇帝之外，一点真本事也没有。换句话说，他在数十年的戎马生涯中根本就没打过一场像样的仗！

可就是这么一个欺世盗名的政坛暴发户，从当上大将军后就自以为一步登天了，不但过河拆桥把我置诸脑后，而且时常向天子密奏我和儿子世蕃贪贿的情状，企图把我扳倒，以便独得天子眷宠。

天子出兵的诏命一下，仇鸾寝食难安，迟迟不愿动身。我立刻授意朝臣请旨督促。仇鸾万般无奈，只好硬着头皮走上战场。结果不出所料，仇鸾刚与俺答的前锋部队接战便被打得丢盔弃甲。天子将仇鸾召回京师，命兵部收缴其大将军印信。仇鸾又惧又恨，遂一病而亡。

仇鸾一死，徐阶等人立即上疏揭发其通敌、纳贿、卖国、冒功等种种罪状。天子大怒，下诏将仇鸾开棺戮尸，并将其父母妻子及一干党羽全部处斩。天子随后想起了曾经反对马市、弹劾仇鸾的杨继盛，于是召回朝廷复任兵部员外郎。

就在我暗自庆幸除掉了仇鸾这个恩将仇报的小人之时，刚刚回朝的杨继盛就把矛头对准了我。他上疏对我大加挞伐，说什么“方今在外之贼为俺答，在内之贼唯严嵩”，必须先除严嵩，再逐俺答，等等，并学着那个沈炼的口气，历数了我的“十大罪”“五大奸”。

我有时候真是搞不明白，为什么世界上总有人喜欢拿鸡蛋碰石头呢？明明知道有沈炼、徐学诗等人的前车之鉴，为何还要前仆后继地提着脑袋，义无反顾地往我严某人的刀口上撞呢？难道他们真的不怕死吗？

我相信，只要是人就怕死。而沈炼、杨继盛这帮人之所以一个个主动上门送死，唯一的解释只能是——他们把某种东西看得比生命更重要，所以宁可抛弃生命也要捍卫那种东西！

在几千年的中国历史上，像沈炼、杨继盛这种人并不少见，而他们所捍卫的东西其实也并不新鲜，说到底无非就是四个字——道德理想。

千百年来，熟读圣贤书的知识分子们，总有一种强烈的道德冲动，希望这个世界上人人无私无欲、遵纪守法，当官的也都恪尽职守、大公无私，当皇帝的更是要虚怀纳谏、心忧天下。总而言之，所有人每时每刻都要按照古圣先贤的道德模板浇铸自己——无终食之间违仁，造次必于是，颠沛必于是！用你们那个时代的话说，就是要把自己培养成一个高尚的人，一个纯粹的人，一个有道德的人，一个脱离了低级趣味的人，一个有益于人民的人。

历史上的沈炼和杨继盛们，无疑就是这么要求自己的，同时也是这么要求别人的。

可是，这办得到吗？

办不到。

正是因为方向和方法错了，所以历代高举“道德理想”这面大旗的君子们，往往要在“现实规则”的铜墙铁壁面前碰得头破血流，最终不仅于事无补，而且于世无补。

打倒一个严嵩，还会有赵嵩、钱嵩、孙嵩、李嵩站起来；拿掉一批贪官，也不过是为后来的权力寻租者腾出了位置而已。所以，要让这个世界变得美好，唯一的办法不是改造人性，也不是声嘶力竭地鼓吹道德，而是实实在在地制定一套理性规则，让每个人的私利和私欲能与公共利益并行不悖，并且在客观上服务于社会公益。唯其如此，人性中恶的一面才会得到有效制约，而善的一面才能得到发扬光大；唯其如此，人们的道德水准才能在坚实的规则保障之下逐步提升；也唯其如此，你们那个时代的沈炼和杨继盛，才能让他们的道德理想真正起到改造现实的作用，并真正有益于社会、有益于人民，而不会像在明朝这样，最终死在嘉靖皇帝和我严嵩的手里。

是的，杨继盛敢跟我严嵩叫板，绝对是死路一条。

他那道慷慨激昂的奏疏一上，第一时间就到了我的手里。

我把奏疏从头到尾看了一遍，不但不生气，反而心中窃喜。因为杨继盛在奏疏末尾写了一句话，这句话足以让他引火烧身。他说：“愿陛下听臣之言，察嵩之奸。或召问裕、景二王。”意思是说，天子要是不认为我严嵩奸，可以问问裕王和景王。

裕、景二王都是嘉靖皇帝的儿子。自古以来，皇帝最忌讳的事情之一，就是亲王和朝臣走得太近。说轻了，这叫行为不检；说重了，这叫联手逼宫、图谋篡逆！

我当即向天子指出了这个问题。天子龙颜大怒，马上把杨继盛扔进了诏狱，并亲自审问：“你写这道奏疏是何人指使？”杨继盛说无人指使。天子问：“既无人指使，何故提到二王？”杨继盛梗着脖子说：“当今天下，除了宗室亲王，还有谁不惧怕严嵩？”

嘉靖皇帝怒不可遏，随即将杨继盛廷杖一百，着刑部定罪。刑部侍郎王学益是我的人，当即主张以“诈传亲王令旨”为由，对杨继盛处以绞刑。刑部郎中史朝宾坚决反对，旋即被我贬谪出朝。刑部尚书何鳌不敢违背我的意思，可又不敢拿主意，只好将杨继盛收监，一切听候天子裁决。

我不得不承认，杨继盛不仅是个满怀道德理想的君子，而且是个具有钢铁意志的硬汉。

一般人要是挨上锦衣卫的一百杖，很可能当场就挂了，可血肉模糊的杨继盛进了监狱之后，居然顽强地活了下来，而且足足撑了三年。

很难想象，他拖着那一身碎皮烂肉，是如何在肮脏潮湿的大牢里度过一千多个日日夜夜的。在他被关押期间，我听说他在牢里做了一件事。这件事让我很震撼，我相信你们肯定也会很震撼。

那是杨继盛刚刚入狱不久，有一天晚上，他忽然叫狱卒给他掌灯，说他要干点活儿。

三更半夜在大牢里干啥活儿？

狱卒满腹狐疑，就给杨继盛捻亮了一盏灯烛。接下来发生的这一幕，当即把狱卒吓得面无人色，全身颤抖，险些把手中的灯烛打翻——只见杨继盛砸碎了一个瓷碗，捡起一块锋利的瓷片，然后把身上那些溃烂流脓的腐肉一块一块地割了下来。杨继盛做这件事的时候，神色如常，表情专注，仿佛他是市场上卖肉的屠夫，正在给客人切猪肉。

俗话说骨头断了还连着筋。杨继盛在割肉的时候就遇到了这个麻烦，有些肉虽然割下来了，可筋还连着。杨继盛割来割去割不断，干脆用手把那些顽固的筋膜一一扯断。

自始至终，杨继盛脸上没有出现一丝痛苦和恐惧的表情，反而是站在旁边目睹整个过程的狱卒，早已三魂没了七魄。

当我听到这个故事的时候，我承认那个狱卒比我有胆。换成是我，恐怕早就把灯烛扔掉抱头鼠窜了。

面对如此强悍、如此可怕的对手，我感到异常恐惧。

这种人一天不死，我就一天不得安宁。

然而，在杨继盛被囚禁的三年中，嘉靖皇帝始终没有杀他的意思。我只好耐心地等待机会。到了嘉靖三十四年（公元 1555 年）十月，朝廷要处决一批要犯，我顺势把杨继盛的名字塞进了处决名单。天子只是粗略看了一眼，就大笔一挥，下旨行刑。

杨继盛就这么死了，临刑前留下了一首绝命诗：浩气还太虚，丹心照千古。生平未报恩，留作忠魂补。

七

古罗马人有句格言："财富像盐水，喝得越多就越渴。"

我可以用我的人生经验向你们担保——这句话绝对是真理！

嘉靖三十五年（公元 1556 年），尽管我从各种渠道获得的财产已经数不胜数，就算几十辈子也花不完了，可我对财富的欲望仍然有增无减。让我感到高兴的是，就在这一年，我又得到了一笔意外之财。因为我的义子、工部侍郎赵文华借着到浙江巡视倭患为由，大力搜刮公私财物，回京城之后，拿了其中的很大一部分孝敬我和我儿子世藩。

我很喜欢这个脑瓜子活络、办事漂亮的义子，所以他回京不久，我就奏请嘉靖皇帝，将他擢升为工部尚书，并破例加授太子太保。

然而，我万万没想到，赵文华这小子居然跟当初的仇鸾一样，一得志就忘形——居然想踩着我的脑袋往上爬，独占天子恩宠！

有一次，他不知从哪里搞到了一份炼制药酒的偏方，据说这种药酒有延年益寿的功效，于是赵文华就像煞有介事地地把偏方献给了天子，并在奏疏中刻意强调："这份偏方只有臣和严嵩知道。"言下之意，就是我严嵩老早就得到了这个偏方，却藏着掖着不献给皇帝。

可想而知，天子对此大为光火，对左右说："严嵩居然瞒着朕，要不是赵文华献上来，朕还不知道呢！"

我在宫中的眼线随后就把事情告诉了我，同时把赵文华的奏疏也一并送了过来。我气得七窍生烟，马上把赵文华叫到面前，厉声质问："你今天给皇上献了什么？"

赵文华还在装傻充愣，说："没有啊。"

我把奏疏往他面前一扔，一句话也不想多说。赵文华吓得面无人色，当即跪倒在地，拼命磕头求饶。

但是，我是不可能原谅他的。

这一年十二月，赵文华被剥夺了所有官职，儿子也被流放戍边。

这就是背叛我严嵩的下场！

嘉靖三十七年（公元1558年），又有三个不怕死的小官吴时中、张翀、董传策紧步杨继盛之后尘，再度上疏对我发起弹劾。

结果不言自明。他们很快就被施以廷杖之刑，关进监狱，随后全都流放岭南。

古人经常说天道忌盈，只可惜我没有早一点领悟这句话。正当我权倾朝野、富贵满门的同时，一朝垮台家破人亡的灾难就已经在向我逼近了。

日后回头看，嘉靖四十年（公元1561年）就是我命运的转折点。

毕竟年岁不饶人。到了这一年，我已经八十二岁了，同龄人老早就去跟阎罗王报到了，可我作为天子最为宠幸的内阁首辅，却天天要应付繁杂的日常政务，实在是心有余而力不足。所以从几年前开始，我就已经把政务交给我的儿子世蕃了。每当各级衙门向我禀报或请示什么事情，我总是说："与小儿议之。"或者说："与东楼（严世蕃的别号）议之。"

所以，当时的知情人都说："上不能一日亡嵩，嵩又不能一日亡其子也。"

嘉靖不能一天没有严嵩，严嵩也不能一天没有他儿子。

我承认，人们说的确属实情。

应该说，我儿子是个聪明人，能力也不比我差，可他有一个致命的缺点，就是欲望太盛。刚开始，他花重金收买了皇帝身边的内侍太监，所以凡所奏答，都能让皇帝满意，可到了后来，他就日渐沉溺酒色，天天和一帮姬妾寻欢作乐，应该处理的政务也就大多耽搁了。有时候我在朝堂值班，皇帝催问某件政事，世蕃又左等右等不来，我只好硬着头皮提笔作答。

一个头昏眼花、思维迟钝的八十二岁老人，能胜任这样的工作吗？

答案是不言而喻的。

有时候世藩在外头玩够了，才气喘吁吁地赶进宫来，但奏文已经送出，我连忙让太监追回来，叫世藩重新修改，可仓促之下，也不可能明智审慎地处理事情。这么折腾几次后，嘉靖皇帝对我们父子的不满就越来越深了。

尤其是世藩，荒淫纵欲的恶名朝野皆知，所以天子对他更觉厌恶。

当时，嘉靖皇帝正宠幸一个叫蓝道行的道士。此人擅长扶鸾，被天子视为神人。有一天，皇帝想通过他问问神明，看身边的辅臣是否尽职尽责。蓝道行知道天子已经对我心生不满，遂装神弄鬼地做了一场法事，然后告诉天子，说严嵩父子弄权，其罪当诛。天子大为感叹："果然如此，可上天为何不降祸于他们父子呢？"

蓝道行一脸正色地说："留待陛下正法。"

天子闻言，默然不语。

有道是屋漏偏逢连夜雨。正当我在嘉靖皇帝心目中的地位一落千丈之时，皇宫西内的万寿宫（嘉靖寝殿）又发生了一场火灾，把一大堆御用物品全都烧毁了。天子不得不暂时居住在狭小的玉熙宫里，终日郁郁寡欢。

这场火灾本来跟我无关，可要命的是，火灾过后，为了讨好天子，我急切地提了一个建议，劝天子搬迁到南内。所谓南内，就是当年英宗皇帝朱祁镇因土木堡之变被蒙古人劫持，回京后被他弟弟代宗皇帝朱祁钰软禁的处所。

刚刚把话说出口，我就懊悔不迭，连声在心里大骂自己笨蛋。

因为这是一个愚不可及的建议。我确实太老了，老到居然忘记了南内是个不祥的处所，以致犯下了这么一个不可饶恕的政治错误！

天子听了我这个馊主意，自然是一肚子不乐意。

就在这个时候，时任礼部尚书兼东阁大学士（次辅）的徐阶就翩然上场了。他不慌不忙地向天子提出了一个建议——重建万寿宫。

天子大喜，随即下诏，命徐阶负责重建工作。

就在这一刻，我意识到自己彻底完了。

因为，徐阶这一次绝对是冲着我来的，而且还是有备而来！

自从夏言死后，这个徐阶就是我最大的潜在对手。此人虽然早年也曾受过我的提携，表面上对我恭恭敬敬，实际上一直想把我扳倒，以便坐上首辅的交椅。

前几年吴时中那几个小官弹劾我，就是这个徐阶在幕后主使。因为我很清楚，吴时中是他的门生，董传策是他的同乡，关系都非比寻常。我当时就曾密奏天子，说："三人同日构陷，背后必定有人指使。"只可惜吴时中等人拼命死扛，无论如何也不肯供出徐阶，才让他躲过了一劫。

如今，徐阶知道我的地位已经岌岌可危，所以就不失时机地出手了。

换句话说，他是报仇来了。

而这一次，我严嵩注定在劫难逃。

八

不出所料，从万寿宫重建的那一天起，徐阶就将我彻底取代，成了天子最宠信的阁臣。一切军国大事，天子皆与其商议定夺，把我完全撇在了一边。

我的首辅之位已经名存实亡。

不久，我的死党、吏部尚书吴鹏被罢免；我赶紧推荐另一个心腹欧阳必进代之，可没过几天又被勒令致仕。

我知道，这一切都是徐阶在背后操纵的。

然而，明明知道政敌已经在步步紧逼，我却无能为力。

嘉靖四十一年（公元1562年）三月，新建的万寿宫竣工落成，徐阶因功加授太子少师，而天子只是象征性地加了我一百石俸禄而已。

五月，徐阶图穷匕见，正式发难，授意御史邹应龙对我和世蕃发起弹劾，历数我们父子种种贪赃纳贿、专权不法之状。嘉靖皇帝随即罢免了我的首辅之职，并将世蕃关进了诏狱，同时擢升邹应龙为通政司参议。

面对徐阶一党咄咄逼人的攻势，我和世蕃当然不能坐以待毙。稍后，世蕃拿出了他的看门绝活，以重金贿赂天子左右的宦官，让他们对天子说："邹应龙这道奏疏，其实都是蓝道行给他爆料的（皆蓝道行泄之）。"

内宠交结外臣，这无疑也是皇帝最忌讳的事情之一。

天子勃然大怒，未加思索就逮捕了蓝道行。

我的目标当然不只是这个小小的道士，而是我最大的对手徐阶。紧接着，我就命心腹、时任刑部侍郎的鄢懋卿私下接触蓝道行，承诺要给他重金，并且保他没事，条件是让他诬指徐阶为幕后主使。

如果此计成功，我一定可以反败为胜。

然而，令我大失所望的是，那个臭道士蓝道行居然一口回绝，还义正词严地说："除贪官，自是皇上本意；纠贪罪，自是御史本职，何与徐阁老事？"

我无奈，知道世蕃这回已经脱罪无望，只好退而求其次，命鄢懋卿在给世蕃定罪的时候，采取大事化小的办法，就以"收受赃银八百两"的罪名论处。随后，世蕃被发配雷州戍边，其子严鹄、严鸿，心腹罗龙文等人，也全都被发配边荒充军。

我和世蕃精心策划的这场绝地反击，就这样彻底失败了。

从嘉靖四十一年六月到九月，大明帝国的官场上掀起了一场罕见的政治风暴——凡是我严嵩的心腹和党羽，都在徐阶一党的弹劾下纷纷落马。

如刑部侍郎鄢懋卿、大理卿万宷、太常少卿万虞龙、工部侍郎刘伯跃、刑部侍郎何迁、国子祭酒王材等，一大批朝廷高官无一幸免，都遭到了罢黜和贬谪的厄运。

就像你们那个时代经常玩的多米诺骨牌一样，我严嵩这张头牌一倒，他们也只能哗哗啦啦地全部倒地了。

嘉靖四十二年（公元1563年），八十四岁的我黯然返回江西老家，因实在无法忍受亲人离散的孤苦无依之感，遂上疏天子，向他哀求："臣年八十有四，唯一子世蕃及孙鹄、鸿，皆被发配千里之外，臣一旦命终，谁可托以后事？唯愿陛下垂悯，特赐放归，终臣余年。"

然而，奏疏呈上如石沉大海。

就在我近乎绝望的时候，还没走到雷州的世蕃就暗中逃了回来，包括他的心腹罗龙文也私自逃回，藏匿在附近的县城。

对于儿子的逃归，我虽然稍觉宽慰，但内心不免惴惴。

因为，我总有一丝不祥的预感，总感觉自己的噩梦并未终结……

果不其然，世蕃和罗龙文逃回来以后，并没有从此夹起尾巴做人，而是一心想要报仇。有一次，罗龙文喝醉了酒，竟然四处扬言："总有一天要砍了邹应龙和徐阶的狗头，以泄心头之恨！"

我大惊失色，赶紧警告世藩说："儿误我多矣！你虽被发配充军，但时间一长，还可望获得大赦。倘若你再有什么非分的举动，必将死无葬身之地。如今皇上正宠信徐阶，还升了邹应龙的官，只要皇上一怒，我们整个家族就彻底完了。"

可是，世藩对我的警告置若罔闻。过后不久，他居然募集了一千多名工匠，大肆修筑别墅园亭，仿佛他不是一个违抗圣命的逃犯，而是一个衣锦还乡的朝廷大员。

这不是在找死吗？！

此时此刻，我只恨当初贪墨的钱太多，以至于到了这步田地，我这个不争气的儿子还有折腾挥霍的本钱！倘若家无余财，我相信世藩就老实了，我也就能安安心心地度过我生命中的最后几个春秋了。

事后来看，正是因为手里头还有那些该死的钱，我才会在官场失意、晚节不保之后，进而遭遇家破人亡、寄食墓舍的悲惨命运……

有人说："人不可以把钱带进坟墓，钱却可以把人带进坟墓。"

我生命中的最后几年，仿佛就是在为这句话做注脚。

世藩和罗龙文的愚蠢举动很快就惊动了朝廷。

嘉靖四十三年（公元 1564 年）十月，南京御史林润上疏皇帝，称："臣最近巡视南方，发现众多的江洋大盗都投靠了严世藩和罗龙文。罗龙文在深山中修筑营寨，乘轩车，穿蟒服，显然已有不臣之心。严世藩自雷州逃归后，被罗龙文等人推为共主，日夜诽谤朝政，动摇人心。近日，严世藩还假借修缮宅第之名，聚众多达四千余人。当地人言汹汹，都说将有不测之变。愿陛下早日明正典刑，以绝后患。"

很显然，林润的这纸御状有很多杜撰和夸张之词，但是此时此刻，嘉靖皇帝对这道奏疏的内容肯定是宁信其有、不信其无的，所以也就不可能去查证。

天子当即下诏，命林润负责将世藩和罗龙文逮捕归案、押解回京。

嘉靖四十四年（公元 1565 年）三月，我预感中的最后一场灾难降临了。嘉靖皇帝下诏削除了我的官籍（原本我还享受高干离休待遇，可现在变成一个平头百姓了），同时抄没了我的全部家产，并将世蕃和罗龙文斩首弃市。

据说，世蕃和罗龙文被押到西市砍头的那天，两个大男人哭着抱成了一团。家人提醒世蕃写一封遗书，跟远在江西老家的我诀别，可世蕃提着笔愣了半天，却一个字也写不出来，只有汹涌而出的泪水，啪嗒啪嗒地落在那张空无一字的纸上……

早知今日，何必当初呢？

身后有余忘缩手，眼前无路想回头！

世界上很多人听过这句话，可没几个人愿意接受它的忠告。虽然我曾经不止一次警告过世蕃，让他在招权纳贿的时候把握一个度，别太明目张胆，也不要变本加厉，可现在回头来看，我觉得我当初对他的劝告很可笑，颇有掩耳盗铃、自欺欺人之嫌。

如果说财富像盐水，喝得越多就越渴，那么通过权力寻租轻易获取的财富则无疑是毒品，只要尝过一口，你就会上瘾，而且终生无法戒掉！

从这个意义上说，世蕃之所以落得身首异处的下场，我和所有严氏族人之所以落到今天这步田地，责任其实都在我一个人身上，怪不得别人。换言之，一辈子对不义之财最为如饥似渴的人，被权力毒品毒害最深的人，不是别人，就是我——严嵩。

世蕃在北京被斩的同时，朝廷也派人抄了我的家。

查抄结果，得黄金三万余两，白银二百多万两，其他珍玩异宝折合白银也有数百万两。与这些黄白之物同时被抄的，当然还有数不清的田园宅地，以及我在江西老家赖以栖身的这座大宅。

抄了，全抄了。一夜之间，什么都没有了。

我孑然一身、两手空空地离开那座贴上了封条的大宅，颤颤巍巍地从世人们鄙夷、讥笑和怜悯的目光中走过，恓恓惶惶地来到了我最终栖身的这片墓地。然后，我停住了脚步。

我向来路张望了最后一眼，看见万丈红尘依旧在我的身后喧嚣，看见熙来攘往的人群依旧在那个热闹的世界里忙忙碌碌地竞逐奔走……

他（她）们要奔向哪里呢？

他（她）们能奔向哪里呢？

我知道，无论人们走得再久、走得再远，最终都要殊途同归地来到这个地方——墓地。

是的。自从人们离开摇篮的那一刻起，墓地就是他（她）们唯一的、共同的、最后的归宿。当人们用一种永远不死的姿态在这个世界上欢快地奔跑时，他们肯定是无意中忘记了这一点，或者是假装忘记了这一点。

美国20世纪的宗教学者休斯顿·史密斯说过一句话："世界是一座桥，走过去，不要在上面盖房子。"

对于这句话，不同的人当然有不同理解，而我现在宁愿这么理解——相对于整个人类世界而言，一个人的生命是非常渺小、也是非常短暂的，所以当你来到这个世界上的时候，最好是抱着一个观光客的心态，尽量去欣赏和体验它的美好，而不要试图去占有过多的身外之物，更不要把自己当成世界的拥有者，企图为自己建造一座完美而永恒的宫殿。

史密斯先生告诉你，这对生命是无益的。

即便你建成了一座貌似完美的宫殿，在这座宫殿里装满你想要的一切，诸如权力、地位、财富、名望、美色等，可问题在于——你能在这座宫殿里住多久？

像我，就是一个愚蠢而疯狂的"建房者"。我在过去的八十几年中，竭尽全力攫取并占有我想要的一切，企图为自己建造一座完美而永恒的宫殿，可直到此刻我才蓦然发现——这一切是多么虚妄，又是多么可鄙、可笑、可怜！

就像《金刚经》说的："一切有为法，如梦幻泡影，如露亦如电，应作如是观。"我很可怜，从来没想过要"作如是观"。不知道这个世界上，又有几个人真能"作如是观"呢？

如果你能，那么恭喜你，你是一个清醒的人，也会是一个幸福的人。

我原以为，八十六岁的我茕然一人流落到这片墓地后，很快就会死掉。没想到上天跟我开了一个充满嘲讽意味的玩笑——居然又让我多活了两年。

现在，我已经八十八岁了。

人老了就容易唠叨，不知你们是否厌倦了我的唠叨。

没关系。我的故事讲完了，我也该走了。

请你们记住这个叫严嵩的人，世界于他而言曾经是一座巨大的坟墓，与其说他度过恶贯满盈的一生后凄凉地死了，还不如说他其实一天也没有真正活过。

因为，把权力和财富视为生命真谛的人，充其量就是一具没有灵魂的行尸走肉。如果他从来没有摆脱物欲的捆绑，那他有什么资格获享真正的幸福?

请允许我最后再说一遍——幸福是一种心灵的能力，与拥有多少昂贵的东西无关。

好了。时辰到了，我真的该走了。

世界是一座桥，我已经到了桥的尽头。

如果有来生，我一定不会在那个世界里盖房子。我会背着一个松松垮垮的行囊，任由我的脚步带我到任何地方，对每天升起的太阳心存感激，对闪闪发光的星辰充满敬畏，朝我遇见的每一个人点头微笑，然后告诉他(她)：世界是一座桥，走过去……